中国海洋大学一流大学建设专项经费资助

教育部人文社会科学重点研究基地中国海洋大学海洋发展研究院资助

# 中国文化安全及其防御研究

姜秀敏 ◎ 著

中国社会科学出版社

**图书在版编目(CIP)数据**

中国文化安全及其防御研究 / 姜秀敏著 . —北京：中国社会科学出版社，2021. 8

ISBN 978-7-5203-8282-3

Ⅰ.①中… Ⅱ.①姜… Ⅲ.①文化—国家安全—研究—中国 Ⅳ.①G12

中国版本图书馆 CIP 数据核字(2021)第 066870 号

| 出 版 人 | 赵剑英 |
| 责任编辑 | 任 明 |
| 责任校对 | 李 剑 |
| 责任印制 | 郝美娜 |

| 出 版 | 中国社会科学出版社 |
| 社 址 | 北京鼓楼西大街甲 158 号 |
| 邮 编 | 100720 |
| 网 址 | http://www.csspw.cn |
| 发 行 部 | 010-84083685 |
| 门 市 部 | 010-84029450 |
| 经 销 | 新华书店及其他书店 |

| 印刷装订 | 北京君升印刷有限公司 |
| 版 次 | 2021 年 8 月第 1 版 |
| 印 次 | 2021 年 8 月第 1 次印刷 |

| 开 本 | 710×1000 1/16 |
| 印 张 | 20.5 |
| 插 页 | 2 |
| 字 数 | 340 千字 |
| 定 价 | 110.00 元 |

# 前　言

　　当今世界正处于百年未有之大变局，既是大发展的时代，又是大变革的时代。由于新冠肺炎疫情在全球的快速蔓延和大流行，这一大变局正在加速演进，国际格局正在深刻调整，国际环境更趋复杂，以中国为代表的新兴市场国家和发展中国家群体性崛起，从根本上改变了国际力量对比。中国赶超与美国守成成为当今世界格局的最突出特征。一方面，中国经过改革开放40多年的发展，取得了令世界瞩目的成就，综合国力和国际地位整体提升；另一方面，"9·11"事件以来，美国执行单边主义政策、发动多起对外战争、推行贸易保护主义和逆全球化政策，引起国际社会强烈不满。新冠肺炎疫情发生后，由于政府应对疫情的不力，美国社会治理能力遭到严重质疑，极大地削弱了其国家实力和国际声誉。美国为继续维护其霸权地位，无所不用其极，特朗普政府推行的实用主义外交政策失败后，拜登政府上台伊始，就把中国定位为"最严峻的竞争对手"，极有可能会重新祭出民主党擅长的文化渗透及软实力策略。文化霸权在西方大国的发展史中一直扮演着重要的角色，20世纪80年代末苏联、东欧剧变就是西方文化战略获胜的一次狂欢。在百年未有之大变局的当下，迫切需要思考文化安全及其防御问题，站在新时代的关口，面对百年未有之不确定性和百年未有之机遇，如何选择，怎样行动，关乎国运，关乎未来。

　　从学生时代起，笔者就对文化安全问题产生了浓厚兴趣，从硕士毕业论文研究美国的软实力开始，到博士毕业论文系统研究全球化时代的国际文化关系，始终保持着对文化问题在国际关系中的地位和作用的高度关注，并非常荣幸地获批2项国家社科基金项目，本书正是在项目研究基础上的一些思考凝练而成，关于百年大变局下的文化安全及其防御问题，涉及几个核心关键问题需要深入思考。

### 一　如何看待文化霸权与文化交流

关于这个问题，很多学者进行过思考，文化霸权与文化交流和文化融合有着本质的区别：文化霸权的实施者唯我独尊，有预谋地迫使对方接受自己；而文化交流和文化融合是基于自愿原则，各自以我为主，采取"拿来主义"的精神借鉴和吸收对方的文化精华。日本发动侵华战争的时候，开设学校给我国儿童灌输日本的各种精神思想，毁坏图书馆和古籍，要从根本上毁灭一个民族，统治一个民族，就要从文化思想上入手，文化霸权是一种手段。

从理论角度讲，文化分器物、制度和精神三个层面，文化交流和文化融合更多地体现在器物、制度层面。需要明确的是，我们用苹果电子产品，用日本数码产品，看日剧、美剧，等等，是器物上的交流。西方也曾参照中国古代的科举制度设立文官制度，我们借鉴西方的企业制度、管理制度、经济制度乃至民主制度而建立起中国特色的制度体系，这种借鉴属于制度层面的文化交流。精神层面的文化交流也不鲜见，譬如佛教传入我国，儒家对韩国、日本及东南亚国家的深刻影响等。由于文化主体之间是彼此平等的，文化交流与文化融合就是和谐的，在一定意义上，文化交流和文化融合等同于文化传播，正因为有了文化传播，东方人才感受到了古希腊文明，西方人才发现了中国和印度文化，世界各地的人们才见识了浪漫、奔放的拉美文化，原始、粗犷的非洲文化，神秘、邈远的北欧文化，沉郁、雄浑的俄罗斯文化等。人类文明能够呈现如此多姿多彩的局面，文化传播和文化交流功不可没，因此，本书把正常的文化交流和文化霸权区别开来，力图甄别什么是文化霸权，对其本质进行深刻剖析。

文化霸权是与经济、政治霸权相平行的一种霸权方式，是强势国家为了达到同化控制他国的目的，而采取的对他国文化的排斥和挤压。它以否定原有文化的核心思想与价值观念、鼓吹自身文化的先进优秀作为主要手段，并在具体情境中通过一系列方式来伪装侵略的本质。

当前西方文化霸权的目的性越来越公开，形式越来越多样，渗透力量越来越强势，手段越来越隐蔽。美国基辛格同仁公司总裁曾经在美国《外交季刊》上撰文直言不讳地宣称："美国应该确保：如果世界向统一语言方向发展，那么这种语言就应该是英语；如果世界向统一的电信、安全和质量标准发展，那么这些标准就应该是美国的标准；如果世界逐渐被电视、广播和音乐联系在一起，那么节目的编排就应该是美国的；如果世界正形成共同的价值观，那么这些价值观就应该是符合美国人意愿的价值观。"以传媒为例，国际文化传媒产业大部分的江山被以美国为首的西方国家垄断，它们最擅长的就是运用"政治转基因"、宪政、基督教等手段进行"无硝烟的战争"，如何进行有效应对是百年大变局下需要思考并解决的重要议题。

### 二　怎样维护我国的文化安全

对这个问题的回答取决于对文化安全概念的理解。国家文化安全是指一个国家在发展过程中，能够有效地消除和化解潜在的文化风险，抗击外来文化冲击，以确保国家文化主权不被威胁的一种文化状态。首先，一个民族的文化绝不可能是单一且绝对的，任何一个延续至今的民族都必须曾经改变自己的文化，且今后必然会保持不断的更迭。因此，本书把保护文化安全的概念理解为如何促使我国的文化在变动的过程中朝着更好的方向演进？这个问题看起来非常复杂，一个民族的文化虽然复杂且多样，但仍然存在一个核心，这个文化的核心就是一个民族生存和延续的倚仗。换言之，因为我有这个核心文化，所以我才是我。因此，本书认为维护文化安全的根本，就是维护核心文化。

历史表明，社会大变革的时代，一定是文化大发展大繁荣的时代，一定是需要思想而且能够产生思想的时代。必须从战略高度充分认识国家文化安全的战略地位，首先需要奠定文化自信，中华民族几千年的文化，具有海纳百川的气度和博采众长的基因，要在守住文化本体的前提下推动新文化的发展，不断激发自身文化发展的内在活力，在文化开放的大环境下汲取有营养的成分，坚定"四个自信"，增强国家和民族的文化意识。

总之，本书基于百年未有之大变局的时代视角观察全球秩序演变，认识世界发展趋势，从百年未有之变局中的文化安全、西方文化霸权的演变、我国文化安全面临的新挑战及新问题、西方文化霸权的侵蚀、维护文化安全的艰巨性、大变局下我国文化安全防御及发展战略等方面，对百年未有之大变局下的我国文化安全进行了战略性和全面性的研究，系统总结和深入剖析西方文化霸权的本质及对我国文化安全的渗透和影响，如何应对西方文化霸权的挑战、如何防御西方文化霸权的渗透、如何构建我国的文化发展战略及防御机制等难题，并提出一系列创新理论和战略思考。

姜秀敏<br>2021 年 2 月 19 日

# 目　录

# 绪　言

## 一　研究背景

全球化与信息化时代的到来为国家间文化交流与合作提供了新的背景与条件，一方面全球化促进各国政治、经济、文化上的交流与合作，另一方面因社会制度与意识形态上的差异，各国的摩擦与矛盾加剧。新时代背景下，尽管冷战已结束，但冷战思维在国际政治中的影响并没有消失，以军事战争为主逐步演变为以经济发展为主的竞争，并进一步演变为以知识、文化渗透为主的无硝烟战争。西方一些发达国家凭借着强大的经济实力和在国际政治中的主导地位，利用文化手段，向全世界兜售其文化产品和价值观念，对广大发展中国家的民族文化、意识形态和政治观念形成冲击和影响。面对西方文化霸权强国的文化渗透和入侵，各国的民族文化处于日益衰落的危险中，越来越多的国家逐渐开始文化自觉，对西方文化霸权国家开展的文化渗透与文化扩张日益保持警觉。

互联网作为 21 世纪传播速度最快、影响力最大的新媒体成为西方文化霸权国家文化渗透的有力工具。1993 年美国提出建立"信息高速公路"以来，人类社会进入以数字化为特征的互联网时代，形成了一种新的文化—网络信息文化。互联网使得各种信息大规模地跨越传统边界，传播到世界各地成为现实，为文化的传播提供了一个平台，客观上加剧了不同文化、不同价值体系之间的摩擦和渗透。

新千年后，"大数据"时代的到来，在商业、经济等多个领域掀起了一场数据革命，给当下的社会环境带来新的变化，社会的复杂性和多样性日渐增强，新的舆论环境伴随着社会结构和社会环境的新变化而产生。网络空间充斥着海量信息，政治、经济等功能也被赋予新的形式。文化作为国际关系中的第四支力量，成为国家间关系至关重要的因素，新时期国家之间的竞争不断演化为以文化渗透为主的"无硝烟的战争"，这也标志着"大数据"技术走进了国家和社会治理，逐渐成为了解民意、治理社会、监控舆论的一种新手段。

随着我国改革开放的不断深化，外来文化大量涌入，一方面国家实施全方位的对外开放战略，拓宽了文化交流的渠道；另一方面，互联网在我国的迅速发展，为外来文化的传播提供了便捷的媒介通道。西方文化霸权国家利用对网络的控制优势，对我国的文化渗透在广度和深度上不断扩展和延伸，威胁着我国的文化安全。我国在1994年接入国际互联网之后，对网络的治理较为滞后，在网络阵地中处于被动地位，在网络文化的交流传播中，处于不利地位，如何有效防范西方文化霸权国家利用网络进行文化渗透，提高本国文化的国际竞争力，不断增强文化自信，从而坚定道路自信、制度自信和理论自信，成为亟待研究和解决的新课题。

互联网的发展使得网络文化的影响力与日俱增，西方国家利用互联网文化的隐蔽性、潜移默化等特征，影响国民的价值观和意识形态，主张政治多元化、经济私有化的全盘西化思想一度在社会上造成巨大的思想混乱，在我国内掀起阵阵波澜，对我国优秀的传统文化形成冲击和挑战。

在全球化、信息化背景下，我国作为最大的社会主义国家，受到西方文化霸权侵袭形势更加严峻。西方发达国家极力美化鼓吹西方人权、民主等观念，传播西方生活方式、价值观念以及意识形态，以此对我国实施"和平演变"战略。西方文化霸权的不断挑衅、西方消费主义价值观的侵蚀等都对我国文化、经济的发展、对国民的文化价值观等产生了威胁，进而对我国社会和政治发展形成潜在的威胁和挑战，防御西方文化霸权侵袭迫在眉睫，政府急需构建起应对西方文化霸权的全方位、长效性的防范机制。

## 二　研究意义

本课题的研究具有重大的理论意义与实践意义。就理论意义而言，首先，形成有中国特色的有效防范西方文化霸权侵袭的理论体系；其次，制定一套系统的、思想性、理论性较强的防范战略；最后，在文化、教育、宣传、网络媒体等多领域开展防范西方文化霸权侵袭的教育指导。

就现实意义而言，首先，本课题的研究成果可以用于保证国家文化安全；其次，防范西方国家以文化演变推动政治演变；最后，在对外文化交流关系中，做到在开放中防范，在防范中开放，从而不断增强文化自信。

本书通过观察全球秩序演变、认识世界大势发展趋势，从百年未有之变局中的文化安全、西方文化霸权的演变、我国文化安全面临的新挑战及新问题、西方文化霸权的侵蚀、维护文化安全的艰巨性、大变局下我国文化安全防御及发展战略等方面，对百年未有之大变局下的我国文化安全进行了战略性和全面性的研究，系统总结和深入剖析西方文化霸权的本质及对我国文化安全的渗透和影响，如何应对西方文化霸权的挑战、如何防御西方文化霸权的渗透、如何构建我国的文化发展战略及防御机制、如何在"百年未有之大变局"的时代背景下构建人类命运共同体等难题，并提出一系列创新理论和战略对策。

### 三　学术界关于文化安全问题的研究动态

（一）国外学术界研究动态

我们使用"Western cultural hegemony""Cultural hegemony"等为关键词进行文献检索。通过选择"Web of Science 核心合集"数据库，数据获取时间为 2019 年 12 月 1 日，共得到 956 篇 SSCI 文献。经过梳理发现：从关键词来看，"教育、学校、国家、宗教、冲突、战争、文化政策、危机、帝国"等成为关注热点（见图 1）。

首先，关于文化霸权的思想源流研究。最早始于 20 世纪 30 年代，意大利学者安东尼奥·葛兰西，明确提出"文化霸权"的概念及"文化霸权理论"，他认为，西方资本主义社会统治方式已经不再是通过以往的暴力，而是通过制定与传播统治阶级的意识形态，从而对市民社会进行"精神和道德的领导"。①

其次，关于文化霸权理论研究的学派分立。在对葛兰西文化霸权理论研究中形成了两派：一是对其理论本身的研究，如克里森、霍夫曼、安德森等人对文化霸权及其实现方式做了较为深刻的分析；二是以其为基础，建立了其他的理论形态，如拉克劳、莫菲、波库克等人分析了文化霸权概念的渊源、对文化霸权与民主权利争取的关系以及文化霸权作为一种政治实践活动对当代西欧的影响进行了深入的研究。

再次，文化霸权理论研究不断扩展。主要体现在文化帝国主义、软权力、文明冲突以及历史终结论等理论上。"文化帝国主义论"的主要人物

---

① 许正林：《欧洲传播思想史》，上海三联书店 2005 年版，第 348 页。

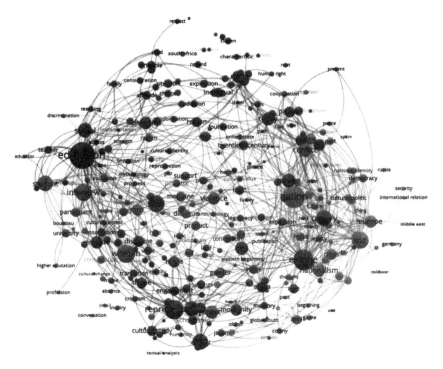

**图 1　国外西方文化霸权研究关键词图谱**

是汤林森和萨义德。汤林森在其代表性著作《文化帝国主义》里宣扬全球化的文化同质化，带有浓厚的西方中心论色彩，表现出鼓吹和维护西方文化霸权的特征；软权力理论代表者约瑟夫·奈，他的著作《软力量》《硬权力与软权力》《注定领导世界：美国权力性质的变迁》，以及和罗伯特·基欧汉合著的《权力及其相互依赖——转变中的世界政治》中明确提出了"软权力"的概念，并重点研究信息时代下软权力的性质和特征，率先提出了"信息权力"的概念；亨廷顿的"文明冲突论"认为，未来的冲突将不是政治冲突和军事冲突，而是以不同文明划界的不同国家和利益集团之间的冲突；福山的"历史终结论"认为，消费文化必将造成一个全球同质的、西方化的社会①，冷战结束以后，西方的"自由民主制度

_____

① ［美］弗朗西斯·福山：《历史的终结与最后的人》，陈高华译，广西师范大学出版社2014 年版，第 126 页。

也许是人类意识形态发展的终点"和"人类最后一种统治形式"。①

最后，也有学者对文化霸权理论进行了批判。美国学者入江昭的《文化国际主义与世界秩序》，法国路易·多洛的《国际文化关系》，欧文·拉兹洛的《多种文化的星球》等著作则是在全球的层面上探讨文化问题，法国学者马特拉的《世界传播与文化霸权：思想与战略的历史》、英国学者阿尔福特的《好莱坞的强权文化》从传播学的视角深入探讨了文化霸权的影响，爱德华·塞义德、斯皮瓦克、霍来·巴巴等后殖民主义理论学者则对帝国主义的文化霸权理论进行了批判。

（二）国内研究现状

国内对西方文化霸权理论的研究较晚，从20世纪80年代开始，有关西方文化霸权理论的书籍才陆续出现，90年代末逐渐形成一个热点问题。

1. 关于西方文化霸权研究的国内文献整体分析

选择"中国知网CNKI"数据库，时间选择从1998年1月13日到2019年12月1日，分别以"文化霸权""西方文化霸权""文化霸权主义""文化帝国主义"等为主题词进行检索，探寻西方文化霸权的国内研究进展，共获取文献资料1310篇。经过梳理发现：国内关于西方文化霸权研究的成果数量以1999年为界，之后呈平稳发展的态势。成果主要来源于北京大学、北京师范大学、中国人民大学、武汉大学、复旦大学、清华大学、南开大学、山东大学等单位，其中北京大学、中国人民大学发表的研究成果都为50篇，远远多于其他机构，说明北京大学、中国人民大学已经成为国内研究西方文化霸权问题的学术高地（见图2、图3）。

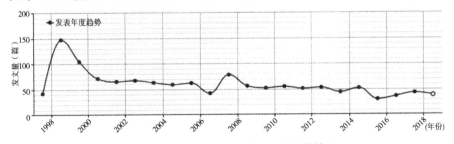

**图2　西方文化霸权研究发文年度趋势情况**

从这些文献关注的具体内容来看，主要有关注全球化、文化帝国主

① ［美］弗朗西斯·福山：《历史的终结与最后的人》，陈高华译，广西师范大学出版社2014年版，第225页。

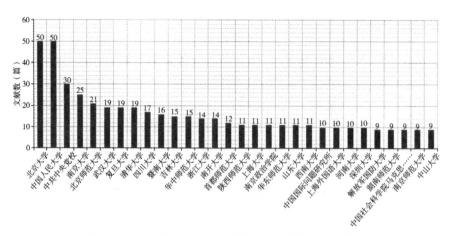

**图 3　国内研究西方文化霸权相关问题的机构分布情况**

义、文化霸权本身、意识形态、帝国主义、马克思主义、文化全球化、中国外交等内容；也有些成果关注民族文化、后殖民主义、文化安全、和谐世界等内容；这几年也出现了一些探讨人类命运共同体及文化自信和文化自觉的成果，但数量非常有限，研究还很不充分（见图 4）。

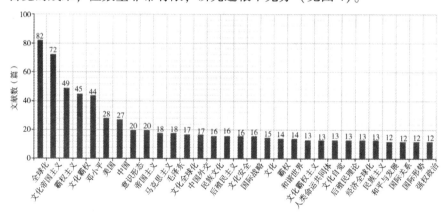

**图 4　西方文化霸权研究发文的关键词分布情况**

从这些文献的学科分布情况看，其中 43.30% 分布在政治学，15.29% 分布在文化学，5.8% 分布在马克思主义，其他则比较分散地分布在新闻学、历史学、哲学、文学、理论经济学、法学等，也有少部分成果分布在语言学、教育学、军事学、社会学学、民族学、宗教学、金融学等学科，由此可见西方文化霸权问题的研究长期以来一直比较分散，难以形成系统的研究成果，尤其是缺乏国际关系的学科视角研究文化霸权问题，难以满足新时代国家战略的需求（见图5）。

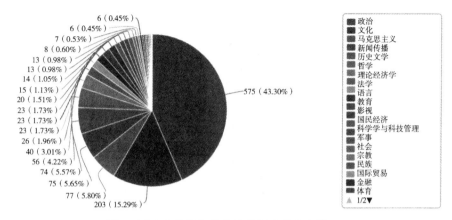

6（0.45%）
6（0.45%）
7（0.53%）
8（0.60%）
13（0.98%）
13（0.98%）
14（1.05%）
15（1.13%）
20（1.51%）
23（1.73%）
23（1.73%）
23（1.73%）
26（1.96%）
40（3.01%）
56（4.22%）
74（5.57%）
75（5.65%）
77（5.80%）
203（15.29%）
575（43.30%）

政治
文化
马克思主义
新闻传播
历史文学
哲学
理论经济学
法学
语言
教育
影视
国民经济
科学学与科技管理
军事
社会
宗教
民族
国际贸易
金融
体育
1/2

**图5　西方文化霸权发文的学科分类分布情况**

从这些文献的研究层次分布情况看，其中83.20%分布在社会科学的基础研究领域，10.63%分布在社科领域的政策研究，其他很少一部分则比较分散地分布在社科领域的行业指导、基础与应用基础研究、高等教育等，而基础教育与中等职业教育、文艺作品、社科领域的职业指导等领域则微乎其微，由此可见，西方文化霸权在整个社会上的影响力还有待于下大力气提高，长期以来学术界关于西方文化霸权的研究一直侧重于基础研究，理论与实践脱节，不能服务于国家战略与发展，尤其是西方文化霸权教育普及问题相当突出，直接导致社会公众缺乏文化自觉与文化自信，不利于文化强国战略的实施（见图6）。

2. 我国学者关于葛兰西文化霸权思想的研究

由我国翻译的意大利朱塞佩·费奥里撰写的《葛兰西传》，详尽描述了葛兰西的一生及其文化霸权理论。毛韵泽的《葛兰西：政治家、囚徒和理论家》第一次系统地介绍了葛兰西的思想理论；徐崇温的《西方马克思主义》指出葛兰西的文化霸权理论主要强调"强制+领导权"；黄伊梅的《葛兰西的文化领导权理论及其当代意义》系统研究了葛兰西的文化霸权理论及其当代意义；俞吾金与陈学明合著的《国外马克思主义流派新编》中对葛兰西的市民社会概念、文化霸权理论以及如何进行文化霸权理论的实现策略作了简略的论述；张红霞的《葛兰西文化领导权理论及其当代审视》、胡杰华和潘西华的《葛兰西文化霸权思想及其对马克思主义大众化的启示》以及刘萃的《葛兰西：文化领导权及其论释》重

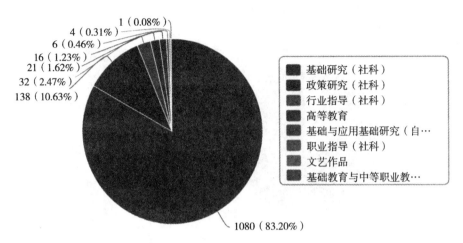

**图 6　西方文化霸权研究的层次分布情况**

点研究了葛兰西的文化领导权思想。

3. 关于当代西方文化霸权理论研究

20 世纪 90 年代，"文化全球化"、西方文化霸权、文化帝国主义成为理论研讨的焦点。如刘海军的《浅论美国文化霸权》，张骥、韩晓彬的《论美国"文化霸权"的历史渊源与现实基础》，郝良华的《全球化进程中的美国文化霸权》，朱猷武的《文化霸权主义的根源分析》等，从多个角度和层面对文化霸权的相关内容展开研究，并在文化霸权的基本内涵、表现、根源上达成基本共识。此外，还有数篇硕、博士毕业论文以"文化霸权"作为选题，主要研究文化霸权的内涵、表现、根源及对国家的影响。以文化霸权为题目的专著目前只有三本：孙晶的《文化霸权理论研究》是国内学术界第一部集中而又系统的介绍、分析和反思文化霸权理论的专著，具有开拓性的意义；刘伟胜的《文化霸权概论》侧重从实践的触觉探讨了文化霸权的表现、根源及我国应该采取的对策，具有较大的实践价值；马广利的《文化霸权：后殖民批评策略》主要对文化霸权进行了批判。

4. 关于西方文化霸权与中国国家文化安全关系的研究

把文化霸权和我国文化安全结合起来研究的成果比较少，目前还没有发现专门研究文化霸权与我国文化安全的专著，仅有一些论文，如杨世生和张育贤的《全球化背景下的文化霸权与文化安全》、陈乔之和李仕燕的《西方文化霸权威胁与中国国家文化安全选择》、纪少锋的《论美国文化霸权对中国文化安全的影响》等。上述成果对以美国主导的西方文化霸权及对我国文化安全的冲击与挑战进行剖析，提出应对措施，为我国应对美国文化霸权的挑战做出了积极探索。但多数成果分析的理论性尚不够，有些成果缺乏系统性、整体性和有效性，还未发现应对西方文化霸权的长效机制建设方面的学术成果，急需对这一问题展开深入研究。

上述研究迭出真知灼见，但问题有四：

第一，缺乏理论性、系统性、整体性。就西方文化霸权内涵、根源、表现等基本理论研究较多，对其产生的背景原因分析不够深刻，未从整体上对西方文化霸权理论进行系统性的深入研究。

第二，缺乏对西方文化霸权理论之间的内在关联和有机联系的研究。对文化帝国主义、软权力理论、文明冲突论、历史终结论等仅分别研究了其理论主张，并未深入探讨其内在联系与本质属性。

第三，忽略对西方文化霸权的批判及反思。重视对文化霸权的理论阐述，对西方文化霸权理论进行有力批判和深刻反思的成果较少。

第四，防范西方文化霸权的成果缺失。尚未发现从构建长效机制的角度研究如何防范西方文化霸权的成果，本课题力图从全方位的视角研究构建防范西方文化霸权的长效机制。

## 四 主要内容及基本观点

1. 应对西方文化霸权的理论建树

此项研究包括四个内容层次：一是当代西方文化霸权理论的主要形态。重点介绍了当代西方文化霸权理论的代表：文化帝国主义、软权力、文明冲突论、历史终结论，分别对这些理论的理论依据、主要内容进行了研究，并总结了它们的理论特征；二是当代西方文化霸权理论的主要表征。总结了两种表现特征，一种是以西方文化为中心向外推行文化殖民，另一种是尊重世界文化的多样性谋求文化共同发展，并对这两种特征的主要表现和内容进行了论述；三是对当代西方文化霸权理论进行反思。总结了当代西方文化霸权理论研究视域的拓展和实现方式的转变，分析了全球化对于当代西方文化霸权理论的影响，以及当代西方文化霸权理论对于文化安全的影响；四是文化霸权所体现的是一种控制与被控制的权力关系，文化霸权的推行必须以强势文化为基本条件，以强大的经济实力为基础，以强烈的政治霸权愿望为核心动力。

2. 美国文化霸权的实质、起源与历史考察

此项研究包括三个层次：一是通过对西方文化霸权发展历史的分析深

入挖掘美国文化霸权的实质，认为美国推行文化霸权具有战略目标，其直接目标在于阻止中华民族伟大复兴的历史进程，最高目标在于达到"不战而屈人之兵"的战略效果，最低目标在于制造思想混乱，巩固其在亚太地区全方位、多领域长期霸权地位的战略组成部分；二是分析了文化霸权理论产生的时代背景和思想渊源，并对文化霸权理论的主要内容进行了详细的研究，指出文化霸权理论的时代意义；三是追溯了西方文化霸权理论与实践的发展历程，厘清西方文化霸权理论的当代演变，对当代具有代表性的西方文化霸权理论进行了系统的研究。

3. 我国防范西方文化霸权的深刻性、艰巨性研究

第一，对西方发达国家推行文化霸权的历史进程进行了具体考察，指出文化霸权的推行经历了一个由"软—硬—软"的过程，由西方化到美国化的过程。西方中心论、种族优越论、美国至上论等理论充当了推行文化霸权的行动依据。第二，西方国家强大的经济、军事实力是文化霸权推行的物质基础。第三，西方国家凭借强大的政治、经济和军事等方面的优势，运用各种手段向中国推销西方（美国）的意识形态、价值观念和生活方式，利用话语霸权进行文化的扩张与渗透；假手对外文化教育交流、援助项目以及培植代理人等方式进行文化渗透；凭借覆盖全球的综合信息传播体系进行文化扩张与渗透；通过大规模输出精神文化产品，宣扬美国的意识形态、生活方式和价值观念，并实现文化产业形态的殖民入侵，造成包括文化经济安全在内的多种危机。

4. 文化、教育、宣传、网络传媒不同领域西方文化霸权的渗透分析

从宏观、中观、微观角度选取大量案例分析西方文化霸权带来的影响。首先，从宏观角度说明文化霸权对文化多样性和民族独立性的破坏，对网络伦理秩序的颠覆。其次，用内容分析的方法研究西方文化霸权的中观影响，以 CNN 网站对中国的报道为例，定量分析和定性分析结合起来说明美国在报道方面内容选控的霸权特点，这对我国国家形象建构存在不良影响。最后，从语言、价值观、思维和行为方式的小角度分析文化霸权对中青年人带来的微观影响。

5. 新加坡的小国文化建设经验及启示

重点分析新加坡小国文化建设的概况，分析其具体举措，进一步探讨可供我国学习借鉴的经验。首先，新加坡基于东方文化的共同价值观打造独具特色的小国文化。其次，倾力打造和谐共存的多元文化。最后，大力

扶持文化产业发展，出台政策、提供资金推动文化产业蓬勃发展。同时，政府不断投入大量资金支持教育和科技发展，并不断形成具有新加坡特色的制度文化和精神文化。

6. 法国应对美国文化霸权的经验及借鉴

首先，从宏观的视角分析了法国文化与美国文化的碰撞的现实情况展开分析，明确美国文化霸权主义对法国的产生的消极影响。其次，对法国维护本国文化安全的具体举措展开深入分析和探讨，并从传统文化、数字文化、文化外交、文化管理四个方面具体总结了法国应对美国文化霸权取得的经验。

7. 我国应对西方文化霸权的多方位、长效性机制构建研究

一是基于对文化霸权理论和实践的双重审视，阐述了文化霸权对包括中国在内的发展中国家的文化发展造成的可能后果，提出应对西方文化霸权的多方位、长效防范机制。二是强化国家文化安全意识；建立起有效的国家文化安全预警系统和保护性屏障；加快经济、科技的发展，增强综合国力；加强社会主义核心价值体系建设，维护意识形态安全；制定本民族文化发展战略；全面推进文化创新，建设社会主义先进文化；大力发展文化产业，维护国家文化经济安全；加强中外文化交流，积极推进国际联合反文化霸权事业的发展；建立国际文化新秩序。

8. 应对西方文化霸权与构建国际文化新秩序研究

此项研究包括四个层次：一是对于文化霸权主义政策下的西方文化扩张与其他民族的文化抗争进行探讨，分析文化霸权主义运作程式、具体对策、方式方法；二是分析文化弱势国家文化主权意识的觉醒，以及在外交政策上所表现出来的文化抗争；三是提出我国扩大对外文化交流的具体对策，坚持文化产品和服务、文化企业、文化资本"走出去"的基本战略路径；四是在文化、教育、宣传、网络传媒等多领域构建系统的防范机制，以文化创新为核心和根本，以金融为杠杆撬动文化自信，以主动积极的心态迎接挑战，在文化开放中主动交流，在文化交流中不断提升文化自信。

总之，本书将通过八个部分的综合论述，构架起关于应对西方文化霸权研究的理论框架，并尝试提出构建应对西方文化霸权的长效防范机制及具体路径选择，从战略与规划、现实与未来的宏观视角探讨防范并消解西方文化霸权的系统而全面的机制建设。

# 第一章

# 应对西方文化霸权的理论建树

文化是一个民族的灵魂，是一个民族国家的集体记忆和价值观念，是本民族、本国家的每个成员对自己民族的、国家的前途和命运深刻的认识和崇高的责任感，而作为民族精神核心的文化，也具有将整个民族、国家凝聚到一起的力量。而不同文化间的交流是世界历史发展的重要推动力，文化在新时代的国家关系中扮演着重要的角色，文化实力的强弱在一定程度上影响着国家综合竞争力的强弱，文化的命运在某种程度上同民族、国家的命运息息相关。

当今世界，国家之间的竞争日益激烈，竞争领域不断拓展，越来越多的国家开始重视文化的能动作用。随着改革开放的持续深入，我国与西方国家在经济上交流愈加紧密，美国等西方发达国家凭借着强大的经济实力和在国际政治中的主导地位，利用隐蔽的文化手段，在全世界范围内大肆推销其文化产品和服务。通过隐藏在文化产品和服务背后的生活方式、消费观念、价值理念和政治制度等，对我国的文化产业、传统文化和文化交流都造成了不同程度的威胁。尤其是信息技术得到广泛应用以来，西方霸权主义国家依靠自身的技术优势，不断通过文化渗透、舆论引导、思想侵蚀等方式，从意识形态上控制、削弱欠发达国家。从苏东剧变，到中亚东欧地区的颜色革命，再到近期我国出现的网络炒作事件，均是西方国家利用思想舆论、文化手段拓展霸权的事例。西方霸权势力企图从思想上做空我国，这急需引起政府的高度警惕，并制定完备的应对策略以保护我国的文化权益和安全。① 但是，目前学术界尚无成熟的应对西方文化霸权的系统性理论成果，还需对西方文化霸权应对策略进行理论探讨与梳理，从而

---

① 阚小华：《我国政府防御西方文化霸权的对策研究》，硕士学位论文，大连海事大学，2016 年。

为应对西方文化霸权渗透的防御机制构建奠定理论基石。

# 第一节　西方文化霸权理论相关概念

应对西方文化霸权，首先需要梳理目前学术界相关的理论建树，需对核心概念进行解析。西方文化霸权是"国别文化"之间的研究，需要关注不同国家间的文化关系，这种研究的启动需从文化、文化霸权、西方文化霸权、文化霸权理论等相关概念着手，层层递进，抽丝剥茧，以深刻认识这一问题。

## 一　文化

文化是一个复杂的概念，在整个中国的语言发展史中，"文"一般指纹理，是指有花纹、有装饰、不单调的意思，"化"则代表着变易、生成、造化等，意为引导人们重行善，"文"与"化"并用，"文化在文字学上也就变成一个具有教化、修养含义的词"。

从词源来说，西方的 culture 和汉语"文化"存在一些差异，例如文化（culture）一词最早源于拉丁文，在初期主要是指耕作和对植物的培植的含义，15 世纪时才逐渐被引申使用而成为一个具有丰富内涵的概念，后来逐步引申出对人的性情的培育和教化。汉语中的文化更强调陶冶情操和品德的教养。[①] 而中国语言中的"文化"则强调对某种既定的人伦关系的观察，主要是外在的行为约束；西方语言中的文化突出了"人"，通过人确立的社会行为规范。[②]

最早系统阐释"文化"这一概念的是英国文化人类学创始人泰勒，他在 1871 年出版的《原始文化》一书中，第一次把文化归纳为整个生活方式的总和，泰勒强调了"文化作为一个复杂的整体，包括知识、信仰、艺术、道德、法律、风俗及作为社会成员的人所习得的才能和习惯"。[③] 他

---

① 衣俊卿：《文化巧学十五讲》，北京大学出版社 2009 年版，第 14 页。

② 阚小华：《我国政府防御西方文化霸权的对策研究》，硕士学位论文，大连海事大学，2016 年。

③ 中共中央党校科学社会主义教研室编译：《文明与文化——国外百科词条选择》，求实出版社 1982 年版，第 56 页。

强调文化的整体性和精神性，倾向于广义的文化概念，这个文化定义是目前被普遍认同的文化解释。在此之后 AL. 克鲁伯和克赖德·克拉克1952 年发表了著名的《文化——关于概念和定义的评论》，列举了 161 种文化定义，产生了广泛的影响，由此可见文化的复杂性和不同研究领域的学者从不同侧面研究的广泛性。

马克思理解的文化概念，是在理解文化起源于人类实践活动的基础上形成的，马克思认为文化是一定政治经济的体现，是人的本质力量的体现。文化作为一种精神力量，反过来又对政治和经济结构有一定的反作用，而文化的相对独立性又使得文化存在着自身的生存和发展规律。但是马克思并未过多的定义文化概念，更多的是关于文化功能的阐述，马克思主义认为文化作为传播媒介有着信息功能，作为对政治经济的反映，有着教化和社会发展的功能，而文化也有着认识功能。[①]

纵观学界对"文化"的界定，不外乎两种，一种是广义上的文化，另一种是狭义上的文化。广义上的文化是作为社会群体的人类在长期社会实践中创造的物质财富的凝结和精神财富的积累。它包括几个层面：一是精神层面（心理层面），包括精神信仰、哲学体系、思想意识、价值观念等因素；二是行为层面，包括生活方式、生产方式、家庭模式等因素；三是制度层面，包括政治体制、经济模式等因素；四是物质层面，包括人类劳动与自然物质相结合的产物，包括服装饮食、居住条件、交通手段等物质的文化现象。狭义的文化主要是指一定的人类群体在长期的社会实践和社会生活中形成并积淀的观念和心理，这仅是从整体上对文化的理解。

## 二　文化霸权

所谓霸权，按照《现代汉语词典》的解释，实质是国际关系上以实力操纵或控制别国的行为。而文化霸权这一概念是由意大利学者安东尼奥·葛兰西在《南方问题的一些情况》中首次明确提出的。在后来的《狱中札记》中将"统治"和"领导"区别开来，葛兰西认为东西方国家无产阶级革命的主要任务就是与资产阶级争夺文化领域的领导权。葛兰西认为的"文化霸权"是一种非暴力手段，是统治阶级通过控制文化意

---

① 阚小华：《我国政府防御西方文化霸权的对策研究》，《我国政府防御西方文化霸权的对策研究》，硕士学位论文，大连海事大学，2016 年。

识形态的方式，包括文化人和文化机构，将统治阶级的伦理观念、政治主张和价值观念传播成被普遍接受的行为准则和价值理念，葛兰西认为其实质是进行统治。这种"精神的和道德的领导"主要通过社会中大多数人心甘情愿的认同来实现。① 在葛兰西的文化霸权理论中，"文化霸权"等同于"文化领导权"，都是非暴力和非强制的。

本书中所说的"文化霸权"主要是指西方文化强国利用本国强大的政治、经济和军事力量的优势，利用更隐蔽、更灵活、更巧妙的方式，披着合法的道德外衣，通过文化渗透、消费理念、生活方式的推广对其他国家和地区进行文化扩张和文化渗透，将西方国家的文化、价值观、意识形态、政治制度、发展模式等进行美化并广泛宣传，从而对其他国家和地区的价值观念、意识形态和政治制度进行影响和控制，最大限度地实现本国国家利益的行为，是以文化为掩盖的争夺经济、政治主导权的行为。②

### 三　西方文化霸权

认识西方文化霸权，首先，要清楚关于西方国家概念的界定，从不同的角度有不同的划分标准，从政治上看，西方国家主要是指美国、西欧、新西兰、日本等资本主义国家；从经济发展水平上看，西方国家主要指经济发展水平比较高的发达国家；从文化上看，主要指信奉基督教，如天主教、新教等，多使用拉丁字母，继承古希腊和古罗马文化的国家。

其次，西方文化霸权主义是"西方中心论"的产物，孕育而生的是发达资本主义国家的殖民扩张，寻求将西方文化作为衡量先进与落后、野蛮与文明的标准，呈现出一种单方向的输入，带有浓厚的侵略性和破坏性。可以说西方文化的根源在于资本扩张，表现为一种文化强权、文化殖民，具有鲜明的资本主义扩张色彩，带有强迫性且披着文化传播的外衣为资本主义政治与经济霸权服务。

本书阐释的西方文化霸权概念要注意以下几个方面：首先要明确能够推行西方文化霸权的西方资本主义国家都有着雄厚的国家政治、经济和军事实力，在国际交往与国际事务中都处于优势地位；其次要清楚文化霸权的特殊表现形式，文化霸权是占主导地位的国家通过非暴力和非强制性的

---

① 潘西华：《葛兰西文化领导权思想研究》，社会科学文献出版社 2012 年版，第 63 页。

② 阚小华：《我国政府防御西方文化霸权的对策研究》，硕士学位论文，大连海事大学，2016 年。

文化手段，对弱势国家进行政治意识形态、政治制度理念和价值观念上的隐性渗透和扩张，从而实现对文化弱势国家的征服和控制；再次要认识到文化强势国家推行文化霸权的终极目标，[①] 文化强势国家认为西方的民主制度是世界上最好的，并且通过实行文化霸权，把本国的政治制度、意识形态、价值观念、生活方式、思维方式等向全世界推销。例如，美国总统小布什的"大中东民主"计划就是这一思想主张的最集中体现。目的在于获得更广泛的经济价值和国家利益，从而实现称霸全球的目标。

### 四　文化霸权理论

安东尼·葛兰西（Antonio Gramsci，1891—1937），意大利共产党的创始人之一，杰出的无产阶级革命家、文艺理论家。1911—1914 年在都灵大学读书时就积极投身革命。1913 年加入意大利社会党，并且同年参与创建意大利共产党，1924 年任该党总书记。1926 年被法西斯逮捕，在狱中他共写下了近三千页的笔记，后被他的妻妹取出寄往莫斯科，成为今人看到的《狱中札记》。[②]

20 世纪 80 年代中后期，葛兰西的文化霸权理论得到关注和研究。葛兰西阐述的霸权是在社会发生冲突的背景下，社会统治集团可以运用的多样化社会控制方法。霸权观念重点在于让人自愿同意，积极融入统治集团的世界观或者霸权中。[③] 该理论基础来源于实践哲学，在坚持马克思主义的基础上，注重理论联系实践，着重通过实践将人类社会历史串联，强调人的主观能动性，相信意识形态亦可具备物质和政治力量。与列宁相比，其重视无产阶级文化领导权的获得。"文化霸权"概念的提出，对西方文化影响甚深，这是葛兰西在分析资本主义市民社会时提出的理论主张。由于其产生于特殊的政治经济背景下，理论本身具有浓厚的政治色彩，在文化霸权理论中，葛兰西认为国家可以分为政治社会和市民社会，政治社会指的是带有暴力性和强制性的国际机构以及从属于这个机构的人员，例如

---

① 阚小华：《我国政府防御西方文化霸权的对策研究》，硕士学位论文，大连海事大学，2016 年。

② 葛兰西在《狱中札记》中认为：资产阶级主要是依靠其在意识形态领域的霸权来控制整个社会，无产阶级要想取得革命胜利，就必须夺取在市民社会的文化领导权。安东尼奥·葛兰西著，葆煦译，人民出版社 1983 年版，第 193 页。

③ 安东尼奥·葛兰西：《狱中札记》，葆煦译，人民出版社 1983 年版，第 197—198 页。

军队、监狱等；市民社会主要是指各种各样建构和传播社会意识形态的社会团体、宗教组织和社区家庭等，具有一种社会、道德、语言的制度化形式，文化斗争主要发生在和大众有着密切联系的市民社会中。① 葛兰西认为，无产阶级要夺取胜利就一定要获取市民社会的文化领导（葛兰西认为文化领导权就是文化霸权），这种领导权是非压制、非暴力的，是人们积极同意的文化霸权，是通过对有利于领导阶级的价值观和信仰的宣传，以社会成员的自愿认同和意识形态控制为手段来实现的。霸权的实现是一个统治阶级对被统治阶级进行价值观引导，实现价值共识的过程，它不仅体现在政治和经济制度之中，还以文化与意识的形式存在于社会思想之中，成为捍卫统治阶级领导权的有力工具。② 在葛兰西看来，文化霸权不是一种支配和压迫关系，而是"经由谈判和斗争达致妥协的动态领域，是一个支配与反抗之间的力量不断调整、趋于平衡的过程"。葛兰西在极其艰苦的环境下为人类留下了宝贵的精神财富，他的"文化理论"建设对殖民主义抱有警惕性，在反对军事控制、经济控制、文化理论控制、思想政治控制等方面为反抗殖民主义文化提供了一个参照点。他的思想对文化帝国主义理论提供了一个理论支点。③

在对葛兰西文化霸权理论研究的基础上，在国际关系领域产生了新的发展，目前首先有约翰·汤林森的"文化帝国主义"，其理论强调全球文化"同质化"，主要是对和平的、非暴力的新文化帝国主义的维护和辩解；其次福山的"历史终结论"，强调乐观的普世主义态度，鼓吹西方文化自由主义，并为西方国家全面输出政治观念和文化渗透提供了理论基础；再次是亨廷顿的"文明冲突论"，该理论将中国文明置于西方文明的对立面进行阐述，其文明差异的说法基本延续了冷战的思维；④ 最后是约瑟夫·奈的软权力理论，充分认识到控制意识形态的重要性，也即一种软权力的体现。

---

① ［意］安东尼奥·葛兰西：《狱中札记》，葆煦译，人民出版社1983年版，第222页。

② 高玉：《我国政府应对西方国家网络文化渗透的措施研究》，硕士学位论文，大连海事大学，2016年。

③ 阚小华：《我国政府防御西方文化霸权的对策研究》，硕士学位论文，大连海事大学，2016年。

④ 阚小华：《我国政府防御西方文化霸权的对策研究》，硕士学位论文，大连海事大学，2016年。

## 第二节　西方文化霸权主义的主要形态

冷战结束后，美俄两大军事集团的对抗和意识形态对立宣告终结，许多国家开始致力于社会改革、经济发展和文化振兴，加之全球化浪潮的冲击，各国各民族之间的交往日益频繁，极大地巩固了民族文化意识，从而使"综合国力"成为衡量一国的强弱的标准。综合国力既包括经济、军事、科技、自然资源等实力要素，也包括民族文化、民族意志、民族性格、民族精神等精神要素。文化地位的提升，使文化成为决定国家实力的主要因素之一。基于现有文化地位的提升，使具有强烈"霸权意识"的国家更重视文化领域的发展和扩张，试图在全球范围内实行西方的文化价值观，以实现其他手段无法达到的目的，从而实现"不战而屈人之兵"。尤其是互联网的快速发展，现代化传播媒介为文化霸权的发展提供了便利，文化霸权主义融入更加隐蔽和多元化的方式中，成为冷战后国际社会中炙手可热的现象。

20 世纪 60 年代中期以来，发展中国家为改变发达国家在一些领域中进行垄断、操纵的不公正、不合理局面，以提高自己的发言权，提出了建立"国际新秩序"的构想。邓小平在 1988 年会见印度总理拉吉夫·甘地时指出："世界上现在有两件事情要同时做，一个是建立国际政治新秩序，一个是建立国际经济新秩序。"至于如何建立国际新秩序，他说："我们应当用和平共处五项原则作为指导国际关系的基本准则。"① 冷战后，建立国际新秩序被提上世界政治议事日程，而且随着全球化趋势的不断发展，构建国际文化新秩序的问题也摆在了世人面前。美国政府将建立"国际新秩序"提升到国家战略的高度，但是，美国是从自身利益出发，提出了能够实现其国家利益最大化的"国际新秩序"构想。该构想的主要内容是，政治上"扩大民主"，文化上推销西方价值观和美式生活方式、政治模式及其"文化快餐"。可见，美国的"国际新秩序"是建立由美国一家独霸的单极世界，其宣扬的"担负起领导全世界的责任"，实质

---

① 《邓小平文选》第三卷，人民出版社 1993 年版，第 282—283 页。

是在全世界普及美国的价值观和维护美国的霸权和利益。①

受诸多因素的影响，在全球化时代到来的今天，文化霸权主义发展势头未减反增，并变换各种新的形式，活跃于当今的国际舞台上。值得注意的是，文化霸权主义不是凭空出现的历史现象，其产生与发展有着深刻的理论渊源和历史渊源。要想深刻认识文化霸权主义在全球化进程中的各种表现形式及其实质，就必须对其理论及历史渊源进行研究。

从文化霸权主义的理论渊源来看，自葛兰西首次提出文化霸权主义的概念之后，西方学者纷纷对这一问题进行研究，具有代表性的理论主张有汤林森的文化帝国主义理论、亨廷顿的文明冲突论、福山的历史终结论和约瑟夫·奈的软权力理论。

## 一　文化帝国主义

文化帝国主义理论的形成和发展以列宁的帝国主义、葛兰西的文化霸权理论、法侬的后殖民批评理论和福柯的权力话语理论作为理论支撑。

### （一）文化帝国主义理论依据

首先，文化帝国主义受列宁的帝国主义的影响。他阐述到"资本主义国家的发展必须经历帝国主义阶段，其利用经济输出从而垄断世界市场，进而瓜分自己控制范围内的世界领土"②。文化输出以资本输出为前提，以强有力的经济基础为屏障。列宁的帝国主义指出资本主义国家对世界经济的垄断，导致其他国家经济发展的滞后，进而被其控制和瓦解。文化帝国主义也是由强国向弱国流动，在获得经济利益的同时巩固了帝国主义国家的统治地位，进而拥有极强的文化趋同能力，弱国从此陷入被文化统治的泥潭中，慢慢失去自身文化的民族性。

其次，受到葛兰西文化霸权理论的影响。资产阶级利用教育和同化，让个体心甘情愿加入，已然在当时资本主义的市民社会中建立了一个相对牢固的文化霸权。因此，葛兰西认为文化帝国主义的早期形态已经具备，并开始寻找有效手段规避威胁，即夺取文化领导权—夺取政治领导权—巩固文化领导权。他说："一个社会集团只有先得到文化领导权，才能获得

---

① 穆朝辉：《关于中国国际新秩序理论探讨——中美关于国际新秩序构想的比较》，《东北师大学报》（哲学社会科学版）1998 年第 3 期。

② 《列宁选集》第二卷，人民出版社 1995 年版，第 651 页。

国家政权，在掌握国家政权之后，也要同等重视文化领导权的掌控。"从实现策略上看，葛兰西提出了"阵地战"和"运动战"两种方法。他认为先用"阵地战"做到从局部出发各个击破，掌握准确时机时，再采取"运动战"实现整体的胜利，进而获得文化领导权。葛兰西的这种策略为发展文化帝国主义提供了全新的道路。①

再次，文化帝国主义受到法侬的影响。作为后殖民批评理论典型代表，法侬对民族文化破裂和种族歧视进行了批判，同时也对殖民主义及其文化产生的影响发表了自己的看法。法侬指出，"殖民者在获利颇丰的同时，为实现其文化合法化，试图遮掩对附属国侵略、剥削的事实"。因此，法侬掌握了深层次的殖民主义文化的实质，写到若想从殖民主义文化中解脱出来，唯有反抗才可以，他的观点为我们提供了一个了解文化帝国主义的新平台。②

最后，受到福柯的权力话语理论影响。福柯注重社会制度隐藏下的权力制约，把权力和话语有机结合起来，他提出权力在话语中产生关系，是基于历史写作呈现的多种多样的话语事实；福柯注重权力的运作，首先，权力合法形式不以权力分析作为把握的核心；其次，权力分析的自觉意向和实践运作都是注重点；最后，关注权力的运作方式，既从中心扩散至四周，又从细微凝聚成整体。福柯谈到，语言先于个体产生，个体若想实现自我表达，需要用一定的语言系统，福柯的权力话语理论提供了全新的话语批判方式，为文化帝国主义的辩护提供了方法论上的意义。

（二）文化帝国主义主要内容

英国学者约翰·汤林森（John Tomlinson）的代表性著作《文化帝国主义》（*Cultural Imperialism：a Critical Introduction*），对"文化帝国主义"的现象及其理论意义进行了学术梳理和批判性的介绍。③ 在该书中，他对文化帝国主义进行系统梳理的同时，提出了自己的民族文化认同理论，其理论站在全球扩张的立场上，强调全民族文化的同质性，否定了文化的多样性发展，其对和平的、非暴力的新文化帝国主义的维护，充满了浓郁的

---

① ［意］安东尼奥·葛兰西：《狱中札记》，葆煦译，人民出版社 1983 年版，第 176—178 页。

② 于文秀：《后殖民批评理论先驱法侬思想评析》，《文艺评论》2004 年第 5 期。

③ 汤林森在《文化帝国主义》一书中认为：资本主义现代化是全球文化的宿命，而非文化上的强制。［英］约翰·汤林森著，冯建三译，上海人民出版社 1999 年版，第 290 页。

西方资本主义色彩。①

在新的历史条件下，文化霸权理论得到进一步发展，形成文化帝国主义理论，重新阐述了文化的内涵，界定了文化的性质与政治意义，将传统的对文化国内阶级研究发展作为国与国之间文化冲突的根源研究。从这个意义上讲，文化霸权主义被定义为霸权主义国家将本国的社会政治制度、意识形态、价值观念等作为普适性与特定性的标准，向世界上其他国家特别是落后国家进行文化渗透和扩张，迫使别国接受其价值观念和意识形态，以影响、制约世界事务以及他国内部发展过程的一种国际霸权行为。② 在《文化帝国主义》一书中，汤林森认为，理解文化帝国主义这一概念的途径有四种：作为媒介帝国主义的话语、作为"民族国家"的话语、作为批判全球资本主义的话语、作为一种对现代性批判的话语。基于媒介、民族国家、全球资本主义均为现代性运作的发展因素，所以他将这三个因素整合在对现代性批判的框架之下。

作为"媒介帝国主义"的话语，汤林森认为，有关文化帝国主义的阐述，虽然将媒介作为重点，加速了意识形态扩散和传播，但是媒介仅是中性的、平等的扩散并非将自己的意识形态强加于第三世界国家。③ 在现实中，当谈论文化帝国主义作为"民族国家"的话语时，常常用"侵略""霸权"之类的军事术语，而汤林森则以相对中性的眼光看待民族国家中的文化帝国主义，从民族文化认同的起源讲，民族国家和其文化是"想象出来的社群"。实际上，几乎所有成员，未曾有互相熟悉、相遇的机会，仅是在印刷文明出现的近代资本主义社会中才出现了共同的文化。④ 然而，现代的社会中日常行为的诸多方面很难形成有作用的文化认同，所以，对外来生活方式的接纳，亦不能造成对民族文化认同的危机感。

---

① 阚小华:《我国政府防御西方文化霸权的对策研究》，硕士学位论文，大连海事大学，2016 年。

② 高玉:《我国政府应对西方国家网络文化渗透的措施研究》，硕士学位论文，大连海事大学，2016 年。

③ ［英］约翰·汤林森:《文化帝国主义》，冯建三译，上海人民出版社 1999 年版，第125—126 页。

④ ［英］约翰·汤林森:《文化帝国主义》，冯建三译，上海人民出版社 1999 年版，第156—157 页。

　　汤林森相信的文化帝国主义会被全球化替代，是令人怀疑的。全球化已经成为文化、政治以及经济生活等诸多领域的决定性因素，它已经开始并正在改变着我们日常生活的机制。但是，全球化的重要性不仅在于经济力量，更在于文化力量，当今世界，有人生活的地方，就会伴随着西方的文化产品或习俗的出现，西方文化帝国主义的外延无处不在，人们应该保持警惕。

　　就作为批判全球资本主义的话语而言，汤林森认为资本主义文化的重中之重是消费的行为过程与经验的商品化。他指出，资本主义造就了"同质"文化，如果追求"国际性"便可全世界皆同，① 另外，资本主义文化扩散本质是消费主义文化的张扬，且会导致全部的文化体验均卷入到商品化的旋涡之中。

　　汤林森理论中的现代性，即全球发展进程中文化发展的核心，文化帝国主义是现代性扩散的一种。汤林森的一个关键论点是：自60年代以来，帝国主义已被"全球化"（globalization）替代。② 他指出，帝国主义主要从一种权势中将某种特定的社会体系扩散到全球各处。而"全球化"则指涉及全球各地的相互关联和依赖，其产生进程中无确定的目的，但同时也减少了各自文化上的同一性。因此，现代性已然过渡到后现代性，在这个意义上，帝国主义也转向全球化，进而文化帝国主义亦成为文化的全球化。

　　（三）文化帝国主义理论特征

　　对文化帝国主义进行大概考察后，概括了汤林森的理论特征，即他的理论主要是为政治和经济目标服务的。

　　首先，经济上，利用批判消费主义话语。汤林森遮掩了资本主义国家商品经济强迫性输出的实质，把商品输入国的被动接受，说成因自身需要而进行的自主接受。导致经济欠发达国家对外来产品输入毫无防备，使得发达国家不仅输入商品，同时还输入其消费理念，使欠发达国家对发达国家的消费价值观形成认同。③ 无限循环，逐渐摧毁欠发达国家的经济建

---

　　① ［英］约翰·汤林森：《文化帝国主义》，冯建三译，上海人民出版社1999年版，第214页。

　　② ［英］约翰·汤林森：《文化帝国主义》，冯建三译，上海人民出版社1999年版，第328页。

　　③ ［英］约翰·汤林森：《文化帝国主义》，冯建三译，上海人民出版社1999年版，第230页。

设，导致大量资本外流，从而其经济走向被发达国家主导，长此以往，逐渐成为发达国家的附庸，等待进一步的被帝国主义殖民统治。汤林森的文化帝国主义理论邪恶的地方在于其遮掩商品流通背后的文化渗透，导致发达国家的文化价值观念流向发展中国家，待其他国家普遍认同其价值观时，新时期下的文化帝国主义已经形成了。

其次，政治上，汤林森通过对民族国家话语的批判。汤林森试图通过民族国家话语的批判，来改造人民旧有的思维方式，让人们在经济交流的时候，接纳西方的价值观和政治制度等。汤林森指出，融合是世界发展的大势所趋，而由于西方发达国家在经济上的主导地位，容易使人们轻信西方模式，促使西方模式成为未来世界发展的潮流。在无形中，美国等西方国家就从文化意识形态上取得了主导地位，而其他国家则在毫无准备下，在文化意识形态上成为被统治者，之后欠发达国家的发展是根据西方国家的意图和需求进行的，通过否定文化帝国主义的存在，进而掩护实质意义的文化帝国主义。

最后，汤林森在理论与方法上的特点。汤林森首先站在西方中心论的基础上，尽管使用了福柯的"话语分析"理论，但仅借鉴其方法，丢弃其理论的主干：话语权与权力之间的关系。因此他否定文化帝国主义对第三世界的"文化支配"以及相应的"文化殖民"和"文化霸权"，同时，过分强调"全球化"带来的"同一性"。

综上所述，通过对文化帝国主义的分析，了解到了诸多关于文化帝国主义的现实情况和信息，为我们提供对全球化进程进行各种评论的信息。但是，民族国家的向心力和主权的削弱是一种"宿命"，如布热津斯基在《失去控制》中提到的，削弱民族国家的主权，增强美国的文化作为世界各国的"榜样"的文化和意识形态力量，是美国维持其霸权地位必须实施的战略。① 确实是我们必须认真、谨慎加以思考的重点。哈里森则分析了西方文化霸权主义阴影下的第三世界文化，在他所著《第三世界——苦难、曲折、希望》一书中，指出文化帝国主义是阴险的控制方式，它旨在第三世界面前树立一个"比照集团"，诱导缺乏意志力者摒弃自己的民族传统。佩查斯在《20世纪末文化帝国主义》中认为文化帝国主义的实质就是："西方统治阶级对人民的文化生活的系统渗透和控制，以达到

---

① 郝良华：《美国文化霸权与中国国家文化安全》，博士学位论文，山东大学，2012年。

重塑被压迫人民的价值观、行为方式、社会制度和身份，使之服从帝国主义阶级利益的目的。"①

总之，文化帝国主义是资本主义在文化领域的扩张和延伸，是文化形式上的帝国主义。它是西方中心主义主张的强势文化支配、吞噬其他弱势文化，建立文化霸权以推行文化殖民，目的在于获得经济、政治利益同时，按照自己的价值观塑造世界。文化霸权主义是"文化主体间不平等的文化交往，是当代国际局势、政治、经济、技术不平等格局的反映，亦是以美国为代表的霸权主义所散布的'全球化意识形态'的一种表现"②。并具有浓郁的西方中心论色彩、全球化的文化同质化论调，成为维护西方文化霸权主义的理论之一。

## 二 历史终结论

美国学者佛朗西斯·福山（Francis Fukuyama），1989 年在美国《国家利益杂志》（The National Interest）发表了《历史的终结》，1992 年他又在文章的基础上扩展而出版了《历史的终结和最后之人》（The End of History and The Latest Man）。③

（一）历史终结论理论依据

福山的"历史终结论"在理论上存在诸多缺陷，其主要理论支撑是黑格尔的唯心主义和西方中心论，二者均为流行于 19 世纪的学说。福山"历史终结论"将人类世界普遍史区别于世界通史为开篇，进行着一种有价值的模式探索，通过对历史进行考察，福山指出在整个思想史上，首先是提出历史循环发展理论的古希腊哲学家柏拉图和亚里士多德。西方思想体系中基督教堪称是第一部真正意义上的世界普遍史，由此他着手撰写历史普遍史。

正如基督教对历史的描述，"历史的终结"成为全部世界普遍史编写的题中之意。然而，康德在《来自一个世界主义者的世界普遍史观念》中指出：编写世界普遍史中最严格的部分是以德国唯心主义体系为背景，

---

① 邱金英：《文化帝国主义思潮研究》，硕士学位论文，大连理工大学，2015 年。

② 李慧：《全球化背景下的文化冲突与文化共生》，《中国外资》2012 年第 7 期。

③ 弗朗西斯·福山在《历史的终结及最后之人》中认为，资本主义在某种意义上是成为发达国家的必由之路，而僵化极权的社会主义则是创造财富和现代技术文明的重大制度障碍。[美]弗朗西斯·福山著，陈高华译，广西师范大学出版社 2014 年版，第 117 页。

这囊括了历史的终结目标是实现人类自由以及推动发展的"历史发展机制"。

福山觉得康德的这篇文章不是普遍史，黑格尔实现对现实历史的掌握，指出历史的进步需要通过人类冲突、革命甚至战争等各种情感的相互作用推动，内部矛盾可促成更高的制度形态，形成新的存在差异的矛盾，这点和康德相同。①

黑格尔的辩证法可形成三种思考，不仅存在于哲学层面，还存在于"各种社会经济制度之间"，关键在于他是一个相信真理有基本历史相对性的哲学家，即不同意识形态之间的延续，人性和欲望受社会环境约束。福山认为黑格尔的普遍史不但阐述了社会各方面知识的进步，关键是展示了人性也处于变化的状态中，具有不固定性，并沿着向自由平等的现代自由理性民主的道路出发奔向历史的终结。黑格尔体系受到马克思的批判，福山认为马克思借用黑格尔多半用于自己的目的，即人类行为历史性和历史进程辩证性，本质区别在于终结的社会，一个是共产主义无产阶级取得胜利，另一个则为资本主义资产阶级自由民主取得胜利。

（二）历史终结论主要内容

"历史终结论"作为西方文化霸权主义理论的又一典型代表。福山指出，"苏联的解体，标志着共产主义的失败，历史已终结于西方自由主义的价值观与意识形态中，西方的自由民主已是人类政治的最佳选择与最后形式，消费文化必将造成一个全球同质的西方化的社会"。福山阐述的自由主义，指西方所谓的民主制度，他觉得当今的西方政治制度已是人类文明发展的最好制度。西方民主制已经彻底战胜了共产主义与法西斯主义这两个旧的敌手，而新的敌手原教旨主义和民族主义又由于自身的缺陷不足以对自由民主构成威胁，因此，历史已经终结于西方自由主义的价值观与意识形态中。"战斗圈内的竞争者只留下自由民主——个人主义和人民主权的学说。"② 福山说，原来那种被视为唯一、一贯的演进过程的历史现在走向终结的思想，与黑格尔、马克思的历史观密切相关的。福山认为，黑格尔和马克思都有一种人类社会发展终极形态的看法，对黑格尔来说，

①　［美］弗朗西斯·福山：《历史的终结及最后之人》，黄胜强等译，中国社会科学出版社2003年版，第66—69页。

②　［美］弗朗西斯·福山：《历史的终结及最后之人》，陈高华译，广西师范大学出版社2014年版，第66页。

社会发展的终点是自由国家，对马克思来说，是达到共产主义社会。现在，西方自由主义的思想已先后战胜了布尔什维克主义与现代马克思主义，自由民主在目前普遍存在于全球不同的地区与文化之中，成为唯一的政治憧憬对象。①

福山推崇的西方社会自由主义，也就是西方启蒙运动的基本思想和价值，如理性、民主、人权等概念，福山的理论完全来自传统的观念，仅是与新近的历史事件相结合后加以具体化。同时，他将此始终如一的历史从西方外扩到整个世界，宣告历史已终结，即宣告西方资本主义的胜利。但是，这种历史观连同启蒙运动的其他思想和价值，早在19末20世纪初，便遭到质疑，到20世纪后半叶已遭到严厉的批判和否定，尤其是从60年代开始在西方兴起的后现代主义。他指出，历史是多重的、多层面的，能终结的历史仅是一种单一的、连续的，仅能够在一种时代之中前进的历史，实际上历史是不复存在的。

福山重新回到20世纪原版的黑格尔主义，并对眼前的事实迷恋。可以说，福山死抱住黑格尔的精神，却舍弃了他的辩证法，在理论上没有任何创新，是一种理论上的倒退。福山将自我信奉的意识形态作为绝对精神，是提供人类社会最终的合理形式的唯一思想，是结束人类思想追求与探索的终点和全人类的归宿。这种唯我独尊、唯我独霸的论调，是西方中心论，也是文化霸权主义。

（三）历史终结论主要特点

福山的历史终结认为苏联社会主义制度的失败，证明了西方的民主制度和意识形态已经打败了非西方的政治体系，西方民主制普遍实现后，历史就走到了终点。福山的历史终结论从论据到论点都充满着浓厚的西方中心论的色彩，为美国等西方国家输出文化产品、意识形态和价值观念等提供了强大的理论基础。② 福山的历史终结论堪称文化霸权理论的典型代表，他为西方的文化霸权主义政策提供了理论基础，虽然该理论基础并不能让人信服，福山的"历史终结论"虽未直接使用"文化霸权"字眼，但他只承认西方文明的先进性，其实质是文化霸权主义。

---

① 姜秀敏：《全球化时代的国际文化关系研究》，博士学位论文，吉林大学，2006年。

② 阚小华：《我国政府防御西方文化霸权的对策研究》，硕士学位论文，大连海事大学，2016年。

### 三　文明冲突论

亨廷顿的"文明冲突论"也是文化霸权主义的理论代表之一。与福山不同，亨廷顿并不认为西方文明具有普遍性，他坚信各种文明之间存在差异性、竞争性。他认为现代化并不等同于西方化，西方的民主并非普遍的模式，被西方文明视为世界性的东西，其他文明则视为帝国主义。他指出，文明是放大了的文化，是最高的文化群体和范围最大的文化认同，对人们精神状态的同一性具有确定性，对于正在来临的新时代，不同文明之间的冲突是世界和平的最大威胁因素，而只有建立起一个多文明共存的国际秩序才可能有效预防新的世界大战爆发。

（一）文明冲突论理论依据

亨廷顿的文明冲突论的思想来源于斯宾格勒和汤因比的文明历史观。

首先，斯宾格勒重要思想之一是他指出文化是人类历史的主体。他指出："我们还需要一种具有真正理论基础的方式来研究历史，而非完全照搬物理学和科学的研究方法，导致我们仅仅是在研究客观的因果关系。"[①] 他不赞同将历史划分成古代、中古代和现代来实施研究，认为应改变以西方为文化核心的历史研究方式，提出"将历史划分为古代、现代等不同阶段，是一种无现实价值，无事实根据的研究方式。此方式使得我们这个在日耳曼罗马帝国时代起，才开始在欧洲大陆上发展起来的民族文化，既无法认清自身所处的历史地位，也无法确定最终的发展方向"[②]。所以要对各种文化分别进行研究，由于历史发展的多元化，导致不可轻视任何一种文化。文化从广义来说是各种社会活动的综合体，表层为各种社会生动推动历史的进步，实质为历史的进步取决于文化，文化才是人类历史的主体。斯宾格勒提出可把世界历史上出现的文化划成八种："在世界历史上，不该仅存在古典文化和西欧文化，中国、阿拉伯、巴比伦、印度、埃及和墨西哥文化亦有极高的历史地位，这些文化均存在独一无二的特点、优势，尤其是在精神和力量等方面表现出的不弱于古典文化的进步

---

① ［德］斯宾格勒：《西方的没落》，吴琼译，上海三联书店2006年版，第5页。

② 周良发、唐建斌：《斯宾格勒、汤因比、梁漱溟文化史观之比较》，《湖南工程学院学报》2011年第6期。

意义"①，这一观点对亨廷顿的文明冲突论产生了直接的作用。

此外，斯宾格勒还指出文化存在周期性。他将文化作为一个生命有机体，而无论何种有机体皆不能背离生长——灭亡的生存规律。他认为文化的终点是文明，文化最后皆会走上文明之路。据此，他指出西方文化亦不会逃离此历史规律，而现在的西方文化已步入最后时刻，西方文化的种种弊端逐渐浮现，一旦最终全部暴露，西方文化即走向了灭亡。②

其次，在文明的演进中，英国历史学家汤因比拥有自己的文明演进史观。他认为文明作为历史研究的基本单位，"应从人类文明及发展的视角来剖析历史，国家也是从人类文明的发展中产生与消亡的"。③ 他指出在时间与空间上各种文明具备某些程度上的联系。汤因比把人类的历史发展过程细化为二十一种文明，即西方文明、中国文明、玛雅文明，等等，亨廷顿借鉴了汤因比文明体的做法，并对亨廷顿的文明划分具有重要作用。汤因比指出这二十一种文明在影响力方面，是无时间先后差异的，就人类的文化发展来讲，他们的价值是无差异的。

最后，在汤因比的理论体系中宗教拥有极高的地位，他提出文明的基础便是宗教，"宗教是超越人类和自然以外的，且又高于人类与自然的实际存在"。他指出宗教的发展分为"多神教、一神教、高级宗教"三个阶段，其发展亦是人类文明的发展"人最初崇拜自然，而当这种崇拜不在时，人类的精神世界便存在对人自身的崇拜，就像上帝、梵、涅槃这些崇拜通过选择而替代对自然的崇拜"。他认为人类文明发展最终应达到高级宗教阶段，"只有宗教可以净化人类的心灵，克制人类本性中的自我，当人类越强大便越需要宗教的力量"。④ 由此可知，汤因比指出宗教与文明的发展是相辅相成的，宗教可助力文明的发展，文明亦可助力宗教的发展，而文明的消失会出现宗教的消亡，因此宗教是文明发展的保障。亨廷顿的文明冲突论也指出文明是社会发展的根本因素，同时他也汲取了汤因

---

① 王飞：《技术与西方世界的命运——斯宾格勒技术思想简论》，《武汉理工大学学报》2010 年第 12 期。

② 付小秋：《从文化人类学的视角审视斯宾格勒的文化观》，《湖北科技学院学报》2015 年第 8 期。

③ 汤因比：《文明经受着考验》，沈辉等译，浙江人民出版社 1998 年版，第 191 页。

④ 赵秋悟、纽维敢：《汤因比文明史观中的宗教根源分析》，《江汉大学学报》2011 年第 6 期。

比的宗教理念，指出未来人类的冲突会优先在宗教领域展开。

（二）文明冲突论主要内容

随着苏联解体和冷战结束，世界历史的走向再度引起世人关注。1989 年以来发生的一系列事件使得西方国家弥漫着强烈的乐观主义情绪，他们欢呼已经取得资产阶级的胜利，宣称"历史已经终结"。然而，世界并没有变得安宁，各种冲突仍然频频发生。学者们也从不同的角度探讨冲突的根源，寻找冲突发生的理论支持，从不同角度探寻构建新世纪国际秩序的模式。

在此背景下，美国萨缪尔·亨廷顿语惊世界："冷战结束后，世界的矛盾和冲突的主要根源是不同文明之间的冲突。"① 在其代表作《文明的冲突与世界秩序的重建》中明确提出未来的冲突将是以不同文明划界的不同国家和利益集团之间的冲突。并且他对文明的定义是：文明就是一个文化实体，是人类最高的文化集团和最广泛的文化实体，包括了价值、规则、制度、习俗和思维模式。② 亨廷顿也论述了世界范围内文明之间的关系，并把它们划分为三个阶段：第一阶段是各文明的相互遭遇，大约在公元 1500 年前，文明之间的交往或许不存在，或者很有限，或者是间断的和紧张的；第二阶段是各文明相互冲击的阶段，大约在公元 1500 年之后，西方文明兴起，西方对所有其他文明发起了持续的、不可抗拒的和单方向的冲击。西方同非西方之间的关系是"控制—从属"模式；第三阶段是各文明相互作用的阶段，表现为一个多文明的体系。从 20 世纪开始，从受一个文明影响支配的阶段，走向了所有文明之间强烈的、持续的和多方向的相互作用阶段。③ 可想而知，在讨论现实和未来的国际关系时，都不能不关注亨廷顿已经进行的这些分析和梳理。④

并且亨廷顿在其代表作《文明的冲突：世界秩序的重建》中为西方

---

① 姜秀敏：《国际文化关系研究基本理论范式探讨》，《大连海事大学学报》（社会科学版）2008 年第 7 期。

② ［美］塞缪尔·亨廷顿：《文明的冲突与世界秩序的重建》，周琪译，新华出版社 1998 年版，第 25 页。

③ ［美］塞缪尔·亨廷顿：《文明的冲突与世界秩序的重建》，周琪译，新华出版社 1998 年版，第 39 页。

④ 姜秀敏：《国际文化关系研究基本理论范式探讨》，《大连海事大学学报》（社会科学版）2008 年第 7 期。

描述了冷战后的世界情境，亨廷顿认为冷战后，全球的冲突主要是文明的冲突，他把儒家文化和伊斯兰文化作为整个西方国家发展的最大敌人。为了消除这种威胁和挑战，要维护西方文明，要建立多文明基础上的国际秩序，当然，这种秩序是以遏制中国文明发展为基本前提，他仅将意识形态的差异改为按文明的差异来寻找潜在的对手。从亨廷顿的这些理论主张中，我们不难看出其中暗含的对第三世界国家进行文化渗透的文化霸权主义思想。

（三）文明冲突论理论特征

首先，文明冲突论只强调世界的冲突根源是文明的冲突。人类文明的发展会依据自身所处环境的变化而逐渐调整，环境的差异产生迥异的文明，但其均有一个共同的需求，即生存的需求。当文明不断发展强大时，它应具有的物质供给就会增多，便会不自觉地向外扩张，就会与其他文明因抢夺生存资源而发生冲突。但亨廷顿的文明冲突论直接把冲突的根源定义为，由于文明的不同导致民族文化的差别，这便把利益需求导致的冲突弱化了。现代社会，人们最基本的生活利益需求一直存在，发达国家依旧在世界范围内对发展中国家的资源实施"圈地"，而这种"圈地"被隐含在经济交往中，资源的有限性，发达国家占用该部分资源，必定激起当地国家的民族产生对发达国家文明厌恶的情绪，此情绪上升后便会发生冲突，实际上是发展中家对发达国家掠夺生存资源不满而产生的冲突。

其次，仅阐述文明的差异而非共性与交往。人类依据自身需要，发展出多种具有清晰差异的文明，但不同文明间也存在共同的价值观，即以不同社会规范制约着相同的社会行为，仅在表达与实现方式上有差异。同时，通过频繁交流，文明间能够彼此了解与共存，但亨廷顿的文明冲突论却将文明的差异性放大，他认为，如果有超过两个文明同时存在必定会产生冲突。但世界历史的车轮转动至今，孕育了多种文明，出现多种文明相互交流促进进步的事例，如中国的四大发明流传至欧洲，促进了欧洲的文艺复兴；又如西方的先进思想进入中国，进而加速中国推翻封建王朝的进程等，这些例子证明文化可以共存和互相进步。最后，文明冲突论事实上实行了双重标准。亨廷顿将文明分成西方文明和非西方文明两个大方向，他用差异巨大的态度看待两种文明。他消极看待非西方文明，觉得这些国家实力的增长会给西方文明带来威胁，必然会挑战西方文明的地位，以后两大文明间的冲突也是缘于这种挑战，并且是由非西方文明主动向西方文明发起的。在他看来，西方文明地位最高，应是其他文明效仿的内核。由此可知，亨廷顿的文明冲突论具有强烈的冷战思维方式，暗含文化帝国主义思想。

亨廷顿的"文明冲突论"也有其创意之处，他指出了文化变量在当代国际关系中作用的新变化。冷战时期，政治、军事等所谓"硬权力"压住了文化因素在国际关系中的地位。而在冷战结束后，政治和军事的高压减弱，文化作为一种"软权力"，文化冲突和矛盾就会显露出来，甚至以一种扩大的方式显示出来。文化因素成为国际关系中一种十分敏感的因素，在一些地方甚至导致地区性的流血冲突和政治对立。如波黑的塞族、克族和穆族之间的冲突，波罗的海三个国家从原苏联的脱离，文化因素都起到了重要的作用。对西方人来说，亨廷顿的"文明冲突论"解开了冷战后出现的许多国际性冲突的内在秘密，尤其是使西方人找到了理解近年来伊拉克战争、索马里、波斯尼亚、海地等问题上所产生困惑的一个重要理论参考框架，代表了一部分学者对于战后世界秩序重建的观点，也是学术界首次明确提出从文化的视角探寻世界秩序建构的理论。西方学者试图用文化冲突（上层建筑的冲突）来消解马克思主义的阶级、利益矛盾冲突（经济基础冲突）来解释世界、改变世界的叙事方式，对这种观点读者们需要用批判的精神去认识。

## 四　软权力理论

最早明确提出"软权力"概念的是美国著名的学者、哈佛大学肯尼迪政府学院前院长约瑟夫·奈，而后"软权力"理论成为学术界的一个新兴理论，成为研究西方文化霸权问题的一个崭新视角。

### （一）软权力理论的理论依据

软权力思想是在当今国际政治关系背景下，在修昔底德、葛兰西和摩根索的相关理论基础上形成的。

首先，修昔底德的《伯罗奔尼撒战争史》使人们了解到其阐述的"观念"，即民族精神的特殊价值。依靠民族精神，雅典获得较高的权势并不断壮大。当时的雅典人深知权力具有主观性，这种观念荣升为整个国家集体意志时，便出现了雅典"软权力"的雏形，雅典凭借"软权力"实现了对地中海地区的统治。把修昔底德的"观念"与约瑟夫·奈的软权力进行对照，可以说修昔底德的"观念"是古希腊时期"软权力"的雏形。约瑟夫·奈的"软权力"思想里存在着修昔底德"观念"的影子,因此,在早期的人类社会活动中,人们便深知意识对于统治的超强推动力,而随着时代的发展,"观念"渐渐明确,出现了今天的"软权力"思想。

其次,文化霸权理论是由葛兰西提出的,其内核为夺取文化领导权。葛兰西指出,在一个阶级准备夺得政治领导权前,可先获取文化领导权,进而为获得政治领导权扫清障碍。但这时需要依托文化的不断影响来实现社会各阶层的"普遍认同",当"普遍认同"达到一定规模时,文化领导权便发生了转移。葛兰西深知掌控意识形态的重要性,而在约瑟夫·奈这里是一种软权力的体现。软权力思想作为西方文化霸权的基础,它的产生和发展一定会受到葛兰西文化霸权理论的影响,尤其是葛兰西提出的夺取文化领导权的理论,对软权力思想的形成影响很大。

最后,杰出的国际关系理论家汉斯·摩根索,在《国家间政治》中提出国家权力来源于许多层面,除自然资源、地理环境等实体因素外,还囊括国民士气和民族性格等无形的因素。他认为在国家的权力中民族士气和民族性格最难掌握,但二者又是国家权力能否强大、影响力可否长久的重要因素,在国家危急时刻,无形因素的影响力就会凸显。约瑟夫·奈从他这里吸取灵感,并对这种无形的影响力进行详细阐述,进而形成软权力思想。①

(二) 软权力理论主要内容

1990 年,约瑟夫·奈先后在《政治学季刊》和《外交政策》等杂志上发表了《变化中的世界力量的本质》和《软权力》等论文,并出版了专著《美国定能领导世界吗》,明确提出"软权力"理论。他认为,冷战后国际政治的变化主要表现为"世界权力的变革"和"权利性质的变化"。过去,对一个大国的考验是其军事实力,而如今,技术、教育和经济增长等因素在国际权力中正变得日益重要。在冷战时期,东西方对抗的轴心是"硬权力",尤其是大国间用全球军事力量来平衡国际体系的实力地位。② 而现在,随着美苏两国军事对抗的消失,经济、文化因素在国际关系中的作用越来越突出,在世界变革情况下,所有国家均应学会利用新

---

① 约瑟夫·奈认为软实力有三个来源:一是能在很多方面对他国有吸引力的文化;二是在国内外事务中遵守践行的政治价值观;三是正当合理且拥有道德上的权威性的对外政策。约瑟夫·奈:《中国软实力的兴起及其对美国的影响》,王缉思译,世界经济与政治出版社 2009 年版,第 6—12 页。

② 刘德斌:《"软权力"说的由来与发展》,《吉林大学社会科学学报》2004 年第 4 期。

的权力源泉实现其目标：操作全球相互依存，管理国际体系结构，共享人类文化价值。① 约瑟夫·奈认为，新的权力源泉就是"软权力"，"软权力"的新形式正在出现，特别是在文化、教育和大众媒体方面，"软权力"的性质是无法用传统的政治学理论来解释和评估的。②

20 世纪 20 年代无线电广播的出现，使许多国家进入了外语广播的时代，到了 30 年代，纳粹德国把电影宣传片推向了极点。美国政府很晚才想到要利用美国的文化为外交服务。随着二战和冷战的展开，美国政府才更加积极，其官方举措包括美国新闻署、美国之音、富布赖特计划、各地的美国图书馆等。美国公司和广告业的经营者、好莱坞电影公司的老板们，不仅向世界销售他们的产品，而且渗透美国的文化和价值观。由此可见，美国拥有明显的软权力优势，拥有丰富的软权力资源。2002 年，约瑟夫·奈发表了《美国霸权的困惑：为什么美国不能独断专行》，书中进一步集中讨论了"软权力"问题："软权力并不是什么新事务，美国也不是第一个力图用自己的文化创造软权力的国家。"在普法战争失败后，法国试图通过 1883 年创造的法兰西联盟来推广它的语言和文学，以修复其被破坏的威信，在海外推广法国文化因而成为法国外交的重要组成部分，意大利、德国等国家很快纷纷效仿。2004 年，他又在新作《软权力：通向世界政治的成功之路》（Soft Power: The means to success in world politics）中重新对"软权力"进行了简短明确的界定："它是一种通过吸引而非强制或者购买获得所需东西的能力"，这一概念进一步明确了软权力的性质和作用。同时，他也阐述了"软权力"与"硬权力"之间的关系，前者是建立在文化和意识形态的基础之上，后者则是建立在强制和引诱的基础之上，"软权力"和"硬权力"可以相互作用和加强。但是约瑟夫·奈也承认"软权力"并不是美国独有的权力。他认为，在全球化时代可能获得"软权力"的国家有很多，但获得"软权力"的国家必须具备一定的条件，主要体现在三个方面：一是其主流的文化和价值观念接近普遍的全球规则；二是它具有多种渠道的交流；三是它的国内实力会让国

---

① Joseph Nye, "The Changing Nature of World Power", *Political Science Quarterly*, Vol. 105, Issue 2, Summer, 1990. 转引自刘德斌《"软权力"说的由来与发展》，《吉林大学社会科学学报》2004 年第 4 期。

② Joseph Nye, Soft Power, *Foreign Policy*, Fall, 1990. 转引自刘德斌《"软权力"说的由来与发展》，《吉林大学社会科学学报》2004 年第 4 期。

际表现增强其信誉。① 其在书中阐述道："若我们傲慢自大，对外部世界麻木不仁，浪费自身的软实力，我们就会增加遭受攻击的危险，卖空我们的价值观，加速我们优势的丧失。"② 这些观点对我们研究应对西方文化霸权的理论建树问题有着重大的启示意义。

（三）软权力理论的特征

首先，软权力最显著的特征是对其他文化产生的吸引力。约瑟夫·奈提出若可以得到相当的软权力力量，就会不自觉地吸引其他的文化意识形态向西方文化转变，且这种转变是建立在对西方文化认可的基础之上的。其他文化会遵循西方的模式来构建自己的文化意识形态领域，这时西方的文化意识形态和价值观便可以进行渗透，便几乎不会再发生较大的争端与矛盾，国家的利益获得保障。可见，软权力对其他文化的吸引在于成本少，不战而攻心，成为国家战略较量中的上上之策。

其次，软权力实施主体的范围甚广。软权力区别于硬权力，硬权力由武器装备、自然资源等这类归国家掌管的实体物质基础构成。但软权力是由文化、制度、科学技术等这类国家和企业或个人都可以具备的非实体资源构成，正如约瑟夫·奈讲到的，若觉得软权力是对文化意识形态等观念的影响，这种权力便不仅仅是国家才可使用。如学成归来的留学生，便将留学地所属国的文化带回自己的国家，并对身边的人产生影响，这便是软权力个人实施的典型。正因软权力实施主体的广泛性，软权力的作用更不可被无视，它能够对许多细微的个体产生影响，积少成多，便会产生强有力的影响，近年来东欧各国发动的颜色革命，便是通过普通民众自下而上开展的。

最后，软权力拥有相对独立的特性。软权力的相对独立性指它可以不依靠硬权力直接发挥作用，但软权力仍要以一定的硬权力为基础。不包括梵蒂冈此类极特殊的宗教性质国家，没有任何国家可在缺少硬权力的保障下，发挥出极大的软权力来影响世界。约瑟夫·奈也认为，若一个国家的硬权力足够强大，也可以出现一种吸引力，进而培养出软权力，但这类软权力，与文化和价值观形成的软权力相比，能够短期获得，如古代的中

---

① ［美］约瑟夫·奈:《美国霸权的困惑：为什么美国不能独断专行》，郑志国等译，世界知识出版社 2002 年版，第 73 页。

② ［美］约瑟夫·奈:《美国霸权的困惑：为什么美国不能独断专行》，郑志国等译，世界知识出版社 2002 年版，第 11 页。

国，未刻意地向外输出自己的文化和价值观，但因自身硬权力强大，吸引了周边国家主动持续的朝贡。

近些年来，国内学术界也开始日益关注软权力理论的研究，吉林大学的刘德斌、北京大学的张小明、中国社科院的刘卫东等学者在研究约瑟夫·奈软权力理论的基础上，提出了自己独到的见解，为软权力理论的进一步发展奠定了一定的基础。总之，尽管"软权力"理论还未成为西方文化霸权理论中的主流理论，还处于新兴和发展的阶段，但它为我们研究全球化、信息化时代的西方文化霸权理论提供了一个全新的视角；提出软权力的重点在社会的相互沟通和文化思想的交互作用，为我们研究全球化时代的西方文化霸权理论建树提供了一个新的理论源泉。

# 第三节　当代美国文化霸权主义的主要表征

当今社会是一个以知识和信息为基础、竞争与合作并存的全球化时代，是资本、技术和文化因素在全球范围内流动，政治、经济、文化交流不断加强的时代。不仅世界上各个国家的经济政策与活动深受波及，文化政策与活动也深受影响，国际文化秩序正处于深刻变动和文化力量格局的重组过程中。西方文化霸权国家通过文化产品和服务进入我国的文化市场，赚取了巨大的经济利益，还利用这些文化产品和服务背后所蕴含的西方生活方式、消费观念、意识形态和政治制度，对我国的文化市场造成了巨大冲击，更对我国的民族信念和政治理念造成消解，对我国的意识形态和文化安全形成威胁和挑战。经济全球化实现了资本的自由流动和信息的自由传播，国家和民族文化的边界正处于被消解中，国家文化主权遭受严重威胁和挑战。以美国为首的西方国家凭借其强势文化，运用资本、技术和市场优势对弱势文化进行渗透、掌控，强行制定"市场准入"规则，以更加隐蔽和多样的方式实施多方位的文化霸权主义政策，制造思想意识领域的价值观混乱，进而影响相关国家的执政根基。因此，急需对西方文化霸权主义在当下的表现形式进行研究，以准确甄别并积极应对。

## 一　推行以美国中心主义为基础的意识形态霸权

随着冷战的结束，美国自恃经济、技术和军事力量强大，向全世界推销其文化产品、价值观念和意识形态。1998 年 12 月，在美国推出的《新世纪国家安全战略》中就毫不隐讳地声称，美国的目标是"领导整个世界"，绝不允许出现向它的"领导地位"提出挑战的国家或集团，21 世纪将是"美国世纪"。学者塞缪尔·亨廷顿说："美国当然是世界上在各方力量——经济、军事、外交、意识形态、技术、文化诸方面都处于主导地位的国家。它具有在全球几乎任何一个地方实现其利益的手段和能力。"冷战结束后，美国就采取各种新兴方式和手段推行以西方中心主义为基础的意识形态霸权。

（一）利用因特网推行西方意识形态

在对外战略上，美国利用因特网开展对外文化渗透并实施文化霸权，因为其隐蔽性、便捷性、廉价性等特征已经变成美国政府最喜欢、最擅于使用的方式。美国把自己创造并制定的网络标准推广成全球标准，利用因特网向全世界全方位、全时空、全天候地推销自己的价值标准、意识形态、外交政策、商业理念和社会文化。就像来自新西兰的信息技术专家所言："美国从全世界收集信息，将其信息加工成有益于本国的东西，然后再传播至全球。"依靠自身在网络技术上的实力和优势，通过信息优势和信息霸权实现其独霸全世界的战略目标。

（二）利用思想库和研究机构出谋划策

在西方文化霸权的意识形态渗透过程中，有个"宣传医生"的说法，是指传媒界的舆论制造者、总统、参议员或州长身边的宣传和新闻策划人，他们主要任务是熟练地玩弄文字游戏使事实真相变得朦胧和模糊，甚至彻底被遮掩。从美国华盛顿到英国的剑桥，有几十所思想库和研究机构，从国家权力精英集团利益出发，为政府、大公司、国会和传媒更有效地传播政治思想、管理新闻舆论导向，控制公共舆论进行出谋划策。在这样一些美国主流政治传播学学者、新闻界资深记者、白宫新闻发言人、国会议员和各方面国际问题专家的精心策划下，经过朝鲜战争、越南战争、冷战、海湾战争等，今时的美国已具备一整套的定量分析方法进行科学测定，掌握何种信息和信息包装能够实现最优的宣传效果。美国电视上任何一种画面、文字消息的编辑、广告的穿插都是基于许多受众调查基础上的精心制作，美国的传媒犹如信息加工厂，观众便是顾客。当各类信息在流水线上被分类精致包装加工时，信息生产者对观众的预期反应已有基本的估计。他们擅长煽动公众，触发他们的求知欲和好奇心，受众的心理和思想情感在无声中被媒体操纵，通过一番洗脑，受众群体头脑中原有的意识形态会淡化，甚至消失，受众会心安理得并且毫无意识地按照洗脑者设定的方向去思考和行动。冷战结束后，西方国家并未结束对他国意识形态领域的攻击。美国等西方发达国家对意识形态领域的控制从未松弛，一直主动推销自己的"自由""民主"理念，他们指出西方文化理念是"人类意识形态取得进步的终点与人类统治的最后形态，即形成历史的终结"①，他国都在效仿西方文化的模式，是西方发达资本主义国家维护其霸权的必要战略。

（三）操纵新闻报道内容影响舆论导向

在美国，除"美国之音"与"亚洲自由之声"外，政府不可能直接掌控媒体，但是，该国统治集团利用无形的手管控新闻中的报道内容，进而影响舆论导向。而媒体自身出于对意识形态、控股公司的利益以及读者和观众心理需求的考虑，只能服从于权力、政治、金钱、市场。在国际报道上，媒体与政府坚定地保持一致，在中国驻南斯拉夫大使馆被炸事件中，当美国国务院、五角大楼和白宫解释轰炸大使馆是"误炸"后，所有的美国媒体无一例外都跟着报道这是"误炸"。

美国等西方国家对全世界进行大肆媒体轰炸和"妖魔化"，继续利用思想文化进行渗透，培养西方价值观念的"运货人"和"自由的种子"，其本质是在他国特别是社会主义国家的知识领域寻找、收买和培养他们的代言人，为美国垄断资产阶级的利益服务。美国极其看重对外文化交流，为他国特别是社会主义国家培养"未来的领导人"。他们期盼受过美国教育的知识分子，可以快速进入领导层，或进入与决策相关的领导机构，来影响他国政策走向。

美国实施"国际访问者计划"，着重挑选可以对决策产生影响或潜在影响者。在1989年春末夏初政治风波出现前，每年我国都有近百人受邀访美。一位美国官员谈论此事时说："知道并影响中国的对美政策是我们的目的，我们要接触中国的高级官员并与之做朋友。"为实现影响中国决策的目标，美国还注重以优厚的政策和条件吸引中国高干子弟赴美。

---

① 陈胜、郑易平：《浅析亨廷顿和福山政治发展观的差异》，《金陵科技学院学报》2011年第9期。

（四）凭借"新干涉主义"巩固西方文化的主流地位

"新干涉主义"的文化策略是"将在意识形态市场上再次确认西方文化的主流地位和影响"，为此采取各种举措巩固西方文化的主流地位：

首先，大力开拓和占据文化市场，在各种贸易谈判中，美国均以"贸易自由"为由，千方百计迫使别国开放文化市场；其次，与经济活动相结合，把西方自由主义和市场经济作为普遍原理进行推广，在全世界推行西方的文化价值观念、政治制度和经济模式；再次，通过国际文化交流与宗教势力实施文化外扩与渗入；最后，以对社会主义国家实行"西化""分化"战略为重点，高举"人权高于主权"的旗帜到处干预他国内政[①]，达到顺从西方意志的目的，实现资本主义的大一统，企图将意识形态多元化的世界用美国价值标准统一起来，这是美国等西方国家进行文化交流的最重要目标。正如布热津斯基在《大棋局》中所描绘的那样"美国登峰造极的地位打造出全新的国际秩序，此国际秩序不但在国外复制了该国的诸多特点，还将这些特点稳固下来"。在其《大失控与大混乱》一书中亦提及，"强化美国文化作为世界各国榜样的文化和意识形态力量，成为美国稳固其霸权地位势必实现的战略"[②]。

自90年代开始，"新干涉主义"形成且日渐发展，美国等西方国家大力宣扬西方社会制度和基本价值观，对非西方价值观的国家进行攻击和责难，其最终目的是按照西方的标准和国家利益构建国际文化新秩序，并进一步维护其国家利益。

由于美国等西方发达国家的政治、经济、科技均处在强势地位，美国试图将自己的价值标准强行施加于他国，导致不同文化具有某种"趋同"的倾向，该倾向的危险程度会伴随其他"硬权力"因素的强大而形成同向性发展态势。从美国的政治意图和全球战略角度讲，其实行的文化霸权均与意识形态相关，是一种极具隐含性质的意识形态，利用"渗透"的方式使文化霸权受众国成员自觉地认同和接受。美国推行的文化霸权在客观上是"潜意识"表达，主观上却是"有意识"输出，它将政治意识形态运作过程恰到好处地"包装"成"文化交流"的社会实践过程。实际上，世界各国在政治、经济和文化发展上，具有"权力不平等"现象，

---

① 胡立博：《聚焦北约》，知识出版社1999年版，第185页。

② ［美］布热津斯基：《大失控与大混乱》，潘嘉玢、刘瑞祥译，中国社会科学出版社1995年版，第248页。

文化间的交流就是"强势"与"弱势"交互作用的过程。然而，在全球化的情境中，美国等西方世界凭借强大的实力，试图将客观"实然"转化成主观的"应然"，以实现西方资本主义和文化霸权的合法化扩散。因此，"意识形态"是无法忽视的因素，它在思想深处无所不在地散发着能量。

## 二　利用经贸途径输出西方文化

### （一）奥巴马"亚太再平衡战略"

2008 年以来，金融危机给美国经济带来沉重打击，也给欧洲各国带来困难，世界经济发展格局开始由欧美向亚太地区倾斜。2009 年奥巴马出任美国总统后，为摆脱困境，美国想重新确立在亚太地区的话语权，高调宣告"重返亚太"。2011 年 11 月正式确立为"亚太再平衡"战略，把美国的海外战略中心转移至亚太地区，利用政治外交的进一步整合、军事上调整部署、经济上力邀伙伴制定规则、文化上潜移默化地输出等综合手段，稳固传统安全同盟，主动增强与东盟和中国、印度等国家战略对话，主动参与地区热点议题，全面参与亚太地区事务，实现美国对亚太政治经济的领导。[1] 2009 年年初到 2016 年年末，是奥巴马实施"亚太再平衡战略"的 8 年，这期间他 11 次访问亚洲，开启美国历史上的先河，在亚太地区塑造美国式的新秩序，震慑亚洲诸国，制衡中、俄、印等国，从而试图维持美国原有的全球霸权地位，是奥巴马政府的最终目的。纵览全世界，有 50%左右的人口处在亚太地区，拥有全世界规模最大、最富活力的经济体，天然且极富战略价值的重要海洋运输线和港口，全球经济总量的 54%、贸易额的 44%均产生在亚太地区，这里不仅是美国获取巨大经济机会的地方，更是世界经济复苏的引擎。

1. 实行 TPP 游戏规则

美国企业的目标消费者 90%在国外，其中亚太占据 60%，TPP 成为美国打开亚洲市场的法宝。2012 年年底开始，亚太再平衡战略增加了经济层面再平衡的考量，TPP 谈判的内容范围甚广，囊括公平竞争、知识产

---

[1]　Remarks by National Security Advisor Thomas Donilon, November15, 2012—As Prepared for Delivery, http：//www. whitehouse. gov/the-press-office/2012/11/15/remarks-national-security-advisor-tom-donilon-prepared-delivery，转引自林冈、王伟男《台湾研究系列——新时期的美国涉台政策及其变化趋势》，九州出版社 2015 年版，第 30 页。

权保护、跨境服务等超过 20 个层面，甚至还干涉、约束成员国自身的法律法规、机制体制、甚至价值观等。由此可知，美国对谈判的强势主导，不仅想打造一个区域经济合作机制，还力拓亚太经济、政治主导权，企图打造经济和政治的合作模式，以削弱或稀释中国在亚太地区的主导权。虽然随着特朗普的上台，TPP 无疾而终，但美国重返亚太的总体战略并没有根本性改变。

2. "亚太再平衡"战略中西方文化的输出

首先，美国在向亚太地区倾斜的进程中，一直努力把美国的普世价值观和意识形态输送、渗入到亚太地区，亚太地区只有澳大利亚和日本接受并认同美国的意识形态和价值观，亚太地区的其他国家更认同与固守本地区的文化和意识形态。东南亚和东北亚国家尤为突出，从地缘角度看，其价值观更偏向和认同中国文化与儒家思想。美国一直致力于向东方国家渗透其意识形态与价值观，尤其是代表美国文化和价值观的好莱坞电影加速向亚太地区输出进程和程度，在亚洲地区获得高额票房利润的同时，更输出了美国文化。2016 年，中国内地院线上映的 459 部影片中，进口影片为 98 部，且进口的几乎都是美国电影。2007—2017 年 10 年，美国通过宣传极具美国式正义、勇敢、负责任的一系列电影，极大地影响了中国青年一代人的价值观形成。为此美国军方全力以赴配合电影《变形金刚》的拍摄，允许摄制组进入五角大楼现场拍摄，为引起亚洲观众的关注，美国电影近年来更是增添东方元素，不但在影片中频繁邀请中国、日本、韩国的演员出演，而且还把外景地和故事发生地设置在中国，如电影《007》故事发生地设定为中国上海，并在影片中含沙射影，宣传中国负面的国家形象。

其次，对外亲善援助增强了美国文化渗透力。美国的对外援助在正义、责任的旗帜下大张旗鼓地实行，向友好国家提供军事和经济支持，向发展中国家提供文化援助。随着亚太再平衡政策的实行，更增加了对外援助，尽管财政紧缩，但美国对亚太地区的外交援助有增无减。2009—2016 年奥巴马政府执政的 8 年间，对地处亚洲地区的东盟 10 国援助总额达到 75.48 亿美元，其中经济援助总额为 68.86 亿美元，军事援助总额为6.63 亿美元，如图 1-1 所示。美国利用对外援助大大提升国家形象，输送美国的价值观，更增添了亚太地区民众对美国文化和美式生活方式的向往，从而认同、支持美国的战略行为。可见，美国对亚太地区实施的

"一手大棒、一手胡萝卜"的价值观外交甚是有效。

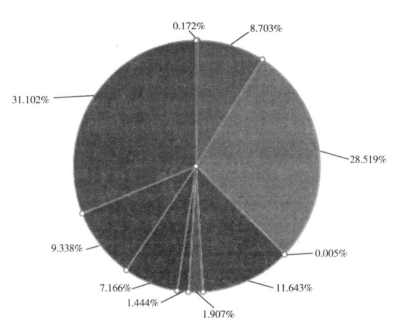

**图1-1　奥巴马政府对东盟各国援助所占百分比**

数据来源：根据美国 USAID 网站 thttp：//explorerusaidgov/query 整理。

（二）特朗普政府"有原则的现实主义"战略

特朗普政府推崇"有原则的现实主义"战略，"美国优先"成为其对外政策的主基调，新孤立主义倾向显现。① 突出美国利益至上，实质是把自身利益凌驾于他国利益之上和枉顾国际义务，是十分典型的霸权主义表现，与全球化时代合作共赢的主潮流大相径庭。

1. 贸易保护政策的影响

中国是当前美国最大的贸易伙伴，据美国商务部统计，2017 年全年，美国与中国双边货物进出口额为 6359.7 亿美元，我国对美出口额为 4298 亿美元，对美贸易顺差高达 2758 亿美元。② 特朗普认为，美国工人失业

---

① 柳丝：《从联大演讲看特朗普"有原则的现实主义"外交》，新华网（http：//www.xinhuanet.com/2017-09/22/c_1121709598.htm）。

② 《2017 年全年美国货物贸易及中美双边贸易概况》，正点国际（www.qqfx.com.cn）美国事业部。

最主要的原因是中国制造业的发展，其贸易战首选对象是中国，特朗普政府通过将中国列入汇率操纵国为突破口，不承认我国市场经济地位，对我国国有企业、知识产权保护等施加压力，对我国销售到美国的商品加征关税。以特朗普为代表的西方右翼势力使民粹主义更加突出，助长了反伊斯兰教情绪蔓延，导致更加激烈的区域对抗，不利于我国企业在沿线国家投资的安全与稳定。挑战我国的国家核心利益，特朗普政府对台政策充满不确定性，台海风险可能会升温，同时在东海及朝鲜半岛问题的政策主张，通过主流媒体抹黑我国"一带一路"倡议，弱化我国推进"一带一路"建设的影响力等，其目的都是进一步维护美国日益衰落的霸权地位。

2. 对华单边贸易保护主义的升级

特朗普政府对华单边贸易保护主义行为不断升级，从历史上看，在外交政策上，美国共和党一直都有着美国利益优先的传统，在外政策上倾向于美国国家利益至上和单边主义，特朗普发动中美贸易战的根本目的在于最大限度地实现美国利益。英国经济政策研究中心（CEPR）的世界性贸易预警（Global Trade Alert，GTA）数据显示，2017 年特朗普政府公布的贸易保护主义举措中直接针对中国的就占到 59.4%。2018 年第 1 季度，特朗普政府推行 37 项贸易保护主义举措，直接针对中国的高达 25 项，比重增至为 67.6%。政府经贸政策团队对中美贸易关系的基本出发点为：中国通过不公平的知识产权实践、贸易补贴和掠夺性定价等举措从中获益，且 WTO 多边贸易框架不能约束中国的不公平贸易行为，美国应在 WTO 之外运用强硬措施对中国进行约束。为防止国际规则实行不利于美国的裁决，特朗普政府积极筹划助推多边贸易规则，依照美国的利益实行变更，以从多边贸易体制的约束中解脱出来，且优先运用国内法律。特朗普政府企图削弱 WTO 争端解决机制的束缚力，专门制作了一张能够由美国单边实施贸易制裁情况的清单。在限制中国贸易方面，特朗普政府更是不惜动用不合常规的单边制裁手段，以保护美国经济安全为借口，对中国发起 20 多年来甚少动用的"301 调查"，征税产品建议清单，针对技术转让、知识产权和自主创新三个方面展开细致调查，涉及中国约 500 亿美元出口产品。① 并将中美之间的贸易战持续升级，加征关税商品清单扩大到

① 赵平、张芳：《特朗普政府对华贸易政策变动趋势及其应对之策》，《对外经贸实务》 2018 年第 6 期。

2000 亿美元。

随着全球多极化、经济全球化、信息网络化的急速发展，广大发展中国家不断进行宽领域、深层次的国际交往与合作。全球化是把双刃剑，西方发达国家在有选择地输出经济和技术的同时，大量输出其思想文化和价值观念，对国际文化格局的变化带来深远的影响。这种大时代背景之下，美国等西方文化霸权国家利用其在文化上的垄断地位，在全球范围内大肆贩卖其文化理念和生活方式，以此来改变一个国家的文化理念、价值观念等，从而获得政治层面上同化他国的目的。

西方的外交决策者将西方文化中的基本价值观念简化成一套意识形态教条，主要是政治民主化、人权等方面的内容，并作为一种普世的行为准则加以推行，借助经济、科技优势，赋予自己在文化上的支配地位。西方文化霸权国家通过大力发展对外贸易，在获取巨大的经济利益外，还通过外贸关系对我国输送"自由、民主、人权"等价值观念，除此之外，商品背后所涵盖的西方生活方式也被放大成自由至上的生活方式，借助市场的力量影响我国民众。在具体措施的运用上，主要体现为以下两点：

一是利用经济援助，推行经济自由化和政治民主化思想。多年来，美国积极援助第三世界不发达国家加入全球贸易体系，借此推行美国民主思想。据美国媒体报道，2001 年 3 月 19 日，美国政府向国会提交了《总统2002 年贸易政策议程和 2001 年贸易协议报告》，该报告回顾了 2001 年美国主要贸易政策发展，并提出 2002 年贸易政策重点的指导原则，并指出，布什政府把与国会合作、利用贸易授权扩展国际市场作为突出重点，美国国会也已通过相关议案。

二是在全球贸易谈判方面，美国在贸易谈判中鼓励并协助最不发达国家参与贸易谈判和实施贸易协议提供技术援助；美国协助俄罗斯进行入世准备，支持俄罗斯实施改革、推行法治经济、履行开放承诺，等等。同时，美国在区域贸易、双边贸易谈判方面都为相关国家提供了援助。当然，这些援助并不是无条件的，美国在对外贸易的过程中不断强调美国价值观，通过支持私营部门的发展、鼓励法治、经济自由化等方式促进自由、民主等价值观的普及。

（三）拜登政府"全政府对华战略"

拜登上台后，美国新一届政府对华大战略没有改变。拜登政府提出"中国是最严峻的竞争对手"，与特朗普政府将中国视为战略竞争对手相比,"最严峻的竞争对手"减少了"战略"二字增加了"最严峻"三字,本质并没有变。可以预见的是,拜登政府对华对抗最为激烈的领域将是在制度和价值观方面。美国自认为是自由民主的灯塔,自认为制度、价值观及美国文化是普世价值。中国在种族、文化、制度和价值观上与美国不同,却出乎西方的预料走出了一条不同于西方的现代化道路。中国的成功使美西方感到恐惧,美西方的制度与价值观不再是普世价值,现代化道路不止一条,世界各国开始觉醒,发现西方模式不再是最优的路径选择,开始探讨符合于自身国情的发展道路,美西方的软实力和号召力将大大降低。

因此,美国政府在民主与人权上不断抹黑中国,在新疆、西藏、香港、台湾问题上编造谣言攻击中国。在制度和价值观方面,中美除了对抗外还有竞争。过去美国在制度和价值观方面是自信的,但新冠肺炎疫情发生后,中国在全球抗疫中的出色表现,与美国等西方国家的政府形成鲜明对比,美国成为全球死亡与感染人数最多的国家,对其自由、人权价值观是莫大的讽刺,美国民主正面临前所未有的挑战。在这种背景下,拜登政府将致力于把西方国家纠集起来形成所谓"民主国家同盟"与中国对抗。

### 三　利用对外教育文化交流活动输出价值观

利用全球化教育和文化交流扩展其文化影响。借助因特网及先进的通信技术,基于信息技术的全球化教育为全球学习者提供了更加灵活的课程和教学,关注了学习者的个体需求,但是,全球化教育的背后往往隐含着西方的文化霸权主义。全球化教育中的文化渗透与侵略并非仅表现在发达国家对发展中国家的渗透上,发达国家之间也同样存在这种问题。例如,美国不仅对落后国家进行文化侵略,也对加拿大等发达国家进行文化渗透,美国文化产品占加拿大电影市场的 95%,电视剧的 93%,英语节目的 75%,书刊市场的 80%。① 对发达国家来说,教育的国际化直接或间接地给他们带来了文化和人才的双重收益,一方面由于发达国家在国际文化交流中居于优势地位,教育的国际化可以增强他们对发展中国家的文化渗透和影响能力;另一方面可以在教育的国际交流过程中,以廉价的方式吸引大量发展中国家的顶级人才。发达国家凭借本国教育资源的优势,特别

① 廖奔:《全球化与美国文化渗透》,《文艺报》2001 年 9 月 15 日第 3 版。

是高等教育的优势，向外国开放，大量招收留学生，向外输出教师，形成了教育产业的国际化。

美国成为全球留学生最多的国家，美国等西方国家不断从发展中国家的高等院校乃至中学选拔优秀学生或家庭经济条件比较优越的学生出国留学，并以高薪、优越的生活条件等吸引其中的杰出人才留在国外或成为跨国公司在其母国的代理人。仅以中国为例，由于中国经济一直稳步增长，许多出国留学人员归国创业，出现一定程度上的人才回流现象，但和中国大批人才外流相比，人才回流只占很小比例。2014 年的中国胡润富豪榜中，正在或计划移民的人数占 64%，比 2013 年增长了 4%。中国与全球化研究中心（CCG）主任王辉耀说："美国是从全世界 76 亿人口中选择人才，而我们只是在 13 亿人中选择人才。"据《2017 年 3 月至 2018 年 3 月的赴美留学生报告》显示，在美国拥有 F 和 M 类签证学生中，来自中国学生有 377070 名，占赴美留学生总数的 49%。①

总之，西方文化霸权国家通过大规模的对外教育交流活动，让其他国家的人才来帮助宣传西方文化的价值观念，潜移默化地将西方文化霸权渗透到其他国家，并对其他国家的国民产生深刻影响。

### 四　借助文化媒介和信息技术进行文化扩张

利用媒体，特别是新媒体进行网络文化渗透具有速度快、时效性强、形式灵活多样等优势，成为西方发达国家全球政治和经济的一个有机组成部分，更是巨额利润的主要来源之一。美国等西方文化霸权国家利用先进的媒介手段，如数字技术手段等，将西方文化霸权的政治价值和文化理念传播到其他国家，很多国家在受到西方文化霸权渗透时还不自知，这也是文化霸权不同于暴力强制手段的地方。

第一，利用网络进行文化渗透。网络文化渗透属于文化渗透的一部分，由于自身渗透方式与手段的不同，与一般的文化渗透相区别。根据对网络文化的物质、制度、精神三层的分类方式，可以将网络文化分为具体的物质、制度与精神层面。首先，网络文化的物质层面包括网络文化行为：网民在网络中的行为；网络文化产品：网民利用网络创造的文化产品

---

① 《2018 年第一季度在美留学生报告》ICE（US immigration and customs enforcement——移民海关总署）。

和一些组织或商业机构传播的文化产品；网络文化事件：发生于网络空间，对网络文化与社会文化的发展产生影响的事件；网络文化现象：在某个时间段或者某个区域网民行为或网络文化产品等表现出一定的共同趋势或特点；网络文化产业：在网络空间形成一种新兴的产业模式。其次，网络文化制度，网络文化的发展促进网络文化制度的发展、变化甚至变革。最后，网络文化精神：表现为网络文化一些内在的价值取向，如民主、自由、开放等。文化渗透借助一定的物质或者精神产品，宣扬本国的价值理念、意识形态、行为方式、社会制度等，在这个基础上，网络文化渗透可以理解为他国借助网络文化产品的销售，提升本国网络文化产业，抢占网络空间，制造网络文化现象与网络文化事件，变革网络文化制度，导控网络文化精神，以此来宣扬本国的价值理念、意识形态、行为方式、社会制度等，增强文化认同，影响本国公民的价值取向、意识形态与行为方式。

第二，美国政府积极利用大众传媒，向世界宣传他们的文化价值观念，试图使世界"美国化"。从第二次世界大战后至今，美国的国际新闻机构不断合并、扩大：1942 年美国成立了战时新闻处；1945 年成立了国际新闻和文化事务处；1952 年美国政府将二者合并，成立了国际新闻署；1977 年美国国际新闻署和国务院的教育文化事务活动中心合并，成立了一个新的国际文化交流署。2014 年 3 月，美国独立性民调机构公布《新闻媒体状况 2014 版》，对 2013—2014 年年初的美国新闻业情况做出报告，六大发展趋势的首条就是"30 家最大的数字新闻机构扩展覆盖全世界，积极实行国际新闻报道"。Quartz 仅成立 2 年，在伦敦、曼谷和中国香港就设有驻地记者。据皮尤研究中心发布的《新闻媒体情况 2014 年版》有将近 50% 的成年网络用户通过社交媒体获取最近一周的政治要点新闻和政府官方新闻，估计美国新闻业年收入略高于 600 亿美元。2015 年据美国报业联合会公布的数据显示，只通过智能手机获取新闻的数字化报纸读者占了 80%。2015 年 10 月《纽约时报》设立专门的"快讯小组"，通过追踪和"改写"正持续进行的、最具吸引力的突发热点事件，提升报社在报道突发新闻方面的时效性和竞争力。美国在世界各地的新闻记者，除了一部分是美国公民外，还大量聘请当地或其他国籍的人担任。

第三，美国的新闻机构在业务上的文化渗透的特点。美国共有外文报纸、杂志四百多家，包括八十多家日报在内，用大约三十多种文字刊印。美国著名的三大报纸之一的《纽约时报》，不仅向全国报馆发布新闻稿，而且还远销五十多个国家。美国对外宣传的喉舌"美国之音"，至1970年便已使用四十多种语言，通过九十多个发射台向国外广播。随着电子新闻采集系统，包括卫星、电缆、电视、光纤、激光束迈向人们的生活，美国国际电视通信组织成功地发射了一系列卫星，实现了向全世界任何有人居住的地方提供电视频道的计划。早在1977年"国家通讯卫星四号"系列载着有四千条或六千条声音线路和两个电视节目频道，通向八十多个利用这个系统收录电视广播的国家中的一百五十多根天线。① 至20世纪90年代，美国媒体向外扩张的势头更加猛烈，重点对象是亚洲，因为亚洲人多且市场广阔，全世界潜在的电视观众有2/3在亚洲，传媒巨子默多克为了实现他的全球电视帝国梦想，于1993年7月以5.25亿美元的高价买下了香港卫星电视63.6%的股权，管控了亚洲最大的卫星电视网。美国等西方媒体进军香港，以夺得亚洲这块"电视的最后疆场"为目的。2001年默多克把新闻集团位于西欧、亚洲和拉丁美洲的卫星平台与相关资产进行重组，变为天空环球网络集团。黙多克拥有的香港卫视覆盖亚洲约40个国家和地区，全天无间歇播放，囊括娱乐、体育、音乐和新闻等各种节目，近27亿观众都能收看其节目。从全球传媒的现状分析，日益全球化的文化趋势令人担忧，由于当今的文化传播失去平衡，呈现出从富国向穷国传播一边倒的趋势。经济全球化发展的趋势下，传媒产品的国际市场也逐步形成，美国在线—时代华纳、迪士尼、威望迪环球、维亚康姆、新闻集团、美国电报电话宽带公司、索尼、康姆卡斯特公司、美国全国广播公司、甘乃特十大全球媒体支配着大众传媒市场。在这些传媒产业巨头的引导下，全球50家媒体娱乐公司占据了当今世界上95%的传媒产业市场。2003年传播于世界各地的新闻，90%以上由美国和西方国家垄断，其中又有70%是由跨国的大公司垄断，美国控制了全球75%的电视节目的生产和制作。许多第三世界国家的电视节目有60%—80%的栏目内容来自美国；而外国节目在美国电视中占有率仅有1.25%。美国公司出产的影片产量只占全球影片产量的6.7%，却占领了全球总放映时间的50%以上。

## 五　国际互联网成为西方文化扩张主要途径

随着信息技术的发展，国际互联网在西方文化扩张中扮演重要的角

① 孙晶：《文化霸权理论研究》，社会科学文献出版社2004年版，第268页。

色。信息革命是一场新的技术革命，它从根本上变革了通信工具和交流手段，开辟了文化传播和文化交流的新时代。信息革命大大便利了信息的交流和传播，互联网为文化霸权主义打开便利之门，这种信息时代的文化霸权主义更隐蔽和快捷。2000 年 1 月，EXCITE 公司对全球 6.4 亿左右的互联网用户进行语言认证，结果是英文信息占 71%、日文占 6.82%、德文占 5.08%、法文占 1.75%、中文仅占 1.52%。① 凭借这种优势，目前美国文化占据了网上信息资源的 80%—90%，人们一进入因特网似乎就走进美国文化的环境之中，使西方的文化价值观伴随着西方信息的传播，在全世界范围内树立起自己的霸权思想，即新型的文化霸权主义。总之，在全球化背景下，由于传播市场的严重失衡，致使西方尤其是美国的文化产品大规模输出到发展中国家，宣扬了美国文化的价值观、娱乐文化、消费文化和生活方式，美国文化因此空前扩张。

在全球互联网网民方面，据 2018 年 We Are Social 和 Hootsuite 的最新全球数字报告显示，全球使用互联网的网民数量已经超越了 40 亿人，而同期的全球人口数量大约为 76 亿人。② 2018 年 8 月中国互联网络信息中心发布第 42 次《中国互联网络发展状况统计报告》显示，截至 2018 年 6 月，中国网民规模达到 8.02 亿人，2018 上半年新增网民数量为 2968 万人，与 2017 年相比增长 3.8%，互联网普及率为 57.7%。中国使用互联网的网民占全球网民的 20%。截至 2020 年 12 月，我国网民规模达 9.89 亿人，互联网普及率达 70.4%（见表 1-1）。

表 1-1　　　　2014—2020 年中国网民数量及互联网普及率情况

| 年份 | 网民数量（万人） | 互联网普及率（%） |
| --- | --- | --- |
| 2014.6 | 63200 | 46.9 |
| 2015.6 | 66769 | 48.8 |
| 2016.6 | 70958 | 51.7 |
| 2017.6 | 75116 | 54.3 |
| 2018.6 | 80166 | 57.7 |
| 2020.12 | 98900 | 70.4 |

数据来源：cnnic、中商产业研究院整理。

---

① 孙晶：《文化霸权理论研究》，社会科学文献出版社 2004 年版，第 270 页。
② 杨茂保：《基于网络舆情分析的电子商务产品价格预测模型》，《合作经济与科技》2018 年第 11 期。

在手机网民方面，据 2018 年 We Are Social 和 Hootsuite 的最新全球数字报告显示，得益于近十几年移动网络与智能设备的发展，在这 40 亿网民中，全球使用互联网的网民中有近 20 亿网民使用智能手机上网。且截至 2018 年 6 月，中国手机网民规模达到 7.88 亿人，2018 上半年新增手机网民数量为 3509 万人，与 2017 年相比增长 4.7%。中国手机网民数量占全球手机网民的 39.4%。截至 2020 年 12 月，中国手机网民规模达到 9.86 亿人，其中，40 岁以下网民超过 50%。

表 1-2　　　2014—2020 年中国手机网民规模及占网民比例情况

| 年份 | 网民数量（万人） | 占整体网民占比（%） |
| --- | --- | --- |
| 2014.6 | 52705 | 83.4 |
| 2015.6 | 59357 | 88.9 |
| 2016.6 | 65637 | 92.5 |
| 2017.6 | 72361 | 96.3 |
| 2018.6 | 78774 | 98.3 |
| 2020.12 | 98900 | 99.7 |

数据来源：cnnic、中商产业研究院整理。

## 第四节　对当代西方文化霸权理论的反思

当代西方文化霸权理论已经形成丰富的理论体系，并随着时代的变化而逐步发展。在全球化的交往中，国家间的影响日益增大。西方文化霸权理论深刻地影响着人类社会的发展，使文化安全问题上升至国家战略层面。因此，我们必须对当代西方文化霸权理论进行反思，进一步探求它的影响和应对之策。

### 一　当代西方文化霸权理论研究视域的拓展

葛兰西的文化霸权理论产生于 20 世纪 20 年代，当时西方资本主义国家处在无产阶级革命失败的低谷时期，葛兰西关注的核心问题是无产阶级如何在资产阶级掌握政治、经济、文化主导地位的状态下获取政权。他细致分析现实情况，提出优先夺得文化领导权，再夺得政治领导权的革命斗争路线。而在当代经济全球化背景下，西方发达国家更注重怎样可以在全球化的背景下引导世界经济的发展，谋求国家利益最大化，当代西方文化霸权理论需要为终极目标服务。因此，当代西方文化霸权理论的研究视域拓展到了全球化中国家间的文化交流，目的是将文化这类软权力暗藏于全球化的经济交流中，对外输送本国文化意识形态，达到渗透他国民族文化的诉求。

## 二　当代西方文化霸权理论实现方式的转变

葛兰西的文化霸权理论只注重文化的重要作用，由于他清晰地看到，在资产阶级占据主导地位的社会中，应通过非暴力、温和的方式，即通过知识分子来引导、依靠文化教育手段夺得文化领导权。[①] 当代西方文化霸权理论的本质是获得国家利益的最大化，但这些理论几乎都实行强制措施，将西方发达国家的政治制度、文化价值观强行施加于经济欠发达国家，令这些国家接受自己的文化理念，进而遮掩谋取国家利益的目的。但当代西方文化霸权理论所要求的是通过经济、传媒的大量输出实现文化认同，从而达到"不战而屈人之兵"的目的。

我们认识到葛兰西的文化霸权理论是凭借对文化的控制，进而实现意识形态上的领导，最终夺取统治地位，而当代西方文化霸权理论则将经济和传媒作为载体，对外传播西方文化理念，希望同化其他文明。可见当代西方文化霸权理论仅借鉴了葛兰西文化霸权理论的"形"，从本质来讲与葛兰西的文化霸权理论无直接联系。当代西方文化霸权理论的实现方式有以下几点：

首先，以经济实力为支撑。当代西方文化霸权理论极其重视经济实力对文化的影响，认为若无雄厚的经济实力，则不能保障西方文化霸权的地位。通过两次产业革命，美国等西方发达国家完成了资本原始积累，凭借雄厚的资金支持，对内满足、提高国民的生活水平，完善相关公共福利政策，大力发展教育和科技；对外在资本市场占据有利位置，提高军备水平，扩充"经济援助"。这些举措增强了西方文明对其他文明的吸引力和震慑力，致使许多国家和民族对西方文明十分向往，逐渐不由自主地向西方文化形态转变，对西方文化依赖程度加深后，就会演变成对西方文化的百分之百的认同，同时依据西方模式搭建自己的文化价值体系，从被同化直到丢弃自己的民族文化，这些均需有强大的经济基础作为保障。美国等

---

① ［意］安东尼奥·葛兰西：《狱中札记》，葆煦译，人民出版社1983年版，第423页。

西方国家凭借强大的经济优势，持续对欠发达国家造成冲击，而欠发达国家由于经济条件的限制，只能被动接受西方国家利用经济交往而不断输送来自西方文化和价值观，导致自身文化理念、价值观均被慢慢同化。东欧的"颜色革命"便是因为西方国家通过经济上的吸引力，导致这些国家的民族认同感遭遇危机，致使亲西方的国家政权形成。

其次，以传播媒介为载体。当代西方文化霸权理论还注意到，仅依靠经济的输出，西方文化的传播过程将是缓慢的，务必要使用一种立竿见影的方式将西方文化价值观迅速并且大范围的传播出去，即发挥现代媒体的功效。当下，西方发达国家几乎垄断了现代媒体，电视、广播以及互联网，传播的信息内容绝大多数是西方文化价值观念。西方国家企图利用此渠道，把西方价值观念渗透到非西方文化的社会大众群体中，对一个民族的文化认同产生影响。传播媒介表层上遮掩了文化侵略的现实，在看似中立的立场上传播着西方文化价值观，实际上则是对他国受众实行潜移默化的文化"洗脑"，将西方文化有意识地渗透到其他民族文化中，经过长时间的积累，这种影响会连续不断地外扩，最终动摇一个民族的文化根基。

### 三 当代西方文化霸权理论与实践的内在逻辑

当代西方文化霸权理论的本质是西方资本主义国家在新的时代背景下，为进一步扩大在全球的影响力和话语权而寻找的新路径。无论是福山的"历史终结论"还是汤林森的"文化帝国主义"，都在试图把现代西方资本主义的文化定为世界文化发展的终结点，并通过大量的数据使其理论合理化，这无疑是披着和平外衣的"文化优越论"。一方面，从历史角度看，经济基础决定上层建筑，由于西方资本主义国家率先完成第一次、第二次工业革命，经济上的发展不仅为人们的思想解放奠定坚实的物质基础，而且也提供了丰富的社会素材和信息，这使得西方国家的思想启蒙也比较早，所以，自由、平等、民主和社会契约等思想对于推动资本主义国家甚至世界的文明进步都做出了突出贡献，毫无疑问，其中的一些思想确实是人类社会所共同认可的，是符合世界文明发展趋势的。但是，这并不代表西方资本主义国家的所有文化成果都适用于世界上的其他国家，更不代表这是他们强加给其他国家的理由和论据。另一方面，从现实角度看，世界正朝着多极化方向发展，经济、军事实力已不再是衡量一国综合实力的唯一标准，西方发达国家为保持其在国际上的话语权和控制力，将视线转移到了文化软实力，通过文化产品等载体向他国输出本国的意识形态和价值观。

当代西方资本主义国家的文化霸权实践主要通过影响他国网络安全、破坏他国的国家形象、干扰国民价值观等实现。首先，在信息化时代下，汤林森提出的"媒介帝国主义"理论就会对他国的网络安全造成威胁，尤其是对于广大发展中国家来说，科技革命的不彻底导致在互联网安全建设方面存在人才缺乏、技术落后等缺陷，无法与西方发达国家的高新技术相抗衡，在本国的舆论安全管理上就会显得更加被动，使得境外一些别有用心的人或组织轻易进行思想渗透。其次，在国家形象层面，通过各种信息传播手段散布不实言论，攻击他国，一则造成国家形象在本国国民心中的崩塌，降低其国家认同感和民族凝聚力；二则影响该国在国际上的形象，进而对其国际经济、文化合作造成阻碍。

最后，在国民价值观层面，西方的文化渗透极易影响他国国民的价值判断和价值选择，以风靡亚洲的"男星女性化"现象为例，曾经的亚洲人崇拜的也是刚健勇敢的英雄人物，但自第二次世界大战结束以后，日本社会逐渐出现了一些"女性化的男艺人"，并且还得到人们的认可与崇拜，其始作俑者之一就是美国在日本培植的代言人——喜多川，他大力挖掘年轻而女性化的男孩，并为他们组建表演队，在剧场的西方文化节上进行表演，西方文化节本身就是美国为输出西方文化而专门设置的，便于对日本人进行观念意识的渗透。当然在一开始，这种柔弱的男孩子并没有引起长期处于强势男权社会的日本人的兴趣，但是，在铺天盖地的宣传过后，这帮"漂亮的男孩子"成为社会时尚界的代表，他们的成功也在源源不断地吸引着更多人的加入，长此以往，日本男性在潜移默化中树立了以瘦为美的审美观念，这对其民族的战斗力的影响不言而喻。这个宣传渗透的过程也是一个耗巨资的过程，其背后是美国中情局的鼎力相助。据美国国会统计，仅在 1951 年，中情局在日本的文化渗透上投入就达 1.212 亿美元，约占其全国 GDP 的 1%。这种"女性化"潮流并没有随日本经济实力的恢复而消失，反而又波及韩国、中国，对其社会产生影响。

显然，当代西方文化霸权理论是在为其实施文化霸权的行为寻找合理借口，而文化霸权过程中产生的对西方世界的利好又被当成验证其理论的依据。一方面，文化霸权体现在以西方国家所谓的人权、民主来干涉他国内政，在欠发达国家，制度的不完备屡受发达国家的指责和惩罚，但这是社会发展的必经过程，任何制度文化都不是自产生之日起就是健全完善的，就连西方发达国家自诩的高尚文化也是如此。西方国家一直以民主平等、资本主义市场经济作为国家最高原则，但该原则在更多情况下仅成为了对他国的要求，以华为的 5G 事件为例，美国对国内大型企业日常运作的干扰和控制被美化为维护国家安全，甚至还威胁其他国家也拒绝华为，这是对世界贸易组织自由贸易原则的极大践踏，也是对其引以为傲的自由市场经济制度的破坏，其背后原因则是美国对于其文化霸权地位产生的不安全感造成的。总之，文化霸权理论中倡导的西方文化并非像他们宣传的那么完美无缺与普遍适用。另一方面，文化霸权行为对西方的文化输出国产生的积极影响被当成是对世界的积极影响，进而将其笼统归为世界文化的宿命，背后却忽视了文化渗透对被输出国造成的致命损失，目的是将其称霸全球的野心隐性化。

当代西方文化霸权理论与实践的根源还是在于综合国力，综合国力在国际上会转化为话语权，使其成为"游戏规则的制定者"。法国在国际组织会议中多次反对美国的文化自由贸易提议，主张文化多样性，国际社会将其认为是对国家文化的保护；而中国提出的"亚洲文明对话会"被美国夸大为中国威胁论，并通过经济、政治或军事威胁影响其他国家的参与，在国际社会上抹黑中国。落后就要挨打，不管西方国家的文化霸权政策如何，中国都必须始终不渝地坚持发展，坚持改革开放，软实力与硬实力两手都要抓，两手都要硬，并通过不断提升软实力，通过增强文化自信建设，来提升国家综合实力，在国际事务治理中掌握话语权。

### 四　全球化对当代西方文化霸权理论的影响

一句"全球无人不知、无人不晓"的流行语，栩栩如生地展示了全球化发展的动态过程。经济全球化作为全球化发展进程中的主线，更是全球化进程中最基本的动因。然而，随着全球化的持续升级，其影响不仅仅停留在经济领域，而是扩展到人类的政治、文化、生活等每个领域。20世纪末以来，国际垄断资本主义在全世界加速扩张，西方一些学者预言未来将实现全球文化的同质化，以美国文化为代表的单一西方文化将取代世界多样性的文化，西方文化将成为普世价值。因此，全球化时代文化霸权已经成为一种不可忽视的现实。①

---

① 张文忠：《全球化背景下的文化霸权》，硕士学位论文，南京师范大学，2006 年。

（一）当代西方文化霸权主义是伴随着全球化而来的

全球化的出现为西方文化霸权提供了新的理论平台，使其在全球化浪潮中占据主动地位，当代西方文化霸权理论的研究视域也进行了延伸。全球化的活跃期，是在冷战结束后开始的，当时苏联解体、东欧剧变，两大阵营的对抗一夜之间消失。福山适时抛出了"历史终结论"，他指出"苏联的解体，标志着共产主义已经失败了，历史已终结于西方自由主义的价值观与意识形态，西方的自由民主已是人类政治的最佳选择与最后形式，消费文化必将造成一个全球同质的西方化的社会"。① 福山阐述的自由主义，实质是西方所谓的民主制度，他指出当今的西方政治制度成为人类文明发展的最好制度，以后也几乎没有可以逾越它的制度。在这里，福山的"历史终结论"尽管未直接采用"文化霸权"这样的字眼，但是他否定其他文明形态，只承认西方文明的先进性，其实质就是一种文化霸权主义。

冷战结束后，世界性战争爆发的概率大大降低，另外经济全球化正在飞快发展，国与国间的经济已经融合于一体，人们的物质生活水平获得极大的改善，任何国家都不想再爆发战争，这时约瑟夫·奈提出了"软权力"思想，他指出通过文化的吸引力，不仅能够实现以前飞机、大炮可能做不到的事情，而且还能攻占他国的意识形态领域。由此看来"软权力"的提出是直指文化意识形态领域的，约瑟夫·奈深刻地认识到全球化时代背景下各个国家会尽量避免直接武装冲突，不会违逆全球化的发展规律去挑起战争，而是使用更隐蔽的手段来夺得文化霸权地位，为西方文化霸权理论的发展开拓了一个全新的视角。

由于全球化的特殊性，让世界文明更紧密地联系在一起。随着文明联系的增多，文化的差异使得一些国家间出现矛盾，亨廷顿认为文明的差异性能够被利用，因此他提出了文明冲突的理论。文明冲突论着重强调文明冲突的必然性，恰到好处地利用经济全球化中不同国家的利益矛盾，把文明划分成区域，然后利用文明区域间的冲突，遮掩国家间的经济冲突，将人们的注意力转移到文化上。他一直强调文明的差异，诱使人们无视经济在社会中的关键地位，将社会的冲突完全归因于文明的差异，这便是一种绝对的文化霸权主义思想。

总之，当代西方文化霸权理论具有明显的共性，都认识到经济全球化

---

① ［美］弗兰西斯·福山：《历史的终结》，黄胜强等译，远方出版社1998年版，第24页。

带来的全球变革。例如，所有理论都回避了直接的武装冲突，因为在当今全球化的发展中，任何国家的经济都紧密相连，战争就等同于破坏自身经济发展，并且这些理论均重视文化频繁交往的时代特征，或运用积极的方式吸引、同化其他文明，或使用消极的手段故意制造冲突，这些都是全球化对当代西方文化霸权理论的影响。①

（二）全球化为西方文化霸权主义盛行提供条件

全球化时代产生了貌似极具普世价值的文化特质，撼动了其他国家的民族文化主权地位。全球化在客观上为西方文化霸权主义的盛行提供了条件。我们承认在全球化的交往过程中，发达国家的地位要高于发展中国家，发达国家依托自身强大的经济、军事实力，大力推行西方文化，形成了全球化中强势文化和弱势文化的差异。西方国家打着"普遍性"旗号企图摧毁文化的多样性价值，进而将处于弱势地位的民族及其文化进行新的整合归属，使其处在由强势国家操控的世界文化中。正如菲利普·英格哈德指出的，全球化是"运用市场达到世界同质化，从而摧毁民族国家和民族文化"。在全球化发展的时代，文化霸权作为全球文化发展的一个现象，致使民族文化面临着极大的挑战。②

世界经济以跨国公司的迅速发展为特征也给软权力倾注了无穷的源泉。他指出："美国具备的传统硬权力资源超过了世界上任何一个国家，并且还具有意识形态和制度上软权力的资源，凭借这些资源稳固它在国家间相互依存新领域中的领导地位。"由此可知，美国学者强调要通过增强全球开放意识、扩展美国的意识形态和价值标准，其实质是以其强大的硬、软实力为后盾，借全球化发展使美国文化高速度、大规模的向全球各角落蔓延，作为美国称霸世界的文化战略。

冷战结束后，基于两极格局的瓦解，全球化时代的来临，美国的文化扩张策略更加灵活，"全面扩展和接触"成为其对外文化战略。美国文化战略重点对象宽泛化，从苏联转向了大量"中间地带"，并指向全世界每一个角落；战略内容也愈加开放，从传统的意识形态扩展为包括宗教、哲学、普通社会价值观、思维方式等在内的广泛的文化因素。事实上，从布什政府的"超越遏制战略"到克林顿政府的"参与扩展战略"的全面扩

---

① 王义著：《西方文化霸权理论研究》，硕士学位论文，西安工业大学，2012年。

② 申晓玲：《论全球化时代的文化霸权与国家安全》，硕士学位论文，陕西师范大学，2006年。

展和接触战略，小布什政府制定的"先发制人战略"都凸显了"软权力"思想和文化霸权的国家战略，奥巴马政府的"重返亚太战略"，再到特朗普政府的"以美国为核心的单边主义战略"，可以说，世界上仅有美国具有如此强烈的进攻性，如此咄咄逼人的文化霸权战略。①

（三）全球化保持了文化发展的多样性和差异性

全球化的浪潮不仅深刻改变着人类经济发展进程，而且对人类的文化生活也产生了巨大影响。在经济全球化的推动下，产生了一种要求所有民族和区域的文化朝着一定方向发展的适应压力，从而促使文化的全球化正在突破国家的、民族的文化壁垒。文化全球化即各民族文化通过交流、融合、互渗和互补，不断突破本民族文化的地域和模式的局限性而走向世界，不断超越本民族文化的国界并在人类的评判和取舍中获得文化及价值认同，逐步将本民族文化区域的资源转变为人类共享、共有资源。全球化时代的文化是多元并存、共同发展的，多样性是保持世界文化生态的基础。

人类社会是由不同类型文化所构成的共同体。在历史发展过程中，每个民族、国家都在创造自己的文化。由于地域、历史、传统的不同以及各种现实因素的影响，不同区域、不同时期、不同传统的人类社会共同体总是在社会的生产、生活和思维等方式，相关的语言、哲学、科学、技术等文化体系方面，表现出独特性和差异性的文化。世界文化的多样性不仅是一个客观存在的事实，而且是促进世界进步发展的一个积极且重要的因素，每种文化都有其独特的历史发展过程，但并不排斥其他文化的发展，也绝不会以其他文化的衰亡为前提。各种文化都极力表现其自身的多样性，都是在多样性中存在，在多样性中交流，在多样性中前进的。正像中国人民大学的欧阳志远教授所说的那样，人类文化的多样性和地球的生物多样性一样，是人类社会的基本形态。

文化多样性对于人类及其存在来说是非常必要的。一是因为它是人类文化得以延续和保存的重要前提。任何一种可能的文化都有自身的长处，同样也有其缺陷，一种文化若想在自身条件处于劣势情况下，拥有生存的机会，就只能扬长避短，吸收外来文化的精华，面对挑战，积极地适应环境。从人类文化整体角度而言，若所有的文化都不能做到互相融合，一种

---

① 张文忠：《全球化背景下的文化霸权》，硕士学位论文，南京师范大学，2006年。

文化的缺陷就会被放大为整个人类文化在总体上普遍具有的共同缺陷，进而危及人类文化的持续存在。

二是文化的多样性意味着差异，包括内容的差异、形式的差异和发展水平的差异。正因存在差异，才会有对话和交流，相互借鉴与学习。人类文化正因处于多样性的交流、融入中不断前进的，在多样性中也不断形成和融汇普遍性，这是人类文化发展的一条基本规律。

总之，每种文化都有其存在的价值，文化只有在多样性的存在中才能发展。正如江泽民同志在联合国千年首脑会议上指出的："世界是丰富多彩的，如同宇宙间不能只有一种色彩一样，世界上也不能只有一种文明、一种社会制度、一种发展模式、一种价值观念。各个国家、各个民族都为人类文明的发展做出了贡献。应充分尊重各民族、各宗教和各文明的多样性。世界发展的活力源于多样性的共存。"党的十八大以来，习近平总书记发表了一系列重要论述，特别强调"每个国家和民族的历史传统、文化积淀、基本国情不同，其发展道路必然有着自己的特色"。2021 年 1 月25 日在世界经济论坛"达沃斯议程"对话会上的特别致辞中，习近平总书记进一步强调："世界上没有两片完全相同的树叶，也没有完全相同的历史文化和社会制度。各国历史文化和社会制度各有千秋，没有高低优劣之分，没有多样性，就没有人类文明。"若仅维持自己的单一性，本身是不利于文化繁荣的。并且由于任何单一的文化不仅是单调乏味的，而且是不利于进步的，多样性是进步的酵母，无论从价值的多元性还是从审美趣味的多样性上来看，文化的本性都在于多样性。

## 五 当代西方文化霸权理论对于文化安全的影响

文化霸权对国家安全产生了最直接影响。文化安全已成为国家安全的一个重要组成部分，具有军事安全、政治安全、经济安全等无法替代的作用。目前美国等国家凭借自身在经济上占据的主导优势，肆意实施文化渗透与侵略，给其他国家文化安全造成的威胁也日益扩大。尤其是处于弱势地位的广大发展中国家，民族文化遭受着边缘化乃至濒临毁灭的危险。文化霸权对文化安全的影响主要体现在以下四个方面：

### （一）文化霸权威胁着一个国家的文化主权

文化安全的前提是国家文化主权的神圣不可侵犯。文化主权是国家主权在实践中始终固守的内容，是国家主权无法割裂的必要构成体。总体上来看，文化主权即一国享有的独立发展本国文化、开展对外文化交往的权力。具体指对内、对外两方面含义，对内是指国家在保护本国传统文化方面的权力，其内核是一个国家在文化上的自主发展权和独立创造权；对外是指差异化的文化形态在国际社会中均享有平等权，其内核是一个国家在对外文化交流中的平等交往权和自主参与权，具体的表现为一个国家在对外文化活动中的文化独立权、文化选择权、文化参与权和文化平等权。

对发展中国家而言，文化主权意味着本国文化的发展和创新，使文化发展同本国经济、政治发展保持协调，民族精神保持凝聚力，传统文化保持传承。但是美国等西方国家依靠着自身强大的综合实力向全球推行文化霸权主义，令广大发展中国家的文化主权遭受严峻的威胁。美国等西方国家的文化扩张"一方面，以高度物质文明为后盾的西方文化横向扩散到他国的文化土壤中，控制其文化世俗化过程；另一方面，运用多种霸权主义行径，摧毁他国社会和文化的传统内核及自主创新，试图打造以西方政治意识形态、价值观念为标准的世界文化一体化模式"①。尤其在全球文化交往过程中，由于全球化的不均衡性，美国等西方国家凭借经济实力主导全球化发展趋向，对外实行文化霸权，导致广大发展中国家的民族文化被渗透和侵蚀，使本国文化主权遭受严重威胁。文化主权作为一国主权的深层底蕴，对文化主权的侵蚀必将撼动一国的整体安全。

(二) 文化霸权主义对国家民族文化造成冲击

文化霸权威胁到国家的文化主权，从而对国家的本土文化造成巨大的冲击。在文化全球化的浪潮中，每个国家均以差异化的方式融入其中，也为文化霸权扩张带来便利。通过多手段进行"文化植入"，即将本国的文化输送到他国，根植于他国的思想意识形态中。传统的"文化植入"则是通过军事占领、宗教战争等方式，通过暴力手段取得或占领他国领土，以此为基础输出本国的文化。但是在文明社会的今天，"文化植入"的手段绝大多数采取的是一种和平的、渐进的、"润物细无声"的方式。随着世界各国间的逐渐开放，文化植入的范围将进一步扩大。频繁往来的产品与服务贸易、全球标准的制定、发展势头良好的全球旅游业和网络信息服务等，尤其是利用大众文化进行传播，在悄无声息中影响他国的价值观。作为流通商品，文化产品和文化传媒早已超越其表面价值，成为西方国家

---

① 陈尧：《论发展中国家政治文化世俗化的实质》，《国家观察》1999 年第 2 期。

输出价值观念和思维方式的工具。美国等西方发达国家将引领与掌控全人类精神生活作为最高目标，借助文化传媒向经济落后的民族肆无忌惮地倾销他们的精神文化产品，使他国人民不自觉地被强势文化弱化、同化和接受西方文化，进而对本民族的文化及价值观产生怀疑，最终失去了地域性、本土性及个性的特点，致使民族文化濒临边缘化。因此，文化霸权对民族文化的冲击，对国家文化安全造成极大威胁。

（三）文化霸权主义给民族精神带来威胁

民族精神是民族文化的核心，是动员人们团结起来的力量。一个民族如果没有民族精神，就不可能自立于世界民族之林。随着全球化的发展及西方强势文化的浸染，西方发达国家的繁荣与富强、西方价值观及生活方式使诸多发展中国家人民出现自卑感，进而丧失民族自尊心与自豪感，民族精神受到了严重的威胁。若国家失去民族精神的支撑，社会稳定必定受到威胁，引起民族矛盾的对立乃至民族冲突的爆发，进而危及国家安全。

（四）文化霸权削弱他国的文化资源优势

经济全球化进程的加剧，大量文化产品涌入全球化的市场，导致文化资源配置的国际化。以往市、区与国家内部的分割和协作，已经发展成多个国家和地区之间的分工和协作，进而高效运用各地的文化资源。根据WTO的规则，其成员国之间在国家交往中更加开放。丰富的文化资源要以开放的姿态与世界共享，它是世界人民共同的精神财富，满足全球人们的文化消费需求。文化全球化加速文化资源抢夺，强化了文化资源的有限性，削弱了他国在文化资源的固然优势，客观上限制了他国文化资源的利用程度。

世界上诸多发展中国家都面对着美国文化霸权的压力，乃至西方其他国家也对此感到担忧，法国前总统希拉克曾说"当今全球正遭受着单一文化的威胁"，这折射出其对本国文化面临着美国文化霸权主义带来压力的担忧。中国在积极融入全球化、寻求人类共同价值的过程中，民族文化的健康发展也遭遇到严峻挑战，并且美国拥有完备的且专门针对中国的战略图谋，致力瓦解中国人的意志和价值观，美中情局对华《十条诫令》中阐述美国要"竭尽全力依靠物质来引诱和败坏中国青年，教唆他们蔑视、鄙视，甚至公然反对自身接受过的思想教育，尤其是共产主义教条，势必要毁掉中国始终坚持的刻苦精神"，必须尽其所能，做好传播工作，包括电影、书籍、电视和新式的宗教传播。由此可知，美国的文化扩张实质是利用文化侵略来瓦解中国人意志、控制中国人思想，最终导致中国人丧失自身的"身份和灵魂，以实现 21 世纪的殖民地"。尽管《十条诫令》真实性有待考证，但不可否认的是，文化渗透在一定程度上却按上述情况在演进，如带有部分基督教背景的邪教组织公然进行反社会活动，致使一些人怀疑、反对马克思主义，最为担忧的是大量年轻人开始向往、追求西方的生活方式，却将本民族独特的传统文化精华抛弃。

1. 美国"奶头乐战略"

1995 年 9 月包括美国高级智囊布热津斯基以及英国前首相撒切尔夫人、美国前总统老布什等人在内的西方世界 500 多位政治和经济精英，在美国旧金山举行会议，会议的主题是如何应对全球化日益加剧的贫富差距，如何化解占总人数 80% 的被"边缘化"的普通公众与占总人口 20% 的社会精英之间的冲突，怎样化解这 80% 人口的多余精力和不满情绪，转移他们的注意力。布热津斯基指出，最行之有效的办法即是为这 80% 的普通民众嘴里放一个"奶头"，导致他们沉溺于为其量体裁衣的娱乐信息中，渐渐地失去热情、丧失抗争欲望、思考能力和自主判断能力。这就是闻名遐迩的"奶头乐战略"。"奶头乐战略"输入中国以后，目标更加隐蔽，手段更加多元，危害更加长远。

首先，"奶头乐战略"通过娱乐化操作使部分青年人失去了价值判断能力，将明星奉为英雄，盲目追星，成为明星的铁杆粉丝和忠实拥趸，心甘情愿受娱乐明星的操控。美国等西方国家通过杂志封面人物、影视节红毯秀、出境访谈、微博热搜、偶像剧等多种途径捧红了一大批中国娱乐明星，引导中国进入"流行偶像时代"。这些娱乐明星借助明星效应集聚人气和粉丝，逐渐成为中国青年人崇拜的偶像和"大咖"，并为了金钱利益配合西方霸权国家传输西方文化和美国价值观，扰乱青年人的自主判断力，带坏社会风气。截至 2018 年 9 月，作为中国内地知名女主持人的谢娜微博粉丝达到 1.12 亿人，而作为奥运会冠军的马龙，乒坛史上第 10 位大满贯选手，微博粉丝却只有 331 万人，关注度差距极大。

其次，"奶头乐战略"弱化了青年人的社会责任感，向青年一代灌输了功利思想和浮躁心态。"奶头乐战略"损害了中国的文化生态，在中国青年人中逐步营造了一种"不尚实业、投机取巧"的社会心态，导致很多青年人得过且过、随波逐流、耽于享乐、不思进取，失去了创新能力和创业精神。随着互联网的广泛应用，资讯获取更方便、快捷，一切知识看似唾手可得，反而让很多人丧失独立思考的机会，那种超越自我、勇于创新的社会精神也在逐渐失去，互联网就成了分发奶嘴的渠道。例如，腾讯出品的《王者荣耀》MOBA 手游俨然成为了一款炙手可热的游戏，截至 2017 年 5月，《王者荣耀》渗透率达到 22.3%，用户规模达到 2.01 亿人，日活跃用户（DAU）均值为 5412.8 万人，年轻化趋势明显，24 岁以下的用户超过52%，54%的玩家是女性，群众基础广泛，二、三线及以下城市用户占比达90.5%。到 2020 年 11 月《王者荣耀》5 周年庆典上公布的数据显示，日活跃用户数跃升至 1 亿人，成为全球第一个活跃用户日均"亿"量级的游戏产品。从手机游戏用户年龄分布情况看，40 岁以下年轻人是主力，占到73.9%，尤其令人担忧的是 18 岁以下未成年玩家占 7.6%，他们手游经验丰富，游戏时间最长，严重影响青少年健康成长（见图 1-2）。

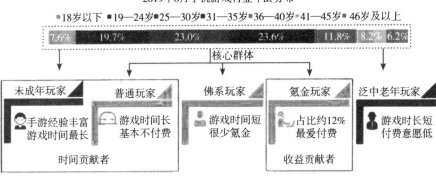

注：普通玩家、佛系玩家、氪金玩家根据用户消费能力及意愿高低程度进行划分；
数据来源：QuestMobile GROWTH用户画像标签数据库2019年6月。

**图 1-2　手机游戏行业年龄分布**

最后，"奶头乐战略"通过全民娱乐和低俗盛行扭曲了社会主流价值观。一些娱乐明星仅凭漂亮的脸蛋、苗条身材或偶然机缘便成为流行偶像，实现了成功上位的个人梦想，向青年人传递一种急功近利的价值观；一些娱乐明星为了吸引眼球和关注，不择手段，挑战道德底线，给社会传递负能量；一些娱乐明星积聚大量财富后凭借资本力量为所欲为，公然挑战社会主流价值观，损害社会公平正义。

2. "抖音"存在的不良乱象

2016 年 9 月一款以音乐创意短视频（15 秒）为主打的社交软件"抖音"正式上线运行，潮、酷、有趣为发展方向。用户可以自行选择背景音乐、编排动作后进行特效加工，打造独一无二的短视频。2017 年 8 月，抖音日均视频播放量达到 10 亿人，并且 85% 的用户群体低于 24 岁。抖音主打线上活动，在专属 App 平台社区上运营，由于其独特的休闲娱乐方式，吸引无数年轻群体，诱导许多观众为获得广泛影响力"铤而走险"，制作发布许多与现行社会风气严重相左的短视频内容等乱象。网络上影响很广的《抖音，请放过孩子》文章，受到无数家长、教师的注意，文章阐述，据相关数据显示，24 岁以下的"95 后""00 后"用户占据抖音总用户的 85%，中小学生在抖音中人数也很多，如若他们长期痴迷这种娱乐方式，只会导致这些孩子失去专注力、思考能力，大大阻碍学习和正常社交等。

抖音短视频内容中常有不良诱导、价值观扭曲等内容，例如 2018 年曾引起高度关注的比较热门的事件，17 岁的抖音网红"温婉"被网友爆未成年就已经数次整容、炫富和私生活混乱等黑料，其种种低俗的行为，严重影响年青一代人的价值观。

总之，在文化全球化发展的浪潮中，文化在国家安全中的地位上升，文化安全是国家安全的深层体现，文化霸权对国家安全形成重大的影响和挑战。

## 第五节  当代西方文化霸权推行的必备要素

文化霸权的基础是受众国成员的"同意"，它并非仅依靠"硬实力"强加于人，而是运用"润物细无声"的手段潜移默化地同化客体。但如要取得受众者的同意，必须付出代价，它务必要持续推进，确保受众国成员自愿同意接受"主流观点"，视其为"自然天成"。从实际政治现实来看，当前尽管文化作为软实力在国际事务中的地位凸显，但是文化并未完全成为一种独立的力量，"软权力发挥作用，仍要以军事、政治和经济等硬权力为依托"。[①]

### 一  文化霸权的推行必须以强势文化为基本条件

（一）西方发达国家的文化软实力及发展模式

将文化发展置于突出的位置，制定、实施国家文化发展战略、法规、

---

[①]  杨阳：《浅析文化在国家关系中的作用》，《前线》1996 年第 6 期。

政策，是当今发达国家提高文化软实力的通用措施之一。

美国的文化软实力与市场化模式。在当今文化全球化浪潮中，美国文化软实力具有无法比拟的竞争力，在美国境内排名在 400 名之前的公司，文化公司占到 72 家。美国依托庞大的媒体网络优势，占据全球 85% 的网络资源，掌控全球 75% 的电视节目和 65% 的广播节目，全球电影市场票房收入的 2/3 是美国的。其文化产业更是跃居美国第一大出口行业，美国占据全球文化贸易市场份额的 40%。市场化模式造就了美国的文化软实力，具体表现为以下两个方面：

1. "文化自由"与"产权保护"。早在 1976 年，美国政府就已经颁布了"版权法"，为版权保护确立了基本规则。美国文化发展以法律为支撑，大力鼓励文化原创，为文化者提供权益保障。如美国流行歌王迈克尔·杰克逊虽已离世，但 2011 年他仍名列《福布斯杂志》"最赚钱的已故明星"之首，通过出售唱片和纪念品获利 1.7 亿美元。①

2. 自由竞争。美国政府对文化产业坚持着在市场竞争机制的作用下，依托商业化实现适者生存的基本原则，使在市场中最优的文化产品能够被广大民众喜欢和认可，最终能够影响民众。在充分自由竞争的环境下，美国文化在世界竞争中拥有所向披靡的强劲竞争力。如从电影方面来讲，美国公司出产的电影数量不多，仅有世界总量的 6.7%，竟占全球电影放映总时间的 50%。与此同时，集文化创造中心、影视制作中心于一身的好莱坞，已然是美国首屈一指的文化出口商。② 文化产业作为西方发达资本主义国家国民经济的支柱产业，在国民经济中占据无法比拟的地位，并作为极其关键的外汇收入来源。

美国作为文化产品出口最多的国家之一，拥有非常庞大、繁荣和活跃的文化产业。美国政府有一整套文化发展战略，其文化发展战略融入在政治、外交、军事、经济和贸易政策中。美国在保障国内社会安全，维护主流价值观念下，支持和鼓励文化企业创新以提升文化产业竞争力，以强劲的经济和高新技术为依托，以文化产品、贸易为载体，将其价值观和消费文化输入国外，在扩大本国文化利益的情况下，实现文化软实力的提高。美国大力发展文化产业，不断输出文化产品和价值理念的文化战略始终存

① 苏勇、万君宝：《我国文化软实力研究》，《江苏社会科学》2003 年第 6 期。
② 苏勇、万君宝：《我国文化软实力研究》，《江苏社会科学》2003 年第 6 期。

在，美国文化产业年产值占据国内 GDP 的 25%，已经是其关键性的支柱产业。尤其是以视听音像产品为特色的文化产业，其出口额超越航空航天工业位居首位，已是美国的关键性经济来源。《美国经济中的版权业：2016 年报告》显示，2015 年美国核心版权业创造增加值 12.356 亿美元，占 GDP 的 6.88%，核心版权产业提供 0.55 亿个就业机会，就业贡献率是 3.87%。版权产业总共提供就业机会 1.14 亿个，占美国整个就业率的 9.39%，美国版权业在境外市场销售额为 1770 亿元。

## 二　文化霸权的推行以强大的经济实力为基础

### (一) 以经济实力为基础，推行西方价值观念

大国的崛起以经济崛起为基础，"经济强则国家强，经济衰则国家弱，此乃古今中外的定理"。美国作为资本主义国家的后起之秀，一直在高起点上发展，在接纳了大量欧洲移民的基础上，通过"购买"和欺诈等手段拓疆掠土，拥有了极其丰富的自然资源，并在第一次世界大战期间通过贩卖军火，获得了大量战争之财，带动了经济的飞速发展。第二次世界大战前后，再次在二战中贩卖军火，谋取巨额暴利的同时，在各国政府中充当调停人，获取政治利益。因此，美国得以长时间稳坐世界经济首把交椅的宝座。虽然 2007 年爆发的金融危机，使美国一度面临着二战以来最为严重的"大衰退"，2020 年新冠肺炎疫情在美国快速蔓延，到目前为止，确诊病例累计近三千万人口，死亡人数近 50 万人口，对经济造成严重影响。但美国为全世界经济最发达的国家，人均国民生产总值居世界前列，科技、金融实力更是遥遥领先；另外，美国拥有领先全球的服务业、极其丰富的自然资源，如煤、石油、天然气等矿物储量均居世界前列，如此雄厚的经济实力，为美国确立和推行文化霸权提供重要基础。

### (二) 以信息技术革命为手段

美国作为当今世界上强大的经济体，自 20 世纪 90 年代以来，美国实行"新经济"，它以信息技术革命和全球化为基础，不但创造了两高一低，即"高增长率、高就业率、低通货膨胀率"的新的经济增长模式，促进美国整体经济向信息经济和知识经济方向进行宽泛又深刻的转变。信息技术作为美国经济增长的重要来源，自 20 世纪 90 年代，特别是 2008 年全球性金融危机发生以来，电子商务和电子技术产业在以超乎想象的速度发展。以因特网为依托成立的新公司与传统的商品及服务提供者

都在将其商业发展渠道转向电子商务方向，在成本降低的同时，改善了服务质量和提高生产率。数字经济正在转变成真正的世界性经济。2018 年的电子商务总额约为 5259.1 亿美元，电子商务为美国的数字经济发展做出很大的贡献，并且成为美国经济发展和数字化程度的重要指标。在信息技术方面，以美国的苹果公司和谷歌公司为例，苹果公司作为高科技公司，自 1976 年成立以来，经过不断地发展，在 2012 年就已经拥有 6235 亿美元的市值，2017 年在世界 500 强中位列第 9 位，2018 年 8 月，市值第一次超过 1 万亿美元。苹果公司在短短的 42 年间得到如此飞速的发展，得益于其对商业模式的精准定位、创新性的设计、专业性打造以及对高端品牌的塑造，加上对信息技术的广泛应用，使得苹果公司在全球电子市场上保持高额占有率。谷歌作为一家主要从事云计算、互联网搜索等技术业务，开发和提供互联网产品与服务的跨国性科技企业。谷歌进行技术创新，具有自己的先进 AI 技术，在高新技术领域不断壮大，其在 2016 年市值已经达到 2291.98 亿美元，并且 2017 年、2018 年在《BrandZ 最具价值全球品牌 100 强》连续独居榜首。可见，信息技术革命和经济全球化成为美国经济持续增长的原动力。

### 三  以强烈的政治霸权愿望为核心动力

文化产生于特定的政治、经济和社会环境，美国文化霸权地位的确立和巩固，以雄厚的经济实力和强横政治理念为支撑。强横的政治理念既是美国实现文化霸权的核心动力，也是文化霸权产生、实现的土壤与基石。

美国是典型三权（立法、司法与行政）分立的总统制国家，也是实行资产阶级政党制度的典型国家。美国权力分立与制衡的国家政治制度维护了国内政局的相对稳定，美国通过一系列影响甚深的经济、政治变革，例如 19 世纪末的黑幕揭发运动，20 世纪 30 年代实行的罗斯福"新政"，以及解放妇女、争取妇女平等权利、兴民权和反对种族歧视等运动维护了美国政治稳定性，推动了美国政治制度的稳定发展，为美国综合实力的迅速发展提供了稳定的政治环境，更进一步加强了美国政治制度与政治理念在全球范围内的吸引力。第二次世界大战后很多民族国家在美国的推销和影响下，纷纷以美国政治制度为蓝本，开始踏上资本主义道路，模仿美国的政治制度和民主制度，是美国推行霸权政治理念的必然结果。

许多迎合美国政治需要而产生的政治学家、政治学著作成为强横政治理念得以形成的关键因素。人类创造文化，并享用和推动文化发展，美国霸权主义的政治理念除了透过政治制度和政治行为体现出来外，还通过政治著作和政治文献予以阐释和表达。政治著作和政治文献的影响力对政治理念的说服力和吸引力具有直接影响。美国拥有大量为美国垄断资产阶级服务的政治学家，如撰写《国家间政治》一书而闻名的汉斯·摩根索，撰写《大棋局》《大抉择——全球统治或全球领导》等著作闻名的布热津斯基，撰写《文明的冲突——世界秩序的重建》一书闻名的萨缪尔·亨廷顿，撰写《帝国——全球化的政治秩序》一书闻名的哈特和奈格里，以提出"软实力"理论闻名的约瑟夫·奈，等等，他们的著作从根本上来讲，均是为美国建立全球霸权服务的，为美国的强横政治理念提供重要的理论支撑。

霸权主义和单边主义作为美国强权政治理念在国际领域的延伸。美国依靠其强大的军事和经济实力，逾越国际法、国际政治格局现状极力扩大自己的势力范围，操纵国际事务，干涉他国内政，乃至实行武装侵略和占领，称霸、主宰世界的强权政治、强权政策。① 美国不顾国际社会的需要和全人类的需求，仅从自身国家利益出发，制定一系列国际规则和制度以保障自身利益的最大化，在国际上推行单边主义。霸权主义和单边主义作为美国强权政治理念的具体表现形态，是美国谋求世界霸权政治理念的具体化和形象化，反映出美国政治理念的强权性质和霸权属性。

总之，美国文化霸权主义的推行是凭借其强大的硬实力和软实力，建立在雄厚的政治、经济、军事实力基础之上，不断利用各种新技术手段进行文化霸权扩张和渗透。

---

① 张丽：《文化全球化中的美国文化霸权与我的应对策略》，硕士学位论文，宁波大学，2012 年。

# 第二章

# 西方文化霸权理论的实质、起源与历史考察

随着经济全球化的步伐日渐加快以及互联网的快速、高效发展，"文化霸权"以更加隐蔽和多样化的方式渗透到社会生活的各个角落。如今大众所熟悉的文化霸权概念虽然源自葛兰西的理论却已经偏离了葛兰西的本意，为了准确甄别各种文化霸权和文化渗透现象，急需对西方文化霸权理论的实质、理论起源及发展历史进行深入考察，为构建有效的应对机制奠定理论基础。

## 第一节　西方文化霸权的实质

在全球化的发展趋势下，国家利益中的文化因素在不断上升，文化扩张与文化抗争因而成为国际关系中一个持续不衰的热点。西方文化强势国家，尤其是美国在文化外交中奉行文化霸权主义政策，向其他民族和国家输出本国的文化价值观，不考虑其他民族和国家文化的自主性和独立性，甚至打断其他民族文化的发展，推动整个世界的文化同质化，促使全球文化朝着单一的向度发展。当代西方国家借助于他们对全球化的主导性作用以及西方中心论、种族优越论、文明冲突论等文化霸权理论的支持，不断对外进行文化扩张，引起文化上的纷争与冲突。每一个事物本身都有其实质，概括来说就是自身特有的一种属性。从实质上看，西方文化霸权主义可以说是一种典型的文化暴力，它并不是通过让人心悦诚服来达成共识，更多的是依赖政治、经济甚至军事手段在其他国家、地区和民族强行传播或者潜移默化的方式渗透本国的生活方式、政治制度及人生观和价值观，并伴随着破坏其他国家、地区民族原有的文化、信仰、教育等意识形态，否定与西方国家不同的思想文化价值存在的合理性和独立性，实现对非西

方国家的文化入侵、思想同化。当西方国家自己所推行的意识形态不被其他国家、地区民族接受时可能会直接破坏当地原有的思想文化，重新建造一个和西方国家所实施的意识形态相类似的新世界。其霸权表现形式多种多样：第一，对经济发展落后地区的小国、弱国实行强行替代、"送民主下乡"等方式。第二，对中国这样的具有源远流长悠久历史文化的大国，采取软硬兼施的策略。第三，对苏联、东欧等社会主义国家，采取和平演变，经济渗透等方式。如华盛顿共识（Washington Consensus）的提出，是指20世纪80年代以来位于华盛顿的三大机构——国际货币基金组织、世界银行和美国政府，根据20世纪80年代拉美国家减少政府干预，促进贸易和金融自由化的经验提出并形成的一整套针对拉美国家和东欧转轨国家的、新自由主义政策主张。"华盛顿共识"是美国推动社会主义国家转向资本主义社会的最初级版本，曾对转型过程产生过深刻的影响。

　　西方文化霸权的实质就是以美国为首的西方大国为了维护自身霸权地位、实现国家利益而采取的一种战略和方式。以西方发达国家的强大政治背景和雄厚经济实力为支撑，依托于文化产品和媒介来悄无声息地传播西方的意识形态、思维体系和行为准则，进而实现对世界各国尤其是社会主义国家在文化领域的约束和影响。正如美国现实主义大师汉斯·摩根索所阐述的"文化霸权的东西，是最巧妙，并且如果它能单独取得成功，也是最成功的帝国主义政策。它的目的，不是征服国土，也不是控制经济生活，而是征服和控制人心，以此手段而改变两国的强权关系。文化霸权在现代所起的典型作用，是辅助其他方法。它软化敌人，为军事征服或经济渗透做准备"①。西方文化霸权的实质主要体现在以下三个方面。

## 一　维护其霸权地位

　　西方文化霸权的第一个实质便是维护其霸权地位，它是以美国为代表的西方国家为维护自身国家霸权地位而实施的一种方法和战略。

　　1929年10月，美国的经济危机影响了整个资本主义世界。随之发生的股票市场的瓦解和银行的挤兑风潮更让美国经济跌至谷底，资本主义发展史上最严重的一次全球性经济危机席卷开来。受经济危机的影响，西方

①　[美] 汉斯·摩根索：《国际纵横策论》，卢明华、时殷弘、林勇军译，上海译文出版社1995年版，第90页。

国家普遍开始衰败，法西斯主义趁机开始发展。截至1933年11月，法西斯运动得到了进一步发展。同时，第一次世界大战结束后遗留的众多矛盾都没有得到有效缓解，而新的矛盾却与日俱增。基于上述背景，第二次世界大战于1939年爆发，此次战争是由德意志第三帝国、意大利王国、日本法西斯发动。二战期间，以德国、日本为首的轴心国阵营和以美国、苏联为首的同盟国阵营展开了激烈的较量，美国、苏联作为同盟国的中坚力量以合作的方式共同对抗法西斯侵略者，并团结其他反法西斯同盟国一起赢得了二战的胜利。一方面，虽然最终世界人民打败法西斯侵略者，取得了世界的和平与发展，但它给整个人类社会带来了空前的破坏和伤亡，死于战争的人数高达7000万。另一方面，此次战争在客观上却促进了科学技术向前进步，带动了航空技术、原子能等领域的发展和进步。同时，国际社会主义运动在二战结束后迅速发展并逐渐壮大。随着国际社会主义运动的壮大，众多国家开始建立社会主义政权。

对于美国来说，二战是其历史上的一个重要转折点。战后，美国依靠着强大的经济与政治实力，稳坐世界霸主的地位。在政治上，相当程度地影响着世界舆论的导向，左右着国际规则的制定；在文化上，他们将西方文化中的核心价值观念简化成一套教条，并以"超文化"手段，如流行音乐、好莱坞电影、可口可乐等形式向世界各地输出，从而赋予自己在意识形态上的霸权主义。美国迪士尼电影公司总裁迈克·艾斯纳曾扬扬自得地说："全世界都渴望美国文化。"无论是在政策上还是战略上，美国以意识形态差异为由，割裂、瓦解、阻碍和打压这些社会主义国家，并视之为维护国家安全的首要任务，于是便有了长达40余年的冷战。1947年3月12日，美国杜鲁门主义出台，标志着冷战的开始。总的来说，在冷战时期，西方政治制度、价值观念和生活方式的渗透，无时不在西方的对外政策中占据重要地位。无论是丘吉尔的"铁幕演说"，杜鲁门的"遏制战略"，艾森豪威尔的"解放战略"，肯尼迪的"和平战略"，还是尼克松的"不战而胜"，卡特的"人权外交"，里根的"新遏制战略"，都把文化渗透作为一个重要的砝码加以利用。这一点诚如尼克松所言："思想有其自身的力量，我们可以使思想穿越屏障。"① "国家意志远远超出了准备使用

---

① 刘洪潮：《和平演变社会主义国家的战略、策略和手法》，湖北人民出版社1989年版，第106页。

军事——不管是核力量还是常规力量——的范围”，“国家意志还包括一个纯真的基本信念，相信美国在斗争中是站在正确的一边。我们在世界上所代表的一切是值得保卫的”。① 至苏东剧变、冷战结束，美国终于成为世界上唯一的超级大国。冷战后，老布什政府的“超越遏制”和“世界新秩序”战略，克林顿政府的“人权外交”和“输出民主”战略，同样具有浓厚的文化霸权主义色彩，正像有人说的那样：“今天存在一种打上‘美国制造’的世界文化。”② 总之，利用文化进行扩张贯穿于西方大国的扩张史。

　　美国长期以来是以“美国天命论”来进行文化输出、实施文化霸权的，并自认为是正当的。所以他们试图用一套“应许之地”的“圣约”政体建立一座“山巅之城”——只受上帝统治的自由平等世界，并且承担着向世界传播自由和正义，把人类从罪恶之路引导到人世间新的耶路撒冷的神圣使命。美国的这个“山巅之城”的使命感，就是美国文化霸权的内在基因，也是美国霸权的文化基石。19 世纪美国著名作家梅尔维尔的作品则更加生动形象地体现了美国人自我理解的“山巅之城”，在《白鲸》中，他写道：“我们美国人是上帝独一无二的选民，我们是现时代的以色列人，我们驾乘着世界自由的方舟。70 年前我们从奴役中逃脱出来，我们怀抱着一整个大洲，这是我们第一项与生俱来的权利，除此之外上帝还将政治统治宽广领地上的异教徒的任务交给我们，作为将来的遗产。我们将他们荫蔽在我们的方舟之下，而无须双手沾满鲜血。长期以来，我们一直怀疑我们自己，怀疑政治上的弥赛亚是否真的已经到来。如果我们宣布他到来的话，实际上他已经来了，那就是我们美国。让我们永远记住，由于我们的出现，在地球的历史上几乎第一次，国家自私的目的成为不可限量的慈善事业，因为我们不仅在对美洲行善，而且要解救整个世界。”关于美国的天命论也反映在文化产业上，西方一直以来有关于圣殿骑士团宝藏的传说，在《国家宝藏》这部电影中，编剧就巧妙地将这一传说与“美国天命论”联系在一起。片头做了一个背景介绍：一笔巨大的宝藏历史上多次易主，最终被十字军东征的骑士在以色列所罗门王的宫殿下发现，骑士为宝藏的规模所震惊，认为这笔财富任何个人都不配拥有，所以

　　① 尼克松：《现实的和平》，陈杨、杨乐译，世界知识出版社 1984 年版，第 94 页。

　　② 罗荣渠：《开拓世界史的新视野》，［美］斯塔夫里亚诺斯《全球分裂》译序，商务印书馆 1995 年版，第 13 页。

将宝藏带回了欧洲，最终带到了新大陆。此处暗含的隐喻，完美地诠释了美国的天命：一笔巨大的财富被藏在了以色列，财富规模之巨大是任何人类都不配具有的，即使国王也不例外，最终这笔财富被带到了美国，也就是暗示美国是新的天命之所在，也正是美国的共和民主政体才有资格最终掌握支配这笔财富。

在美国一步步称霸世界的战略计划中，文化渗透、文化入侵和文化扩张发挥了举足轻重的作用，它宣扬了西方的意识形态、思维框架和行为准则，加快了苏联解体的速度，成为苏联解体的外部原因。西方文化霸权在很大程度上侵犯和腐蚀人们的意识形态和价值观念，通过阻碍别国的发展来使世界实现同化，让文化变成单一化、西方化，促使其他国家推行西方资本主义的价值衡量标准。直至现在，西方文化侵略的步伐仍没有停止，它的战略目标发生了变化，针对的群体不再仅仅是社会主义国家，还包括其他不同于美国的西方发达国家，在全世界推行以美国文化为主的价值标准，以此来保障和维护美国的国家利益以及国家安全。可以说西方文化霸权是以美国为首的西方国家为维护自身国家安全而实施的一种方法和战略。

## 二　阻止新兴国家崛起

文化霸权主义是以美国为首的西方资本主义国家阻止新兴国家崛起的新型手段。20世纪末，人类开始进入全球化时代，但是全球化的进程直至现在依旧是以西方为核心并被西方的力量操纵。西方发达国家以其自身的经济实力为依托，是全球化框架下的主要规则制定者，能够把持经济全球化的发展方向，使全球化的进程能够在最大程度上按照他们的意志进行，利用国际贸易规则的制定权，维护自身的利益，打压新兴国家的崛起。正因如此，西方国家成为经济全球化进程中最大的受益者。所以我们可以说全球化是一把双刃剑，一方面它给世界经济注入了新的生机与活力，促进了全球经济增长；另一方面也造成一些新兴国家的崛起被打压，利益得不到申诉，甚至造成世界不发达国家日益被边缘化。由于西方政治、经济和文化的强势地位，世界文化交流呈现出单向流动的特征，发展中国家在不同程度上被动地接受西方文化，因而在当今大众传媒时代，世界各国的大众文化呈现出较强的趋同化倾向，西方流行文化尤其是美国的流行文化在全世界范围传播，事实上成为全球文化。

　　随着全球化步伐的加快，世界变成了"地球村"，这让国家与国家、民族与民族之间的往来更加亲密，一些发展中国家逐渐开始崛起。在这样的情况下，为了维护霸权地位、国家利益以及其国际地位，以美国为首的西方国家开始利用文化霸权来对一些新兴国家进行干涉。如果采用传统的军事暴力入侵、政治强制干涉和经济压制封锁等手段对新兴国家进行打压，西方国家自身将会付出沉重的代价。而如果采用以文化渗透、文化入侵为主的文化霸权主义来对新兴国家进行阻碍，将会突破国界的约束，并具备很高的隐蔽性。对比传统的暴力入侵手段，文化霸权具有成本低、效率高、传播快等特点，让被入侵者"自愿"接受西方的文化，赢得被侵略国家社会各界及人民内心好感的概率也很大。这样，以美国为首的西方资本主义国家便可不费吹灰之力就达到向其他国家和民族的人民传播自身"优秀文化"的目的，进而实现不战而胜的目的，以此来维持西方资本主义国家在整个国际社会中的领先地位。在美国人眼中，他们犹如救世主一般能够拯救世界，他们所宣扬的文化、政治、经济、包括他们的社会制度等都是最优秀的，所以他们进行文化渗透和入侵的目的是让全世界人民都得到最"民主"的社会制度和生活方式。通过这样的契机，把以美国为首的西方意识形态、思维体系和行为准则传播到全世界，进而侵略并统治全世界人民的思想，其最终目的是要确立西方世界的优越性和霸主地位。

　　西方国家利用自己的强势地位，把西方的意识形态、政治理论、价值观直接输入第三世界国家的政治生活中，改变这些国家的主流文化、政府意志、领导方式、政治理念，从而使这些国家在政治制度、意识形态上发生自上而下的质变。西方资本主义国家主要通过对新兴国家的主流意识形态、主流价值观、民族传统文化构成冲击来实现对新兴国家崛起的阻碍。在主流意识形态方面，对这些国家进行意识形态渗透，从根本上瓦解这些国家已成为美国为首的西方国家对新兴国家进行西化、分化的主战略。面对美国为主的西方资本主义意识形态扩张，新兴国家主流意识形态的"抵抗力"正经受着严峻考验。在主流价值观方面，美国等西方国家为了用自己的强势文化反对所谓的多元文化的盛行、极力推行文化霸权主义，企图依仗经济上的优势，将美式文化模式强加于人，建立西方意识形态的一统天下。他们通过各种形式的文化渗透，宣传其政治理念，价值观念和生活方式，入侵发展中国家的特定群体，特别是影响年轻人的价值观念、生活方式、思维方式、行为方式。在民族传统文化方面，西方国家由于科学技术的迅猛发展及其在文化传播中的运用，使得其文化产品的娱乐性、观赏性、知识性较强，具有现代性、新颖性、趣味性，加之生产成本低廉、价格便宜，还有一些人存在崇洋媚外心理，使得西方文化产品在一定时期占有很大的市场份额。它传达的思想和观念，久而久之对新兴国家消费者会产生潜移默化的影响。

中国作为最大的发展中国家，在与西方资本主义国家的文化交往中，西方文化霸权凭借优越的技术实力和雄厚经济实力对我国输出西式民主制度，这种行为是不平等的，西方文化霸权向我国输出西式民主制度的企图和行动势必会威胁我国社会主义制度和文化的安全。随着网络技术的日渐发达和信息时代的全面到来，以美国为首的西方霸权主义国家开始利用互联网技术向我国渗透资本主义制度的优越性，大力传扬"拜金主义""个人英雄主义"等，在无形中影响着人们的文化价值取向和标准，从而使人们失去对本土文化的信念和认同。随着历史记忆的逐渐模糊，会从根本上入侵和腐蚀中国共产党的执政根基，中国的社会发展也会失去支撑力量和核心灵魂，我国的意识形态和主流文化价值观的地位会受到威胁和动摇。为了压制我国的发展以及降低我国的国际地位，西方资本主义国家通过发达的新闻媒介和新闻话语权对我国在国际上的国家形象进行猛烈抨击，把中国描述成一个霸道独裁而没有民主的国家，宣扬中国没有人权，意图激化社会矛盾和民族冲突，或胡编乱造，或捕风捉影，"中国人权论""中国威胁论"等言论的出现给我国的国家形象带来了很大程度的负面影响，严重影响了我国与周边国家关系的稳定，对社会的稳定和谐造成了威胁。

总之，西方资本主义国家凭借发展中国家难以企及的经济、科技实力，在推行强权政治的同时，加紧推行文化霸权主义政策，试图以西方文化强国的政治制度、价值观念作为世界普世价值输送到世界其他国家，强迫全世界各国接受，忽视文化多样性。而新兴国家作为世界的新生力量，受到的威胁尤其严重，其文化主权、政治制度和价值观念等方面均受到了极大危害和挑战。在全球化的大背景下，我们应该保持文化的多元发展，既要反对文化霸权主义，又要反对文化孤立主义。汲取西方文化中的先进成分，改造本国本土文化中的传统成分，使传统文化逐渐发展为适应现代社会要求的先进文化，只有这样才能更好地抵制西方文化霸权主义，让西方文化霸权国家阻止新兴国家崛起的企图破灭。

### 三　实现国家利益

西方文化霸权的实质还可以说是为了谋求和实现以美国为首的西方国家的根本利益。外交层面上的国家间的关系，国家利益永远是第一原则，各国之间相互谋求和追随的永远都是国家利益。英国首相丘吉尔有一句名言："我们没有永恒的朋友，也没有永恒的敌人，只有永恒的利益。"西方发达国家在国际交往中始终把追求本国利益最大化放在首位，而文化霸权已经成为西方发达国家为追求本国利益最大化的一种新的方式和战略，利用各种手段传播西方的制度模式和文化观念，这在无形中把经济全球化潜移默化成了一场带有霸权主义色彩的文化扩张运动。在这样的严峻形势下，世界各国都十分注重文化主权问题，纷纷从自身国家利益出发，制定符合当前国际环境的文化主权战略，从而应对西方来势汹汹的文化霸权战略。

西方国家大力推行文化扩张战略，其主要目的就在于为实现其战略利益提供理论上的依据以及为其霸权行为披上合法性的外衣。早在1938年，美国一位国务院官员理查德·帕蒂就说："政治渗透带有强制接受的烙印，经济渗透往往被斥为自私和强制，只有文化合作才意味着思想交流和无拘无束。"① 这些政策思想十分突出地体现在美国冷战后对外政策尤其是对冷战后世界蓝图的设计中。

20世纪80年代末90年代初，东欧剧变、苏联解体被西方许多人归结为"民主制度的胜利"，甚至将它说成"历史的终结"②。为此，美国积极推行和扩展美国文化，老布什政府认为，美国20世纪90年代的基本利益与目标是"建立一个政治经济自由、人权与民主制度盛行的世界"③。老布什认为，在建立"世界新秩序"的过程中，"把我

---

① Frank A. Ninkovich, *The Diplomacy of Ideas：US Foreign Policy and Culture*, New York 1981, p. 27.

② Francis Fukuyama, *The End of History and The Last Man*, New York：Free Press, 1992, p. 11.

③ George Bush, *National Security Strategy of the U. S. 1990－1991*, Washington, D. C.：Brassey's Press, 1990, pp. 7－11.

们的意志强加给敌人是我们的目的，武力则是手段"。① 可见，没有文化霸权主义提供理论上的论证，西方国家的政治号召力和合法性就要大打折扣。

在约瑟夫·奈等人看来，文化扩张和文化权力构成了当今国际关系中斗争的新领域，通过文化巩固自身的国际地位和维护自身的国家利益，谋求"文化霸权"就理所当然地成为西方国家新战略的重要组成部分。因而，他们必然会为扩大自己的文化权力及影响力而不断地努力。随着近几年国际形势的发展变化，西方国家意识到，只有通过各种手段，扩大西方文化的影响，才能增强自身的凝聚力和对其他文明中的人民的吸引力和影响力。即使是信奉权力政治的现实主义大师汉斯·摩根索也指出："文化帝国主义的东西，是最巧妙，而且如果它能单独取得成功，也是最成功的帝国主义政策。它的目的不是征服国土，也不是控制经济生活，而是征服和控制人心，以此手段而改变两国的强权关系。"②

当今世界的文化霸权主义主要体现为控制意识形态和进行文化渗透。一方面，以冷战思维为基础，推行以西方为全球中心的意识形态霸权。意识形态在冷战时期是处于首要地位的，即便在冷战结束后，这样的思维仍然被延续。尤其是自20世纪90年代开始，"新干涉主义"逐渐形成并日益蔓延。为此，以美国为首的西方国家开始大力占据文化市场，并结合经济活动把西方式的自由主义理念和市场经济体制进行推广，意图让全世界都认可和实行西方的文化价值观念和政治、经济模式，同时还利用国际文化交流和宗教势力进行文化扩张和渗透，尤其是对社会主义国家实施"西化""分化"战略，打着"人权高于主权"和"民主"的幌子干涉别国内政，企图建立一个资本主义一统天下、符合西方意志的世界秩序，把整个世界的意识形态标准都按照美国的价值标准统一起来。

另一方面，利用各种媒体媒介来宣扬西方文化，进行文化渗透。现代西方文化霸权的一种主要形式就是借助大众媒体对第三世界进行文化控制。这一系列媒介产品通过自身渠道来向第三世界不断强化西方至上的观念，让他们在潜移默化中对西方价值观或美国生活方式具有优越性

---

① 转引自杨运忠《布什政府的"世界新秩序"构想对社会主义国家的新挑战》，《科学社会主义研究》1992年第2期。

② [美]汉斯·摩根索：《国际纵横策论》，卢明华、时殷弘、林勇军译，上海译文出版社1995年版，第90页。

这种言论坚信不疑，从而出现了分裂第三世界各国自身文化习俗传统的情况。

无论是西方国家以前采取的暴力手段、军事压制、经济制裁还是如今利用媒体媒介的方式，其最本质的目的都是实现国家利益最大化、为了夺取他国的利益、为了保护本国的利益。虽然随着历史的发展西方国家文化霸权的形式发生了改变，但是其实质还是一如往昔。文化霸权主义是西方霸权主义的重要构成部分，它也是西方发达国家为了实现自身利益和压制他国利益的一种方法和战略。正如美国前国务卿克里斯托弗所说的"两个世纪以来，美国人民发现推进民主和人权，既符合我们的信仰，也有利于我们的实际利益"①。但是为了更好地实现以美国为首的西方资本主义国家的政治、经济和文化利益，西方资本主义社会强行推行他们的意识形态、思维框架和行为准则，想让文化全球化变成文化西方化，这种行为显然与世界文化健康发展相悖，这不仅不利于人类文明的发展进步，也不利于世界的和平与稳定。正因如此，文化霸权主义遭到了社会主义国家甚至西方发达国家的一致否决和谴责。

总之，当今世界上的某些强国在文化上奉行霸权主义政策，通过各种手段向其他弱势国家进行文化扩张，这种做法已经引起了世界各国的警觉。文化的发展不能照搬经济全球化的模式，因为每一个国家、每一个民族都拥有自己悠久的传统文化，文化的发展有其自身的规律，每个民族的文化都有自己的特殊背景，有自己的特色，有自己的个性，人类文化应该保持多样性，只有这样才可以使人类大家庭的文化丰富多彩，才能显示出各民族人民的智慧，也只有这样，才有利于各民族文化的融合、发展，才有利于世界的和平。当然，警惕文化霸权主义，不是简单地、盲目地搞"文化排外"。在全球化的背景下，故步自封、夜郎自大是错误的，我们要抱有正确的态度，在反对西方强国文化扩张战略的同时，加强与世界各民族的广泛交流，促进各种文化之间的相互了解与尊重，要以开放的心态，热情地接纳世界上各种优秀的文化，为我所用，而不是从这个极端走向另一个极端。

---

① 谢晓娟：《经济全球化过程中霸权主义的特点》，《辽宁工程技术大学学报》（社会科学版）2001年第1期。

# 第二节　西方文化霸权理论的起源

思想家安东尼奥·葛兰西是世界上最先对西方文化霸权理论进行系统性阐述的学者。葛兰西出生于意大利西部撒丁岛的一个中下层阶级的小职员家庭，他的家境并不优渥，他依靠着勤工俭学和奖学金在都灵大学里学习了哲学和文学。在大学期间，他参加了意大利社会党，并在毕业后成为社会主义报刊主编。一战期间，葛兰西响应列宁的号召，领导发动了都灵工人反战武装起义，1921 年 1 月 21 日意大利共产党成立，葛兰西成为其领袖，并在之后的时间里活跃于意大利社会主义运动中。1922 年 5 月，他被选为共产国际执委会书记处书记。在以墨索里尼为首的法西斯分子夺取国家政权后，于 1926 年不幸被捕。葛兰西度过了十一年的严酷牢狱生活，但在这十一年间，他凭借自己坚强的意志完成了多部革命理论著作和大量书信，其中最为著名的便是《狱中札记》。1937 年 4 月 27 日，葛兰西因病在狱中去世。他的理论和著作在第二次世界大战后得到广泛的传播和研究。

在 20 世纪 20 年代前后，西方一些资本主义国家的无产阶级纷纷学习俄国十月革命的精神，并进行了以夺取政权为目的的社会主义革命，但这些革命活动纷纷失败，这一现象让安东尼奥·葛兰西对武装夺取政权这一道路进行了深思。以对一系列革命实践的分析为奠基，葛兰西提出西方资本主义社会有其独有的特征，在这样一个社会里，政治、经济、文化等方面均是资产阶级占据中心主导的位置，与之相反的恰恰是工人阶级在阶级思想、革命思想上处于一个弱势的位置，因而要想赢得武装革命的胜利，必须重视文化革命，先进行文化意识上的革命取得文化领导权。这也是葛兰西首次明确提出"文化领导权"思想，后来这一思想被称为文化霸权理论。葛兰西的文化霸权理论构建大致概括为以下三个方面：第一，是葛兰西的实践哲学，他提出了实践哲学是哲学大家庭中的创新哲学的观点，是一种独创性质的思维，独创性质的哲学。① 它可以处理生活中那些具体的、现实的社会历史问题，它更是文化霸权理论的理论支撑和理论基础所

---

① ［意］安东尼奥·葛兰西：《狱中札记》，葆煦译，人民出版社 1983 年版，第 71 页。

在。第二，是葛兰西的国家构成理论，他把国家这一整体分为政治社会和市民社会两个部分。① 同时表示在无产阶级革命或执政过程中只有拿下文化意识形态的领导权，才能最终取得革命的胜利，他把这作为文化霸权理论的思维框架和逻辑前提。第三，对政治权力的重新区分，葛兰西把政治权利区分为"强制"和"同意"。他认为除了一种叫作"强制"的权力形式外，还有另外一种权力形式叫作"同意"。② 他认为统治阶级和国家利用一系列包装和修饰，不见痕迹地传播和灌注统治阶级想要表达的意识形态，让市民和大众阶级"自愿"的接受和"认同"他们的意识形态、行为准则和统治地位。这也是葛兰西文化霸权理论的精髓和创新部分。自此，西方文化霸权理论开始进入人们的视线，同时也为后人对文化霸权的研究奠定了思想和理论的根基。

## 一　西方文化霸权理论形成的时代背景

### （一）政治背景

1914 年，伴随着第一次世界大战的爆发，英国、法国、美国等西方主要资本主义国家都加入了这场战争。各国的国内政治统治弱化，国内无产阶级革命运动风起云涌。在列宁的领导下，俄国通过布尔什维克革命建立了世界上第一个无产阶级专政的社会主义国家。这一革命的伟大胜利在很大程度上激励了其他国家的无产阶级利用武装革命来夺取政权的信心。1918—1919 年德国爆发了民主革命，此次革命以工人阶级为主体，广大群众也踊跃参与，但是此次革命并没有触动旧的国家机构和军队，这也是造成十一月革命失败的重要原因。在此期间，其他国家和地区的无产阶级革命也接连失败。第一次世界大战结束后，各国的资产阶级都加强了国内统治，对无产阶级革命进行了高强度的打压。

葛兰西文化霸权理论的提出在一定程度上吸取了俄国布尔什维克革命的胜利经验和欧洲无产阶级革命的失败教训。无论是取得胜利的无产阶级革命还是以失败告终的无产阶级革命，葛兰西都对他们进行了深入的思考，再结合自身经历的革命实践经验，进而摸索出了一条崭新的无产阶级革命道路——夺取文化领导权。他认为"俄国的无产阶级能够夺取政权

---

① ［意］安东尼奥·葛兰西：《狱中札记》，葆煦译，人民出版社 1983 年版，第 222 页。

② ［意］安东尼奥·葛兰西：《狱中札记》，葆煦译，人民出版社 1983 年版，第 425 页。

获得革命的胜利,是因为俄国的市民社会还不发达,而在西方,市民社会已经发展到了一定阶段,是比较牢固的"①。他还指出,由于经济的快速发展,西方资本主义国家的市民社会已经步入"牢不可破"的阶段,资产阶级主导着整个市民社会的思想意识,大众被动地接受来自资产阶级统治者的思想意识,所以暴力武装斗争根本无法让革命取得胜利。这也是为什么俄国布尔什维克革命能取得无产阶级革命胜利,而西方资本主义国家只能运用"阵地战"来夺取政权、其无产阶级屡屡失败的原因。"阵地战"就是"通过在文化意识上灌输无产阶级思想,动摇市民社会的稳定结构,使得资产阶级失去对市民社会意识形态上的领导权,从而在资本主义国家建立无产阶级意识形态领导权。"②

同时,葛兰西还对西方资本主义国家无产阶级革命失败的原因进行归纳:首先,他们只是"依样画瓢",完全照搬了俄国十月革命,没有真切地考虑到自身的实际国情;其次,由于资产阶级主导着整个市民社会的思想意识,他们向人民群众灌输着统治阶级的思想意识,使得这些资本主义国家内部的无产阶级思想意识还不够成熟;最后,第一次世界大战期间,各资本主义国家对于国内的政治统治比较松懈,但是无产阶级并没有抓住这一时机,而是在一战结束后各国都在加强国内统治的时候发动革命,因此就错过了发动革命的最佳时机。在对无产阶级革命的失败原因进行深入探析以后,葛兰西提出了"文化霸权理论"。以当时的时代背景、资本主义统治现实和无产阶级革命实践为基础,提出了全新的斗争方略。

此外,葛兰西也对第二共产国际社会主义革命道路这一固定模式进行了批判,他认为任何事情都应该具体情况具体分析,每个国家都有不同的特点,不能以偏概全,根据自身实际情况制定合理的革命斗争路线才是正确的选择。

(二) 经济背景

意大利的国家政治与经济危机在第一次世界大战结束后全面爆发,国内阶级矛盾十分突出,意大利国家法西斯党趁此背景成为意大利政坛上的一个重要支柱。1922 年,意大利国家法西斯党的本尼托·墨索里尼创建

---

① [意] 安东尼奥·葛兰西:《狱中札记》,曹雷雨等译,中国社会科学出版社 2000 年版,第 194 页。

② 俞吾金、陈学明:《国外马克思主义哲学流派新编》,上海复旦大学出版社 2002 年版,第 714 页。

第一届法西斯政府，开始对意大利实施法西斯专制独裁统治，并把向外扩张作为其党派的核心思想。墨索里尼十分迫切地要占领新的殖民地，并以此证明那时的意大利是一个富强的国家。但当时的意大利刚经历了一战的冲击，国家百废待兴，所以每一次军队的出征几乎均以失败告终。这样的专制独裁统治让意大利的经济危机更加严重，人民生活更加穷困潦倒，政府采取"限制生产"的政策来渡过此次经济危机，这项政策的后果是那些受限制的工厂又采取"压榨工人"的措施来避免其破产，久而久之，整个国家的经济局势乱作一团。当时的意大利还有另一大问题亟待解决——南北地区发展不平衡，北方地区的工业发展状况稍好，而南方靠农业发展，因此相比之下，北方的经济状况要好于南方。葛兰西的家乡撒丁岛隶属意大利南部地区，依靠农产品出口，但由于经济情况的不断恶化，撒丁岛开始了工人运动，并组织了一定规模的大罢工。随着南北方对立的不断加剧，以及工人运动持续地发动和失利，葛兰西一针见血地提出要想争取政治领导权就应该首先争取文化领导权。文化领导权的提出是具有重大意义的，它为西方文化霸权理论发展打下了坚实的基础，为后续的无产阶级革命提供了一条全新的道路。

随着优先争取文化领导权这一思想的提出，葛兰西又意识到整个社会的意识形态是被传统知识分子掌握着，传统知识分子的保守使先进思想难以传播开来，因此他提出应最先对普通民众进行文化教育，使他们得到思想上的转变，尽可能地取得最大的支持，为夺取领导权提供保障，葛兰西对此指出应该多向农民进行文化教育宣传。

正是意大利法西斯政权这一背景对葛兰西文化霸权理论的孕育起到了强烈的影响。它让葛兰西意识到文化的关键性，从而让葛兰西着手开始探讨夺取文化领导权的可行性道路，并最终被葛兰西文化霸权理论所吸收。

（三）文化背景

法西斯政党执政后，他们不仅实施专治统治，而且开始利用各类传播途径来对普通大众进行文化上和思想上的浸透，比如宗教、教育、媒体等途径。其目的一目了然，便是通过资本主义的方式来加强其自身的文化领导权，维护其自身统治，巩固其自身地位。葛兰西认为应该在市民社会中开展反文化领导权的活动，对资产阶级的统治造成重创，从而夺取文化领导权。这种领导权是非暴力的，是人们积极意义上的霸权。在葛兰西看来，文化霸权不是一种支配和压迫关系，而是"经由谈判和斗争达致妥协的动态领域，是一个支配与反抗之间的力量不断调整、趋于平衡的过程"①。葛兰西领导权理论的提出在很大程度上是受俄国十月革命的胜利和列宁主义思想的强烈影响。但是在十月革命过后，德国、意大利等西欧国家的社会主义革命频繁失败的状况也很快引起了葛兰西的重视。这也让葛兰西开始思考和探索为什么西欧工业国家的无产阶级革命没有像十月革命那样取得胜利，随后葛兰西发现西方国家与革命前俄国社会之间是存在区别和差异的。通过研究，葛兰西觉察到西方无产阶级革命所面对的敌人既包括政治国家，还包括市民社会。他进而提出西方无产阶级革命不能完全照搬十月革命的经验成果，要想推翻资产阶级，工人阶级首先应获得文化领导权。

针对具体的行动策略，葛兰西在真切地分析了意大利的现实背景的基础上，认为要做的第一件事就是把法西斯在意大利实施的独裁统治彻底打垮，然后建立全新的社会政治制度，这种制度不应是独裁统治而应是获得社会大众的普遍认可。在这一新的政治制度下，社会大众对于文化活动应该是持积极态度的，并且可以自由的接受文化教育。

## 二　西方文化霸权理论形成的思想渊源

葛兰西的文化霸权理论虽然开辟了无产阶级夺取文化领导权这一新道路，但是他这一理论的提出也并非空穴来风。他基于前人的理论成果，逐渐提出文化霸权理论，并在此基础上不断发展、完善。文化霸权主义不是凭空出现的历史现象，其产生与发展有着深刻的思想渊源、理论渊源和历史根源。要想深刻认识文化霸权主义在全球化进程中的各种表现形式及其实质，就必须对其思想、理论及历史渊源进行研究。在众多前人的理论成果中，马基雅维利的君主论、马克思的国家与阶级意识、列宁领导权思想对葛兰西的影响最大。当然，葛兰西文化霸权理论的提出不仅与前人的思想观点有关，也与葛兰西本人的革命经历、意大利南北经济差异显著、南北方分裂发展等国内状况以及一战后世界经济格局改变的国际大环境有紧密关联。而葛兰西本人经历的十一年牢狱生活和被意大利共产党孤立的特殊背景，让他对苏联和国际共产主义运动的退化、教条主义的盛行进行了深思，并追溯其本源，提出了必须创建新思想、制定新纲领的观点。因此

① 马广利：《文化霸权：反殖民批评策略》，光明日报出版社 2007 年版，第 27 页。

有左翼学者歌颂葛兰西是反教条主义的表率,把他当作欧洲共产主义的精神领袖。

(一) 君主论

马基雅维利是意大利著名的政治思想家和历史学家。文艺复兴时期,意大利整个国家处于支离破碎的状态,政治经济的发展也十分落后。为了实现国家的发展和复兴,此时的意大利急需发展资本主义。马基雅维利在对这一现实情况进行分析的基础上,完成其代表作《君主论》。在《君主论》中,马基雅维利主要阐述了作为一个君主应该具备哪些素质、建立一个强大的国家应该怎样做,也对如何夺取和巩固政权进行了详细的阐述。《君主论》带来的影响是深刻且持续的,"一方面它把政治与道德剥离开来,不再用道德来诠释政治变革,而强调权利才是政治的本质;另一方面它把政治与宗教剥离开来,不再将神学与政治观念捆绑在一起,而是从人性的角度研究政治"①。我国学者通过研究指出"马基雅维利《君主论》中的霸权思想体现在两个方面:首先,他意识到教化的重要性,认为经过教化后,社会的集体意志才能够形成;其次,这种教化必须依靠强大的力量保证,而这个力量保障在《君主论》中是通过'君主'这个概念来阐释的"②。葛兰西便吸取了马基雅维利的意识教化作用的主张,并将这一主张融入文化霸权理论中,提出应该让文化教育在群众中展开,让广大群众明确无产阶级意识。

马基雅维利的《君主论》对葛兰西的文化霸权理论有着非凡的意义和影响。葛兰西曾经说过:"《君主论》的要点在于:用'神话'的戏剧形式把政治科学和政治意识形态结合在了一起。"③"'君主'的意义体现在了文化意识形态的改革上,这一改革为现代文明的发展打下了基础。"④ 由此可见,葛兰西十分肯定马基雅维利思想的进步性和时代意义,认为马基雅维利在结论中把君主和人民融为难解难分的一体,让君主成为人民中的一员,这正是时代进步的一个重要里程碑。马基雅维利意识教化作用的主张对葛兰西的文化霸权理论的影响有以下两点:

第一,葛兰西引用了马基雅维利主张中的一些名词解释,同时也完备

---

① 浦兴祖、洪涛:《西方政治学说史》,复旦大学出版社 1999 年版,第 147 页。

② 仰海峰:《葛兰西的霸权概念研究》,《山东社会科学》2005 年第 11 期。

③ 高顺起:《葛兰西实践哲学的应用》,《牡丹江大学学报》2010 年第 6 期。

④ 梁媛、何红丽:《葛兰西文化霸权理论的现实意义》,《新闻爱好者》2011 年第 11 期。

了这些名词。例如，依据马基雅维利所说的"君主"的解释，葛兰西提出了"现代君主"这一名词。马基雅维利认为"君主"没有实体，但葛兰西认为，即使君主在当代不是指一个具体的人，但它确实是一种真实存在的社会要素，更是一个复杂的政治组合体，它把一部分具有相同意愿的人结合在一起，最终形成政党这一组织。总结来说，葛兰西将"君主"实体化，而这一实体就是政党。此外，在君主的统治方式上，马基雅维利认为，"君主应该善于使用人的理性行为和兽性行为相结合的统治方式"①。其中，"理性行为"意指法律方式，"兽性行为"意指暴力方式。葛兰西总结了这一观点，他赞同君主在对国家进行统治时可以实施一些必需的暴力手段，但光靠暴力的统治是不能长久的，人民的支持是国家长治久安的保障，即君主的统治必须涵盖暴力和共识两方面。葛兰西提出的政治统治形式和马基雅维利的主张在本质上是相通的，而且也涵括了文化霸权理论思想。

第二，葛兰西也十分认可马基雅维利提出的"君主"与"人民"间的关系，同时对其加以完善。由于当时社会历史条件的制约和影响，马基雅维利对于"君主"的解释带有守旧的封建桎梏，但是已经显露出了一定的进步性。他认为能够清晰理解人民实质的人才有资格成为统治者。他还强调君主想要长治久安就要获得群众的支持，以人民为根本，尽可能满足群众的需求，当一个君主失去大众的支持时，他的统治也将要分崩离析。正是马基雅维利的这一主张启迪了葛兰西，让葛兰西在文化霸权理论中也着重将社会大众尤其是无产阶级渗透进文化霸权理论中。

综上所述，我们可以看出马基雅维利的君主论思想对葛兰西文化霸权理论的形成有着独一无二的影响。

(二) 国家与阶级意识

葛兰西被誉为"近代最有独创性的马克思主义理论思想家"，因此葛兰西的思想与马克思主义有着千丝万缕的联系，他传承和发扬了马克思主义的政治理论，将其融于文化霸权理论。

在对"国家"这个词的解释上，马克思曾说过"国家是阶级专制的机器"，他认为国家是统治阶级对被统治阶级的暴力机关，而葛兰西则主张国家是统治阶级通过文化教育让被统治阶级服从的一个工具，并由政治

---

① ［意］马基雅维利：《君主论》，徐继业译，光明日报出版社2006年版，第109页。

社会与市民社会共同组成。虽然马克思和葛兰西对"国家"一词的解释看似不尽相同，但经过调查研究后发现，马克思曾在《莱茵报》里批判和驳斥政权阶级妨害由国家来代表公共权益的举动。由此可见，他并没有把国家当成完全的暴力统治工具，国家应代表人民公共权益。马克思只是认为，在资本主义所谓的"民主"社会里，统治阶级把公共权益和统治阶级利益混为一谈，公共权益被替换成了统治阶级的利益，从而将阶级对立存在的这一事实隐蔽起来。而葛兰西则是将"政治社会"代表的统治阶级利益和"市民社会"代表的被统治阶级权益进行清晰的划分。所以从这一角度来看，葛兰西是传承和完善了马克思的理论。

马克思虽然没有明确地提出文化领导权这一概念，但我们不能因此而无视马克思也发现了资产阶级在意识形态方面对被统治者实行意识形态、心理、文化的控制这一现象。马克思认为"统治阶级的思想在每一时代都是占统治地位的思想。这就是说，一个阶级是社会上占统治地位的物质力量，同时也是社会上占统治地位的精神力量。支配着物质生产资料的阶级，同时也支配着精神生产资料，因此那些没有精神生产资料的人的思想，一般地是隶属于这个阶级的"①。"占统治地位的思想"一词中就蕴藏着文化领导权思想。马克思还继续在《共产党宣言》里提出"任何一个时代的统治思想始终都不过是统治阶级的思想"②。马克思的这些言论都证明了他认为文化领导权客观存在于所有阶级社会，而没有无视意识形态在统治方面的作用。但马克思认为社会存在决定社会意识，所以被统治阶级在意识形态方面受统治阶级控制是由于其在物质生产领域就处于被统治地位，不能做到掌握经济领导权是无法实现在意识形态领域处于统治地位的。

在阶级意识上，马克思指出"统治阶级的思想在社会中是占有主导地位的思想，也就是说，一个阶级在占有了物质力量的统治地位后，也就支配了社会的精神生产资料，因此，不占有精神生产资料的阶级，是受到统治阶级支配的"③。葛兰西的文化霸权理论也继承了马克思的这一思想，即文化领导权的重要地位。他认为无产阶级革命要想取得胜利，就要在意识形态上占据领导地位。当然葛兰西更注意着重意识形态对物质的反作用，他指出"物质是内容，意识是形式；没有形式的内容是不可能存在

---

① 《马克思恩格斯选集》第一卷，人民出版社 1995 年版，第 98 页。

② 《马克思恩格斯选集》第一卷，人民出版社 1995 年版，第 292 页。

③ 《马克思恩格斯选集》第一卷，人民出版社 1995 年版，第 52 页。

的；同样没有内容的形式是空洞的、幻想的结果"①。在无产阶级革命意识形成这一方面，马克思主张在长期的革命实践中，无产阶级的革命意识会自然而然地产生，这是因为无产阶级与资产阶级的斗争需要而自然而然形成。葛兰西也沿用了马克思的这一主张，认为无产阶级的革命意识一部分是从群众自身的见识和能力以及自发冲动中提炼出来的，同时葛兰西又指出光靠上述的内部形成并不能把革命意识完全发展出来，还需要外部不断进行刺激，由此可见，葛兰西与马克思在阶级意识问题上，既有相同点，又有不同点。

（三）领导权思想

葛兰西"文化领导权"的起源、理论支撑与列宁的"领导权"思想有着千丝万缕的联系。对于"领导权"一词的解释，列宁在其著作《怎么办？》和《社会民主党在民主革命中的两种策略》都有所提及，这些著作中涉及的理论都为葛兰西文化霸权理论的诞生奠定了坚实的基础。葛兰西曾指出："列宁在反对'经济主义'倾向时，使我看到了文化斗争的重要性，也正是由于列宁领导权理论的提出，使我认识到统治是一种行使政权的方法，夺得领导权可以获得广泛的支持，这可以稳定政权的基础。"② 由此可见，葛兰西"文化领导权"思想是在列宁"领导权"思想的基础上产生的，是对列宁"领导权"思想的传承和发扬。

虽然葛兰西"文化领导权"的诞生是受到了俄国十月革命的胜利和列宁主义思想的强烈影响，但是另外葛兰西很快地意识到照搬十月革命模式的德国、意大利等西欧国家的社会主义革命却频繁失败。这让葛兰西开始思考西欧工业国家没有和俄国一样取得成功究竟是什么原因造成的，经过研究与思考后，葛兰西发现了西方国家与十月革命前的俄国社会之间的不同和差别。所以在之后的研究中，他把研究的重点转变到探索和构建适用于西方的革命战略上。经过对比研究，葛兰西得出西方国家的无产阶级革命不能完全照搬十月革命模板的结论，要想和资产阶级国家机器展开正面冲突，工人阶级首先应掌握文化领导权。对于马克思重点强调社会经济结构，而忽略了思想、文化、教育等上层建筑的影响和个人的主动性的情

① 吴听炜：《从葛兰西的实践哲学看马克思主义哲学内部的传统演变》，《马克思主义与现实》2012 年第 1 期。

② ［意］朱塞佩·费奥里：《葛兰西传》，吴高译，人民出版社 1983 年版，第 62 页。

况，葛兰西认为无产阶级如果想要建立属于自己的文化领导权，在进行政治斗争和经济斗争的同时，还要将长期的思想文化斗争进行到底。可以说葛兰西是在对意大利阶级斗争状况进行分析的基础上进而提出了文化霸权理论，它把政治斗争的领域进行了拓展，把无产阶级的斗争拓展到更加复杂的文化领域。通过总结欧洲革命的经验教训，葛兰西提出了文化霸权理论，为处于低潮期的革命指明了新的方向。

虽然葛兰西继承了列宁关于"领导权"的思想，但是他们各自关注的焦点是两个截然不同的方向。列宁比较注重政治领导权，而葛兰西比较注重文化领导权。列宁认为，"作为最先进的和唯一彻底革命的阶级，不仅要参加革命还要力求领导这个革命"[1]，这是列宁对无产阶级取得领导权的要求。列宁还认为无产阶级必须凭借暴力革命来夺取资产阶级的政治领导权，除此之外别无他法，等到拿下了政治领导权再去考虑文化领导权也为时不晚，他是把文化领导权的建设当作巩固政治领导权的手段。而葛兰西与列宁的观点几乎相反，他虽不反对政治暴力革命，但更注重在暴力革命之前先获得意识形态领域领导权的重要性，将获得文化领导权放在夺取政治领导权之前，通过民众的"同意"和"认同"而获得领导权。

简单来说，在葛兰西的观点里，无产阶级领导权包括政治和文化两个方面，少了哪一个都是不完整的；而在列宁的观点里只有一个领导权，就是夺取政治领导权，然后再建立无产阶级包括意识形态在内的政治制度。列宁和葛兰西对于"领导权"关注焦点的不同的原因有两个，一方面是葛兰西和列宁所处的社会大环境不同，另一方面是两个人理论的产生基础不同。十月革命爆发前的俄国是一个高度集权的军事封建主义国家，并且带有浓重的封建主义色彩，市民社会处于原始状态。而发达的西方工业资本主义国家的统治阶级拥有俄国所没有的成熟的市民社会。当国家局势不稳发生动荡时，市民社会就会展现出其稳定性，这也就意味着即使发生了最严重的经济危机，也不会立即影响到政治思想领域。葛兰西正是注意到这一特点才把研究的重心放在探索和构建适用于西方的革命战略上，提出了文化霸权理论。所以在文化霸权理论中，葛兰西十分强调市民社会的作用，把市民社会从经济领域中独立出来，归属到上层建筑，代表与政治领

---

[1]　潘西华、赵军：《从"政治领导权"到"文化领导权"——列宁与葛兰西无产阶级领导权思想比较》，《科学社会主义》2009 年第 20 期。

域相并列的文化伦理和意识形态领域。列宁和葛兰西对于"领导权"关注焦点的不同还是由当时俄国和意大利的不同背景决定的,当时俄国统治阶级的控制力不强,可以在暴力革命之后再确立无产阶级的文化领导权,所以列宁更加注重政治领导权。但对意大利而言,当时的资产阶级已经对民众在文化思想上有了较强的把控力,如果不首先夺取文化领导权的话,革命只能以失败告终。所以葛兰西认为适用于俄国的方式在意大利是行不通的。列宁的领导权思想以历史唯物主义作为理论基础,是从经济基础出发,认为社会经济结构是社会意识形态的基础,经济基础发生变化时必然会带动上层建筑发生变化;葛兰西的文化霸权理论以实践哲学为基础,具备绝对的历史主义特征,在坚持马克思主义的基础上,强调理论与实践的结合与发展,讲究如何通过实践把人类社会历史地组织起来,意识到思想文化教育等上层建筑的影响,突出了人的主观能动性,通过阐述在一定历史条件下经济斗争具有相对局限性,而意识形态也可以具有物质和政治力量。与列宁相比,葛兰西更侧重在夺取政治领导权前获得无产阶级文化领导权。

在无产阶级革命意识形成这一问题上,葛兰西汲取了列宁的观点。列宁提出,因为资产阶级掌握了文化领导权,所以工人阶级自愿地形成无产阶级革命意识是有一定难度的,此时我们需要借助教育和文化的传播才能形成这种革命意识。列宁在其著作中曾提出阶级政治意识只能从外部灌输给工人,而从外部灌输最有成效的途径是由无产阶级政党来领导革命。只有无产阶级政党,才能带动民众去追求并建设社会主义。葛兰西在列宁思想的基础上提出,社会主义真理不可能自发形成于阶级斗争中,需要借助"有机的"知识分子进行宣扬,而"有机的"知识分子必须达到一定的规模才能扩大这种影响力。葛兰西明确指出政党是革命运动的核心,他说"应该认识到政党在制定和传播世界观上的作用和重要性,政党的价值体现在,制定了与世界观相适应的道德和制度,承担着历史实验者的作用"①。

在"强制""统治"和"领导权"三个概念上,葛兰西和列宁对它们有着不同的理解。列宁主张这三者实际是一个整体,领导权仅是革命的一种手段,列宁在这三个概念中比较注重"强制"的作用,他认为"必

---

① 包毅:《列宁与葛兰西意识形态比较及其启示》,《理论探索》2012 年第 1 期。

须对阶级敌人采取强制，并且对于其他同盟阶级也要采取一定程度上的强制，这样才能保证革命信仰不会变色"①。与列宁的主张相反，葛兰西对这三个概念进行了清晰的划分，同时认为这三者间的关系会随着对象的不同而不同，葛兰西是这样表述的："统治阶级的表现形式是会发生变化的，当统治阶级面向同盟阶级时，表现出来的是领导的一面，当统治阶级面向敌对阶级时，则表现出了强制的一面。"②

综上所述，列宁对"领导权"的论述、说明和理解为后来葛兰西创立文化霸权理论打下了坚实的基础。葛兰西在继承列宁"领导权"思想的同时，也对其进行了发展和强化。

### 三　西方文化霸权理论的时代意义

葛兰西的文化霸权理论是一个极具创造性的理论思想，一方面，西方马克思主义理论得到了极大的发展和深化，更为后世文化霸权理论的相关研究打下了基础；另一方面，西方资本主义国家无产阶级革命拥有了一个全新的非暴力方式。葛兰西是在对意大利阶级斗争状况分析的基础上进而提出了文化霸权理论，它拓宽了政治斗争的领域，将无产阶级的斗争扩展到更为复杂的文化领域。和列宁认为要先进行政治革命而在政治革命成功后进行文化建设任务的观点不同，葛兰西把争夺文化霸权放在优先位置，把注重物质运动的马克思主义哲学的研究转变到关注政治、文化等上层建筑，创造性地发展了马克思主义。文化霸权的提出是通过总结欧洲革命的经验教训，为低潮期的革命提供了新的方向。

（一）为后世文化霸权理论的研究奠定基础

阿尔都塞的意识形态上的国家机器理论就是受到葛兰西的启发而提出的。他说："我受到了葛兰西的影响，在他那里意识形态上的国家机器，指的是政治的和道德的等诸如此类的文化意识形态，当统治阶级运用这一国家机器时，也就将自己的意识形态强加给了被统治阶级，使得被统治阶级具有了统治阶级的文化意识形态。"③阿尔都塞描述了意识形态上国家机器的社会功能与运行机制，这是对葛兰西文化霸权理论实现形式的借用

---

① 高顺起：《列宁与葛兰西领导权思想比较研究》，《河南大学》2009 年第 4 期。

② ［意］萨尔沃·马斯泰罗内：《一个未完成的政治思索——葛兰西的狱中札记》，黄华光、徐力源译，社会科学文献出版社 2001 年版，第 82 页。

③ ［法］阿尔都塞：《哲学的改造》，陈越译，吉林人民出版社 2003 年版，第 239 页。

和发展。无论是葛兰西的观点还是阿尔都塞的观点，他们两者都十分注重意识形态在维护国家政权中所发挥的功能和作用，也都揭示了意识形态教育才是统治合法化的真正源头。总而言之，阿尔都塞的意识形态理论汲取了包括马克思在内的很多理论学家有关意识形态理论的部分，尤其是葛兰西的文化霸权理论，并将拉康的结构主义精神分析学的"镜像"理论运用到其自身"主体性"相关探讨中来，再加上他本人独特的、带有结构主义痕迹的"多元决定论"，从而建立了其独到的意识形态理论。

德国哲学家尤尔根·哈贝马斯十分认同葛兰西的市民社会思想，哈贝马斯认为在资本主义社会刚刚萌芽发展的时候，市民社会是很难进行界定的，更是一个容易搞混的概念，但正是由于葛兰西提出了市民社会这一理念，并将其进行了清晰明了的剖析，使得研究市民社会具有现实的意义。与葛兰西重视在文化层面上研究市民社会及其相关问题相一致，哈贝马斯在大部分情况下是在葛兰西所阐述的当代市民社会理念中探讨市民社会的问题，从而重视探求市民社会的文化意义。哈贝马斯认为，早期自由资本主义时期的市民社会是作为一种独立于国家政治力量的私人自治领域的形态而存在的。市民社会这一概念的含义与近代市民社会的含义不同，"它不再包括控制劳动市场、资本市场和商品市场的经济领域。无论如何，'市民社会'的核心机制是由非国家和非经济组织在自愿基础上组成的。这样的组织包括教会、文化团体和学会，还包括了独立的传媒、运动和娱乐协会、辩论俱乐部、市民论坛和市民协会，此外还包括职业团体、政治党派、工会和其他组织等"①。此时的市民社会可以被刻画成一个独立于政治国家的私人领域，国家以允许市民社会的充分发展为条件来保证自身的合法性基础。

萨义德以他提出的东方主义而众所周知，他在东方主义中把殖民地对抗宗主国的侵略分为两个方面，一种是领土的反抗，另一种是文化的反抗。萨义德深受葛兰西的文化霸权理论感染，在谈到葛兰西对他的影响时说："在当代社会，存在着一种文化影响另一种文化发展方向的现象，受影响的文化往往按照其他文化的形式来发展，这种影响在葛兰西那里被称为文化霸权，要想理解当今西方文化对其他文化的影响，葛兰西的文化霸

---

① ［德］哈贝马斯：《公共领域的结构转型》，曹卫东等译，学林出版社1999年版，第29页。

权理论是不可缺少的。"① 在此背景下，萨义德创建了后殖民理论，他认为东方应该发起清除西方文化霸权的革命，只有真正去除了西方的文化殖民统治，东方国家才能获得真正的独立、自由、民主和解放。

以上所提到的这些理论都是对葛兰西文化霸权理论的传承与发展，并在一定程度上深化了西方马克思主义理论，让西方马克思主义思想实现不断地丰富和发展。此外，像文化帝国主义理论、软权力思想、文明冲突论等这些近代西方文化霸权思想，也都受到了葛兰西文化霸权理论的影响。由此可见，葛兰西文化霸权理论对整个文化霸权理论体系的巨大影响力。在当今世界经济全球化的大背景下，随着各国经济间的不断联系、发展，各个民族的不同文化也开始频繁交流，很多西方学者为了让西方文明占据世界文化的核心地位，利用了不同文明间的文化交流机会，提出了诸多关于西方如何夺取文化霸权的理论，像汤林森、约瑟夫·奈、亨廷顿等都是其中的代表人物；而另外也有很多学者站在维护民族文化多样性的立场上，指出各个文明间应该在坚持自主的基础上，进行文化交流与合作，从而提出了不同的文化霸权理论。

（二）不战而屈人之兵

"不战而屈人之兵"出自《孙子兵法·谋攻》，原意为不用战争的手段就能让敌人的军队丧失战斗能力，从而使自己这方达到胜利的目的。现多指不通过双方军队的兵刃交锋，便能使敌军屈服。如今的世界，已经不再是从前那个能够通过滥用武力等暴力手段来称霸天下的时代，尤其是经济全球化时代的到来，世界各国的经济被捆绑在一起，会出现一荣俱荣，一损俱损的局面。西方文化霸权理论便创造出了这样一条全新的、非暴力的途径和方式。

俄国十月革命胜利之后，由于盲目照搬俄国的革命模式导致其他欧洲国家的无产阶级革命均以失败结束，资本主义国家的无产阶级革命走进低潮期。在资本主义社会已经近乎成熟的情况下，无产阶级如何才能成功夺取其政权成了所有西方马克思主义者共同面对以及要加以研究的问题。葛兰西的文化霸权理论犀利地总结了西方资本主义国家市民社会与国家的关系，提出了以"有机的"知识分子为主体，运用"阵地战"来首先夺取文化领导权，从而最终夺取政治领导权的思路。这一理论的提出为当时的

---

① Edward W. Said, *Orientalism*, New York：Random House, 1978：7.

无产阶级运动提供了新的斗争方向，并最终形成了一条全新的革命道路。

不仅如此，西方文化霸权理论对当代的发展也做出了一定的贡献。首先，当代西方文化霸权理论促进了文化的向前发展。自古以来，在普通大众的认知里，社会的发展是建立在经济基础之上的，所以人们总是把关注的焦点放在经济领域，认为只要把控了经济主动权，就扼住了时代发展的咽喉，但随着文化霸权理论的诞生，打破了这一传统思维。文化霸权理论论述了把控文化领导权的重要性，并指出在掌握文化霸权后获得的强大影响力可以反作用于其自身的文明和经济，促使二者的向前发展，这一新的思路让人们意识到，文化同样可以创造无限的价值。当人们开始意识到文化的重要性和独特性后，文化就取得了较大的发展动力和前进动力，当今世界各国都在加大力度保护和发展自己民族的本土文化，就是因为领略到了民族文化对于一个国家的根基和国际影响力的重要作用。

其次，当代西方文化霸权理论揭示了文明的发展规律。人类文明的发展历程从总体上看是由低向高进化的，但是这个进化的过程却不完全是一个简单的直线式，而是存在着突变或跳跃，进程中的这种突变或跳跃在西方文化霸权理论中被看成"冲突点"，人类历史上每经历一个"冲突点"，文明程度都会提升到一个新的高度，因为这种冲突的起因其实是文明间的相互碰撞，而碰撞的结果一般情况下是较为发达的文化占据上风，然后不占优势的文化会自觉地向占据上风的文化学习，这时文化就发生了突变或跳跃，而这一过程就促使了文明的进步。当代西方文化霸权理论发现了这种"冲突点"的存在，并开始试着掌握这样的"冲突点"以求在不同文明发生碰撞的时候，保证自身文化能够占据主动地位。最后，当代西方文化霸权理论将国家安全的范围扩展了，让文化安全成了国家安全策略中不可缺少的环节。文化霸权理论的出现让人们意识到国家安全不仅要面对传统意义上的威胁，还要受到来自外来文化价值观、信息传播等各种看不见的威胁，此时文化和信息的重要作用被体现了出来。这就要求广大发展中国家必须将文化安全置于一个较为重要的位置，尤其对文化领域和信息传播领域更应该加强管理，制定出符合本国国情的文化安全策略，从而保证本国民族文化的可持续发展。

（三）对当代中国社会的启示

自改革开放以来，中国的经济在快速发展、科技水平在不断进步、人民的生活水平也在稳步提高，综合国力不断提升，在国际社会越来越有话语权。但同时中国不得不面对发达国家强大的文化信息侵入以及伴随着经济快速发展而产生的各种社会问题的巨大挑战。这也提示我们在积极应对西方文化霸权渗透的同时,应该利用不同于政治领导权的,并且具有非强制性和广泛性特点的文化领导权,为整个国家、社会的健康稳定发展奠定坚实的政治文化基础。通过前文中对文化霸权理论的梳理,我们可以认识到葛兰西认为无产阶级夺取、巩固文化霸权不仅是实现革命胜利的条件,也是维持政权的重要条件。

对于如何才能让文化霸权理论在中国社会主义社会建设中发挥作用这一问题,我们可以从以下三个方面进行思考:一是在社会意识形态领域利用文化霸权理论树立、维护马克思主义作为主流意识形态的领导地位,加强文化领导权建设;二是保证中国共产党作为执政党的地位牢固不变,提高执政能力,坚持党的先进性;三是重视文化建设,大力弘扬社会主义核心价值观,让人民的思想道德水平得到提高,让具有中国特色的社会主义文化更为人民所认同,不断提升文化自信。

社会主义建设需要掌握文化领导权,这是由社会主义制度的民主性所决定的。葛兰西文化霸权理论的核心内容就是无产阶级要夺取文化领导权,他不仅点明文化领导权对于夺取政权的重要性,而且也阐明了文化领导权对巩固政权的重要性。中国共产党夺取政权的革命手段应该隶属于"运动战",这要求执政党在建立无产阶级政权后必须建立与政权相适应的文化领导权。经济全球化成为大势所趋,国内社会思潮变得多样化,人们对于追求自由民主的意愿也越来越强烈,党的十八大报告中指出的"四大危险"里最大的危险就是脱离群众。从葛兰西的文化霸权理论中可以发现意识形态为其所属社会的政治统治提供了合法性。当这种合法性受到人民质疑时,政治领导权的统治能力就会变得衰弱,政权难以牢固,甚至难以维持;反之,当人民自觉自愿地去支持政权时,政治领导权的统治能力就会得到增强,显得相对稳固。所以我国在建立文化领导权的过程中,更加需要注重民生、民意,要和人民群众保持密切联系,考虑当代中国的具体国情,反映人民的利益和需求,有条件地吸纳并整合新兴的、外来的意识形态,让人民大众更容易领会和接纳中国特色社会主义意识形态,通过人民的"认同"把马克思主义上升为一种信仰。只有当人民在面对多样性文化选择时始终认同马克思主义文化,才能保证以马列主义为核心的国家主流意识形态和中国传统文化的安全,避免受到西方文化的干预、操纵和同化，有效应对西方文化霸权战略下的社会思潮和多元社会价值观取向的挑战。

"三个代表"重要思想中的"始终代表中国最广大人民的根本利益"正是要求执政党一定要抛弃狭隘的利益观念，考虑到其他各个社会阶层的利益诉求，把不同社会阶层的利益诉求融合到执政党的利益诉求之中，这一思想具体表现为代表普遍利益和全民族的力量，这样领导权才能得到真正巩固。在保障主流意识形态反映人民群众利益和需求的基础上，根据葛兰西文化霸权理论可以明确知晓，让人民群众"认同"社会主义意识形态领导地位的对策就是进行潜移默化的宣传教育。我国第三代领导人提出，我们的宣传思想工作，必须以科学的理论武装人，以正确的舆论引导人，以高尚的精神塑造人，以优秀的作品鼓舞人，不断培养和造就一代又一代有理想、有道德、有文化、有纪律的社会主义新人①。

党的十八大以来，习近平主席曾在多个场合提到文化自信，传递出他的文化理念和文化观。他指出："我们要坚持道路自信、理论自信、制度自信，最根本的还有一个文化自信。"国家高度重视培育和践行社会主义核心价值观，因为文化是一个国家、一个民族的灵魂。在当代中国，文化自信是具有科学性的时代命题，是中华民族生生不息、走向复兴的精神源泉，是中国特色社会主义破浪前行、繁荣发展的精神武器，是中华民族屹立世界、面向未来的精神脊梁。只有坚持文化自信才能让执政党以永不懈怠的精神状态和一往无前的奋斗姿态，坚定不移走中国特色社会主义道路，朝着实现中华民族伟大复兴的宏伟目标努力奋进。只有坚持文化自信才能让中华民族伟大复兴的中国梦具有深厚的历史底蕴和强大的前进动力，激发中国人民为实现中华民族伟大复兴的中国梦而不懈奋斗。以人民的普遍认同来加强凝聚力，以马克思主义来统辖、整合各种非主流的意识形态，迎接新时代的挑战，指引社会主义文化的发展方向，才能保障无产阶级作为建设有中国特色社会主义事业领导者的核心地位。只有牢牢把握文化领导权，无产阶级的地位才不会被撼动。

文化霸权理论对于提高执政党的执政能力、保持党的先进性有一定的帮助。"四大危险"中涉及的能力不足危险正是对准党内部分党员领导干部提出的。党的十八大报告所提出的建设学习型、服务型、创新型执政党

---

① 参见江泽民同志在全国宣传思想工作会议上的讲话（1994年1月24日）。

的方式之一就是提升党员干部自身的素质和能力，这正与葛兰西强调无产阶级要培养属于自己的有机知识分子的理论相符合。葛兰西认为各级知识分子都是由学校培养，而有机的知识分子需要具有制定和宣传有机的意识形态的能力。比如通过开展党内学习，不断培养有机的知识分子，注重提高无产阶级政党内的文化教育水平，加强党内对马克思主义思想原理的学习和理解，通过增强党员的综合素质，实现无产阶级政党整体水平的进步，实现葛兰西所说的"政党的全体党员应当看作知识分子"①。"三个代表"重要思想中的"代表中国先进文化的前进方向"就体现了这一点。党的先进性建设也要求"不断增强广大党员的素质和各级党组织的创新力、向心力、战斗力，始终发挥党员的典型作用"，通过首先在党内形成先进的文化，制定与时俱进的优秀的方针政策，促进党的执政能力的提升，进而领导人民群众进行社会主义建设，通过寻求人民对于马克思主义意识形态的认可和赞同来掌握文化领导权。

　　葛兰西的文化霸权理论是在结合当时意大利无产阶级革命实际状况的基础上对马克思理论做出的传承和发展。我国的社会文化建设也需要考虑到现实国情和传统文化。现阶段，一方面经济在快速发展，人民生活水平在逐渐提高，科学技术在不断更新换代，外来文化以各种隐蔽的方式和手段进行渗透，随之而来的是物质主义、拜金主义等消极思想在现代社会生活中的风靡。社会主义文化建设面临着崇拜物质、缺乏信仰、文化庸俗等问题的挑战。另一方面，我国拥有着大量历史悠久的思想文化和传统的道德准则，其中有很多优秀的思想至今仍值得我们去借鉴、学习和吸收。因此，社会主义文化建设需要采取把马克思主义理论与我国传统道德、文化结合的途径来加强对人民的思想教育，让人的精神境界和思想道德水平得到升华，弘扬社会主义核心价值体系，社会主义荣辱观的提出就是马克思主义道德观和中华民族传统美德有机结合。同时注重利用网络论坛、微博、微信等新兴媒体与广播、电视、报纸等传统媒体传播正能量。我国宣传马克思主义思想的传统方式都侧重于学校中的"灌输"式教育，具有明显的强制性，已经不适应在网络时代背景下成长起来的新一代的年轻人，急需创新教育方式。而随着信息技术的快速进步及互联网的广泛普及，大众传媒在思想文化传播方面的渗透作用越发明显，大众传媒在获取

---

① ［意］安东尼奥·葛兰西：《狱中札记》，葆煦译，人民出版社1983年版，第428页。

社会大众"同意"方面的优势越来越明显，可以灵活运用网络媒介等平台来进行宣传，利用人们喜闻乐见的方式来进行传播。比如说近年来"最美乡村教师"的评选活动，就是社会大众通过自己的参与塑造、自觉认可道德榜样来提高个人思想道德水平，使人们自愿接受社会主义核心价值观体系的领导。只有具有中国特色的社会主义文化得到人民的认同和赞美，才能展现出马克思主义的伟大生命力，增强马克思主义意识形态的活力、吸引力和凝聚力，让人民群众更加自觉、踊跃、热忱地投身于国家经济、政治、文化建设中去，中华民族伟大复兴的"中国梦"才能顺利实现。

### 四　西方文化霸权理论的局限与不足

虽然西方文化霸权理论对当代文化发展做出过一定贡献，但从人类长远发展角度看，存在显而易见的局限和不足。

首先，当代西方文化霸权理论发展还不够完善。比如约瑟夫·奈所提出的软权力思想，虽然他给出了软权力的定义，但是他从头至尾都没有清晰地诠释软权力和硬权力之间的关系与界限，这就会给人带来一种错觉，即同一个概念既可以被软权力拿来所用，同时又可以被硬权力拿来所用。约瑟夫·奈对软权力的界定是依靠硬权力来反推的，这就很容易造成两者之间的依赖关系，硬权力处于强势地位软权力就处于强势地位、硬权力弱势软权力也就弱势的正比例关系，但事实并非如此，单凭硬权力的强弱无法判断软权力的强弱。软权力等西方文化霸权理论以西方文化为模板，是站在以西方文化为中心的角度上来诠释软权力的，所以，当代西方文化霸权理论对于其他国家而言不具有普遍的适用价值。但是，软权力思想也具有一定的积极意义。软权力对其他文化在吸引上的巨大作用，不仅做到了成本低廉，而且可以做到不战而攻心，可以说是国家战略比拼中的上上策。

其次，当代西方文化霸权理论是以掩盖西方文化对外扩张为出发点的。例如汤林森的文化帝国主义理论，看似否定了文化帝国主义的存在，但本质是为了掩盖新时期的西方文化殖民，从而为当代西方文化的扩张在理论上进行了辩解。另外，汤林森所提出的今后的世界必将实现文化全球化的这一观点，其本质是为了蒙蔽发达国家对发展中国家甚至欠发达国家的文化入侵，让人们错误地认为这是文化发展的必经阶段，从而放下对西方文化霸权的警觉和警惕心理。由此，我们可以看出汤林森的理论是为经济和政治两个目标服务的。

经济上，以批判消费主义为借口，汤林森将资本主义国家的商品经济强迫性输出的实质进行了隐瞒，将商品输入国的被动接受诠释成了其消费者为了满足自身的需求而自愿地接受输入商品。如此一来，经济欠发达国家和地区对于经济发达国家的商品输入在心理层面上是没有防护意识的，这就让经济发达的资本主义国家在向经济欠发达的发展中国家进行商品输出时，潜移默化地将自己的消费理念一并输入进来，进一步诱使发展中国家的消费者对从发达国家输入进来的商品产生更大的需求，更大需求出现的同时也可以说是发展中国家在一定程度上已经对发达国家的消费价值观产生认同感。这种状态是循环往复的，这对经济欠发达的发展中国家自身的经济建设与发展无疑是毁灭性的。

政治上，汤林森打着批判民族国家话语权的幌子，企图把人们从传统的民族国家意识上剥离开来，这样就为西方资本主义国家建立起一个具有全球认同的西方文化价值观体系奠定了基础。汤林森同时认为，世界发展的趋势将会是融合的，由于西方资本主义发达国家在世界经济上处于领导地位，这让人们更加容易轻易地去相信世界今后的发展应该是如西方模式那般。西方资本主义发达国家趁着在其他国家毫无任何防范的情况下，实现在文化意识形态上变成统治者的目的。这正是汤林森文化帝国主义理论的可怕之处，他通过否决文化帝国主义的存在，实际上却保护了真正意义的文化帝国主义，使得西方发达国家的殖民意愿不费吹灰之力便能够成为现实。文化的传播是要以媒介为载体进行的，有了媒介才能表达和传播自己的本土文化。而在当今社会，西方资本主义发达国家几乎垄断了世界的主流媒介主体，给西方文化的传播提供了良好的便利，却使其他民族的文化无法面向世界交流。随着这种西方文化的扩张、传播、渗透，最后的结果是世界上只能看到西方文化的盛行，最终导致的后果还是西方文化帝国主义的建立。通过汤林森对文化帝国主义的描述，他实质上是在帮助西方巩固其文化的中心地位，但这样做不利于实现全世界文化多样性发展。

最后，当代西方文化霸权理论过分地强调文化的差异性。例如亨廷顿的文明冲突论就完全忽视了经济等因素对于社会发展的重要作用。把当今社会产生冲突的原因全部归结于文化的差异，这样一概而论的做法有失偏颇。文明冲突论只探讨文明间的冲突而不探讨交流，也是不客观的做法。

从古至今，伴随着世界的发展，人类社会产生了许多文明，文明之间进行交流而取得进步的经典案例不胜枚举。例如，中国的四大发明传入欧洲，促使了欧洲的文艺复兴；西方的先进思想传入中国，推进了中国推翻封建王朝的进程等，这些都说明多样性的文明之间不仅能实现共存，还能实现相互促进、共同进步，但亨廷顿所提出的文明冲突论忽视了文化间的交流与进步，这无疑说明西方文化霸权理论还停留在静止的、孤立的角度去看待文化的发展，存在着一定的片面性。

# 第三节　西方文化霸权理论的历史考察

西方文化霸权理论历经了不同的发展阶段，有着漫长的历史。雷蒙德·威廉斯曾在其著作中指出，"文化霸权"一词最初源自希腊文。伴随着时代的发展，西方国家为了能够稳固自己的国际地位，继续主导全球化的发展方向，控制文化霸权地位的理论不断出现。文化帝国主义、软权力、文明冲突论都是这些理论中的主要代表。文化霸权理论通过传播自己的文化理念来同化其他国家的文化。总体来说，西方文化霸权理论的发展历史是一个从西方化到美国化的过程。

## 一　西方文化霸权理论的萌芽

首先，从文化霸权主义的理论渊源上来看，自葛兰西首次提出文化霸权的概念后，西方学者纷纷对这一问题给予研究，其中具有代表性的理论主张主要有汤林森的文化帝国主义理论、亨廷顿的文明冲突论以及福山的历史终结论。

汤林森的文化帝国主义理论以其著作《文化帝国主义》为代表。汤林森认为文化帝国主义是一个模糊、散漫的概念，他论述到，"就是一个国家有那样一种权力，可以把他们的文化转置到别的国家。这牵涉到对文化的理解。在我看来，文化是人们对他的日常生活的理解，他们怎么看待自己的生活。它的传播与扩散是非常复杂的。就像我在书中说，一个国家的经济的强大并不意味着有转置文化的可能。"在《文化帝国主义》一书中，汤林森认为，理解文化帝国主义这一概念的途径有四种：作为媒介帝国主义的话语、作为"民族国家"的话语、作为批判全球资本主义的话语、作为一种对现代性批判的话语。总之，汤林森的文化帝国主义带有浓厚的西方中心论色彩、全球化的文化同质化论调，是维护西方文化霸权主义的理论之一。

福山的"历史终结论"是西方文化霸权主义理论的又一典型代表。福山认为，冷战结束后，西方民主制已彻底战胜了共产主义与法西斯主义这两个旧的敌手，而新的敌手原教旨主义和民族主义现在由于自身的缺陷又不足以对自由民主构成威胁，因此，历史已经终结于西方自由主义的价值观与意识形态，"战斗圈内的竞争者只留下一个人，即自由民主——个人自由和人民主权的学说"。西方的自由民主已是人类政治的最佳选择与最后形式，消费文化必将造成一个全球同质的、西方化的社会。福山说，原来那种被视为唯一、一贯的演进过程的历史现在走向终结的思想，是与黑格尔、马克思的历史观密切相关的。福山认为，黑格尔和马克思都有一种人类社会发展终极形态的看法，对黑格尔来说，社会发展的终点是自由国家，对马克思来说，是达到共产主义社会。现在，西方自由主义的思想已先后战胜了布尔什维克主义与现代马克思主义，自由民主在目前于是就普遍存在于全球不同的地区与文化之中，成为唯一的政治憧憬对象。

福山的历史终结论可以说是文化霸权理论的典型代表，他为西方的文化霸权主义政策提供了理论基础，虽然这个理论基础并不能让人信服。

亨廷顿的"文明冲突论"也是文化霸权主义的理论代表之一。与福山不同的是，亨廷顿并不认为西方文明具有普世性，他坚信的是各种不同文明之间的差异性、竞争性。他认为现代化并不等于西方化，西方的民主并不是普遍的模式，被西方文明视为世界性的东西，其他文明则视为帝国主义。他指出，文明是放大了的文化，是最高的文化群体和范围最大的文化认同，它确定人们的精神状态的同一性。冷战结束后，各种不同文明之间的冲突，在国际上正在取代由经济和意识形态所引起的冲突，成为世界冲突的主要根源。宗教信仰、文化传统、种族归属感、价值观念、意识形态等精神因素，同经济利益、实力等物质因素相比，更能影响政治结果。他把世界文化分为八种，认为"在地区或微观层面上，断层线冲突发生在属于不同文明的邻近国家之间、一个国家中属于不同文明的集团之间，或想在残骸上建立起新国家的集团之间，如苏联和南斯拉夫那样……在全球和宏观层面上，核心国家的冲突发生在不同文明的主要国家之间"。所以，冷战后世界冲突的根源不再是意识形态，而是文化方面的差异，主宰全球的将是"文明的冲突"。他对处于上升势头的伊斯兰教文明和儒教文明充满忧虑，为对抗这两种文明的结盟，他的策略就是严守北大西洋公约以保卫和维护西方文明。从亨廷顿的这些理论主张中，我们不难看出其中暗含对第三世界国家进行文化渗透的文化霸权主义思想。

其次，从文化霸权主义的历史发展来看，根深蒂固的西方中心主义是其产生的最深刻的历史根源。在对世界文明的研究中，许多西方学者都阐述这样一种观点：只有一种真正的文明，即西方文明。世界上其他文明不是缺乏生命力，就是汇入了西方文明的潮流之中。西方文明是适合所有人的"普遍文明"，西方价值观是全球的价值观。如大哲学家黑格尔曾经带着欧洲人的自豪庄严预言："一部人类历史重心的发展，犹如太阳的行程，东升西沉。所不同的是，在历史的太阳西沉之后，它不可能再次从东方升起，西方将占据世界的中心。"近代西方文明的传播同帝国主义的侵略扩张相伴随。西方中心主义者否定任何文化类型的发展都是根据自身不同的文化背景、条件和需要进行选择和创造的结果，而坚持认为只有他们看待世界的态度、价值标准、行为模式才是正确的、文明的。所以，他们总是不认真，也不愿意倾听东方的声音。即使在东亚国家相继崛起，创造经济奇迹的事实面前，一些西方思想家依然对东亚在世界舞台上扮演重要角色持怀疑和否定态度，或者认为这是西方输入的结果。

西方中心主义的形成，一是基于西方工业革命发展而产生的优越感；二是由于西方基督徒自认为是上帝的选民，肩负着向全世界传播文明的"使命"。所以，他们不能容忍地球上出现同西方文化价值观相悖的现象，这种思想是文化霸权主义之所以产生并不断发展的历史根源。

最后，冷战思维的战后影响，是文化霸权主义在战后得以发展的又一历史根源。冷战后，一些习惯冷战思维的国家或组织，出于维护自身利益的需要，将争斗转向更为广泛的文化领域。西方就有人扬言要展开"一场没有硝烟的战争"。东欧剧变、苏联解体，美国视为和平演变策略或者说美国文化价值观的胜利。乔治·H. W. 布什曾在《美国复兴日程》计划中写道："我们的政治和经济联系由于美国文化对全世界的吸引力而得到补充。这是一种新的我们可以利用的'软力量'。"美国一些政府重要人物也多次在一些外交政策演说中，提出"把市场制民主国家的大家庭"推广到全世界的"扩展战略"。在这一思想指导下，美国超越不出长期适用的冷战模式，积极插手拉美，试图建立一个"民主化半球"，以当年

"自由欧洲电台"为蓝本，设立了"自由亚洲电台"，并坦言："自由亚洲电台也将在意识形态领域发挥其应有的作用。"这些言论和行为一方面清楚表明美国在本质上依然一如既往，另一方面也显示了文化霸权与政治霸权的内在关系以及文化霸权主义政策在其外交政策中的重要地位。

20世纪90年代初，美国学者福山抛出"历史终结论"，认为冷战的结束是西方文化价值观取得的最终胜利，历史将在此处终结，西方的文化价值观必将成为人类普遍适用的价值观念。接着，塞缪尔·亨廷顿提出的"文明冲突论"更是引起了全世界的反响，首次从文化的角度来看世界秩序的建构，为我们研究国际关系问题提供了一个全新的视角。他认为，文明的差异是人类的各种差异之中最根本性的，这种差异是不可更改、不可消除的。由于民族和意识形态的不同，世界历史中各种文化正在走向对峙，文明间的对抗正是现在和未来世界格局的最本质状态，文明传统才是促使人们采取共同行动、形成共同思想的源头。在21世纪，发生冲突的根本原因将不再主要是意识形态因素或经济因素，而是文明或文化的差异，文明的冲突将主宰着全球政治。以文明为基础的世界秩序正在出现：各国都在以其文明的领导国家或核心国家来寻找自己的归属，同类文明的国家和社会之间的合作正在加强。亨廷顿特别强调"儒教"文明和伊斯兰文明对于西方的威胁，特别是儒教文明与伊斯兰文明联手的可能性。他认为，在这种情况下，西方文明正面临着危机，西方应当放弃原来那种成为普遍文明的幻想，通过团结和自强使自己成为在诸多文明中最有实力、最具凝聚力和活力的文明。在当今这个多极化和多重文明的世界中，西方的责任就是确保自己的利益，西方的未来在很大程度上取决于西方的团结。因此，文明冲突、文明反省和文明自强构成了亨廷顿的文明冲突"三部曲"。

同时，冷战结束后，原来的两大军事集团的对抗和意识形态对立宣告终结，许多国家开始致力于社会改革、经济发展和文化振兴，加之全球化浪潮的冲击，各国各民族之间的交往日益频繁，大大强化了民族和文明意识，从而使衡量一国的强弱不再单纯从政治、军事的角度，而是以"综合国力"为标准。综合国力既包括经济、军事、科技、自然资源等实力要素，也包括民族文化、民族意志、民族性格、民族精神等精神要素。这些事实充分说明文化的地位极大上升，它已经同政治、经济、军事、科技等成为决定国家实力的主要因素之一。

在这一时代背景下，"霸权意识"严重的国家便把视线转向文化领域，试图以他们的文化价值观一统天下，取得政治斗争、军事力量所达不到的目的。现代化传播媒介为之提供了便利，文化霸权主义从而应运发展，成为冷战后国际社会中一个十分突出的霸权理论。

## 二　西方文化霸权的发展

亨廷顿的"文明冲突论"提出后，在国际社会上引起了巨大的反响，既赢得了许多赞誉，也受到尖锐批评。即使在西方知识界，亨廷顿的观点也受到了批判和质疑。德国学者米勒就指出，亨廷顿奉行的仍然是一种冷战思维，他的很多结论是由于歪曲事实而得出的。例如，亨廷顿所谓的"伊斯兰教的流血边境"理论就是因为怀有偏见，错误选取材料而得出的不正确结论。在对向伊斯兰教国家出售武器问题上，亨廷顿对美国和对中国采取了双重标准。在对波黑冲突事件的分析中，亨廷顿为论证自己的观点采取了颠倒黑白、混淆刽子手和受害者关系的手法。因此，米勒主张用"文明的共存"来替代"文明的冲突"，他认为："全球化的发展使得我们有理由相信，不同文化背景的国家之间，共同点会更广泛地得以扩大，而不是缩小，只要我们努力寻求，就能在世界各地找到对话的伙伴和合作的意向。"与此同时，美国哈佛大学教授、国防部前部长助理约瑟夫·奈提出"软权力"理论，认为软权力以价值观念、生活方式和社会制度的吸引力和感召力为核心，依靠一国的文化传统、道德观念和政治制度的吸引力，就能间接影响别国的思维和外交政策，无须耗费成本高昂的经济和军事力量就能达到不战而屈人之兵的目的。这些理论的产生都冲击着以权力为核心的现实主义的国际政治理论。

20世纪60年代中期以来，发展中国家为改变发达国家在一些领域中进行垄断、操纵的不公正不合理局面，并提高自己的发言权，提出了建立"国际新秩序"的构想。邓小平同志也在1988年会见印度总理拉吉夫·甘地时指出："世界上现在有两件事情要同时做，一个是建立国际政治新秩序，一个是建立国际经济新秩序。"至于如何建立国际新秩序，他说："我们应当用和平共处五项原则作为指导国际关系的基本准则。"冷战后，建立国际新秩序被提上世界政治的议事日程，而且随着全球化趋势的不断发展，建构世界文化新秩序的问题也摆在了世人面前。美国政府把建立"世界新秩序"提升到国家战略的高度。但是，美国是从其本国的国家利益出发，提出了其建构"国际新秩序"的构想，其"国际新秩序"的主要内容是，政治上"扩大民主"，文化上推销西方价值观和美式生活方式、政治模式及其"文化快餐"。可见，美国心目中的"国际新秩序"是建立由美国一家独霸的单极世界，其宣扬的"担负起领导全世界的责任"，实质上就是在全世界普及美国的价值观和维护美国的利益。

在这种大的时代背景下，建构主义理论应运而生，成为90年代国际关系的重要理论学派之一，并与现实主义、自由主义共同组成了国际关系理论界的"三驾马车"，且渐有后来居上之势。学术界开始对建构主义给予越来越多的关注，对于建构主义理论本身的探索也在不断完善和深化，建构主义关于文化的理论也引起了人们的关注和探讨。虽然建构主义关于国际政治中文化的理论还不完善、不系统，但它为我们研究国际关系提供了又一崭新视角。

随后，学术界日益关注国际文化及其关系问题的研究，日本学者平野健一郎提出国际文化理论，他认为，在国家之间的交往中，除了政治、经济和军事关系外，至少还存在文化关系。而且正是文化规定了人们的生活和生活方式的形态，因此，国际关系理论的研究必然要包含文化关系的研究。他指出，国际文化关系至少包括以下四个方面：一是文化与异文化之间的关系；二是国际关系中的文化侧面；三是国际性的文化关系；四是国际文化。国际文化理论就是研究上述文化现象与文化关系的学问。① 因此，它应该、也必将成为国际关系理论中最重要的部分。我国学者外交学院的秦亚青教授、浙江大学的潘一禾教授等也都开始关注这一问题，并提出自己的观点。但从国内外现有研究成果来看，关于国际文化关系的理论还没有形成系统化和完整化，还没有人明确提出建构国际文化新秩序的理论问题，关于国际文化关系的理论建构仍然任重而道远。

## 三　西方文化霸权理论的蔓延

在全球化不断发展的进程中，随着不同国家、不同民族之间普遍交往的加强，随着这种交往而来的国际规则越来越多地成为彼此之间交往共同遵守的准则，不同国家、不同民族的"趋同"方面获得了很大的发展。

---

① 王秋月：《试评平野健一郎的国际文化论——以文化触变为视角的考察》，《东方论坛：青岛大学学报》2014年第4期。

全球化的发展产生的同质化作用使民族文化不断遭受到侵蚀，在文化全球化趋势不断发展的背景下，西方国家企图以"西方文化"为模式统一世界文化，奉行的是文化霸权主义的外交政策。"9·11"事件以后，美国在全球反对恐怖主义的战争掩护下，也加快了以美国的价值观念为核心在全球重构民主秩序的步伐。2005 年 6 月，美国国务卿赖斯出访中东时明确描绘了美国中东政策的三项重点，其中最重要的一点就是"大中东民主"计划，旨在加速中东地区的"民主进程"，并以此来消除恐怖主义滋生的土壤，范围涉及 22 个中东国家和地区；小布什第二任期的国情咨文也表明，其第二任期的工作重点就是在全球推行"民主"。美国等西方国家所推行的文化霸权主义政策势必对广大民族国家的民族文化发展构成严重的威胁和挑战。

在这种背景下，某些民族文化在坚持和维护自己文化权利的斗争中，往往高扬"差异"，表现出强烈的"文化部落主义""文化保守主义"，将"差异"或"民族特色"放到了绝对的地位上，把异己的文化看成敌对的，不同文化之间的关系是你死我活的关系。这种倾向导致了种族隔离和种族排外政策，当代世界中的欧洲右翼对外来移民的政策，基督教对伊斯兰教的政策，西方人对非西方人的态度无不体现着坚持自身文化特色或"差异"而产生出来的冲突，这种冲突不同程度上对人类的共同生活构成了威胁。

在世界人民呼唤世界新秩序的关键时刻，美国大力推行文化霸权政策，有着很深的用意，与美国的整体国家战略步调一致。2005 年，美国推出的"大中东民主计划"就是其中最典型的代表。在美国以武力推翻阿富汗的塔利班政权和伊拉克的萨达姆政权后，为进一步推动中东国家的"民主化"，加速中东地区的"民主化进程"，按照美国的模式来重建中东地区的统治秩序，小布什政府提出的这一计划，涉及范围包括了 22 个阿拉伯国家以及土耳其、阿富汗、巴勒斯坦和以色列。美国政要们也多次在不同场合声称"要让民主之风吹遍中东每一个角落"，为此，美国国会还专门拨款 300 万美元用于支持伊朗"发展民主"，在全球推行民主也成为小布什第二任期的政策重心。

总之，本部分首先对西方文化霸权的实质进行深入挖掘，认为西方国家推行文化霸权的目的在于维护其国家安全、阻止新兴国家崛起以及实现国家利益。其次从政治、经济、文化三方面对文化霸权理论产生的时代背景进行探讨，梳理了西方文化霸权理论形成的思想渊源，指出文化霸权理论的时代意义。最后以冷战为时间节点追溯了西方文化霸权理论与实践的发展历程，厘清西方文化霸权理论的当代演变。这些基础性的研究对于认识西方文化霸权理论具有很大帮助，将葛兰西分散的文化霸权理论思想整合在一起，形成对西方文化霸权理论的完整认识，有助于更好地理解西方文化霸权以及更好地进行接下来的研究。

# 第三章

# 我国防范西方文化霸权的深刻性、艰巨性研究

西方发达国家为了维护本国利益，在推行文化霸权过程中，不断向非西方国家进行文化扩张和文化渗透，采取各种方式和手段传播西方的价值观念、政治制度和治理模式。我国作为最大的发展中国家，是西方国家实施文化霸权的重要目标，在应对西方文化霸权的过程中我国正面临非常严峻的现实和挑战，尤其是近几年随着网络信息技术的飞速发展，微信、微博等新兴媒体为西方文化霸权的渗透提供更加便利的条件和土壤，我国在多领域正面临着西方文化渗透的前所未有的挑战，在当前的时代背景下，应对西方文化霸权的难度系数成倍增加，由于缺乏系统的理论指导和机制建设，我国防御西方文化霸权的现状不容乐观。

## 第一节　西方发达国家推行文化霸权的深刻历程

文化霸权主义不是凭空出现的历史现象，其产生与发展有着深刻的理论渊源和历史根源。要想深刻认识文化霸权主义在全球化进程中的威胁和挑战，需要把研究的视角投向历史，去探究其深刻的历史传承背景。

### 一　冷战爆发前西方文化霸权的萌芽

早期，西方打着传播基督教文明的幌子进行对外扩张，他们高举着基督教的旗帜开始了十字军东征。十字军东征旨在通过其教义来改变其他地区文化，进而促进全世界基督教化，但他们最终以失败告终。尽管十字军东征让东方和西欧各国民不聊生，并给双方都带来了精神上和肉体上的伤害，但这个长达两百年的战争对欧洲文明却有着深远的影响。十字军东征实际上给资本主义萌芽创造了有利条件，增进了东西方之间

的文化交流，刺激了西方的文艺复兴，还促进了西方军事学术和军事技术的发展。

到 14 世纪末，随着资本主义的不断发展，欧洲各国均开始走上征服世界的道路。通过坚船利炮的殖民主义、帝国主义战争，西方发达国家拥有了对广大殖民地的控制权力，形成包括政治、军事，以及后来发展的政治和经济体制、思想观念等在内的殖民统治。

18 世纪末到 20 世纪初大英帝国在世界上基本处于独霸的领先地位。英国的殖民地在 19 世纪时得到迅速扩张。1801 年时合并了爱尔兰，同时英国对亚洲的侵略也在继续扩张。1837 年起，乔治四世离世，他的女儿亚利山德拉·维多利亚继位英国国王，在此期间，英国完成了工业革命，大英帝国的综合国力达到巅峰状态，那时的帝国几乎有 4 亿到 5 亿人口，占比当时世界人口的 25%；领土面积也占到了世界陆地总面积的 25%。继 16 世纪的西班牙王国之后，大英帝国被称为"日不落帝国"。但在 19 世纪 70 年代以后，英国慢慢失去了在工业上的垄断地位，美国作为后起之秀逐渐赶超英国。

进入 20 世纪后，欧洲主要发达国家受到 1914 年和 1939 年的两次世界大战的影响消耗了大量的人财物资源，这也为美国的崛起提供了条件。二战以后，霸权主义实现了从西方化到美国化的转变，特别是从冷战结束以后，美国确立了世界最主要霸权国家的地位。

**二　冷战时期西方文化霸权的推行**

二战结束后，随着轴心国阵营的失败，英法实力的减退，美国和苏联成为两个超级大国，世界也被划分成了东西方两大阵营。美国、苏联两国及其各自阵营分别在军事、政治、经济等方面进行全面对抗。

进入冷战时期，美国政府意识到"冷战是争夺头脑的斗争"。这一时期的美国已经开始重视文化渗透的巨大作用，并在对外交流中更多地注入了文化内容，使之成为"分化""西化""和平演变"社会主义国家的重要工具，杜鲁门的"遏制战略"，艾森豪威尔的"解放战略"便是其安全政策的真实写照。"遏制战略"是二战结束后美国实行的一种对外战略，1947 年 3 月，美国总统杜鲁门主义思想的提出，标志着遏制战略的正式形成，并以遏制苏联为核心。以美国为代表的西方文化霸权国家利用其在文化上的垄断地位，在全球范围内大肆贩卖其文化理念和生活方式，以此来改变一个国家的文化理念、价值观念等，从而获得政治层面上同化他国的目的。美国政府积极地利用大众传媒，向全世界宣传他们的文化价值观念，试图使全球"美国化"。美国的国际新闻机构也在不断合并、扩大。1942年美国成立了战时新闻处。1945年成立了国际新闻和文化事务处。1952年美国政府将二者合并，成立了国际新闻署。1977年美国国际新闻署和国务院的教育文化事务活动中心合并，成立了一个新的国际文化交流署。美国新闻署自成立以来，得到联邦政府的大力扶持，其每年的经费均保持在一亿美元以上，保障了文化渗透的持续性，同时也保证了美国新闻机构能够长期吸引国际化的新闻人才，从而进行国际性的渗透活动。美国在世界各地的新闻记者，除了一部分是美国公民外，还大量聘请当地或其他国籍的人担任。此时的美国不仅对社会主义国家加以干涉，还对西欧及其他国家和地区加强了控制，从而创造美国夺取世界霸权的条件，这些行为对20世纪后半叶的世界政治产生了重大影响。

到了20世纪70年代，尼克松提出主张，希望借助西方精神和文化理念来影响社会主义国家人民的观念，逐步动摇社会主义根基。此后，"和平演变"战略进一步强化，这一非暴力战略由美国国会议员杜勒斯提出，由于这样的演变过程中并不会使用暴力手段，所以称为"和平演变"。西方国家通过贷款、贸易、科技等非暴力手段诱惑并压制东欧国家，让它们主动向西方靠拢，向资本主义"和平演变"。

1989年东欧国家开始发生剧变，均发生了政权更迭、社会制度剧变的类似事件。1991年，苏联解体。一系列事件的发生让美国政府更加确信取得冷战胜利的原因是对社会主义国家进行以"民主"为核心思想的意识形态的宣传、感化和渗透。西方发达国家以强大的经济、科技实力，在扩张强权政治的同时，加紧文化霸权主义政策，试图以西方文化强国的政治制度、价值观念作为国际普世价值输送到世界其他国家，强迫全世界接受，忽视文化多样性。

### 三　冷战结束后西方文化霸权的扩展

苏联解体标志着冷战正式结束，全球化时代的一超多强格局取代了两极对峙局面，美国的文化扩张政策也适应时代变化而变得更加灵活，把"全面扩展和接触"作为全新的对外文化方针。一方面，实施的主要对象愈加广泛，从原本单一的苏联到许多"中间地带"，同时意图覆盖全球每个国家和地区；另一方面，内容也更加全面，由传统观念变为丰富多彩的文化产品，如宗教、社会价值观、思维方式等。

首先，利用经贸途径输出西方文化。以美国为首的西方文化霸权国家在大力发展对外贸易的同时，不仅得到了可观的经济利益，而且还通过外贸关系对其他国家传输"自由、民主、人权"等价值观念，除此之外，商品背后所隐藏的西方生活方式被无限放大成一种自由的、崇高的、至上的生活方式，借市场之手影响各国民众。

其次，利用对外教育文化交流活动输出西方文化。以美国为首的西方文化霸权国家通过与其他国家展开大规模的对外教育交流活动，让其他国家的人来帮助宣扬西方文化的价值理念，将西方文化霸权渗透到更多国家。

最后，借助文化媒介传输西方文化霸权。媒体，尤其是新媒体，凭借其速度快、时效性强、形式灵活多样的优势而深受以美国为首的西方文化霸权国家的青睐，他们利用先进的媒介手段，如数字技术手段等，将西方文化霸权的政治价值和文化理念进行传播，其隐蔽性的手段让很多国家在潜移默化中受到西方文化霸权的渗透，这也是文化霸权不同于暴力强制手段的地方。

事实上，从老布什的超越遏制战略，到克林顿的全面扩展和接触战略，再到小布什的"先发制人战略"，都涵盖着"软权力"思想和文化霸权的国家战略。把军事安全置于美国外交战略的首要位置，主张利用强大的军事力量，扩大的自由贸易和巩固的盟国关系，从而确保美国的霸主地位。可以说，世界上还没有任何一个国家像美国这样具有如此强烈进攻性、冒险性，如此不可一世的文化霸权战略。

同时，美国人一直认为美国是上帝亲自选择的国家，是一个独特而强大的文明体，肩负着"上帝的使命"，美国人是"上帝的选民"。他们受上帝的委托在世界众多民族中居于特殊优越的地位，肩负着"拯救世界"的神圣使命，承载着对人类的发展和命运负责的特殊使命。他们始终自认为是照耀其他所有国家的正义灯塔，是"自由"与"民主"的象征，是整个世界的金字塔塔尖，是人类发展与进步的希望，是一个令人拥戴、爱护、敬佩的国家。这就是美国历史文化中的"天赋使命论""例外论"。正是受这种独特的宗教历史文化的熏陶，美国人一直自认为有着很高的自我觉悟。由于美国人自认为是"上帝的选民"①，所以他们理应站在种族金字塔的塔尖，他们来这里就是奉上帝的旨意对其他种族进行统治，他们应领导世界事务、主宰国际舞台。美国人只要运用"种族等级观"就能证明他们统治"劣等"民族的合法性。西方文明最重要的价值观念就是个人主义。西方中心论者认为，因为是上帝的亲选之地，西方才是世界的中心，而西方人则是最优秀的人种，是世界当之无愧的统治者，拥有独一无二的文化，是其他文明必然学习的优越而先进的文明。因此，以美国为首的西方国家以"拯救世界"为己任，在全世界范围内开展霸权活动。毫无疑问，这样的西方中心论和西方文化霸权主义是一脉相承的理论体系，实质上就是要利用西方文化来统一和重整世界文化，使世界文化西方化。

美国这种自我创造的优越感使得西方国家以西方文化的价值标准去衡量其他非西方国家的文化价值和其他政治、经济、教育等多个领域的发展，这种根深蒂固的种族等级观念，更是西方国家推行文化霸权的思想基础。正是在这种大的时代背景下，在全球化时代到来的今天，文化霸权主义不但没有减弱其扩张势头，反而依托各种新的媒介，活跃于当今世界的国际舞台上。

## 第二节　西方国家推行文化霸权的现实基础

西方发达国家推行文化霸权的过程中，以强大的现实基础为依托。文化霸权的推行以强大的"硬权力"为基础，并随着国际环境的变化而变化，主要表现在以下五个方面。

### 一　强大的经济基础

经济基础不仅可以决定政治的上层建筑，更深刻影响着西方国家推行文化霸权的具体方式。马克思、恩格斯在《共产党宣言》中说："任何一个时代的统治思想始终都不过是统治阶级的思想。"美国当代政治学家亨廷顿曾说，只有硬的经济和军事权力的增长才会提高自信心，更加相信与

---

① ［美］塞缪尔·亨廷顿：《我们是谁：美国国家特性面临的挑战》，程克雄译，新华出版社 2005 年版，第 71 页。

其他民族相比，自己的文化或软权力才会更优越，并大大增强该文化和意识形态对其他民族的吸引力。即文化作为"软权力"必须依靠"硬权力"的基础才能成为权力。①

以美国为代表的西方发达国家以经济实力为基础，推行西方文化价值观念、政治制度和生活方式。西方的外交决策者将西方文化中的基本价值观念简化成一套意识形态教条，主要是政治民主化、人权等方面的内容，并把其作为一种普世的价值标准和行为准则加以推行，借助经济、科技优势，赋予西方文化的支配地位。

西方发达国家经济发展水平高，经济实力十分雄厚。尤其是 20 世纪四五十年代，在第三次科技革命推动下，世界经济格局发生了重大变化。一些经济实力比较雄厚的资本主义国家，率先采用最新的科学技术，使资本主义的劳动生产率提高，经济增长，影响着世界经济和政治。西方发达国家凭借经济基础大力发展科技和教育，改进传统工业的生产技术，发展新兴工业；加强政府对经济的干预，力争宏观调控和市场经济的最佳结合；积极采取措施调整经济结构等，在众多方面促进了国家经济的发展。

二战后初期至 70 年代，美国经济快速发展并成为世界经济霸主，通过在战争中贷款、销售武器等赚取了大量的经济利润。同时美国大力发展科学技术，发展新兴工业扩大海外市场。到 50 年代中期，世界超半数的商品由美国生产。在战后传统的以英镑为中心的资本主义世界货币体系难以维持的情况下，美国将美元与黄金挂钩，其他资本主义国家货币与美元挂钩，建立了以美元为中心的资本主义世界货币制度"布雷顿森林体系"。70 年代初期到 80 年代末期，主要的资本主义国家纷纷大力发展经济，加强对经济的宏观调控，西欧国家和日本逐渐崛起，动摇了美国世界霸主的地位，世界经济和政治格局朝着多极化的方向发展。90 年代开始，在新技术革命的推动下，世界经济发展速度更快，国际经济机制不断协调完善，各国的经济合作日益密切，经济全球化时代到来。伴随着经济持续快速发展，凭借强大的经济实力，西方发达国家也不断加大力度推行其文化霸权战略，文化霸权战略的实施反过来又保障其国家利益在最大程度上得到实现，由此相辅相成，形成良性循环。

---

① 裴琳娜：《浅析西方文化霸权对我国文化的影响》，《科教导刊》（上旬刊）2011 年第 11 期。

## 二　成熟的政治策略

冷战结束后，东欧剧变，苏联解体，国际政治环境发生大变化，西方发达国家的代表者——美国成为唯一超级大国，被认为是西方价值观的一场全面胜利；是西方发达国家利用文化进行和平演变的结果，历史将在此处终结。以美国为首的西方国家开始在全世界范围内扩张"民主"和"自由"，把文化霸权的推行目标进一步扩展到广大的"中间地带"。

经济的发展为西方文化霸权的推行提供基础，而经济的发展离不开政策的支持。在具体措施的运用上，美国利用经济援助，推行经济自由化和政治民主化思想。多年来，美国积极援助第三世界不发达国家加入全球贸易体系，借此推行美国民主思想。在全球贸易谈判方面，鼓励发达国家、多边发展银行和其他国际机构为穷国参与谈判和实施贸易协议提供技术援助；协助俄罗斯进行入世准备，支持俄罗斯实施改革、推行法治经济、履行开放承诺，等等。同时，美国在区域贸易、双边贸易谈判方面为相关国家提供援助。但这些援助并不是无条件的，在对外贸易的过程中美国强调西方的价值观，通过支持私营部门的发展、鼓励法治、经济自由化等方式促进自由、民主等价值观在这些国家的普及。

为了促进科技的发展，美国出台了多种多样的政策支持，包括调整知识产权法等科技相关的法律法规，通过政策引导和税收优惠等测试鼓励组织创新，大力发展产学研合作，推动科研组织的建立和发展。20 世纪70 年代后期，为鼓励科技创新，政府多次立法，根据变化的形势，明确了技术部门的职能责任，并给予其稳定的资金支持。20 世纪80 年代，随着新古典经济学的产生和里根—撒切尔改革，美国企业加大了对科技的投资，产业界取代政府变成科研资源中的强大基础来源。政府还对企业研发进行干预，布什政府于1990 年公布了美国联邦政府级制定的第一项全面技术政策，即《美国的技术政策》，首次将支持工业研究发展纳入国家技术政策。在这一时期，克林顿政府加大了对科技的重视程度和投入力度，鼓励产业、科研和社会力量共同参与科技的发展。

同时，西方的外交决策者将西方文化中的基本价值观念简化成一套意识形态教条，主要是政治民主化、人权等方面的内容，并把其作为一种普世的行为准则加以推行。以美国为代表的西方国家，借助经济援助，积极推行政治民主化思想，同时美国在区域贸易、双边贸易谈判方面都为相关国家提供了援助，并强调在援助政策执行的过程中要强调美国价值观，促进自由、民主等价值观的普及。

### 三　雄厚的军事实力

作为西方发达国家的中心，美国一直是军事上的超级大国，有超过200万人的军事工业就业人口，同时拥有军事科技研发的军事工业集团。雄厚的军事实力为美国推行文化霸权提供了强大的基础。总的来说，二战时期，美国凭借优质的军事工业基础和号召力赢得了胜利并确立了霸权地位。二战结束后冷战期间，美国和苏联双方激烈开展军备竞赛，让其军事业迅速发展并更加巩固了霸权地位，随着冷战的深入发展，美国军事军费和军队不断减少，军事业变得萧条，直到"9·11"事件的爆发，军事工业得到复苏发展。

二战时期，国与国之间的战争众多，使美国拥有大量军事订单，例如在二战中频繁使用的战机P-51，生产量超过了15300架。随后冷战期间，美国和苏联两极对峙，两国均投入大量资源开展军备竞赛和军事相关的科技研究，促进了美国军事业的不断发展。

里根政府时期，提出的"星球大战计划"使国内军工企业在重要的军事科技产业方面快速发展。在这一时期，民用的科技也融入了军事业所形成的科学技术中，促进了军事科技进步，科技的进步又逐渐淡化了军、民之间的传统分界，一些领域形成军民共同生产的局面，为美国现代军事工业的形成奠定了基础。与此同时，长期的战争让军事精英有机会进入美国政治中心，其影响力逐步深入，到内政外交等重要的政治领域，这也同样为维护军方的利益和构建庞大的军事工业体系提供了保障。

冷战结束后，苏联解体，美国国防经费迅速遭到削减。据统计，美国在1989年军事费用高达3736亿美元，但十年后的1998年只剩下2518亿美元，经费削减幅度约为三分之一。经费与军队的逐步削减使政府对国防武器的需求大幅减少，相关的主要承包商受到了严重打击，不仅如此，这一变化还影响了国内的就业人口和相关企业，为解决这些问题，政府采取了一些措施如下：一是通过合并收购强化企业竞争力。这样一来可以使更多军工企业跨领域完成技术整合，提高企业生产力、研发能力和竞争力。二是精简机构和人员、制作工序等，减少不必要的中间环节，剔除次要承包商。三是实行集团化的经营策略，强化与子公司或次要承包商合作关系。

积极组建战略联盟和合作伙伴，并大力开展跨国合作。① 四是拓展海外军火市场，解决国内生产过剩问题。五是消除以武器制造为单一核心的工程，积极向其他商业领域发展。西方国家雄厚的军事实力为文化霸权的推行奠定了基础，使文化被推行国迫于无形的军事压力而接受外来文化的入侵。

## 四　先进的科技水平

信息革命从根本上改变了人们的沟通方式，变革了通讯媒介，促进了不同地区不同文化的相互交流，却同时也方便了西方发达国家文化霸权主义的发展。

以美国为主的西方发达国家，利用先进技术对国际传播媒介进行垄断，将其变为己有并制造成对外文化扩张的工具，企图通过各类传播媒介，宣传各类信息，改变非西方国家民众的价值选择。伴随着经济全球化的大趋势，传媒产品的国际市场也逐步形成，美国在线—时代华纳、迪士尼、威望迪环球、维亚康姆、新闻集团、美国电报电话宽带公司、索尼、康姆卡斯特公司、美国全国广播公司、甘乃特公司十大全球媒体支配着大众传媒市场。在这些传媒产业巨头的引导下，全球 50 家媒体娱乐公司占据了当时世界上 95% 的传媒产业市场。传播于世界各地的新闻，90% 以上由美国和西方国家垄断，其中又有 70% 是由跨国的大公司垄断，美国控制了全球 75% 的电视节目的生产和制作。

作为全球大数据研究领域的翘楚，美国在运用大数据手段提升社会治理水平、维护社会和谐稳定方面积极实践，并取得显著成效。根据收集到的有关资料，目前美国正在推进研发的相关技术情况见表 3-1 所示。

表 3-1　　　　　　　　　美国的大数据信息安全技术②

| 技术名称 | 内容 |
| --- | --- |
| 网络内部人员威胁探测（CINDER）技术 | 监测内部人员的不合法数据收集行为 |
| 多尺度异常检测（ADAMS）技术 | 大数据异常检测和特征化 |
| 洞悉计划（Insight）技术 | 自动化和人机集成推理，情报收集、监视和侦查 |
| PRODIGAL 技术 | 对所有用户邮件的扫描，对网页全面监测 |

---

① 周华、苗宏：《二战后美国军事工业的发展与演变》，《军事经济研究》2012 年第 2 期。

② 金鑫、张政、郭莉：《美国利用大数据加强信息安全建设的主要做法探究》，《信息安全与通信保密》2014 年第 10 期。

续表

| 技术名称 | 内容 |
| --- | --- |
| 加密数据的编程计算（PROCEED）技术 | 加密时的云计算使用 |
| 视频与图像检索与分析工具（VIRAT） | 视频搜集、检索和警报 |
| Mission oriented Resilient Clouds | 监测、诊断和应对网络威胁 |
| X-DATA 计划 | 半结构化和非结构化的大数据计算，人机交互等 |
| P 级大数据分析计划 | 网络威胁分析，P 级大数据的信息提取 |
| 警戒网络计划（Vigilant Net） | 网络防御态势感知系统设计，威胁预警 |
| 信息安全（IA）审计管理系统 | 对企业日志记录，检测恶意威胁，信息安全审计 |
| 可视化和数据分析卓越中心计划 | 大学研究，主要针对海量的异构数据 |
| 恐怖袭击等突发事件预测计划 | 国防部资助的互联网页面分析 |
| 信息安全与大数据相结合项目 | 基于大数据技术的网络预警、感知和响应项目 |
| 雅典卫城行动计划 | 国防部创建的大数据云计算环境，管理攻击消息 |
| 社交媒体监控技术 | FBI 信息行动中心监控社交网络上的公开内容 |

数据来源：《信息安全与通信保密》2014 年第 10 期。

## 五　丰富多彩的文化产品

丰富多彩的文化产品是西方国家推行文化霸权的重要媒介。在产品方面，以美国为代表的西方发达国家的文化及其产品遍布全世界，文化内涵和蕴含的价值观念也潜移默化地影响着世界各地的人们。无论是日常生活中的食品和服装，还是休闲娱乐里的电影和音乐，到处都是西方文化的气息。例如音乐，越来越多的人喜欢听英文歌曲，并认真地学习英文歌曲，很多人潜意识里形成了以为唱得好英文歌曲是一种十分优越的表现，不同于只拘束在中文歌曲的圈子里，这无疑是一种畸形的价值观念，任何一种文化都是平等的没有优劣之分的。通过音乐，加之音乐下的舞蹈，以美国为代表的西方发达国家将本民族的文化特色融入世界各地，使西方文化成为佼佼者，受到喜爱和尊重，得到大家的认可和向往，这即是一种对西方文化的认同。

在电影产品方面，电影是人们日常生活中十分重要的休闲文化产品，可以让人们放松心情，陶冶情操。这其中最具代表性的即好莱坞影视。通过电影，既可以获得丰厚的利润，又可以传播大量的意识理念。好莱坞影视通过传播西方国家的意识形态、价值观念和文化理念等，影响和改变着其他非西方国家的传统价值观，用独特的文化传播方式上演着文化霸权的入侵。从 20 世纪三四十年代开始，好莱坞就是西方电影的代名词，无论是投资制作、明星阵营、营销宣传还是观影人数、票房收入等都十分领先，是当之无愧的世界电影霸主。人们在观看电影的过程中，沉浸在影片带来的审美愉悦，忽视了其中的意识灌溉，在影片中逐步认同着西方国家的价值观念，形成对西方神话的崇拜和向往，丢失了对自己文化的初心。它在短时间内迅速席卷了全球，被许多国家视为洪水猛兽，因为它不仅仅是电影，更是文化的入侵，影响着世界文化、政治、经济乃至传统民族观念。好莱坞电影占据了欧洲、远东、南美和大洋洲的各个地方。同时，好莱坞电影暗藏着的价值形态与对某些文化的曲解，使其他文化逐渐丧失地位，被西方国家的"文化霸权"所吞没。

## 第三节　西方国家推行文化霸权的多种途径

以美国为代表的西方文化霸权国家利用其在文化上的垄断地位，在全球范围内大肆推行其政治理念、价值观、制度模式和生活方式，以此来改变一个国家的文化理念和统治秩序等，从而获得政治层面上同化他国的目的，其隐蔽性和多样性增加了对象国及时识别并有效应对的难度，主要是通过以下几种途径进行。

### 一　话语霸权

#### （一）意识形态的宣传

以美国为首的西方国家借助先进的网络技术向非西方国家进行意识形态的宣传。他们通过发达的网络技术，针对现有社会主义国家推行"反共主义"政策，经常抓住发展中国家在国家建设过程中出现的工作失误和无法正常进行过程中遇到的困难，攻击和诽谤社会主义制度。频繁借助图片、视频等视觉冲击强的方式积极宣扬政治形态，同时将西方国家价值观念向社会主义国家渗透，使西方文化潜移默化影响其公民，对本民族文化失去信心而动摇。这种价值意识的宣扬，时常打着"民主、自由与平等"的旗号，同时通过隐秘而愉悦的方式表现出来，以致在传播的过程中不容易被发现，却又真真正正地产生实际影响。

（二）通过舆论制造影响

舆论是公民在某时间与地点，对某行为公开表达的内容，基本趋于一致的信念、意见和态度的总和。它是社会评价的一种，是社会心理的反映。在进行舆论表达的过程当中，公众可以进行自己信念、态度等诸多方面的呈现。[①] 以美国为代表的西方国家，依赖其在国际社会的优势地位，借助一些特定的传播媒介，在目标国家制造舆论，大力吹捧西方文化和价值观念的优越性，在美化西方资本主义的同时，借助国际舆论向这些国家施压，对发展中国家的文化进行扭曲和错误报道，发挥舆论"鼓风机"作用。比如美国大肆宣传的"中国威胁论"，打着维护人权的旗号，丑化中国社会主义制度，故意利用社会上出现的一些敏感事件，夸大、散布不实言论，大量报道中国的社会问题，导致公民丧失民族自信心，损害中国以及其他发展中国家的国家形象和声誉，对我国的政治稳定和社会安定造成深刻威胁。

（三）进行语言霸权

语言是一个民族历史延续的重要载体，是民族文化传播、国家兴旺发展的重要保证。随着全球化的不断深入，英美等西方发达国家积极扩张语言的影响力，使英语特别是美国英语变成国际上在各个领域交流互通的公共语言。在非西方的发展中国家，英语成为了学生课堂上的必修课，其受重视程度甚至要超过本国语言。在韩国，英语的推广使韩国语中有大部分的日常用语都是外来语，即由英语同化的韩语词。现如今在互联网上，英文信息占 90%以上。这种潜移默化的语言环境，悄悄改变着人们的生活和认知。人们在用英语进行交流的同时，难免会受到英语国家尤其是美国文化和价值观念的影响，英语无疑变成了西方文化霸权输出十分重要的载体和进行文化扩张的手段，英语霸权已经对世界语言的多样性、各民族语言文字的安全性造成严重威胁。[②]

（四）推广西方价值观念和生活方式

西方的价值观念以个人主义为中心，强调功利主义价值观。以美国为代表的西方国家，宣扬个人主义和民主思想，即首先要考虑自己的根本利

---

① 韩广云：《浅谈我国的微博舆论》，《西部广播电视》2018 年第 1 期。

② 杨世生、张育贤：《全球化背景下的文化霸权与文化安全》，《前沿》2010 年第 24 期。

益，是哲学中的利己主义思想。各个国家的历史和文化传统不一样，有些国家崇尚的是集体主义，有些国家崇尚的是个人利益与集体利益相结合，如果二者存在冲突，应该舍弃个人利益而维护集体的利益。在发展中国家不断发展的过程中，正是西方国家这种个人主义的价值观念的入侵，导致在改革的过程中民众思想意识出现混乱，价值观念日益多元化，集体价值观动摇，更多的人相信西方国家的个人主义价值观，那么发展中国家的改革发展之路也会困难重重，很多政策难以推行下去，进而影响到一国的执政基础。

同时，西方国家通过话语领导权实现对其他国家的文化控制。福柯曾指出："话语是一种压迫和排斥的权力形式，它使人们不能在话语之外进行思想。"① 西方国家借助强大的各方面条件基础，成为文化话语的制造者和指导者，大力推行"普世价值"，崇尚自由主义价值观。它立足于西方的生活方式和治理实践，把具有地方性特点的自由民主人权等思想转变成世界普世价值的思想，强调个人孤立于社会，每个人都是单一的个体，拥有绝对的自由和选择的权利。在做出决定的时候，应该遵从内心真实的想法，从自身的根本利益出发，这一价值观念导致人们忽视了集体的重要性，人与人之间的关系变得紧张。西方推崇的享乐主义引发社会上懒人涣散，享乐主义盛行，尤其青少年深陷网络游戏，缺少理想志向，这些都影响了非西方国家的文化安全，并进一步影响到执政党的执政基础及国家的长治久安。

## 二　依托"国际合作"项目

### (一) 利用经贸途径输出西方文化

西方发达国家以大力发展对外贸易为基础，赚得巨大经济利益的同时，通过外贸联系对非西方国家灌输"自由、民主、人权"等价值观念。与此同时，在经贸交易过程中的商品背后，涵盖着来自西方国家的生活方式和价值观念，在商品上被放大成优越的文化价值，影响着被输出国民众的文化观念。例如，在国际贸易中担当重要角色的跨国公司，跨国公司主要是指发达资本主义国家的垄断企业，以本国为核心基础，借助对外直接

① 金民卿：《西方文化霸权的四大"法宝"会不会失灵》，《人民论坛》2016年第31期。

投资，在全世界范围内成立分支机构，从事国际化生产和经营活动的垄断企业。① 跨国公司是垄断资本主义高度发展的产物，由于跨国公司总部绝大多数是美国等西方发达国家，西方发达国家充分利用跨国公司，进行文化渗透。西方发达国家在建立跨国公司时，会制定各类优越制度吸引来自世界各地的高技术人才，尤其是发展中国家的优秀人才，提高组织中高阶层人群的西方文化认同感，为西方国家服务，实现文化霸权的政治目标。此外，跨国公司输出西方文化理念时，既影响了公司职工，也对消费者形成影响，使非西方国家的文化理念受到严重的威胁。

（二）借助对外教育文化交流活动进行文化入侵

西方国家在教育方式、办学理念等领域发展时间长、成果多、优势明显，拥有多种吸引外国人到西方国家学习的教育活动和文化交流项目。西方发达国家借助大规模的对外教育交流活动，在与其他国家的人合作完成交流活动的过程中，借助被宣传国的国民来宣扬西方文化的价值观念，通过活动将西方文化渗透到非西方发展中国家中，进行文化殖民。随着各国对外开放水平的提高，高等教育活动在世界范围内不断开展，其中文化交流项目是最为重要的，以美国为首的西方国家一直以来都斥巨资建设大型的对外教育文化交流项目。借助因特网及先进的通信技术，基于信息技术的全球化教育大大便利了全球的学习者，为全球学习者提供了个别灵活的课程和教学，关注了学习者的个体需求，但是，全球化教育的背后往往隐含着西方的文化霸权主义。对发达国家来说，教育的国际化直接或间接地给他们带来了文化和人才的双重收益。一方面由于发达国家在国际文化交流中居于优势地位，教育的国际化可以增强他们对发展中国家的文化渗透和影响能力；另一方面可以在教育的国际交流过程中以廉价的方式吸引大批来自发展中国家的一流人才。发达国家充分利用本国教育资源的优势，尤其是高等教育的优势，向外国开放，大量招收留学生，向外输出教师，形成了教育产业的国际化。除此以外，西方发达国家还以文化交流为借口，把本国的强势文化、西方价值观大量输出到第三世界，以实现其文化霸权主义的政治目标。通过鼓励技术移民、培养形成美国价值标准的"白领文化"、设置研究基金或组织向学者们输入西方政治理念，以学习、考察为诱导，传播民主、人权和自由思想等等政策手段，向外扩张美国的

① 徐娟：《跨国公司环境侵权诉讼研究》，《法制与社会》2013 年第 25 期。

文化价值观念。

不可否认，世界范围内的文化教育交流学习有利于扩展青年思想，丰富学习者的实践经历，培养世界型人才，便于国家之间取长补短，互通有无。但这种交流学习也蕴含着来自西方国家的经济利益和文化霸权的理念。借助国家文化交流的机会，充分依仗本国优质的教育资源，吸引来自世界各地的留学生到西方学习，在传授他们知识的同时，用西方的价值观念引导他们去改变原有的生活方式，用西方的思维方式影响他们，不断植入西方文明的优越性，扩大其影响力和认同感。[1] 如今在我国国民经济水平明显提高，越来越多的家庭选择花费更多的费用为孩子选择出国留学，认为出国留学是成功人生的重要一步，留学的经历会让青少年见识更多，学习到更多的知识。同时，国外各类教育机构为抢占中国市场，建设了教育国际产业，实施多种优惠政策吸引中国以及其他发展中国家的青少年愿意到西方国家留学，严重威胁了发展中国家的教育和文化安全，为西方文化霸权的入侵创造了有利条件。

（三）通过文化媒介输出西方文化

如今发展最快的传播媒介即新媒体，不仅传播速度快，具有较强的实效性，而且形式灵活种类繁多。信息革命完善了人们的交流方式，变革了交流工具，便于不同地区不同文化相互沟通，却也为西方发达国家文化霸权的发展提供了条件。以美国为代表的西方发达国家借助科技对国际传播媒介进行垄断，企图通过各类传播媒介，宣传各类信息，进行对外文化扩张，改变非西方国家民众的价值选择。美国就像全球互联网体系中信息高速公路的交通警察，只传播符合西方价值观的信息。互联网成为宣扬美国的价值标准、意识形态、商业理念、社会文化的有力工具，通过不断削弱其他国家网络安全的防护能力，从而长久地维持其网络霸权，进而长久地维持其价值观、金融、科技、军事等各方面的霸权地位不动摇。

同时，以美国为首的西方发达国家致力于垄断国际文化标准。文化标准是国际文化和意识形态交流的核心。西方发达国家在国际规则的制定和解释上拥有主动权，其他非西方国家通常只能被动接收甚至迎合，把自身塑造成西方文化标准的执行者。这些"标准"表面上号召消除隔阂，发

---

[1] 杨世生、张育贤：《全球化背景下的文化霸权与文化安全》，《前沿》2010年第24期。

展多元文化，实际上是让非西方国家的文化发展遵从于西方标准。改革开放后，我国不断提高对外开放的水平，国家文化不断走向世界，不断谋求国际参与，取得了不少成绩，但是这些成绩中所蕴含的是只能被动接受西方国家文化标准的产物。一些在国外获奖的作品中，不惜牺牲本民族文化的价值根本，积极迎合西方判定标准，发掘西方国家感兴趣的文化热点，缺少来自本民族文化创新的精髓。

### 三　覆盖广泛的综合信息网络

随着时代的发展，世界各国使用网络的人群逐年增多，我国网民规模及互联网普及率更是逐年提高，从 2013 年到 2018 年 5 年期间，我国网民数量增加了 2 亿多人，互联网普及率提升了 13.6 个百分点。截至 2018 年 6 月，我国网民规模达到 8.0166 亿人，互联网普及率达到 57.7%，人均周上网时长为 27.0 小时，比上一年度共计新增网民 5050 万人，手机网民规模达 7.53 亿人，随着互联网技术的日新月异和智能手机的更新换代，整个世界的信息交流方式也发生了革命性的变化，深刻影响着文化霸权实施的方式和手段。

单位：万人

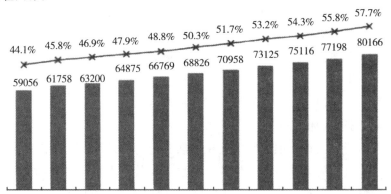

**图 3-1　中国网民规模和互联网普及率**

数据来源：第 42 次《中国互联网络发展状况统计报告》2018 年 8 月 20 日，中华人民共和国国家互联网信息办公室，http://www.cac.gov.cn/2018-08/20/c_ 1123296882htm。

网络有别于传统传播方式，数字、图片和声音相互结合，产生强烈的感官效果，每一个使用者都有权利发布自己想发表的信息，在这个自媒体的时代，个人既是信息的接受者，又是信息的发布者。网络的发展和普及加速了网络信息的流动，社会整体对互联网的依赖程度加强。互联网产生于美国，西方国家通过网络途径大规模宣传西方文化，在促进文化交流的过程中也传播着西方国家的价值观念和意识形态。在互联网上，随处可见西方文化的缩影，包括西方的饮食习惯、品牌服饰、庆祝传统节日等。西方国家通过网络引导错误思潮，宣传并倡导西方文化价值和社会制度。

以美国为代表的西方发达国家，借助先进网络技术，利用网络垄断着大量信息，在网络信息的生产量、使用量和信息优势资源等多方面拥有绝对的垄断地位。美国的 CBS（哥伦比亚广播公司）、CNN（美国有线电视传播网）、ABC（美国广播公司）等媒体所发布的信息量，是其他地区国家发布信息总量的 100 倍，是不结盟国家集团信息发布量的 1000 倍。美国新闻署已经在世界 130 多个国家设立了 220 个新闻处和 2000 个新闻活动点。① 正如美国政治学者约瑟夫·奈指出的那样："历史上从来没有像今天这样，知识就是权力，强有力地领导着世界信息革命的国家比任何国家都有力量。"② 同时，以美国为首的西方国家通过网络入侵中国。2013 年 6 月前中情局工作人员曝光了美国国家安全局"棱镜"项目，数据显示，2014 年 3 月 19 日至 5 月 18 日 2077 个位于美国的木马或僵尸网络控制服务器，直接控制了中国境内约 118 万台主机。③ 美国政府已经在相当长的一段时间里对中国政府、企业、学校等重要场所进行监视。根据监控得到的信息，掌握国家发展状况，雇佣网络水军，迎合网民心理，引导舆论走向，破坏社会风气，影响社会和谐发展。

网络游戏是互联网发展的重要代表，如今已经在商业上取得了极大的成功。最出名的即美国拳头公司出品的英雄联盟，在中国，英雄联盟的在线人数相当多，并且涵盖了许多从小学到大学正在上学的学生，这无疑是西方国家利用网络游戏对非西方国家传统文化的打击，对热衷于网络游戏

---

① 段亚兵：《美国会是永远的帝国吗?》，《红旗文稿》2009 年第 22 期。

② Joseph S. Nye Jr. and William A. Owens, "America's information edge", *Foreign Affairs*, *Councilon Foreizgn Relations*, 1996（4）：20.

③ 李刚：《"中国军人被诉网络窃密案"深度解读美国闹剧：从被告到原告的"穿越"》，《中国信息安全》2014 年第 6 期。

的青少年群体的世界观、人生观、价值观的形成产生了恶劣的影响，不仅造成身体伤害，更是对内心改变其价值观念和人生观，享乐主义甚嚣尘上，使网瘾人士丧失了进步的信念，终日热衷于游戏虚度年华。早在2008年，美国拳头公司就进行大规模融资，吸引了包括中国腾讯在内的三家公司对其进行投资。2011年，腾讯公司花费现金2.31亿美元收购了拳头公司。交易完成后，拳头公司成为腾讯控股的首家美国公司，但是公司仍然由原创始人及其管理团队全权负责，自主设计独立运作，腾讯公司只负责控股和代理工作，不会进行干涉。2015年12月，拳头公司宣布，腾讯收购了其公司的剩余股份。不管腾讯收购了多少股份，都只是进行控股和代理，利用发展的网络将西方的文化产品引入国内，进而潜移默化地影响着使用这种西方文化产品的消费者，这是一种西方文化的入侵方式。

除了网络信息和网络游戏外，借助社交网站整合反政府力量也是西方文化霸权的推行方式之一。二战结束以后，以美国为首的西方国家渴望建立符合本国利益的世界政治格局。2011年中东北非爆发的"茉莉花革命"、2013年乌克兰危机等，正是以美国为首的西方国家运用Twitter、Facebook等社交媒介整合反社会力量，拉拢本土民众，制造谣言传播政府劣迹，最终导致颠覆了目标国的国家政权。2014年10月美国地缘政治智库研究员卡塔卢奇揭露了香港民主党创党主席李柱铭，与前政务司司长陈方安生在美国的干预下计划了"占中"的黑幕，西方国家通过社交网络进行文化霸权的行为可见一斑，严重影响了我国的国家安全。

### 四 输出精神文化产品，打造文化产业体系

伴随着经济全球化的大趋势，文化传媒产品的国际市场也逐步形成，美国在线—时代华纳、迪士尼、威望迪环球、维亚康姆、新闻集团、美国电报电话宽带公司、索尼、康姆卡斯特公司、美国全国广播公司、甘乃特公司十大全球媒体支配着传媒市场。在全球化发展过程中，以美国为代表的西方发达国家不断向世界各地销售电影电视、音乐杂志等文化产品，并借助此类文化产品通过吸引人打动人的外表，形成对非西方国家的文化入侵，霸占非西方国家文化市场，在潜移默化中改变着人们的价值观念和生活方式。长此以往，在人们沉醉于这些文化产品中，西方文化中的思维方式和行为理念将征服人心，使人们毫无意识地被西方文化蕴含的价值观念同化，认为西方文化是优秀的、先进的文化，盲目崇拜、过分追求，把享

乐主义和极端的个人主义作为自己的生活准则。

传媒是西方文化霸权扩张和渗透最重要、最有效的载体，尤其是信息技术的进步促进了网络的发展，国际互联网成为人们获取信息的重要途径，网络文化产品是文化产品的重要组成部分。网络可以生动地展示西方国家的生活方式，采用灵活多样的形式从各个角度充分展示西方国家的价值观念，进行没有硝烟的文化入侵。西方发达国家历来重视运用网络媒介打入非西方国家阵营，利用网络文化对他国文化进行渗透，干预他国内政，侵犯他国权益。国外知名通讯公司例如美联社等都通过网络成立了自己的网页，部分网站还设有形式内容多样的中文版网站。

在电视制作方面，生活大爆炸、纸牌屋、越狱、吸血鬼日记、行尸走肉等经典美剧深受观众喜爱，随之而来的麦当劳、比萨、肯德基等遍布我国大小城市的快餐店，西方的快餐文化已经成为人们生活中不可或缺的选择。圣诞节、情人节、万圣节等代表西方传统和文化的节日近些年来在我国青少年人中甚为流行，尤其是北京、上海、广州、深圳等大城市，这些节日里张灯结彩，商家大肆宣传，街上充满浓郁的节日氛围，甚至分不清身在何国，远远超过我国的传统节日。在图书方面，我国从以美国为代表的西方国家引进的图书版权和输出版权种类相差甚远，足以见得西方国家文化产品输出的强大阵势。在消费文化方面，西方国家大力宣扬享乐主义思想，拥有很多奢侈品牌，打响西方品牌影响力，吸引更多国家的消费者在消费西方奢侈品的同时认同西方文化。

在西方文化产品中，最具代表性的就是西方电影。电影不仅具有巨大的商业价值，更是文化传播的重要载体，各国电影业已经逐步成为一种成熟的文化产业体系。2017 年，美国出品影片在中国的收入共计 34 亿美元，比上一年的 27 亿美元增加了 25%。电影作为一种极具视觉效果的文化产品，通过图像、声音甚至 4D 的感官触觉等元素成为人们日常生活中最具代表性的休闲方式，它所蕴藏的价值观念和意识形态可以通过生动的表达方式传达给观众，影响力十分巨大，也成为西方国家推行文化霸权的重要传播手段。网络的发展使好莱坞电影和迪士尼动画片等西方特色电影文化更高效的传播，据统计，美国控制了世界上 75% 的电视节目和 60%以上的广播节目，电影产量和放映总时间不成比例。美国的电影《钢铁侠》《雷神》《复仇者联盟》等科幻影片，都通过电影主题的设计来宣扬美国救世主形象和美国的文化价值观念，潜移默化影响着观众对于西方文化的认知。

好莱坞就是西方电影的代名词，无论是投资制作、明星阵营、营销宣传还是观影人数和票房收入等都领先世界，是毋庸置疑的世界电影霸主。人们在观看电影的过程中，沉浸在影片带来的审美愉悦，忽视了其中的意识灌溉，在影片中逐步认同着西方国家的价值观念，形成对西方神话的崇拜和向往，丢失了对本国传统文化的初心。好莱坞的强大阵容和优质发展，成为世界范围内的深化，其他国家和地区很难与之抗衡，形成一种文化上的帝国主义。它在短时间内迅速席卷了全球，被许多国家视为洪水猛兽，因为它不仅仅是电影，更是文化和价值观念的入侵，影响着世界文化、政治、经济乃至民族国家的传统观念。好莱坞电影占据了欧洲、远东、南美和大洋洲的各个地方。

近几年，在 3D 和 IMAX 技术包装下的好莱坞电影更是在非西方国家的电影市场上大获成功，先进的技术创造出丰富的视听效果，给观众带来感官上的满足，使本土电影不仅受到票房的损失，而且面临着技术上的挑战，本土电影陷入尴尬的境地。西方国家通过电影进行的文化霸权不仅如此，在电影中经常出现的肯德基、可口可乐，或是美国流行音乐，名牌包，抑或是圣诞节、情人节的狂欢，还有过生日时人人都会唱的英文版生日快乐歌，都是通过电影等文化产品对非西方国家的侵蚀完成的。电影中的别墅花园、跑车游艇成为人们梦想的生活方式，主人公的服装配饰、宠物玩具成为人们追逐的时尚潮流。西方国家的电影产品已经渗透到人们日常生活中的方方面面，人们逐渐忘记了自己的民族文化观念，为美国推行文化霸权提供条件和土壤。

同时借助雄厚的资本力量，捐赠或推送反映其文化意识形态的图书资料、学生教材，是西方文化渗透的一个重要部分。例如东欧剧变后，美国就向保加利亚、捷克、斯洛伐克、匈牙利、波兰捐赠了 12 万册图书，这部分图书在这些国家的社会发展中发挥了重要作用。改革开放后，我国部分重点大学的经济学书目大多是美国的原版教材，进而使新自由主义经济学成为我国的主流经济学。[1]

---

[1] 金民卿：《西方文化霸权的四大"法宝"会不会失灵》，《人民论坛》2016 年第 31 期。

# 第四节　西方文化霸权的深刻影响和挑战

随着经济全球化的深入发展，国际竞争的领域不断扩展，各国加强了经济上的交流互通和共同发展。在经济紧密合作的同时，其交易产品所代表的文化意义也在不断被输入或输出，不同文化之间摩擦出越来越多的碰撞。在这个文化价值被放大的时代，文化安全已然是国家安全的重要部分，具有经济、政治和军事等无可替代的作用。拥有强大的文化软实力就能在激烈的国际竞争中赢得主动的权利。以美国为代表的西方发达国家在发展文化方面做得十分突出，高度重视文化的特殊效用，纷纷通过提高本国文化软实力作为国家发展的核心战略。我国作为最大的发展中国家，与西方国家的经济交流十分密切，各种产品、交流项目等形式的文化沟通愈加频繁。

自改革开放以来，我国不断走向世界，从沿海经济区的开放到全面改革开放，从单纯的经济开放到包括文化在内的多领域开放，一直努力抓住机遇不断发展。然而，在文化走出国门的同时，西方发达国家利用隐蔽的文化传播方式，在世界范围内倾销带有西方价值理念、生活方式和消费观念等意识形态在内的产品，忽视文化的多样性，极力推行西方价值观的普世性，对其他国家进行入侵，尤其是借助高速发展的信息技术，不断通过文化交流和产品等侵蚀发展中国家，企图改变被输入国民的文化价值观，进而通过文化渗透达到政治目的，使以我国为代表的发展中国家的国家主权、文化安全和社会风气等方面都造成了深刻的影响和挑战。

## 一　侵犯国家主权，威胁我国文化安全

### （一）侵犯国家主权

国家主权是指国家区别于其他社会集团的最重要属性，是一个国家固有的在国内的最高权力和在国际上的独立自主权利。一个国家经济、政治和文化等领域发展的基础是国家主权神圣不可侵犯。我国是世界上最大的发展中国家，是当今世界五个实行社会主义制度的国家中最大的社会主义国家，同时也是最大的东方文明国家。自中华人民共和国成立以来，我国就受到来自西方发达国家的多方遏制，主权受到西方霸权的

冲击。西方发达国家使用多种手段对我国的文化领域进行渗透，比如意识形态、生活方式和消费观念等。近些年，西方发达国家不断借助先进的科学技术和强大的经济实力，对我国进行文化渗透，宣传西方价值观，甚至捏造谣言蛊惑人心，试图制造社会混乱，动摇我国执政基础，宣扬消极文化。西方的生活方式和价值理念正在被中国民众所接受和向往，特别是青少年群体的人生观、价值观受到深刻影响。通过动摇人心使社会稳定受到威胁，西方国家这种文化霸权主义，正影响着我国的文化氛围，威胁着国家主权。正如美国前总统尼克松所说："如果我们在意识形态斗争中打了败仗，我们所有的武器、条约、贸易、外援和文化关系都将毫无意义。"①

（二）侵犯文化主权，威胁文化安全

文化主权是指一个国家可以自主发展与创新本国文化，不受本国以外因素的制约，对文化有创造发明权、优先享受权和阐释权等权利，是国家主权的重要组成部分，是本国文化独立发展和创新进步的根本保障。一个国家如果失去文化主权，在文化上就会处在劣势地位，进而会威胁国家整体的发展方向和顺利程度，受到来自外国因素的影响。

如何维护一个国家的文化主权？这是一个十分复杂的问题，但从现实的情况来看，至少有两点要特别注意：首先，是文化战略的制定问题。早在 1970 年，荷兰哲学家冯·皮尔森在其著作《文化战略》一书中就指出，文化战略就是人类的生存战略。冷战后，一些西方学者也在反复论证：哪国的文化成为主流文化，哪国就是国际权力斗争的赢家，为此，西方国家都在加强文化战略的研究。面对西方文化的巨大威胁，发展中国家自然不能熟视无睹，也不断通过研究来制定一套既能积极推进本国文化建设，又能同外来文化相互作用、积极抗衡的文化战略，这是维护文化主权、保证民族文化顺利发展的一项极为重要的任务。

以美国为代表的西方发达国家，以自身强大的综合实力为优势，认为资本主义拥有最优质的文化，发展中国家应向西方看齐，推广相同的价值观念，在世界范围内推行文化霸权主义，向发展中国家进行文化入侵，严重侵犯以我国为代表的发展中国家的文化主权，这是一种潜移默化而又影响深刻的霸权主义的表现，无疑对国家的文化主权产生巨大影响。被输入

---

① ［美］尼克松：《1999：不战而胜》，王观声等译，世界知识出版社 1989 年版，第 96 页。

国受到西方资本主义的"普世价值"迷惑，盲目崇拜西方价值观念，而丧失了对本土文化价值的认同和文化自尊。在现代技术不断发展的今天，西方价值观念通过丰富多彩的形式传播，无疑对发展中国家造成了深刻的影响，越来越多的人迷信于西方文化价值，逐步丢失了自身的"文化主权"，进而影响了国家安全。

其次，是文化安全问题。文化安全指一个国家文化主权独立，在遭受外来文化的侵蚀、破坏和颠覆时，能很好地保护本国人民的价值观念、意识形态、行为方式及评判标准等不被重塑、同化，保护文化的民族性，维护民族的自尊心和凝聚力，并利用必要的手段扩大本国文化在世界上的影响，是国家安全的重要组成部分。①

英美等西方发达国家积极扩张语言的影响力，使英语特别是美国英语变成国际上在各个领域交流互通的公共语言。在非西方的发展中国家，英语成为了学生课堂上的必修课，其受重视程度甚至要超过本国语言。在国内，很多人忽视了汉语的重要性，导致人们经常提笔忘字、字迹潦草，没有中国传统文化的书法精髓，对古诗文言文丧失兴趣，影响了中国优秀传统文化的传承和发扬。现如今在互联网上，英文信息占90%以上。这种潜移默化的语言环境，悄悄改变着人们的生活和认知，人们将英语作为沟通交流的工具时，会受到来自西方国家思想观念的影响，这无疑帮助英语成为以美国为代表的西方国家进行文化霸权的有力载体，英语霸权已然对世界语言的多样性、各民族语言文字的安全性造成严重影响，威胁了国家的文化安全。

## 二　打击传统文化，影响文化产业发展

### （一）打击和否定传统文化

传统文化是一种区域文明演化而汇集的反映民族特性和传统风俗习惯的文化，是民族发展历史上各种思想意识、观念形态和价值理念的总体表征。传统文化具有多样性的特征，它赋予了一个民族鲜明的特色和源远流长的血脉，是不同民族和国家的标志，是民族的凝聚力和创造力。

随着全球化的发展，以美国为代表的西方发达国家恣意扩张文化霸权，强势地用西方文化对经济相对落后地区的民族和区域文化进行弱化甚

---

①　杨世生、张育贤：《全球化背景下的文化霸权与文化安全》，《前沿》2010年第24期。

至同化，破坏了传统文化应有的多样性和丰富性，打击了世界各地的传统文化，导致很多优秀的传统民族文化濒临边缘化。同时传播西方价值理念，改变人的价值观，扭曲民族文化，导致民族凝聚力涣散。在我国，由于接收了过多的西方文化，致使公民对于本国自身的民族文化产生怀疑甚至嫌弃，使珍贵的传统文化面临消失。

（二）影响文化产业发展

西方文化霸权渗透到经济领域，通过建立强大的西方文化产业，影响国家文化产业发展。比如，"全球第一品牌"的美国可口可乐公司，根据调查其在世界范围内市场占有率极高。在我国各大小城市地区，都能够看到可口可乐相关的广告或商品，可口可乐已经成为人们生活中不可缺少的饮料代表。这不仅仅是西方国家经济上的成功，更是其强大的产业走入世界，传播西方文化的现象。

在科技高速发展的今天，以美国为代表的西方国家借助先进的传播媒介，在全球范围内宣扬西方价值观念和文化产品，积极销售各类音乐、视频和杂志等产品，并利用这些产品将西方文化渗透到其他地区，进而占据非西方国家市场，改变其人民的价值观念，进行文化霸权的扩张。这些产品通过生动的形式和吸引人的外表打动人心，形成对非西方国家的文化入侵，在潜移默化中改变着人们的价值观念和生活方式。长此以往，在人们沉醉于这些文化产品的过程中，西方文化中的思维方式和行为理念将征服人心，使人们毫无意识地被西方文化同化，认为西方社会是高级的社会，其文化是优秀的文化，盲目崇拜、过分追求，把享乐主义和极端的个人主义作为自己的生活准则。

在日常生活中，随处可见的西方快餐店成为人们用餐时不可缺少的选择，甚至越来越取代传统美食成为人们喜爱的食物。肯德基、麦当劳和比萨成为孩子们努力表现的奖励，从小就让西方快餐在孩子的心中根植了优越的地位，而传统美食的店铺生意荒凉，也缺少吸引人的创意点，与西方快餐相比竞争力较低，整个饮食行业的发展受到了来自西方的压力。休闲娱乐方面，西方文化的代表即影视电影，而电影也成为西方国家推行文化霸权的重要媒介。2017 年，美国出品影片在中国的收入共计 34 亿美元，比去年的 27 亿美元增加了 25%。无论是生活大爆炸、越狱和纸牌屋，还是谍中谍、速度与激情和复仇者联盟等西方电影作品，都成为非西方国家的人们在休闲娱乐和茶余饭后热衷的话题，而电影中涉及的西方文化，如各类西方节日也日益成为非西方国家社会风俗的重要组成部分；电影中描绘的美国救世主形象，还有宣扬享乐主义的思想，对奢侈品牌的追崇，都打响了西方的文化品牌效应，吸引了更多的消费者认同西方文化。这种西方文化的入侵无疑阻碍了非西方国家文化产业的发展，不利于本国传统文化的进步，西方文化的入侵很可能因吞噬传统文化而使整个民族和国家失去文化的根基，人心动摇、价值观混乱、理想信念崩塌，进而导致社会不稳定。

### 三　引导错误价值观念，破坏社会风气

#### （一）传播错误思想价值

西方发达国家凭借先进的科学技术和发达的经济实力，向非西方国家传播关于西方文化中的思想认识，鼓吹资本主义制度的优越性，把发展中国家形容成一个没有民主没有人权、民族冲突不断和社会秩序混乱的地方，潜移默化影响着人们的思想价值认识，抹杀人们对自身文化的认同，从根本上威胁了我国意识形态和主流的文化价值观，甚至是整个社会的和谐。

一方面，西方文化渗透冲击着社会意识形态和价值观念。随着时代的进步和发展，和平与发展成为时代的主题，但资本主义和社会主义作为两种完全不同的社会制度，其中的斗争不会完全停止，资产阶级和无产阶级的斗争是漫长而曲折的，通过日新月异的技术变革，以美国为首的西方国家更是借助先进的网络技术向非西方国家进行意识形态的宣传。他们通过发达的网络技术，针对现有社会主义国家推行"反共主义"政策，经常抓住发展中国家在国家建设过程中出现的工作失误和无法正常进行过程中遇到的困难，攻击和诽谤社会主义制度。经常通过图片、影视印象等视觉冲击力大的方式大力宣传政治意识，并将西方国家的意识形态和价值观念不断向社会主义国家传送，使社会主义国家的公民潜移默化觉得西方文化亲切而对于自己的民族文化缺乏信心产生动摇。西方国家这种意识形态的宣传，经常打着"民主、自由和平等"的旗号，并通过轻松的方式呈现，所以在传播的过程中不易被发觉，却又真实的产生影响。

另一方面，西方的价值观念以个人主义为中心，强调功利主义价值观。以美国为代表的西方国家，宣扬个人主义和民主思想，即首先要考虑

自己的根本利益，是哲学中的利己主义者。而在如我国这样的社会主义国家中，崇尚的是个人利益与集体利益的相结合，如果二者存在冲突，应该舍弃个人利益而维护集体的利益。在发展中国家不断前进发展的过程中，正是西方国家这种个人主义价值观念的入侵，导致在改革的过程中很多民众无法牺牲个人利益，过分关注着自己的利益，丧失了对社会主义的信仰。社会主义的集体价值观受到动摇，更多的人选择相信西方国家的个人主义价值观，那么发展中国家的改革发展之路也会变得愈加难以前进，而西方发达国家的文化霸权之路却越走越远。

（二）破坏社会风气、降低民众对国家的认同感

西方发达国家在推行文化霸权的过程中，坚持宣扬西方文化中的价值理念和生活方式等，不仅侵犯了国家和文化主权，打击了优秀的传统文化和文化产业体系，更影响了国家意识形态的走向，破坏了社会风气，降低民众对国家的认同感。

随着全球化发展和西方文化入侵，西方国家发展进步、价值观念和生活方式使许多非西方国家的人们盲目推崇，忽视了本民族珍贵的文化。通过先进的技术支持，西方国家让一些消极理念侵蚀着非西方国家民众的精神世界，如拜金主义、享乐主义、唯利是图等，慢慢造成道德标准的混乱，社会矛盾的产生。西方国家利用网络传播的种种西方价值理念，不断地侵蚀着人们的思想，破坏社会的和谐，使人们丧失对本国本民族的文化认同和支持，逐渐对国家产生各种不满，产生愤世嫉俗的心态。

# 第五节　我国防御西方文化霸权的现状分析

近年来，随着互联网的迅速发展，信息传播平台的不断拓展，西方国家利用网络制造舆论，不断进行文化渗透，产生的影响也日益扩大，我国政府也日益重视对网络舆论的应对工作。据人民网舆情监测室的《2016 年社会治理舆情报告》，2016 年以来，我国政府部门对网络舆论的回应率达到 85%，事发 24 小时回应率超过 55%，在 48 小时之内（含 24 小时）首次回应率超过 70%，相比往年有很大提升。[1] 尽管取得了一定的

---

[1]　人民网　舆情频道，http://yuqing.people.com.cn/n1/2017/0119.

成绩，但是现实工作中还存在回应不到位，引导效果不理想等问题，而这些问题又常常成为引爆网络舆论的焦点议题。所以我们要深入探讨我国政府对西方文化霸权的防御现状、存在的问题及原因，从而提出更具针对性的应对策略。

## 一　我国防御西方文化霸权的现状

西方文化中也存在不属于文化霸权的方面，中国防御西方文化霸权，并不是对所有的西方文化都加以排斥和拒绝，西方文化也有精华和糟粕之分，需要我们剥离出糟粕，学习和借鉴西方文化中科学合理的优秀部分，防御西方文化霸权的渗透和影响。

以美国为首的西方文化之所以能在世界文化格局中占据有利地位，有其背后深层次原因。西方资本主义制度的悠久发展，三次科技革命，创造了巨大的生产力，其产生的巨大的社会财富和科技进步是中国需要借鉴和学习的；西方奉行的一些价值观念，例如自由思想、法律面前人人平等的思想等都是人类文明进步的体现；而西方科技革命中先进的技术、理念和知识等也是我们需要学习和掌握的；中国引进的部分西方文化产品，丰富了中国的文化市场，满足国民多方位的文化需求；中国40多年的改革开放取得的卓越成绩也证明了学习借鉴西方先进发展经验和成果对我国经济社会发展具有重大的作用，但是我们需要的不是盲目的崇拜，而是把西方先进文化烙上中国特色，能够更好地为中国的发展做出贡献，西方文化中包含的科学精神、民主思想、法制观念、人权理论，以及自由意识、公共意识、市场意识等正是我国的传统文化所缺失的，也恰是中国构建社会主义先进文化所必需的。我们需要防御和抵制的是妨害中国文化主权，对中国社会主义制度不利的和对我国的价值观念产生侵害的西方文化，是西方文化中蕴含文化霸权要素的那些成分。

（一）我国政府防御西方文化霸权的思想指导

我国政府防御西方文化霸权是在党的领导下进行的，分析新中国成立以来中国共产党历代领导人关于文化的思想观点，有利于在结合前人思想的基础上，结合国家文化防御现状，更好地防御西方文化霸权的渗透和扩张，维护我国的文化主权和文化安全。

中华人民共和国成立之初，所有事业百废待兴，国家的主要任务就是如何巩固无产阶级政权，文化事业建设的主要目标就是维护我国的意识形态安全，建设一个中华民族的新社会和新国家，作为伟大思想家的毛泽东就指出要高度重视意识制度上的建设，绝对保证马克思主义在我国价值体系中的指导地位，要巩固马克思理论知识，确保我国思想的社会主义的无产阶级属性，防止西方的和平演变。毛泽东的文化思想刻画着鲜明的时代特点，有着浓重的阶级性，为当时维护我国意识形态安全，维护无产阶级有着重大指导作用。

"文化大革命"结束后，随着十一届三中全会的召开，我们国家面临着新的历史任务，在国外反动文化势力更加强烈的形势下，我们国家做出了改革开放的伟大战略部署，但是在改革开放过程中，邓小平同志始终坚持文化方面"一手抓物质文明，一手抓精神文明"，在引进西方先进的科技、知识和文化的同时，坚持马列主义作为我国的指导思想，坚定不移地走无产阶级社会主义道路，邓小平同志的"恢复高考""为知识分子恢复名誉"等都为社会文化建设提供了良好的人才基础，在当时的背景下发展了国家生产力，又成功地抵制了西方文化的和平演变。

中国共产党第十五次全国代表大会是在处于现代化建设的关键时期召开的，当时的中国社会矛盾突出，面对国内形势发生的重大变化和应对全球化的大背景下，江泽民总书记提出了"国家文化安全"概念，包括提高文化的先进性，保持高昂的民族精神；保证意识形态上马列主义的指导地位，坚决不允许指导思想出现多元化；在对外文化交往上，江泽民同志提出世界文明多样化是必须得到认可的，在彼此平等、尊重往来的基础上求同存异；为发展壮大文化实力，坚持邓小平的"以经济建设为中心"的方针政策，强调经济在文化建设过程中发挥的作用。在以江泽民同志为核心的党中央的领导下，中国共产党对新世纪新时代的文化战略地位有了新的认识和发展，把文化上升到了国家前途的角度，对我国抵制外来文化侵略，对我国的发展有重要意义。

以胡锦涛同志为核心的党中央在全面深化改革开放的新时期，文化建设又面临了新的问题，在经济全球化不断加深各国的联系交往中，面对国际潮流和国内发展现状，第四代领导集体做出了建设社会主义特色文化的重大决定，深刻分析了文化发展所需要的物质基础、社会条件等，结合国际形势，提出了文化大繁荣的文化建设目标，坚决抵御各种形式的腐朽文化。

党的十八大以来，以习近平总书记为核心的党中央面对全球化发展和信息时代的来临，在考察了我国的文化现状和西方霸权国家对我国的文化渗透等，构建了文化强国的战略构想，围绕这一伟大构想，提出了一系列新观点、新论断、新思想，并把文化建设提升到一个新的历史高度，把文化自信和道路自信，理论自信，制度自信并列为中国特色社会主义"四个自信"，把坚持马克思主义在意识形态领域指导地位的制度确立为中国特色社会主义制度体系的一项根本制度，把坚持社会主义核心价值体系纳入新时代坚持和发展中国特色社会主义的基本方略。文化强国战略是植根于中国优秀的民族文化中的，是对马克思主义文化精髓的继承和发展，尤其是在对待西方文化渗透上有着精准的分析，习近平强调"要牢牢把握意识形态工作的领导权和话语权"，可以说指出了应对西方文化霸权和文化渗透的准确方向。

（二）出台的政策及规定

中国作为坚持社会主义制度的国家，在政治制度、意识形态上和西方国家有重大差别，长期以来中国一直是以美国为首的西方发达国家文化殖民的重点。[①] 中国"和而不同"的文化外交思想，是建立在具有中国特色的历史实践基础上的、具有文化说服力的外交理论。我国对于文化外交领域一方面旨在保护本民族文化的传承和发展，维护本民族利益和国家安全，增强民族凝聚力与认同感；另一方面则是通过文化外交，充分展示中国和平、开放的外交形象，主张文化的多样性促进各民族文化的共同发展，建立和谐的世界环境。我国目前正处于经济转型期，政府正在实现行政职能的转变，党的十八大以后，政府积极履行文化职能，通过加强文化基础设施建设等措施，保障人民文化权益得到实现，但是在防御西方文化霸权入侵回击能力方面还有待提高。

政府在我国文化管理方面起着主导作用，扮演着重要角色。在文化外交方面其基本工作内容主要包括以下四个方面：一是参加国际文化组织、召集和参与国际文化会议、签订双边或者多边文化协定等外交活动；二是通过文化代表团互访，其中包括艺术表演、文化作品展览、文物展览、举办体育赛事等外交活动；三是教育交流活动，其中包括留学生培养、语言教学、艺术人才交流、学术交流等；四是信息交流活动，包括图书报刊、

---

① 黄旭东：《论文化全球化背景下的当代中国文化发展战略》，《河南社会科学》2009 年第 3 期。

音像制品、电脑软件、广播电视、互联网等新闻媒体来传播文化的活动。①

目前我国还没有专门的西方文化霸权防御的法律，虽然有一些和文化相关的法律，如现行的《著作权法》《文物保护法》等，但是都不是专门的和防御文化安全有关的法律，我国的政府防御西方文化霸权面临着缺乏法律支撑的合法性阻力问题；地方政府出台的一些行政法规虽然在一定程度上保护了我国文化市场的正常运转，但是效力等级较低。政府应当充分利用法律法规资源实现对西方文化霸权的防御，使得政府介入文化事务于法有据。

此外，我国文化防御立法工作受制于现行的文化行政体制，存在部门性色彩，部门的设置和部门权力的重叠等在很大程度上弱化了我国政府的防御能力，这种制度上的不完善也阻碍了我国文化防御立法的进程。除了缺乏专门的法律法规进行合法性防御外，政府在文化管理方面也存在一些问题。西方文化霸权的侵蚀形式的隐蔽性和多变性，使得我国政府在管理文化问题上遭遇挑战。我国文化行政管理机构存在着管理主体不清、权责不清等现象，各种文化行政管理力量没有得到最合理的配置部署等问题，需要政府规范文化资源信息，完善文化管理工作，完善政府管理文化问题的行政组织模式和机构设置等。

近几年，随着科学技术的不断发展，文化传播的方式逐渐多样化，我国也不断跟随历史发展脚步出台了文化方面的相关政策。2016年11月，《电影产业促进法》正式颁布，这是我国文化产业领域的第一部正式法律，该法律的施行将推动电影行业从行政法规监管转向专门法律监管。2017年3月1日，我国文化领域的首部基本法《公共文化服务保障法》正式实施，为建设均等化发展的公共文化服务，保障人民基本文化权益提供了法律保障。2018年2月2日，国家网信办正式出台《微博客信息服务管理规定》，整治社交媒介不利于社会发展的信息。

（三）我国防御西方文化霸权的方式

我国防御西方文化霸权的方式既有法律手段、经济调控还有行政监管，受传统管理模式的影响，我国应对西方文化霸权过多依赖于行政手

---

① ［印］基尚·拉纳：《双边外交》，罗松涛、邱敬译，北京大学出版社2005年版，第78页。

段，经济手段和法律手段起辅助作用。我国虽然还没有正式的法律来防御西方文化霸权，但是出台的一些政策在一定程度上保护了民族文化，一定程度上抵制了西方文化疯狂的文化渗透；另外我国对进口商品实行进口限制和高额关税来调节西方发达国家对中国输出的文化产品，从而抵制西方低品位文化对中国文化的倾销；而应用最多的行政手段则是通过强制性的直接干预文化事业的发展，对我国本土文化事业的发展起到了重要作用。

近年来，面对互联网技术的不断成熟和普及，我国也没有忽视网络文化的管理。通过政府网站传播我国的政治立场、政治意见和社会理念，对网络信息的筛选和管理，一定程度上控制了西方文化霸权通过网络来制造有损我国的虚假信息等。例如，2018 年 2 月 2 日，国家网信办正式出台《微博客信息服务管理规定》，对网络社交媒介上的信息进行监管。

但是不得不承认的是，我国现阶段防御西方文化霸权专业的法律还很匮乏，没有法律支撑的防御手段面临着合法性阻力，我国现有的一些地方性的行政法规，只是对相对具体层面的文化管理做出了规定，并没有一个适合的、专门的防御类法规。另外，防御西方文化霸权的主体规定不明确，现有的文化行政管理部门设置繁复，没有一个明确的统一的防御标准，没有一个可能对我国的文化和文化产业、意识形态造成威胁的警戒标准和相应的研究机构。

（四）我国防御西方文化霸权的总体情况

面对全球化的时代背景，我们在顺应时代潮流的基础上，充分利用这个大背景加大与其他国家的经济交流，但是我们要注意到，在增加对外文化交流的同时，要分清国外文化中对我们有益的部分加以吸收利用，同时也要提防西方文化霸权对我国的文化产业、文化贸易、意识形态和价值观念的威胁和挑战。文化霸权本身所具有的隐蔽性、欺骗性及其行为方式的多变性的特点，给我国防御西方文化霸权带来了很大难度，西方发达国家凭借自身的资本、技术和市场的优势，对中国的文化产业造成了一定威胁，对我国的主流文化的地位产生了动摇，西方国家通过新闻媒介的传播等，诋毁中国的国家形象，使我国面临相当严峻的国际形势。

要肯定我们在面对西方文化渗透和扩张时采取的对策和取得成效，通过梳理我国历代领导集体的核心思想指导，通过出台法规政策、经济调节和行政手段干预对防御文化霸权方面起到了很好的效果，在文化市场管理、文化事业发展、文化散播途径等方面成功抵制了西方文化霸权，在网络文化方面，面对信息化时代的来临，我国正在积极创新科技手段，对网络文化信息的交流进行管理和控制，力图达到网络环境的风清气正。

但是在这其中还存在着一些问题，政策内容不完整，政策法规不具体、不到位，防御手段不先进，防御主体机构重叠，权责不清，作为防御客体的西方文化没有一个统一、清晰的防御标准，对西方发达国家对我国的文化侵蚀处于被动状态，回击能力弱、手段创新力不足等对我国的传统文化产生了巨大的冲击，对我国的上层建筑产生了巨大的威胁和挑战，急需制定有效对策抗击西方文化的渗透和侵袭。

## 二 我国防御西方文化霸权存在的问题

虽然我国在防御西方文化霸权的过程中，取得了一定效果，积累了一定经验，但是面对严峻的国际竞争和百年大变局加速演进的新情况，还存在着许多问题和不足，需要不断完善。

### （一）防御能力不强

改革开放以后，我国的综合国力得到了巨大提升，但是在面对西方文化霸权的挑战时，往往会出现被动应对，防御能力不强，回击西方文化霸权不及时有效，防御能力不强等问题。面对信息化时代的来临，互联网正在成为一些新的生活方式和文化形态，而由于西方是互联网技术的发端，网络关键技术的标准掌握在西方国家手中，我国和西方资本主义国家在网络化进程中的技术和信息的不对等性，我国对信息的控制和管理的能力较西方而言还处于劣势地位，我国的文化国力处于技术弱势阶段。

习近平总书记在纪念孔子诞辰的大会上说，中国优秀传统文化的丰富哲学思想、人文精神、教化思想、道德理念等，可以为人们认识和改造世界提供有益启迪，可以为治国理政提供有益启示，也可以为道德建设提供有益启发。[①] 民族文化支撑着我们国家的意识形态和价值标准，我们国家五千年的文明历程发展进程中产生的传统文化涌现了巨大的文明成果和文化价值，但是现阶段面对西方文化霸权的侵入，我国的传统文化却面临着严峻的挑战。

面对西方文化强国通过文化产品和文化消费观等，对我国的民族认同

---

① 参见《习近平在纪念孔子诞辰 2565 周年国际学术研讨会暨国际儒学联合会第五届会员大会开幕会上的讲话》，北京，2014 年 9 月 14 日。

产生了消解，使我国民众迷失在西方所谓"个人英雄主义"价值观里，选择忽视甚至忘记本国的传统文化；我国的传统文化留存下来的许多的文化都是以口头和非物质文化形态的存在，这也加剧了传统文化的传承面临着危机。我国的传统文化的市场萎缩、科目锐减、传承人才流失等都说明我国传统文化面临的严峻形势，整体防御能力还很薄弱。

（二）防御方式滞后

我国政府防御西方文化霸权虽然尝试了很多方式，也在一定程度上抵制了西方文化的强势欺压，但是由于文化侵蚀本身具有的隐蔽的潜移默化的特点，我们的防御方式稍显滞后。我国政府还未出台针对西方文化霸权的专门法律，使得防御西方文化霸权没有事实依据和法律凭证，立法工作滞后与我国政府防御西方文化霸权的现实需求存在张力。

我国政府防御西方文化霸权主要是通过经济手段和行政手段来进行，而经济手段上我国对文化市场的管理来说，文化管理职能部门的机构重叠，人员繁杂等问题，对外来文化产品进入中国文化市场没有有效的管理和控制；在对内方面，强制性的约束文化市场，造成真正对我国文化发展有积极发展意义的文化经营主体不能够进入到文化经营活动中来。

而面对西方文化霸权国家利用互联网媒介进行文化渗透和扩张，我国在互联网防御手段上由于经济建设和科学技术水平的制约，我国的信息化建设水平与西方发达国家相比还存在着很多差距，在网络上对国外文化传入的信息的管理和控制还很不到位，不能够达到全面管控的地步；而我国在网络对外传播本国文化的影响力也不理想，西方占据着文化的主导地位，我国的对外传播也受到了很大的限制，信息的渠道，传播能力等也在限制着我国网络防御的效果。

（三）防御范围不全面

西方国家对我国的文化霸权不仅是将西方生活方式、思维方式、价值观念和政治制度等"嵌入"输出到我国的文化产品和消费行为中来，随着文化综合国力的重要性越来越大，我国坚决抵制国内文化领域的西方文化霸权，通过经济的和强制性的行政手段对文化市场进行管理和控制，保护我国的文化安全。但是在我国致力于在国内领域的文化保护的同时却对我国文化对外传播，在国际上扩大我国国际影响力方面重视力度不够。

我国在加入世贸组织以后，随着经济的流动，对外文化交流也在逐步加深，例如我国在国外建设的海外孔子学院就极大地扩大了中国的文化传播，让世界上更多的人了解中国，但是不能忽视的是，"在以孔子冠名的全球性中国文化的传播机构里，暂时只有孔子的名称或是塑像、画像，而没有能够反映孔子的思想和中国文化精髓的作品引入和推介。这或许会成为孔子学院传播中国文化的瓶颈"①。我国在对外的文化交流方面，数量不多，内容方面还不是很丰富，质量上来说，我国对外的文化商品还要提高自己的创造力和创新点，将中国文化打造成文化精品和文化上品方面上还存在着一定的差距，我国的对外文化交流品种还不够多，呈现形式比较传统，缺乏时代气息和活力等。另外我国在对外话语权方面对比西方文化强国还有一定差距，在对外的一些技术标准的制定和国际标准的发言权方面，中国还没有真正地参与进去，融入进去。

（四）防御体系不完整

我国防御西方文化霸权的主体是政府，在对内的防御体系中，缺乏一个明确的标准，缺乏一个专门的管理机构和应对机构，目标不完善，管理不到位，整个防御行动都会受很大影响。政府对内的文化管理和文化控制确实对防御西方文化霸权的强势渗透和侵蚀起到了一定的作用，但是在对外的文化传播和防御策略方面，由于我国的社会制度和意识形态的原因，官方的宣传反而更容易引起国外社会的方案和抵触，因此我国的文化防御体系忽视了文化受众，忽视了文化是通过人际间的传播完成的，因此我国政府的防御体系中不能忽视非政府力量的融入。

我国政府防御西方文化霸权，防御内容包括西方资本主义国家对中国输出的文化产品，包括文化商品、电影、电视等大众传媒媒介等，防御文化商品背后的西方价值观念，但是我国的防御体系中不应该单单停留在这个层面，还缺少思想、教育、心理、媒体等整合完整的防御体系，目前的研究和实践多是单方向的领域，没有将这些方面整合起来。我国政府的防御还存在着忽视作为文化受众和文化创造力主体的人的重要性，在这个防御体中，核心因素应该是人，社会人，但是我国的人民群众的整体素质和文化创新之间还存在着一定差距，对专业的文化人才和技术人才的培养和引进与我国现阶段的社会需求还存在一定差距。

我国政府防御西方文化霸权不能"孤军奋战"，我国的防御体系还需

---

① 董璐：《孔子学院与歌德学院：不同理念下的跨文化传播》，《国际关系学院学报》2011年第4期。

要联合一切爱好和平、尊重文化多样化发展，坚持民主的国家和民族，建立起稳固的世界反霸权文化的战线联合，将我国的防御体系建设成为联合战线的一部分，共同反对世界霸权主义，从这个角度而言，我国政府防御西方文化霸权的体系还不完整。

（五）防御人才缺失

社会主义政治和经济制度被认为是人类历史发展过程中最先进的生产力形态和文化形态的产物，从历史发展的趋势来讲，社会主义文化本该是最先进的强势文化，但是由于我国目前处于并将长期处于社会主义初级阶段，生产力的优越性还没有充分展现和发挥，我国的综合国力和竞争力虽然在日益增长，但是对于目前而言，西方资本主义社会在经过了三次科技革命，科学技术成熟，国家发展经验悠久，从综合国力的角度来看，我国目前还处在西强我弱的阶段。

不管是面对西方文化霸权的体系不够完善，还是能力不足方式落后，核心因素都是人，离不开优秀人才的带领和管理。随着西方文化价值观念的不断深入，越来越多的非西方国家的人们认同并推崇西方文化，过分喜爱西方文化而忽视了本民族的优秀文化，这其中大多是青少年群体，不乏国家之栋梁，影响了这一代人的思想观念，无疑改变了他们的生活方式和未来方向，一个从心底就对西方文化充满向往的人又怎能做好防御西方文化。因此，急需加强防御西方文化霸权的人才队伍建设。

### 三　我国防御西方文化霸权存在问题的原因

从总体上来看，我国政府在防御西方文化霸权的过程中，中国特色社会主义的伟大路线还在不断摸索实践，我国正处于社会的转型期，客观上存在注重物质文明建设而忽视精神文明建设的情况，因此对于文化管理问题，社会各界还未能达成共识，文化影视部门和教育信息部门缺少组织协调性，尚未形成合力。在防御能力、防御方式、防御范围和防御体系等方面存在一系列问题，只有找出存在这些问题的原因并加以改正，相信能够更好防御西方文化霸权，提升国家的整体实力。

1. 文化影响力有待增强

当今时代文化的竞争，归根到底还是不同国家的综合国力的竞争，而我国在和西方的文化交流中之所以处于劣势地位，归根到底还是我国的文化在世界的竞争力和影响力不强。

　　尽管经过改革开放几十年的探索和实践，我国经济蓬勃发展，经济实力稳步增长，但是由于中国的文化产业和文化贸易仍处于起步、成长的发展阶段，参与世界文化市场角逐的能力较为有限，中国文化的对外影响力与中国的国际地位和经济社会发展水平相比还很不相称。首先是我国的文化在世界文化市场上所占的份额较小，在文化竞争中，我国的文化内容和文化形式仍然和时代发展的步伐没有达到同步，文化产品的制作和推广等都还处于初级阶段，缺乏创新点；其次，我国的文化产品与服务的进出口方面存在严重逆差，情况堪忧，影响了我国文化经济的健康全面发展。

　　我国的网络文化影响力也在影响着我国文化实力，虽然从总人口上来说，汉语是世界上第一大语言，但是网络上中文的信息十分有限，中国文化在网络空间上的影响力处于较低水平，这其中有技术上的限制的传播能力等方面的问题。我国的技术水平急需提高，尤其是在一些行业内标准的制定和国际文化秩序等方面，中国文化都需要提高其竞争力和影响力。

　　2. 我国政府履行文化职能的能力有待提高

　　我国目前正处于经济转型期，政府正在推动行政职能的转变，党的十八大以后，政府积极履行文化职能，通过加强文化基础设施建设等措施，满足人民群众日益增长的文化需求，但是在防御西方文化霸权入侵回击能力方面还有待提高。

　　（1）法律政策缺失

　　我国目前还没有专门的西方文化霸权防御的法律，虽然有一些和文化相关的法律，如现行的《著作权法》《文物保护法》等，但是都不是专门的和防御有关的法律，我国的政府防御西方文化霸权面临着缺乏法律支撑的合法性阻力问题；地方政府出台的一些行政法规虽然在一定程度上保护了我国文化市场的正常运转，但是效力等级较低。我国政府应当充分利用法律法规资源实现对西方文化霸权的防御，使得政府介入文化事务于法有据。

　　（2）政府的文化管理需完善

　　除了缺乏专门的法律法规进行合法性防御外，政府在文化管理方面也存在一些问题。西方文化霸权的侵蚀形式的隐蔽性和多变性，使得我国政府在管理文化问题上遭遇挑战。我国文化行政管理机构存在着管理主体不清、权责不清的现象，各种文化行政管理力量没有得到最合理的配置部署等问题，需要政府规范文化资源信息，完善文化管理工作，完善政府管理文化问题的行政组织模式和机构设置等。

3. 我国文化创新力有待提升

"创新是一个民族进步的灵魂，是一个国家兴旺发达的不竭动力。"① 尽管近十几年，中国的文化创新取得了一定的进步，但是从目前来看，中国的文化创新力还有很大的提升空间。

我国文化的自主创新力不足，这一方面影响了文化产品及服务的国际竞争力，另一方面也阻碍了中国产业优势的充分发挥，无法实现文化产业的高附加值增长。之所以出现这种情形，主要因为：首先，我们国家的文化产品和服务缺乏世界眼光。我国的文化产品和服务大多都是初级的文化产品，并没有把眼光放在世界大众文化消费市场，使得我国丰富的文化资源没有得到充分利用，文化创新的动力显得不足。其次，缺乏文化创新的人才。从目前来看，我国缺少能够参与国际文化竞争的市场主体和文化人才，致使文化企业在经营规则、法律制度、财税政策等方面缺少对国际细分市场的充分认识和把握，这很大程度上放缓了我国国际文化交流的拓展进程。最后，我国文化创新缺乏新的环境。我国目前还未形成一套有利于充分调动文化主体积极性和创造性的管理机制和运行机制。而且人民群众的文化潜能还没有充分激发，文化创新缺乏广泛的群众基础和创新的社会氛围。

我国的文化创新在原动力和意识以及社会和群众基础方面还有很大的提升空间，需要政府在深化文化体制改革的同时，对文化创新投入更大的资金支持和政策关注。

4. 我国文化人才队伍有待壮大

西方文化霸权国家通过一系列的教育优势和跨国公司等在我国抢夺我国人才资源，制度创新、文化创新和法律制度的完善都需要专门的高层次人才，文化人才建设迫在眉睫。尽管党的十八大以来，我国在人才优先发展的大战略布局下，人才建设取得一些成效，但是目前我国的文化人才队伍建设也存在着很多问题。

首先是文化人才的结构不合理。一方面，文化人力资源的素质参差不齐，学历偏低知识结构欠缺；另一方面，目前我国的文化人才队伍中，比较缺乏高层次人才和领军人物，复合型人才明显不足。其次，我国文化人

---

① 《江泽民文选》（第一卷），人民出版社 2006 年版，第 432 页。

才使用不当。很多我国在文化产业和对外贸易方面培养的专门人才没有充分发挥自己的优势，造成人才资源浪费的后果。最后，面对全球化的时代潮流，我国的人才队伍中缺乏有广博的知识面和全球视野的人才。我国不仅缺乏文化创意的经营管理人才，更缺少有创意的文化人才，特别是面对西方文化霸权的渗透和威胁，我们更需要高水平人才。

　　我国培养文化人才的体系也需要不断完善，要为高层次复合型人才的培养提供一个良好的环境，加大人才队伍的建设，培养网络素养好、政治敏感性强、熟悉西方文化霸权传播方式、能准确识别西方文化霸权的专业型人才，充分发挥其在我国文化自信建设中的作用，才能更有效地防御西方文化霸权的影响和侵害。

# 第四章

# 多领域西方文化霸权的渗透分析

西方国家对我国进行文化渗透的历史由来已久，不同历史时期具体表现形式不尽相同，但其本质属性并无不同，主要通过各种新式媒介发行其文化产品、传播其文化价值观念等手段对我国进行文化渗透。以美国为首的西方文化霸权的扩张已经触碰了我国国家利益的底线，侵犯了我国民族价值观体系的完整性。20 世纪 20 年代中期，传教士在中国的活动就达到高峰，当时大约有 500 名传教士在中国的高等教育、医疗培训和社会改革领域内进行传教工作，在我国出版书籍与刊物，设立外资学校等，企图操控我国政治发展方向。中华人民共和国成立以后利用新闻媒体在我国周边国家不断煽动"中国威胁论"的论调，万隆会议期间，美国记者曾声称中国企图夺取亚非世界领导权；20 世纪 70 年代，美国以人权为借口，多次在国际舞台上指责我国，并通过广播电台和新闻报纸等方式指责我国"反人权"的行为，大量报道我国负面信息，并将原因归咎为我国社会制度的问题，并通过其大量的文化产品，如电视娱乐节目和大众消费品，如可口可乐等潜移默化地输出其生活方式和思维方式，促进文化产品影响中国人的消费观念等；21 世纪以来，利用网络的快速发展美国在网络上大兴"网络人权"，推行"普世主义"价值观念，不断抹黑中国，在网络领域意图影响我国人民对事物的认知，歪曲我国政府的行为，诋毁国家形象，想凭借这一手段使我国国民对我国的社会制度及政治模式逐渐失去信心，混淆视听，从而达到分化我国的政治目的。就如同多年以前对苏联实施的"和平演变"战略一样，既利用不同类型的传播媒介意图在全球建立舆论压力，渗透西方意识形态和价值观念，培养"自由"的观念；又不断与社会主义国家中的知识分子和政界人士保持紧密联系，扶持亲美派，借此达到"不战而屈人之兵"的目的。

以美国为首的西方国家文化霸权存在至今有其必然性：首先，以美国为首的西方国家企图保持其在全球范围内的领导地位；其次，资本主义和社会主义两种制度本身存在巨大的差异，只要两种社会制度继续存在，文化霸权现象就不会消失；再次，中国近年来崛起速度之快、发展质量之高使西方国家产生了威胁感，"和平演变"是西方国家从未停止的手段；最后，中国市场自身的广阔性使西方国家跃跃欲试，想在利益的"百花园"中分一杯羹。因此，西方发达国家在网络传媒、教育、文化、宣传等多领域展开文化渗透和文化侵入，以更加隐蔽的手段实施其文化霸权战略。

## 第一节　网络传媒领域的西方文化霸权

中华文化是中华民族几千年文明史的重要结晶，中国精神凝结了爱国主义和改革创新的"两弹一星"精神、延安精神、西柏坡精神以及新时代雷锋精神，具有鲜明的中国特色，历史上也曾一度成为东方文化的核心。西方强国因其强大政治、经济、军事实力而成霸权国家，并试图运用文化霸权的手段实现其国家利益最大化，对文化相对弱势国家和民族进行文化冲击与渗透，对世界文化多样性和民族独立性产生不可估量的破坏。随着微博、微信、推特等新型社交媒体的不断发展，舆论生态环境也随之发生变化，西方国家对我国进行文化渗透的手段不断改变形态，隐蔽性越来越强，令国民防不胜防，对我国主流意识形态安全形成了巨大的挑战。

在西方文化霸权以更加灵活、更加隐蔽的方式逐渐渗透到我国社会生活各个领域，网络上许多负面言论对我国文化传承以及网络伦理秩序产生了极大的消极影响。文化及意识形态相对于强硬的武力征服而言，形式更趋于无形和抽象，进一步削弱"被渗透"国家的防范和警觉，能够在潜移默化中影响甚至决定个体偏好，逐渐消解一国的主流意识形态，隐蔽性更强，冲击力更大，使"被渗透国"国民自发地承认其所宣扬的价值理念，降低其维护霸权地位的成本的同时又提高了文化霸权的影响效果。在当前日益复杂的国际形势背景下，在中华民族伟大复兴的关键时期，互联网发展日新月异，网上信息大量传播，西方国家为维护其霸权地位必然对我国国民进行文化渗透，而网络又是其推行文化霸权的最佳选择，部分不知情的民众以及价值观不成熟的青少年极易在这种社会大环境下迷失方向，踏入西方文化霸权主义者布下的种种陷阱。

## 一 "国家精神造就者奖"背后遗落的中国精神

2018 年 5 月,崔永元在新浪微博上的一条博文"一石激起千层浪",配图为 2010 年演员范冰冰荣获"国家精神造就者奖"颁奖典礼时的情景,配文为"一个真敢发,一个真敢领"。查阅相关资料,与其同年获奖的还有著名导演冯小刚等人。

据了解,国家精神造就者奖这项荣誉主办方是现代传播集团及其旗下《生活月刊》栏目。自 2007 年于北京举办第一届至今,以"意志、梦想、力量"为主题每年进行一次评选活动,而令人不解的却是历届主要赞助商为德国奔驰、意大利玛莎拉蒂等营利性机构。

根据我国全国评比达标表彰工作协调小组(以下简称国评组)《社会组织评比达标、表彰活动管理暂行规定》(以下简称《规定》)第三条(三),社会组织举办的评比表彰类活动都要遵循非营利性原则,同时不得以任何形式,与营利性机构合作举办。

在《规定》第三条(五)中还明确指出:评比达标表彰项目或奖项的名称前,应当冠以社会组织名称,未经批准不得冠以"中国""全国""国际""世界",或其他类似字样。① 外资企业在国内违规操作,不符合国家规定的奖项设置至今已举办十年。赞助商之一的奔驰集团曾在 2007 年发生过公司高管公然辱华的恶劣事件。

回到颁奖事件本身,我们可以发现 2007 年至今获得国家精神造就者奖的人物(如表 4-1)多是娱乐领域的"大咖";没有一位我国的科学家,没有一位感动中国的平凡而伟大的人物,更缺乏文学巨匠。中国国家精神造就者奖的幕后赞助商是外国著名车企,2007 年奔驰高管甚至曾公开有过辱华言论,评价标准也出自其手,如此评判代表民族精神的标准则更加有待商榷甚至令国人质疑。

整个时代都在为明星喝彩,却无人为真正代表国家精神的英雄加冕。正如习近平总书记指出"不能让英雄流血流汗又流泪"。在新浪微博中,娱乐明星绯闻连上热搜榜榜首甚至导致新浪服务器的瘫痪,而"警察因公负伤""抗战老兵逝世""文学巨匠、科学家""袁隆平水稻去镉新成

① 陈波:《我市各级社会组织未经审批不得开展评比达标表彰活动》,《重庆日报》2014 年第 10 期。

果"等充满正能量的信息却如石沉大海无人问津。西方"娱乐至上"的精神在网络上大肆蔓延。2018 年 5 月末，央视前主持人崔永元继续通过个人认证的微博账号将矛头指向演员范冰冰，指责其签订"阴阳合同"偷税漏税；在"阴阳合同"事件持续发酵过程中，崔永元又再度发文揭露导演冯小刚在美国洛杉矶以美元购入的别墅。真正的民族英雄、时代偶像无人问津，负面事件不断的娱乐明星却在各种奖项中被不断"抬举"，乃至走向"神坛"。

表 4-1　　　历年国家精神造就者奖获得者（加粗为娱乐领域名人）

| 时间 | 获奖者 |
|---|---|
| 2007 | 江南春、季琦、贾樟柯、李云迪、田溯宁、**王全安**、杨澜、查建英、曾力、张晓刚 |
| 2008 | 贝聿铭、陈其钢、丁磊、方力钧、冯仑、顾长卫、李风飚、徐冰、王小帅、王中军、朱镕 |
| 2009 | **陆川**、张朝阳、**叶锦添**、曾梵志、**张涵予** |
| 2010 | **范冰冰**、周春芽、潘公凯、王石、孟京辉、**冯小刚**、何训田、韩枫、谭元元 |
| 2011 | 李娜、曾凡一、刘小东、郭文景、郁亮、王微、刘家琨 |
| 2015 | 黄永松、陈幼坚、黄豆豆、金宇澄、阮义忠、刘瑞林、巫鸿、张艺谋 |
| 2016 | 刘伟强、沈伟、**刘嘉玲**、吕永中、杨丽萍、刘建、萧寒、董振祥、胡雪桦、贝聿铭、周文中 |
| 2017 | 吴蛮、**郭富城**、刘若瑀、顾劼亭、裘继戎、沈眹丽、**谭维维**、林海、刘星、赵传、杭盖乐队 |

数据来源：百度百科。

　　在各种评选颁奖活动的表面，似乎只是网民价值观念的不成熟，但究其原因，我们应当警惕西方文化霸权主义的甚嚣尘上。西方发达资本主义国家借助其强大的文化实力，依托众多文化媒介向我国国民传输西方文化的价值观念。这里所指的媒介，特别是互联网络等新兴媒体，新媒体不仅具有速度快、时效性强的优势，而且形式灵活多样，对文化在全球范围内的传播和交流起到了不可替代的助推器作用。互联网之上存在着各种各样的社会思潮，现实世界存在的所有社会思潮都能够凭借网络这个平台得以成长、发展与扩张。不同思潮在网络上相互激荡，使得网民拥有更多的信息选择权，也促使其价值取向逐渐走向多样化。不同思潮汇集于此，相互碰撞，长期发展下去，众多负面思潮必然对我国网络伦理秩序造成一定程度上不可逆的冲击。警惕文化霸权在网络空间上的渗透，是我国维护意识形态安全极其重要的一环。

　　1958 年 10 月，时任美国国务卿杜勒斯曾明确提出要以"和平方法"改变中国的社会主义制度，并使中国国民得到"自由精神"。以美国为首的西方文化霸权国家利用先进的媒介手段，如数字技术手段等，将西方文化霸权的政治价值和文化理念逐渐被我国国民所接受并逐渐认可。其隐蔽性的手段让很多国家受到西方文化霸权的渗透却还不自知，这也是文化霸权不同于暴力强制手段的地方。

　　因特网的发展历史中，美国凭借着其作为网络技术发源地的独特优势，在法律的保护之下，美国一直掌握着如域名等其他关键的因特网资源，凭借这种强有力的控制，美国可以随时对使用网络的任何国家进行分析来对其实施监控。物联网和大数据的不断发展进一步加强了美国在网络上的优势。比如，美国可以对其他国家的网站流量进行综合分析，总结该国网站以及网民信息浏览喜好和网站分布图，从而有针对性地将数据应用于宣传、政治领域甚至是意识形态领域，巩固其全球霸主地位。

　　文化霸权作为美国霸权体系最为重要的组成部分，一直在美国发展历史上承担重要角色，伴随着美国权力的扩张，具有相当程度的持续性与历史性。在美国强大国家实力的支撑下，美国文化霸权的影响范围广、时间长、强度大。强有力的文化是一个民族赖以生存并取得国际竞争力的重要驱动力，西方国家非常注重运用文化的力量来获取本国国家利益，服务其战略目标。当下，以美国为首的西方国家必然增加文化投入，强化文化在扩张力和吸引力上的作用，进一步努力推进西方文明世界化、普世化，从而为其称霸世界提供合理性基础。

　　只要世界上依然存在资本主义与社会主义两种社会制度，西方国家文化霸权的"侵略"就一天不会停止。"不战而屈人之兵"是以美国为首的西方国家推行霸权主义首选的方式。中国作为不断崛起的社会主义国家，在维护本国国家利益、树立主流意识形态、文化以及社会制度等诸多方面与西方发达国家存在着较为明显的差异，自然成为霸权主义国家进行文化渗透和文化颠覆的主要目标之一。文化霸权主义强调世界文化的绝对一致性和高度统一性，并以西方价值文化衡量并对世界上其他异质文化进行规范与同化。这就是当代中国正在面临的严峻的文化安全挑战。

　　回首东欧剧变、苏联解体的历史悲剧，一个重要原因就是西方意识形态通过和平演变对苏联展开的侵蚀导致苏联共产党意识形态的瓦解。肯尼迪当局向东欧国家提供各种形式的经济技术援助和与这些国家进行各种形式的社会文化交流，以建立一个"自由、多样化的世界"为目标，削弱东欧国家对苏联的依赖，使美国的自由民主制度在不发生核战争的条件下"传染到共产党控制的地区"。

我国国民应当有信仰，吸取苏联亡党亡国的教训。戈尔巴乔夫在其执政期间，全盘否定了共产党的历史，否定了马克思主义，在这样持续的文化与思想灌输下，人民内部的思想逐渐混乱，也就在潜移默化中接受了戈尔巴乔夫的政治思想，所以当红场上两千万名党员无人反对解散共产党的决定时，苏联的社会主义也就走到了尽头。虽然苏联解体的悲剧根本原因是内部出现了问题，但内部出现的问题与西方国家长期坚持不懈的渗透活动密不可分，双重因素作用下，一个国家的社会制度就在短时间内垮台。在当代中国，如果国家安全出问题，首当其冲的就是意识形态安全。思想文化的底线是其他国家底线最根本的基础。

以美国为首的西方发达国家在这场全球文化碰撞的浪潮中处心积虑，妄图凭借强硬的军事和经济实力将全球话语权掌控在手中，利用一切新媒体平台如微博、微信等传播反对社会主义制度、国家的言论，冲击着一部分心智尚不成熟的青年群体的民族自信心和民族自豪感。"人民有信仰，国家有力量，民族有希望！"网络安全至关重要，守住网络伦理秩序，守住国民网络自由底线，防范文化霸权颠覆国民价值观念刻不容缓。

## 二 "改革开放四十周年人物评选"中被遗忘的民族风骨

在当下这个时代，民众处于一个信息爆炸式的环境，每分钟要接受来自网络及社会的大量的信息，质量参差不齐，优劣参半。原则上，青少年以及成年人只要不出格，每个人都有喜欢或追求自己喜好的权利，"追星"并不是明令禁止的事，但今年的一组榜单不得不使我们正视一个问题："什么是偶像，什么是榜样？"

由国内众多知名媒体联合发起的"改革开放四十周年人物评选"，除了科学巨匠、文学大师，榜单上赫然出现了众多娱乐明星、网络红人，本次评选的投票结果令国人震惊，李宇春获 39948 票，袁隆平获 16068 票，屠呦呦获 14548 票，而中国第一艘航空母舰"辽宁舰"的总设计师朱英富仅有 2090 票，航空英雄杨利伟 1952 票，与排名首位的娱乐明星李宇春相比，20 倍的差距之下，是遥遥落后于现代快餐文化的中国精神。

"追星"的娱乐成本很低，而绝大多数的科研成果又无法通过简单的形式向没有经过科研训练的受众解释清楚，"十年磨一剑"的文学著作不经过深刻的阅读也难以理解其中的韵味。西方国家正是抓住了国人这种"倦怠"，疲于去阅读一本厚厚的经典、疲于去了解科学背后的意义，过高的学习成本使大多数人望而却步，动动手指即可关注的娱乐新闻反而更加迎合大众的消费需求。

　　以"新浪微博"这个热门社交平台为例，近年来关注度增长量迅速，在2016年微报告发布的《2016上半年微博热门话题盘点》中，我们可以发现就年龄分布来看，17—23岁年龄段的用户是参与微博话题讨论的重要主体，占比过半（如图4-1）。

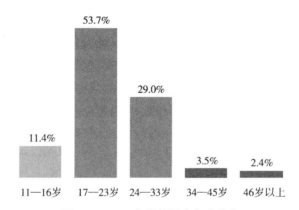

**图4-1　2016年微博用户年龄分布**

数据来源：微报告《2016上半年微博热门话题盘点》。

　　而上半年热门话题排行榜前三名分别为韩剧和综艺类节目（如表4-2）。其中，社会新闻类话题榜首为"和颐女生酒店遇袭"话题阅读数27.8亿次，话题讨论数283.0万次；综艺类话题榜首为"奔跑吧兄弟"，话题阅读数132.3亿次，话题讨论数1215.8万次；电视剧类话题榜首为韩国播出的"太阳的后裔"，话题阅读数143.6亿次，话题讨论数为1272.1万次；而科技类话题榜首为"微博橱窗"，话题阅读数36.71亿次，话题讨论数为374.3万次。数据显示，与科技发展、社会事件相比，我国网民对娱乐信息更为关注。在话题量暴涨的背后，我们不难发现有一群"大V"用户即微博平台认证用户在引导"节奏"，无论是明星绯闻还是节目看点必然先由一小部分拥有数万粉丝的认证用户带头炒作，引导舆论的走向。在国家事件上更是如此，这些认证用户主导着舆论的趋势，而他们所声张的口号背后必然有外国势力的支持，或是反华言论；或是蔑视中国文化，对本国文化不屑一顾；又或者是大肆宣扬国外制度的"优越性"和国外高质量的生活水平等，都在潜移默化中对国民产生了影响。

表4-2　　　　　　　　　　　　微博热门话题排名

| 排名 | 话题名称 | 话题阅读数（亿次） | 话题讨论数（万次） |
|---|---|---|---|
| 1 | 太阳的后裔 | 143.6 | 1272.1 |
| 2 | 奔跑吧兄弟 | 132.3 | 1215.8 |
| 3 | 我是歌手 | 95.9 | 678.0 |

数据来源：微报告《2016上半年微博热门话题盘点》。

根据新浪微博数据中心发布的《2017微博用户发展报告》中指出，微博月活跃用户共3.76亿人，与2016年同期相比增长27%；日活跃用户达到1.65亿人，较2015年同期增长25%。报告表明微博用户兴趣主要集中在明星、美女帅哥、动漫等泛娱乐大众领域。

诚然，行业不分高低贵贱，凭劳动付出获得回报理所应当，但担当国家精神，影响一个民族、一个国家，乃至一个时代的"灵魂级人物"应该是那些对家国天下做出过巨大牺牲和卓越奉献的前辈们。即使在他们各自的领域内小有成就，但与非典期间拯救中国的黄文林、解决亿万中国人民温饱问题的袁隆平相比，娱乐领域的这些"大咖"尚不能与民族英雄相提并论。

"意识形态安全"是指一个国家以核心价值观为标志的主流意识形态能够保持长期稳定，并能够有效应对外来意识形态冲击的状态和能力。[①]意识形态安全是国家文化安全的重要底线，当前我国社会意识形态安全总体稳定，但伴随着西方国家网络信息舆论的多元传播与西方民主的持续输出，在西方文化霸权的渗透下，我国意识形态领域将面临更多的冲突与挑战。

在宣传本国意识形态方面，西方文化霸权国家近年来手段形式更为多样化，据微博数据中心发布的《2016年微博电影白皮书》显示，2016年，好莱坞片方宣传比以往更加"接地气"，呼吁好莱坞巨星开通微博个人账号，以话题、直播和视频等形式与网友交流互动。如明星莱昂纳多开设微博以后，首条微博人气爆棚，覆盖超过7000万人次。从这一现

---

① 张洋、袁媛：《美国文化霸权对中国冲击几何》，《人民论坛》2017年第3期。

象可以看出好莱坞在塑造电影形象上突出的成就，电影及人物形象深入人心，迎合了大众的审美需求，由此当电影明星开设在华的个人账号时才会引发如此热烈的反响。意识形态的影响往往会深刻地影响一代人乃至两代人的价值观念，影响潜移默化而又深远持久。

好莱坞素来以"世界梦工厂"而著称，其电影文化的成功正深刻反映以美国为首的西方国家在文化渗透上的成功，让国民在不知不觉间接受了西方国家想要传递的价值观念与思维方式，如美国英雄拯救世界。美国英雄主义电影一直在电影市场上独占半壁江山，其塑造的一个个英雄形象在世界范围内形成潮流，为青少年所追逐。也正是漫威、DC超级英雄电影在商业上的成功使人们忽视了它和美国文化思潮的关系。这种深入人心的美国英雄形象在表面上看似乎是娱乐商业化的发展，但其本质仍旧是美国个人英雄主义文化价值观，是美国文化向其他国家的传达，而个人主义在很大程度上迎合了当代青年追求独立、自由以及正义的情感需求，这也是美国英雄主义电影一直长盛不衰的重要原因。

文化是一个民族繁衍生息的不竭源泉。国内外的历史发展皆可证明一句话："欲灭其族，必先灭其文化。"一个网络评选或许不能代表全体国民的价值观，但发人深省的问题在于，当前我国网民构成大多为中青年以及青少年（如图4-2），根据中国互联网络信息中心（CNNIC）2018年8月20日发布的第42次《中国互联网络发展状况统计报告》表明，截至2018年6月底，我国网民规模达约8.02亿人，互联网普及率为57.7%。① 而在所有网民中，以10—39岁群体为主，占整体网民的70.8%，其中20—29岁年龄段的网民占比最高，乃至27.9%。10—19岁、30—39岁群体分别占比18.2%、24.7%。虽然全球范围内的殖民主义体系不复存在，但东西方文化的博弈仍未结束，在充满诱惑的网络世界，大量的信息质量参差不齐，而目前我国网民的年龄结构仍是以青年人为主力军，青年人由于年龄、阅历、生活环境等特点的影响分辨能力不够强，容易陷入文化冲突的泥潭，在西方文化霸权的持续渗透下，势必会影响青年人的思想健康成长和发展。

当前我国社会环境逐渐走向宽松化和多元化，个体拥有更多的自主选择权，西方国家在网络上宣传的意识形态极具西方特色的思想价值观念，

① 中国互联网信息发展中心 http://www.cnnic.net.cn/hlwfzyj/hlwxzbg/。

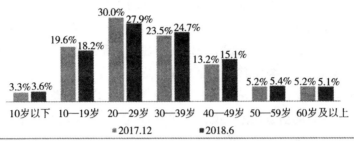

2018.6

**图 4-2　2018 年中国网民年龄结构**

数据来源：CNNIC《中国互联网络发展状况统计调查 2018》。

极易迎合当代高校学生对民主、自由的追求，西方文化霸权主义的扩张一方面从心理上促使青年人转变个体对待中国传统文化的态度，降低文化认同感；另一方面，在长期的日常工作与学习生活中，青年人会不自觉地受到西方生活与思维方式的影响，模糊西方文化与民族文化的界限，在许多事情中以西方文化标准进行评判，削弱本民族文化认同感。

　　之所以说美国在世界上广泛宣传其本国"民主、自由、人权"的"普世价值"观念是文化霸权主义的表现就在于，"民主、自由"这些价值理念并不是抽象意义上的概念，世界各国因国家制度、社会现实的不同，民主的表现必然存在差异，由于历史原因等因素，民族文化必然呈现多样性和差异性，以一国的价值标准去衡量世界各个国家和地区是不合理的。然而，以美国为首的西方发达国家具有发展中国家以及其他"非主流文化国家"所不具备的技术优势、信息资源等，往往能够通过便捷的互联网途径输出自己的价值观念，在大量文化产品的倾销中，西方的"拜金主义""享乐主义""极端个人主义"等对我国青少年正在形成的世界观、价值观以及人生观都产生了不可小觑的冲击力，发生价值观念的扭曲错位。

　　**三　"职业向往排行调查"凸显文化传承困境**

　　2016 年，QQ 浏览器大数据曾发布一组大数据，名为《QQ 浏览器大数据：95 后迷之就业观》的数据表明，2016 年高校毕业生不再局限于传统的就业观念与渠道，毕业去向选择上呈现出多元化、网络化、娱乐化的三大趋势。报告还显示，48%的 95 后毕业选择不就业，而在不就业的群体中，又有 15.74%更倾向于到美国（48%）、日本（25%）等地出国留学。在选择出国留学的群体中，有 82.09% 来自北京、上海、广州地区的毕业生。美国文化霸权在一定程度上造成了中国人才的外流，在 2013 年度的"美国社区调查"中，中国移民在美国 75.7 万名拥有博士学位的外国移民中所占比例为 16.4%。

2018 年 8 月 19 日，全球化智库（CCG）与智联招聘联合发布了一篇《2018 年中国海归就业创业调查报告》，报告中的 2190 份的有效问卷调查显示，就我国青年人留学国家和地区分布占比情况看，英国和美国仍是留学的主要目的地，占比分别为 19% 和 18%。其中，女性更青睐英国，占比高达 22%，其次是美国；而男性恰恰相反，21% 的男性选择美国。

根据《中国国家形象全球调查报告 2016—2017》表明，未来三年内有来华工作、学习或旅游计划的发达国家受访者比例最少，仅为 18%（如图 4-3）。

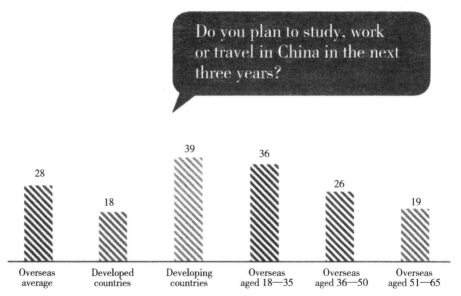

**图 4-3　近三年来华学习、工作旅行计划发达国家受访者分布**

数据来源：《中国国家形象全球调查报告 2016—2017》-30。

2017 年 11 月 13 日，美国国际教育协会 IIE（Institute of International Education）发表 2017 年"门户开放"（Open Door）报告①。有数据表明，

① 《美国 2017 年门户开放报告》http：//suzhou. xdf. cn/guowai/201711/248378903. html。

中国依旧是美国留学生第一大生源国，超过 35 万人，占比 32.5%，较 2016 年增长 6.8%（如图 4-4）。

| Rank | Place of Origin | 2015/16 | 2016/17 | % of Total | % Change |
|------|-----------------|---------|---------|------------|----------|
| 1 | China | 328,547 | 350,755 | 32.5 | |
| 2 | India | 165,918 | 186,267 | 17.3 | |
| 3 | South Korea | 61,007 | 58,663 | 5.4 | -3.8 |
| 4 | Saudi Arabia | 61,287 | 52,611 | 4.9 | -14.2 |
| 5 | Canada | 26,973 | 27,065 | 2.5 | 0.3 |
| 6 | Vietnam | 21,403 | 22,438 | 2.1 | |
| 7 | Taiwan | 21,127 | 21,516 | 2 | 1.8 |
| 8 | Japan | 19,060 | 18,780 | 1.7 | -1.5 |
| 9 | Mexico | 16,733 | 16,835 | 1.6 | 0.6 |
| 10 | Brazil | 19,370 | 13,089 | 1.2 | -32.4 |
| 11 | Iran | 12,269 | 12,643 | 1.2 | |

**图 4-4　美国留学生生源国分布**

数据来源：《美国 2017 年门户开放报告》。

相比较而言，感官性、娱乐性、趣味性与观赏性方面更加强势的西方文化必然在文化传播中占据主动地位。长此以往，势必对国家民族精神以及国民文化认同感产生冲击。西方文化霸权最直接也是最严重的后果是：第三世界国家或文化相对弱势国家及地区的本土文化不断受到压制使其逐渐失去活力，最终被西方文化所吞噬。

西方文化霸权主义鼓吹文化的普世价值，以物质水平的高低来衡量文化水平的优劣，营造以西方文明为中心的价值体系，使部分国人产生"文化自卑感"，崇拜西方（以美国为首的西方国家）的文化价值，而不屑于本国的文化价值。美国文化底蕴不够深厚，但美国文化向世界传播的优势在于美国文化的活力与多元化。以美国为首的西方国家为了把广大第三世界国家的青年人人生观引向自由化、浅薄化，极力在全球范围内推行其意识形态和价值观念，可以看出，霸权国家的最终目的是将青年人的文化意识形态引向西方化甚至可以说是美国化，反观当下，"文化全球化"对青年人品格的形成存在巨大的影响，不可低估。网络可以说是文化霸权传播的最佳场所，而西方国家想要传递的"极端个人主义""拜金主义"等思想时刻冲击着我国网络伦理秩序,对青年人产生持续的负面影响。

一组调查中显示,95后青少年最向往的新兴职业中,超过一半的被调查者(54%)更加倾向于自己成为网络主播或是网络红人(如图4-5)。在调查中有一项表明,95后最喜爱的明星排行榜第一名是演员范冰冰。所以在2010年范冰冰"荣获"国家精神造就者奖似乎在青少年心中并无不妥;在纪念改革开放40周年人物评选中出现的结果似乎也"不足为奇",但这向我们敲响了一次警钟,泱泱中华五千年,礼仪之邦的文化在西方文化"娱乐至死"精神等的冲击下,娱乐明星、网络主播、网络红人的光芒掩盖了国家的民族英雄,高收入群体对网民充满诱惑力,支撑中华民族传承至今的传统文化面临巨大挑战。

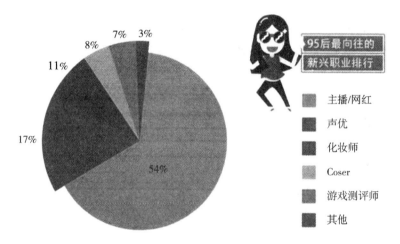

**图4-5 "95后"最向往的新兴职业排行**

数据来源:QQ浏览器大数据。

各类媒体平台曾相继报道诸如"小学生花费数万父母血汗钱打赏网络主播"等类似新闻,网络主播、网络红人这一群体的快速壮大,使青少年尚未成熟的价值观受到了严重影响,"拜金主义""享乐主义"甚嚣尘上,偶像不再是推动国家进步的科学家、丰富文化长河的文学家、支撑起国之脊梁的民族英雄、也不再是教书育人的老师、救死扶伤的医生,取而代之的是娱乐明星、网络红人这一类在聚光灯下的高收入群体。似乎在青年人心中名利和财富要占有更高的地位。在这背后,很难说没有西方势力的推波助澜。

　　2018 年 6 月 6 日，有微博网友发文称，在抖音的搜索引擎广告推广中借侮辱英烈邱少云进行推广。这种非常严重的工作失误，对网站内容缺乏审核的行为，引起了社会巨大的不良影响。同日下午，北京市网信办、工商局针对抖音广告中出现侮辱英烈内容的问题，对抖音和搜狗进行依法联合约谈查处，并责令其严肃整改。

　　以美国为首的西方发达国家通过在我国培养"意见领袖"，不时将矛头对准我国国家领袖，更有文章和视频恶搞"民族英雄"，恶意诋毁，抹杀我国历史形象，弱化了我国民族整体向心力，降低了公民的素质，民众却不自知。

　　美国前国务卿、战略思想家布热津斯基曾提出"奶头乐理论"。即由于社会的不断进步，一大部分人口将无须也无法积极参与生产工作。为了安慰这些"被遗弃"的人，他们的生活应该被大量的娱乐活动（比如网络、电视和游戏）填满。以当下大火的抖音视频类软件为例，抖音的本质，就是以算法为内核的娱乐 App。根据相关数据统计，抖音用户的92%年龄在 16—35 岁（如图 4-6），青壮年化是当下各种诸如此类视频软件的最大特点，95 后乃至 00 后是其主要推广群体。软件通过浏览记录统计受众感兴趣的信息，并成百上千地推送给你，对自制力较差的人而言，应接不暇流连忘返。

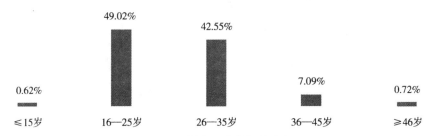

**图 4-6　抖音用户的年龄分布**

数据来源：极光数据 iAPP Demo。

　　前不久抖音新晋"女神"温婉仅凭一个视频几天内观看破千万，粉丝量达到了惊人的 1200 多万人，并且经常占领微博热搜榜。但好景不长，温婉被网上爆出谎报年龄，辍学，整容，傍富二代，在众说纷纭中被封杀。而这件事造成的真正的恶劣影响在于，她们这一类的"网红效应"向社会折射出了许多青少年令人匪夷所思的价值观念，如"学好数理化，不如我靠自己的本事傍上的大款，改变的生活"。有资料显示，一位 15

岁的小女孩甚至把温婉当成自己的偶像，要走上同样辍学整容当网红的道路。一个网红被封杀，却有无数的孩子仍旧想要重新走上这一条道路上。在过去，青少年曾经梦想成为科学家，成为警察又或者是成为一个对社会有用的人，而今天的人们却只想做网红，只因为想要有可观的收入和粉丝的追捧。

抖音的炙手可热使一部分网友承认自己产生了"抖音依赖症"，这就已经从视觉快感变成了"精神腐蚀"，视频中一些恶搞、虐待小动物、无底线炫富等严重背离了社会主流价值观。2018 年 5 月 8 日，"暴走漫画"在多个网络平台发布了一段含有戏谑侮辱董存瑞烈士和叶挺烈士内容的短视频。5 月 16 日，今日头条发布《关于封禁"暴走漫画"的公告》。2018 年 5 月 17 日晚间，暴走漫画联合创始人、CEO 在微博发布致歉声明，对"暴走漫画"相关网站进行无限期关停，对内容进行整改，对所有内容重新整理审查。2018 年 7 月，暴走漫画恢复更新。在这段关停风波中，我们可以发现，暴走漫画起源于北美 4chan，创始人为克里斯托弗·普尔，一个完全匿名的实时消息论坛，主要应用于美国地区。由于匿名，网站上存在很多争议性的内容，比如现在访问流量最大的版块 B 版和 S 版都充斥着大量非法违规内容。

抖音火爆的原因简单粗暴，反观美国白宫的工作，二者不乏相似之处。政治科学家 Matthem Baum 指出，白宫最大的部门是宣传部，有三分之一的员工从事与公共关系和对外传播相关的工作。白宫历届最多的经费预算就是用于宣传部，因为美国总统需要曝光率来增加支持率，推广其政治理念。这实质是运用了一项心理学研究：人们更喜欢日常暴露在眼前，更为熟悉的事物。由此也就能理解时任总统特朗普在媒体上发表各种让人匪夷所思的言论，支持率却不降反升。大量的曝光是为了让人们能以最短的事件和一样事物建立联系，特朗普在推特上、公众场合中发表的一个又一个充满争议的话题，引得公民争相就这个话题抛出自己的观点，受众以为自己看穿了事情的本质，殊不知在针对特朗普的不断批评中，人们用了更大的心理暗示去接受特朗普想要表达的内容。

同样，在心理学中，有一个专业词汇——"心智显著性"，即一件事如果占据着人们心智中的显著位置，那么人们就会自动赋予它更多的注意力和更高的优先项。用更通俗的话来讲就是"刷出存在感"。

互联网平台的开放性让西方价值观念快速传播，当代青年在网络这个虚拟空间上能够认识越来越多不同类型的人，但人与人之间的信任似乎每况愈下。2017 年《互联网群组信息服务管理规定》正式施行以前，网络信息发布的不具名使各种反华势力、反动言论可以肆意进行煽动与诋毁，当一个人不需要因为违法或失德而承担责任，网络伦理秩序的失范就相应而产生。

互联网络作为信息交换与交流的开放平台，既为不同意识形态扩展自己的影响提供了渠道，也为其相互竞争提供了便利的场所。西方国家凭借高端技术手段在互联网上大肆宣扬符合其价值观念的信息，如同全球信息高速公路上值班的警察，能够通过"审核"的大部分信息都与其推行的价值观念相吻合。西方国家一直坚持在网络空间上传播的这套价值理念，不断冲击我国主流价值观念，给当代青年的民族自信和国家自豪感造成了极大的负面影响，致使其不断放大国家出现的各种问题和不足，不断挑剔地审视本民族的发展。托马斯·麦克菲尔将这种情况称为"电子殖民主义"。

在美国，互联网络是与海、陆、空、太空并列的军事"行动领域"，足以看出美国极力推行霸权主义的本质。在全球互联网络的发展中，13 个根服务器中，主服务器位于美国，另外还有 9 个副根服务器也属于美国，美国在互联网络上的霸权地位一目了然。在文化对外输出的能力上，美国具有不可撼动的优势地位，西方世界将美国成为"价值观帝国"也必然存在一定的合理性。

李光耀曾说："东亚文化所持的价值观，如集体利益高于个人利益，承认了团体的努力，这对于迅速发展是有必要的。"① 文化在世界上的分布反映了权力在世界上的分布，因为文化总是追随着权力。战火纷飞的年代，多少先辈前赴后继，为后世太平撑起了中国脊梁；和平年代，别忘记现世安稳是因为有人一直在为百姓负重前行。

回顾历史，当一个文化极其繁荣的文明权力开始在世界范围内进行权力扩张，并借此推行其价值观念和制度体制时，国家实力相对较弱的一方总会受到文化的巨大冲击，对国民的影响力之大难以估量。一旦青少年的价值观出现了裂缝，网络伦理秩序必然走向崩溃的歧路。我们应时刻警惕

① ［美］塞缪尔·亨廷顿：《文明的冲突与世界秩序的重建》，周琪译，新华出版社 2009 年版，第 88 页。

西方国家文化霸权在网络上传播。

## 第二节　西方文化霸权对国家形象建构的影响

国家形象即一国政府及人民长期以来形成的稳定的、系统的对另一国家政治、经济、文化等各个方面发展的总体印象，是国家软实力的重要标志。在人们有关一个国家的国家印象形成过程中，宏观因素如本国政府及宣传对受众的影响。国家形象在国际交往中有举足轻重的作用，正面的国家形象有助于国家之间的交流与沟通，负面的国家形象可能会引起两国人民互相敌对，甚至影响两国和平与稳定。追溯历史，1969年，由于苏联在美国人民心中始终是咄咄逼人的大国形象，引起了美国人民的不安，因此导致了美国在那一时期对苏联的一系列针对性政策。

国家形象有三种表现形式：第一种是国家自身的客观情况；第二种是国家公民对国家统治者长期以来的各种行为做出的多方面评价；第三种是国际社会上对于本国的评价，即国外公众在多种信息接收途径中产生的对于一国的印象。[①] 在国家形象的建构中，国际新闻媒介的传播有不可估量的作用。不实或带有倾向性的新闻报道会导致消极的国家形象的传递，极易造成国际社会间的误会，影响各国政府、人民之间的正常交流与互动。根据国际新闻传播研究数据发现，发展中国家在西方新闻媒体报道中的国家形象几乎是片面的、有偏见的，甚至是发生扭曲的。以美国为首的西方媒体在对我国的新闻报道中也存在此类情况，报道多是揭露社会恶性事件、非常事件，或是许多夸大其词的言论报道，而负面报道最突出的特点是具有较强的政治色彩。

对于中国来讲，提升国家形象是当前一段时期具有重要战略地位的课题，不仅决定了世界看待中国的眼光，更加决定了中国未来的发展前景。2018年1月5日，由当代中国与世界研究院（原中国外文局对外传播研究中心）联合知名调查机构凯度华通明略和Light speed共同完成的《中

---

① 杜雁芸：《美国政府对中国国家形象的认知》，时事出版社2013年版，第28页。

国国家形象全球调查报告 2016—2017》①（中、英文版）在京发布。根据调查统计，2013 年以来，我国在发达国家眼中的印象略低，近年来虽然有所增长但仍旧低于 6 分（共 10 分），评分低于发展中国家（如图 4-7）。在调查中还显示，仅有 19% 的发达国家受访群体表示对中国非常了解或比较了解。

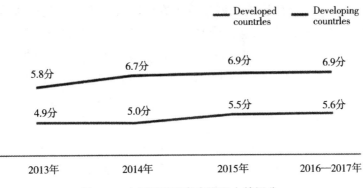

Figure 2 China in the eyes of developed and developing countries since 2013（1–10 points）

图 4-7　中国国家形象在国际上的评分

数据来源：《中国国家形象全球调查报告 2016—2017》-2。

以美国为首的西方国家民众对于我国尚不能完全了解，大部分民众接收信息的渠道就是本国政府及媒体的宣传和报道（如图 4-8）。61% 的信息来源于本国的传统媒体，43% 来自本国的新媒体，占受访者的绝大多数。国外传统媒体和新媒体对于建构我国国家形象的重要性不言而喻。美国独立性民调机构皮尤研究中心（Pew Research Center）2017 年发布了一篇报道指出社交媒体和新闻机构的官方网站几乎并列成为人们获取网络新闻最主要的方式。在点击新闻链接的受访者中，有 14% 提到 CNN，12% 提到 FOX News。

本节以 CNN 网站及其他网站数据进行定性分析和定量分析，以美国

---

①《中国国家形象全球调查报告》，2016 - 2017，https：//mp. weixin. qq. com/s？ src = 11&timestamp = 1534857657&ver = 1074&signature = JHQQRn87sx2blCZFeWoqEGH3PoKRg55PgPf ∗ pKM6P2xo061O4gE6kMMlnthRuhHsuWdlVpcwZpizvOlSxLnyASYhYcUSLuRWcu1SxyX1fpH ∗ IhOXO - FMUuZMy9 ∗ DsZp6&new = 1。

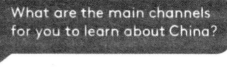

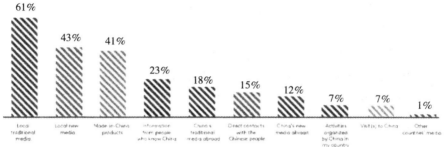

**图 4-8　国际社会了解中国的渠道途径**

数据来源：《中国国家形象全球调查报告 2016—2017》-27。

为首的西方国家在新闻报道方面通过语言的操控来表达意识形态，开展新闻报道内容严格选控的霸权特点，对我国国家形象的建构产生了一定的不良影响。

## 一　从 CNN 网站报道看美国文化霸权

据有关研究统计，美国现今共拥有日报 1500 多家，周报 8000 多家，如《华盛顿邮报》和《纽约时报》等，还有大概 1440 家电视台，政府主办的美国之音（The Voice of America，VOA），对外传播机构覆盖全球。

CNN（Cable News Network）是特纳广播公司（TBS）于 1980 年 6 月创办的美国有线电视新闻网，堪称全球信息集中地。1995 年，创立了 CNN. com 网站，成为美国首个发展网上业务的电视媒体。2010 年以后，CNN 网站以优质的新闻报道作为其业务核心不断发展，集中精力主攻新闻报道。根据 CNN 发布的数据报告，截至 2016 年 4 月，CNN 新媒体在美国市场上单月斩获多平台独立访问量、多平台总浏览量等六个第一。在 CNN 如此庞大的影响力下，我们不得不正视 CNN 在新闻报道中对我国国家形象的影响力度。透过其新闻报道的倾向及特点分析以美国为首的西方国家在新闻报道内容中霸权选控的特点。

新闻作为一种组织化的产品，有选择才有新闻，在多方压力和影响下出现。CNN 新闻报道组织文化以特纳文化为基础，通过揭露各类事件，凸显美国社会普遍的责任感、民主，以实现积极的改变，让自由、民主这一类美国始终推行的"普世价值"成为全人类的福祉。但不能忽视的是美国仍旧难以摆脱新闻报道中的负面倾向。国际新闻报道不能简单地理解为新闻事件的传播，许多看不见的支配力隐藏在国际新闻报道背后，以美国 CNN 为例，其背后必然存在着不同的美国政治势力。当代网络传播媒介承担着不同于其他媒介的社会责任，然而网络媒介在新闻报道上的选择是否能够肩负起这样的责任却有待考量。

　　根据皮尤研究中心 2014 年发布的"美国不同媒体受众的政治倾向"（如图 4-9）调查显示，CNN 的政治倾向略偏向于自由主义立场，即更倾向于左翼的民主党。

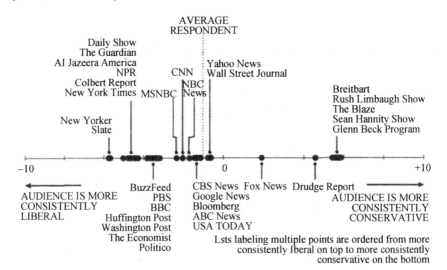

**图 4-9　美国不同媒体受众的政治倾向①**

资料来源：Mitchell A. , Gottfried J. Kiley, J. & Matsa, J. E. （2014），Political Polarization & Media Habits, Pew Research Center.

---

　　① Mitchell A. , Gottfried J. Kiley, J. & Matsa, J. E. （2014），Political Polar-ization & Media Habits, Pew Research Center.

在时代脉搏如此强劲的今天，国家形象对于一国发展和安全的影响比以往任何时候都要更为直接、迅速和强烈。美国有线电视新闻网 CNN 网站对我国的报道在极大程度上影响美国民众对于中国的看法，影响我国国家形象在第三种维度即国际社会信息传输和其他国家形象中的塑造，也就是他者对自身形象的认知必然受到受众本国宣传媒体所倾向的角度影响。国家形象不仅关涉国际关系行为体的可持续发展，能否以最小的代价来实现本国的政治、经济利益、短期或长期目标，也决定其在国际体系中的话语权重，影响本国对外政策的选择和国际关系的走向，以及是否能够拥有对他国的影响力。

CNN 背后隐藏着不同的利益集团，利益集团在美国的历史由来已久，在美国的政治发展中扮演极其重要的角色。在美国经济低迷时期，"中国不公平竞争"的言论就逐渐在美国甚嚣尘上，不仅网络上大肆传播，在美国总统候选人的发言中更是成了竞争的不二"武器"，网络中传播的歪曲中国形象的新闻报道和言论，误导了政治精英以及民众对中国的认知，在美国民众头脑中加重了"中国威胁论"的印象，不利于中美关系的良好发展和两国交往的良性互动。

（一）2008 年至 2012 年 CNN 涉华报道

作为美国传媒体系中的中坚力量，CNN 对建构我国国家形象起着至关重要的作用。有学者综合整理 CNN 网站 2008—2012 年 5 年时间内对华所有报道，总结 CNN 对华报道倾向和规律如下：

2008—2012 年，在 CNN 网站（CNN. com international）上搜索关键词为 China 的信息，共显示相关消息 4158 篇新闻报道。[①] 从总体上看，CNN 涉华报道自 2008 年起剧增，2009 年出现下降的趋势，在 2010 年迎来又一个报道高峰。根据报道倾向的不同，在统计中，一方面从选材倾向的角度来讲，其中有负面报道 2117 篇比例高达 50.91%，超过 5 年来总体报道的半数；正面报道 516 篇，占总体样本数据的 12.41%，其余则为中性报道。另一方面从报道倾向的角度分析，有正面报道 508 篇，占比12.22%；负面报道 1331 篇，占总体的 32.01%，余下 2319 篇为中性报道（正面报道指宣传积极的国家形象的报道；负面报道则是多倾向于社会负

---

① 张环环：《近五年 CNN 对华报道与中国的国家形象建构》，硕士学位论文，中共中央党校，2013 年。

面事件如犯罪、暴力事件等；中性报道则介于正面报道与负面报道之间）。

　　将这5年来 CNN 对我国相关报道具体到社会、政治、经济、文化等领域内，我们会发现在不同的领域内，CNN 的新闻报道各有侧重。其中，CNN 对我国的报道主要集中在政治领域有1497篇，社会领域总报道量是1369篇，经济领域相关报道则是1036篇，文化和体育领域报道共256篇。

　　在政治领域内，CNN 对我国的报道主要集中为负面报道（如图4-10），无论是选材倾向还是报道倾向，在政治领域上的负面报道都高于59%，而正面报道则普遍低于3.85%，二者比例之悬殊可以看出对我国国家形象建构的严重影响。在这一时期，"中国威胁论"在负面报道中占据很大篇幅，为数不多的正面报道以反对"中国威胁论"为最主要特征。

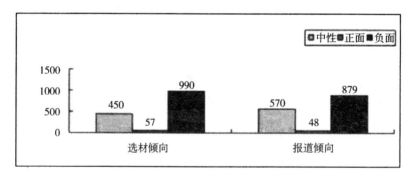

**图4-10　2008—2012年政治领域倾向分布图①**

数据来源：《近五年 CNN 对华报道与中国的国家形象建构》。

　　作为向国际受众传递信息的媒体平台，CNN 多年以来的相关涉华报道大部分均为负面报道，对于建构我国和平友好负责任的国家形象极为不利，以美国为首的西方国家在报道内容的选控上始终不能脱离政治色彩来进行客观合理的报道，背后利益集团的操纵更是其主要原因。我们要明确的是，社会上的负面事件无法避免，西方媒体又统一将我国发生的各类社会负面事件归结为我国政府执政不力、社会制度缺乏合理性，以此激化我

_____

　　①　张环环：《近五年 CNN 对华报道与中国的国家形象建构》，硕士学位论文，中共中央党校，2013年。

国民众与政府之间的矛盾，降低我国政府的公信力，面对 CNN 等媒体对于我国社会负面事件的大量报道的情况，我国政府和社会理应正视这一问题，找出合理应对负面事件的措施和方式，争取在最大程度上削弱负面事件对我国社会及国家形象的影响。

（二）CNN 及其他媒体关于南海问题的后续报道

1. CNN 的相关报道

2018 年 8 月 11 日，CNN 推出一篇报道，题为"立即离开"：美国海军飞机在南海上空发出警告（"Leave immediately"：US Navy plane warned over South China Sea）。文章认为，美国飞机是在行使正常的权利，表明美国飞机的巡航是在"致力于保持国际水域的自由通行"。记者在评论中隐喻地称中国对于南海的正当权益已经演变为一种军事需求（如图 4-11），并在文章中提到我国近年来在南海正当的保卫工作是在"Rapid expansion"（快速扩张）。

"The reason we're here hasn't changed," Purcell said. "The reason (the Chinese) are here has changed."

**图 4-11 美国记者关于南海问题的评论**

资料来源：CNN 官方网站。

这篇新闻报道还提出，美军在世界上其他地区的活动都是华盛顿在世界各地海军实力的重要组成部分，然而在当前的世界局势下，中国已经足够强大并且"有能力"在与美国"开战"的情况下控制南海，挑战中国对于南海的主权主张留给美国的时间紧迫。[1]

2.《纽约时报》的相关报道

2017 年 11 月 5 日，美国一艘导弹驱逐舰和一艘航母驶进南海海域，其国防部长卡特声称此举是维护其美国在南海海域自由行驶的"权利"。这一事件随即成为全球关注热点，《纽约时报》同样进行了大量的跟踪报道。此前，《纽约时报》曾在 2015 年 11 月发布一篇名为《南海争论不休，东盟会议联合宣言"流产"》（*Dispute Over South China Sea Prompts Asian Officials to Cancel Joint Statement*）的新闻报道，在以美国霸权利益为

---

[1] CNN 官方网站，https：//edition. cnn. com/2018/08/10/politics/south－china－sea－flyover－intl/index. html.

基础的多方视角下分析了南海问题①。

在描述中国国家形象时多采用如 "extensive"（大举）"unnerved"（感到不安）"bolster it militarily"（加强军事力量）等负面性词汇对受众进行消极的引导。在提及与我国有领土争端并挑起领土纷争的菲律宾和越南时，则将其表述为被动的受害者（have to decide to push back against China），与事实严重不符。最后在形容美国形象时则使用了如 "自由"（freedom）等正面词汇。

据研究，《纽约时报》在 2015 年 11 月对南海的这篇报道中，确切消息来源有 6 处，来自我国政府或国防部；然而，不确定的消息来源仍有 5 处，分别来自其他东南亚国家的外交官等，报道中显而易见的批评我国行为的消息大多来源于此，暗指我国作为一个正在 "扩张" 的大国对其他国家已然构成的威胁和其支持美国的立场与态度。

在对以前西方国家媒体发布的新闻报道进行研究以后，我们不难发现，西方国家的媒体侧重于报道我国发生的非常事件和负面事件，而对我国社会发生的具有代表性的但正面典型的事件视若无睹。国际新闻报道是流动的国家形象，以美国为首的西方国家对我国的报道以负面的、消极的信息为主，对我国在国际上树立一个和平且负责任的大国形象极为不利。

## 二　从热点社会事件报道看美国文化霸权

美国等其他西方国家推行其文化价值观的一个重要手段即利用新闻报道。以美国为首的西方国家控制了全世界 90% 以上的国际新闻信息，通过对新闻的筛选、传播与解说，全力推行文化霸权力图在意识形态和价值观念上对包括中国在内的广大第三世界国家进行渗透和控制。有关发展中国家的报道不仅数量少，而且大部分都是负面报道。

（一）在非常事件的相关报道中

突发事件由于其独特的性质和特点，具有一定的突发性、破坏性和超乎寻常的影响力。新闻报道作为民众接收信息最主要的信息来源，影响着本国人民以及外国人民对于国家形象的看法。不同媒体机构和渠道对突发事件的特定报道会对接收信息的受众产生不同的情感影响，同理，不同的国家面对同一事件报道会产生不同的倾向性。在此基础上所反映出的不同

① 厉文芳：《基于费尔克拉夫三维分析模型的新闻话语分析》，《新西部》2018 年第 15 期。

报道和话语背后的意识形态与机制操控会更加明显。

1. 对新疆"7·5"暴力事件的负面报道

2009 年 7 月 5 日，新疆暴力事件爆发，"世界维吾尔代表大会"（以下简称"世维会"）的网站声称暴力事件的起因是 6 月广东一家玩具厂的所谓暴力事件，即玩具厂内汉族工人打死了两名维吾尔族工人。7 月 1 日，在没有事实根据的情况下，"世维会"的慕尼黑支部以 6 月 26 日的暴力事件为理由向全世界发出号召：到世界各国的中国使领馆抗议示威。

"世维会"在华盛顿声称，中国汉族士兵荷枪实弹对维吾尔族进行了抓捕。中国的官方新闻报道称，发生了大规模暴力犯罪事件，乌鲁木齐大街上的汽车被焚烧。据新华社报道，维吾尔族抗议者攻击街上的汉族行人，焚烧汽车，用棍棒石块攻击公共汽车。法新社援引在华盛顿的"维吾尔族美国人协会"秘书长阿力姆·瑟托夫自己的消息来源说，警察对着示威人群"胡乱开枪扫射"。7 月 7 日，美联社在《维吾尔族人在土耳其挪威示威》（*Uighurs stage protests in Turkey，Norway*）一文中（如图 4-12），对汉族人群使用了带有贬义色彩的"暴徒"称谓（mobs of Han Chinese），而对一些使用暴力的暴徒则使用中性称谓"信仰穆斯林的维族人"（Muslim Uighurs who had earlier beaten up people）。

The Chinese government imposed a curfew in the regional capital of Urumqi on Tuesday after mobs of Han Chinese with meat cleavers and clubs roamed the streets looking for Muslim Uighurs who had earlier beaten up people in the country's worst ethnic violence in decades.

**图 4-12　美联社对华的负面报道**

资料来源：*Uighurs in Turkey，Norway，protest China*。

一个事件两个版本。法国的官方报道则"谴责"中国警察"胡乱开枪扫射"。然而引人注意的是法新社的报道以美国支持的"国家民主基金会"所支持的热比娅的"世维会"作为消息来源。我们或许可以看出，新闻报道在西方国家文化霸权的渗透中至关重要的作用，并逐渐发展成一场更加深不可测的博弈游戏。

美国国家民主基金会是以美国政府资助为主要来源，活跃在世界各个地区。单就中国而言，美国国家民主基金会就曾多次参与或挑起"港独""疆独""藏独"等恶性事件，宣传反动言论，干涉中国内政，造成了恶劣的影响。

  2018 年 5 月 14 日，美国 CNN 网站发布了一篇名为"中国维吾尔族人被迫欢迎共产党入乡背井"（Chinese Uyghurs forced to welcome Communist Party into their homes）的新闻报道①。在这篇报道中称，中国政府向新疆西部地区派遣了超过一百万名共产党员，以便对当地留守家庭进行"监控"，意在"打击"民族分裂分子和恐怖分子。在报道中将留守家庭打上了引号，隐喻对我国政府做法的不信任，并对我国政府的做法进行了主观的曲解，我国派遣志愿者、共产党人深入基层帮扶困难地区、帮扶基层的活动至今已经过了很多年，在"精准扶贫"的战略下，针对不同家庭的不同情况进行帮助，近两年政府重要惠民工作，却遭到西方国家的故意曲解。在新疆地区挑起争端的"疆独势力"背后有着西方势力的影子，意在分裂国家，引起内乱。我国政府更不能放任自流，必须建立相应的政策机制。但是 CNN 网站将我国政府维护人民财产安全的行为比喻为"严重侵犯少数民族人民人权的行为"是极为荒谬的。

  在上文提到的民族分裂分子、曾因危害国家安全罪而被捕的热比娅·卡德尔现居美国，热比娅在接受 CNN 网站采访时表示"中国政府的真正意图是消灭维吾尔族作为一个独特的族群"，并指出中国的"镇压"将"唤醒维吾尔族人民"。2018 年 7 月 26 日，CNN 发布报道《你从未听说过中国的反人类罪》（China's crimes against humanity you've never heard of）②，将民族分裂分子 Ilham（伊尔哈姆）形容为温和的知识分子（如图 4-13），而指出"民族分裂分子"这一罪名是荒谬的。并且在文章最后评论称其认为中国政府已经构成"危害人类罪"。

While violent resistance has been episodic, and should be denounced, the Chinese authorities have suppressed even peaceful expression of Uyghur rights, most notably the 2014 life sentence handed down to Uyghur intellectual Ilham Tohti on the absurd charge of separatism.

虽然暴力抵抗是偶然的,应该受到谴责,但中国当局已经镇压了。平维吾尔族权利的和平表达，最值得注意的是, 2014年维吾尔知识分子伊尔哈姆·伊尔哈姆(Ilham托乎提)因荒谬的分裂主义罪名被判无期徒刑。

**图 4-13　CNN 网站有关中国的负面报道**

  资料来源：CNN 官方网站。

---

  ①　CNN 官方网站，https：//edition. cnn. com/2018/05/14/asia/china - xinjiang - home - stays - intl/index. html.

  ②　CNN 官方网站，https：//edition. cnn. com/2018/07/26/opinions/xinjiang - china - caster - intl/index. html.

　　无独有偶，在 CNN 网站 2018 年 8 月 14 日发布的另一篇报道《中国称有 100 万维吾尔族人被安置在营地"完全不真实"》（China says claims 1 million Uyghurs put in camps "completely untrue"）中①，同样对文中中国政府表明立场和客观事实的词汇进行了引号标注，并且认为新疆地区的维吾尔族人民是在"被迫"欢迎中国共产党党员回家等，表明了 CNN 在涉华事件报道中一贯的偏见性和贬抑性，对我国国家形象造成了一定程度上不可逆的负面影响。

　　2. 对昆明"3.1"暴恐事件的歪曲报道②③

　　2014 年 3 月 1 日夜间，云南昆明火车站发生了一起由新疆分裂势力一手策划组织的恶劣暴力恐怖事件，造成平民 29 人死亡、143 人受伤。随即引发国内外媒体高度关注，相继进行了广泛的跟踪报道。然而，在案件发生以后，国内媒体揭露事实真相，还原犯罪现场，谴责犯罪人员恶劣行径之时，国外媒体如美国有线电视新闻网即 CNN 等西方主流媒体却掩盖了事实真相，有违新闻要求的真实性与客观性。研究美国以往对中国社会事件的新闻报道就会发现 CNN 对非常事件的歪曲报道绝非偶然，意识形态的偏见一直存在。

　　在针对昆明暴恐事件的报道中（如图 4-14），CNN 曾四次提到 knife 一词，意图将大众的视角从暴力恐怖袭击事件转化为一般性的暴力事件。另外，在 CNN 报道的篇幅结尾，HAN 与 XINJIANG 两词分别出现一次和三次。此次 CNN 的新闻报道大量援引新华社的消息，然而，在中国官方报道 China Daily（西方主流社会唯一承认并被外国媒体大量转载的中国报纸）的文章中通篇并没有出现这两个词语，从这可以看出以美国为首的西方国家针对中国发生的突发事件进行了主观揣测与评论，将进行暴力事件的维吾尔族人默认为全体穆斯林维吾尔人，并使之与"汉人"相对立，塑造了汉族人民的负面形象，向国外受众传达着中国以及其民族在"压制宗教信仰""实行民族同化"方面的负面信息，使外国人民对我国产生深刻的误解。以 CNN 为代表的西方主流媒体否认暴力恐怖袭击事件的性

　　① CNN 官方网站，https://edition.cnn.com/2018/08/13/asia/china-xinjiang-uyghur-united-nations-intl/index.html.
　　② 张湘雨、金万锋：《美主流媒体对"昆明'3·01'事件"报道的批评话语分析'——以 CNN、〈纽约时报〉和〈华盛顿邮报为例〉》，《昌吉学院学报》2014 年第 3 期。
　　③ 崔文佳：《西方媒体冷漠背后的虚伪》，《求是》2014 年第 8 期。

质，大肆宣扬"汉族入侵新疆"的不实言论，进一步加深了其他国家对于中国的误解。

| N. | CNN 的报道 Word | Freq- | % | N. | ChinaDaily的报道 Word | Freq- | % |
|---|---|---|---|---|---|---|---|
| 1 | SAID | 10 | 1.85 | 1 | PEOPIE | 11 | 0.96 |
| 2 | CHINESE | 7 | 1.29 | 2 | INJURED | 10 | 0.88 |
| 3 | PEOPLE | 7 | 1.29 | 3 | SAID | 10 | 0.88 |
| 4 | XINHUA | 7 | 1.29 | 4 | STATION | 10 | 0.88 |
| 5 | CHINA | 6 | 1.11 | 5 | ATTACK | 9 | 0.79 |
| 6 | STATION | 6 | 1.11 | 6 | KLNMING | 9 | 0.79 |
| 7 | KILLED | 5 | 0.92 | 7 | HOSPITAL | 8 | 0.70 |
| 8 | GROUP | 4 | 0.74 | 8 | WEIBO | 8 | 0.70 |
| 9 | KNIFE | 4 | 0.74 | 9 | XINHUA | 7 | 0.61 |
| 10 | REPORTED | 4 | 0.74 | 10 | POLICE | 6 | 0.53 |
| 11 | sAW | 4 | 0.74 | 11 | RAILWAY | 6 | 0.53 |
| 12 | TERRORISTS | 4 | 0.74 | 12 | TERRORIST | 6 | 0.53 |
| 13 | AUTHORITIEs | 3 | 0.55 | 13 | VIOLENT | 6 | 0.53 |
| 14 | POLICE | 3 | 0.55 | 14 | DEAD | 5 | 0.44 |
| 15 | RAN | 3 | 0.55 | 15 | BLOOD | 4 | 0.35 |
| 16 | XINJIANG | 3 | 0.55 | 16 | CHINESE | 4 | 0.35 |
| 17 | ATTACKERS | 2 | 0.37 | 17 | CITY | 4 | 0.35 |
| 18 | ATTACKS | 2 | 0.37 | 18 | CIVILIANS | 4 | 0.35 |
| 19 | BLOOD | 2 | 0.37 | 19 | LOCAL | 4 | 0.35 |
| 20 | FRIEND | 2 | 0.37 | 20 | PUBLIC | 4 | 0.35 |
| 21 | HACKING | 2 | 0.37 | 21 | SECURITY | 4 | 0.35 |
| 22 | HAN | 1 | 0.18 | 22 | SINA | 4 | 0.35 |

**图 4-14　CNN 与 China Daily 报道高频词比较**①

资料来源：中美关于我国突发事件编译比较。

新闻报道不同于其他信息传播平台，在发布消息时往往会存在评论性语言，不可避免地带有个人视角和情感色彩，也不可避免地会受到一些政治势力的引导，然而，正是记者或是评论员带有情感色彩的评论性词语往往会给受众流年深刻的印象，在潜移默化中形成对于他国的不同的国家印象。

（二）在教育领域的社会事件上：以《虎妈战歌》为例

2011 年 1 月 1 日，美籍华人蔡美儿出版《虎妈战歌》，书中以其利用东方教育方式管教孩子而在美引发广泛争议，据说"再一次刺中了美国

---

① 邓斯佳：《中美关于我国突发事件编译比较》，《解放军外国语学院学报》2015 年第 3 期。

人的神经"。《时代》杂志等媒体相继进行大篇幅专题报道，讨论主题从中西方文化的差异上升到中美国家间的竞争。1月8日，《华尔街日报》率先发表了一篇关于《虎妈战歌》的书评，蓄意将中美教育方式进行对立，质疑中国母亲"更胜一筹"的原因。

外国读者也相继对中国教育方式提出批评，指责我们对于儿童的"虐待"。首先，特定情况下的个案并不能够反映，也不能完全代表中国的教育方式。其次，由于不同的历史、文化以及社会制度的差异，中美教育理念必然存在差异。勉强将二者比较出孰优孰劣是不合理的。中美教育方式和理念各有千秋，理应相互借鉴，共同发展。

我们应该看到，在蓄意炒作的面纱背后，抨击的理由看似冠冕堂皇，实则是美国媒体在众多利益集团的操控下刻意制造出来的中国迅速崛起后的负面形象。以美国为首的西方国家在过去一直热衷于在经济和军事领域制造和宣传"中国威胁论"，在大数据的时代浪潮下，逐渐发展到教育和外交等文化领域，指责我国有违"自由、人权、个性"等基本价值观，但这既不符合事实，也很容易被人识破，也更加不利于中美两国之间的正常交往和合作。

美国媒体如此计较的真正根源在于"美国第一"的历史思想，保持其在世界上超级大国的领导地位，按照其一贯的思维逻辑，即"唯美独秀"与"霸权永续"的思想理念，必须以舆论影响受众，借此影响国际社会。

（三）在军事领域方面：以中俄2016年海上军事演习为例

2016年9月12日，中国与俄罗斯在中国南海沿海地区开展了为期一周的"海上联合—2016"军事演习。此次联合军事演习引起了南海周边其他国家和美国新闻媒体的高度关注以及跟踪报道。

美国媒体对此密切关注的很大一部分原因是美国自2010年起就多次公开提出南海相关问题涉美"国家利益"。有学者研究表明，以美国为首的西方主流媒体在针对此次军事演习的新闻报道中刻意回避了明显的评价性词语而多使用隐晦性评价的词语，使其报道在表面上符合客观公正的原则。在中俄联合军演的消息公布之初，美国主流媒体有5篇相关报道，然而当军演正式开始时，数量却仅有3篇。[①] 根据美联社报道，美国太平洋

① 潘艳艳、董典：《美国主流新闻媒体建构中的中国形象和大国关系的话语策略研究》，《西安外国语大学学报》2017年第3期。

舰队司令斯威夫特表示"可以选择其他地点来举行这种演习"。他认为从演习地点来看，选择南海区域对加强地区稳定没有建设性的作用。

更为值得注意的是，美国媒体忽略了一个基本事实，中俄联合军事演习的地点在中国南海的沿海地区，本属中国领土，不在南海的争议海域。然而在报道中借题发挥，将本次军事演习与南海局势相提并论。另外，美国一些主流媒体通过制造热点话题不断向国际受众建构出一个消极的中国形象借此引导国际社会的舆论走向，对我国对外形象的建构产生了极大的不良影响。①

日本与美国是盟友关系，在此次军事演习中，日本媒体保持与美国主流媒体对中国看法相同趋势的猜忌。《日本经济新闻》称，此次军事演习是旨在中国加强对南海的实际控制。日本 NHK 电视台称，此次中俄军演的目的在于牵制在南海实施"航行自由作战"的美国。日本在军事战略行动上一直以美国马首是瞻，在新闻报道中袒护美方也不足为奇。然而，到 9 月 29 日，美国 CDA 新闻网的评论则宣称，南海已经成为国际局势紧张源头，此次中俄联合军演的衍生意义重大。《华盛顿时报》更是声称，中俄军演对美国产生巨大危害，中俄此次军事演习的行为意在"封锁"南海这片国际海域。在美国众多主流媒体有力渲染下，中国的国际形象受到严重的冲击，对我国发展产生一系列的负面影响。

（四）在国际交流与合作方面

1. 以"一带一路"相关报道为例

首届"一带一路"国际合作高峰论坛于 2017 年 5 月 14 日至 15 日在北京顺利召开。拥有全球高度舆论影响力的美国主流媒体却认为我国的这一外交战略具有多重动机，并会对美国的世界霸权产生一定影响。

梳理美国一些主流媒体如《彭博新闻社》——全球最大的金融信息服务供应商、《华尔街日报》《纽约时报》《华盛顿邮报》和《今日美国》等对国际事务密切关注，在英语语言世界拥有较强影响力的媒体，我们不难发现，有关和平共赢的"一带一路"倡议在美国主流媒体中的形象却并非如此，而是具有偏见性的、主观臆测居多。据统计，在 2017 年 5 月

① 潘艳艳、董典：《美国主流新闻媒体建构中国形象和大国关系的话语策略研究——以2016 中俄联合军演的相关报道为例》，《西安外国语大学学报》2017 年第 3 期。

7 日至 21 日 16 天的时间内（时间节点为保证样本精确性）。① 共获得 132
篇有效样本，而分析显示，这些美国主流媒体的消息来源具有很大程度上
的不确定性与不科学性（如图 4-15）。

| 引用来源 | 中国政府或官员 | 他国政府或官员 | 他国专家 | 本国专家 | 中国媒体 | 中国企业 | 本国政府或官员 | 本国企业或组织 | 中国专家 | 本国媒体 | 海外华人 | 模糊信源 | 未知信源 |
|---|---|---|---|---|---|---|---|---|---|---|---|---|---|
| 引用次数 | 24 | 20 | 14 | 14 | 13 | 9 | 9 | 9 | 5 | 3 | 1 | 19 | 33 |
| 百分比（%） | 18 | 15 | 11 | 11 | 10 | 7 | 7 | 7 | 4 | 2 | 1 | 14 | 25 |

**图 4-15　样本新闻消息来源分布**
数据来源：美国新闻报道框架下的"中国形象"。

由上图可见，在 132 篇新闻样本中，未知信源所占比重最高，达总体
的 25% 来自中国政府官员和中国专家的分别是 18% 和 4%，总和仅占总体
的 23%；来自海外华人的信源仅有 1 篇，在样本中占 1% 的比例。在这种
信源比例分布下，不难发现美国主流媒体有关于中国的报道话语结构严重
失衡。新闻的真实性与客观性也就有失偏颇。

在对中国国家形象的建构中，美国媒体的新闻报道一直以来具有偏见
性与主观性。在许多学者针对国际新闻报道的学术分析中也已经被反复证
实。在不平衡的消息来源基础上，受众无法评价报道的客观公正性，影响
媒体的权威性和公信力。据调查，在报道中仅有 0.58% 来自社会民众，
而社会公众的消息来源是建构一国国家形象最重要的因素，美国这些主流
媒体在报道中可以弱化了这一方面将这一事件作为政治事件，脱离了普通
群众的视角。

综上各个方面都能清楚地发现以美国为首的西方国家在国际新闻报道
中相关内容霸权选控的特点和趋势。我国在对外交往中如果想要向世界传
递一个积极正面的国家形象就不得不对西方主流新闻媒体的报道特点进行
分析，更加有针对性地思考应对境外媒体的方案。

2. 以"习特会"FOX News 的报道为例

FOX News，又称福克斯新闻，是福克斯娱乐集团（Fox Entertainment
Group）（FOX）下属主要从事电视与网络新闻行业的一个子公司。②

① 安珊珊、梁馨月：《美国新闻报道框架建构下的"中国形象"》，《哈尔滨工业大学学报》2018 年第 2 期。

② FOX News 福克斯新闻，https://baike.sogou.com/.

2017 年 4 月 6 日至 7 日，习近平主席应美国总统特朗普邀请，于海湖庄园与其会晤。这次会晤是美国大选以后，中美两国元首首次进行会晤，是 2017 年一件重大的国际事件。为保证样本研究的全面性，有学者将 2017 年 3 月 18 日作为报道研究的起点，以美国国务卿蒂勒森访问中国之日起 FOX News 的新闻报道为例，截至 2017 年 4 月 28 日 FOX News 的最后一条相关报道，共获得 28 条相关视频文本。

对 28 条相关新闻报道进行综合的分析与整理以后我们发现（如图 4-16），FOX News 更加侧重于自特朗普上台以后的贸易保护主义和打击恐怖主义等政策，对特朗普出台的相关政策表示了顺应与支持，如报道中大量提到的 5 条叙利亚行动，占比 17.86%；中美经贸占比 21.43%；元首会晤的新闻报道则分别低于二者，占比 14.29%。

在新闻信息来源上，FOX News 更加重视美国本土官方信息以及立场，相对于中国媒体发布的信息引用率为 1.85% 尚且低于美国本土明星网红

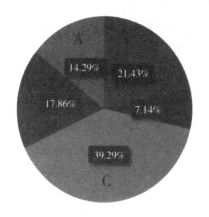

A ■元首会晤
B ■中美关系
C ■朝鲜问题
D ■叙利亚行动
E ■中美经贸

**图 4-16　Fox News 报道主题分布①**

数据来源：关于美国媒体新闻报道中的偏向性研究。

的引用率 3.70%（如表 4-3），并且完全没有来自中国官员、专家学者以及中国民众的消息来源，缺乏报道的客观性。一系列数据能够看出 FOX News 的涉华报道实用主义倾向较为明显，对我国的报道和态度相对来说

---

① 陈昌凤、陈一麟：《关于美国媒体新闻报道中的偏向性研究》，《新闻与写作》2017 年第 10 期。

较为负面，更加倾向于向我国施加压力或进行质疑。

表 4-3　　　　　　　　　　FOX News 新闻报道信息来源

| 引用来源 | 本台通讯记者 | 中国官员 | 中国媒体 | 中国专家学者 | 中国民众 | 特朗普 | 美国官员 | 西方媒体 | 美国企业家 | 美国专家学者 | 美国民众 | 明星网红 |
|---|---|---|---|---|---|---|---|---|---|---|---|---|
| 引用次数 | 5 | 0 | 1 | 0 | 0 | 12 | 17 | 11 | 0 | 6 | 0 | 2 |
| 百分比（%） | 9.26 | 0 | 1.85 | 0 | 22.22 | 31.48 | 20.37 | 0 | 11.11 | 0 | 0 | 3.70 |

数据来源：关于美国媒体新闻报道中的偏向性研究①。

　　FOX News 在新闻报道中所体现出的政治倾向在美国这个以利益集团为主要政治活动基础的国家并不意外，然而，逐渐泾渭分明的政治倾向必然对受众产生巨大的影响，西方主流媒体在新闻报道上的政治倾向越严重，带给受众的政治色彩也就越强烈，推动新闻受众对于他国形象的认知逐渐错误以至趋于极端化。

　　国家形象是国内外手中对于一个国家在政治、经济、文化等方面的总体认识，在全球化告诉发现的时代下，国家形象普遍表现为相对重视外部国家形象，外国受众对于本国的认知。国家形象虽然不能完全等同于"媒体中的国家形象"，但不可忽视的是，在网络时代，媒介中所传递的国家形象是受众接受有关他国信息最为直接和最为快速的途径。媒体中所展现的国家形象在日复一日的信息推送下会逐渐先入为主地成为受众心中固化的认知，对日后树立我国积极正面的国家形象产生阻碍。

　　以美国为首的西方国家在网络言论自由上蓄意设置双重标准，其鼓吹的网络绝对自由观的目的就是将霸权主义逐步渗透到网络世界，掌控向网民推送的新闻讯息类型。美国一直标榜的"网络自由"在美国本土并非如此，而是严格的网络信息控制。

　　以美国为首的西方国家牢牢掌控着世界新闻报道的话语权，大量负面信息的报道对于我国国家形象的建构产生了极大的负面影响，错误地引导了外国普通民众对于我国国家和政府形象的认知，增加了我国在世界树立一个和平的负责任的大国形象的难度和障碍。在国家形象的建构上我国应

---

　　①　陈昌凤、陈一麟：《关于美国新闻媒体报道中的偏向性研究》，《新闻与写作》2017 年第10 期。

积极思考应对策略，在各类突发事件中起到正面积极的作用，加大宣传力度，不让西方媒体有机可乘，尽量消解以美国为首的西方国家在负面新闻报道倾向中对我国国家形象的不良影响。

## 第三节　西方文化霸权对我国国民的影响

在西方文化霸权主义思想的影响下，以美国为首的西方国家正试图利用一切手段（以新媒体为主）通过文化产业、学术理论等途径大力宣扬西方资产阶级体系的世界观、人生观、价值观，以多种方式加强对我国以及第三世界国家的文化渗透和文化输出，企图培养我国国民逐步与西化的价值取向相适应，解构我国传统文化根基，造成中华文化不如西方文化的视觉假象，抨击我国社会制度，以此削弱我国主流意识形态。在文化方面，我们要尤其警惕以美国为首的西方国家文化霸权主义对我国的文化渗透。

西方国家一些人一直在鼓吹"文化全球化"，其本质就是在向全世界推行以美国为主要代表的西方资产阶级文化。前任美国总统特朗普提出的"美国优先"主张，在一定程度上也可以说是"美国文化的全球化"，是对民族文化独特创造性的破坏和民族国家文化主权的侵犯。"普世主义"在本质上其实是一个不能成立的伪命题，由于地理位置、历史积淀、文化传统的差异，各民族文化本来就各有千秋，追求文化的"全球化"无异于全盘推翻本国的历史文化积淀，对国民、对文化乃至对国家都是不可逆的破坏。

美国前国务卿杜勒斯曾说："如果教会苏联的年轻人学会美国歌曲并愿意随之起舞，那么他们迟早能够教会苏联的年轻人用美国方式思考。"文化渗透没有强烈的政治色彩外衣，不会让他国人民立刻心生警惕，然而，文化渗透的影响要远远超过政治的改变。在文化输出与文化渗透的影响下，生活方式的逐渐改变必然引起思想意识的随之而变，大厦倾覆也只在一瞬间。

美国自1949年以来成了世界的义务保护人，高举人权和自由的旗帜，其军事保护行动在世界各地频繁发生。奥巴马曾在利比亚讲话中承认："美国并不会对所有的大规模暴力事件进行干涉，美国以道德为本的外交政策有谨慎明确的规定限制。"20 世纪的历史应对我们有所启示，即"世界需要明确的法律规定，不应以反人权行为为理由亵渎国家主权的神圣旗帜"。全球化高速发展的今天，美国将会更加注重以非对抗的方式争取舆论和民意，在潜移默化中推动当地社会转变，以期对当地政府构成压力。无论是正面影响还是负面影响，美国文化都在对世界各国以及国际关系产生着深刻的影响。

## 一　警惕"舆论战"的巨大影响

### （一）以 2016 年美国大选时期为例

根据第 38 次《中国互联网络发展状况统计报告》表明，截至 2016 年 6 月，中国网民总体规模达 7.10 亿人，新增网民 2132 万人，半年增长率 3.1%（如图 4-17）

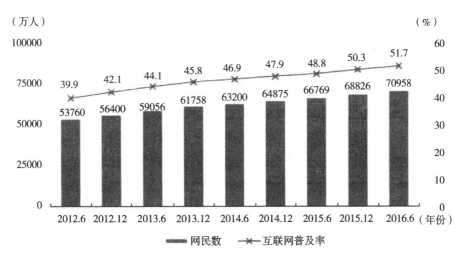

**图 4-17　中国网民规模和互联网普及率**

数据来源：《CNNIC 38 次中国互联网络发展状况统计调查》。

互联网设施建设的不断完善，国家"互联网+政务服务""互联网+流通"等政策的实施推进了我国网民数量的增长。截至 2016 年 6 月，我国网民仍以 10—39 岁群体为主，占整体的 74.7%；其中 20—29 岁年龄段的网民占比最高，达 30.4%，10—19 岁、30—39 岁群体占比分别为 20.1%、24.2%（如图 4-18）。

从 2010 年微博发展至今已初具规模，根据微博相关统计数据整理 2016 年美国大选时国人对其的讨论分析关注程度和美国文化向我国的渗

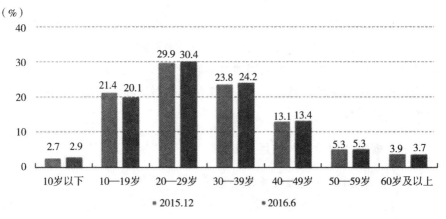

**图 4-18　中国网民年龄结构**

数据来源:《CNNIC 38 次中国互联网络发展状况调查》。

透。随着网络的普及,信息传播的壁垒不断消失,美国和美国人民的日常生活逐渐变得真实,变得触手可及,并能够对其加以评论,与此同时,美国文化也逐渐渗透到国民的日常生活,促使人们以美国的视角看待问题,思考方式逐渐西化。

有学者将美国大选开始前一周的时间作为起点,统计显示,越接近大选时间,我国国民对美国大选话题的关注程度越高,话题发布量也随之增加,2016 年日均发布量达 616.33 条。由于社交媒体素以低门槛著称,所以在大量发布的话题中,绝大多数是草根(普通网民)用户,而具有影响力的消息则是由被称为"意见领袖"的大 V 用户和一些官方媒体平台发布,具有草根用户无法比拟的号召力。

美国大选时,我国亲西方学者和大 V 用户,几乎呈一边倒的趋势支持希拉里上台,对特朗普的行为进行各种嘲弄。而当大选结果与预期出现偏差的时候,这些亲西方的学者们纷纷主动调整了自我立场,对特朗普表示了绝对支持与期待,成了特朗普总统坚定的海外支持者。

2018 年 7 月 6 日,随着美国对中国加征关税的政策出台,我国同时与北京时间 6 日 12 点 01 分开始正式对美部分进口商品加征关税。我们应该认识到,在"贸易战"的背后,是影响力更为巨大的"舆论战",在中美贸易中,美国并不是因为贸易逆差而利益受损,美国的跨国企业仍旧盈利颇丰。民众所看到的失业、经济衰退、医保负担过重等现象是由于美国大部分的财富被集中在 1% 的富人手中,然而民众没有足够度的财富必然会成为特朗普总统"贸易战"绝对的支持者。特朗普总统热衷于"推特治国"，不断在推特这个社交平台上以偏激的无理性的言论刺激着底层民众对于这一做法的认同。

然而，"舆论战"相比"贸易战"来说更为复杂，意在冲击我国文化意识形态，瓦解我国国民的民心与凝聚力。在贸易战逐渐白热化的阶段，舆论战也随之达到一个高峰，新浪微博上各种亲美大 V 纷纷亮相于网络平台，与美国立场高度合拍地站在中国及中国人民的对立面。

（二）以中兴事件反思美国文化霸权

美国媒体在报道中国造假、剽窃等行为时从来都是不遗余力。共和党总统候选人罗姆尼曾在《华盛顿邮报》撰写专栏文章，指责中国窃取其他国家包括设计、专利和实践技能在内的知识成果。曾在 2012 年 3 月，美国经济杂志在《彭博商业周刊》就相当耸人听闻地以封面标题的形式呼吁："嘿，中国！别偷走我们的东西！"这本杂志还非常明确地报道了一起间谍交易，称中国风力涡轮机制造商华锐风电窃取了其美国竞争对手——美国超导公司的商业机密。

2018 年 4 月 16 日，美方声称，中兴之前曾向美国商务部提供了虚假陈述。美国商务部下令禁止美国公司向中兴出口电信零部件产品，期限为 7 年。6 月 6 日，中兴通讯公司已与美国签署一项原则性协议，从而使得该公司恢复业务运营，作为条件，协议里也列出了对中兴的处罚措施。从 4 月美方宣布将对中兴执行 7 年的出口禁令，到 5 月中美北京、华盛顿磋商，再到 6 月北京磋商，中兴事件随之跌宕起伏，背后的博弈交涉是美国蓄意打压我国科技公司，更是西方文化霸权的又一次侵犯。

在总计约 26 亿美元的罚款背后，美方并未善罢甘休，而是以十年为期，十年以后再行审核，若仍有不符合"规定"之处，对于中兴的禁令将会重新生效。十年之期，对于中兴来说迫在眉睫，对于我国芯片制造业来说同样是一个巨大的挑战。

由于美国掌握着重要的芯片，一旦切断芯片供应，中兴就会濒临毁灭的边缘。美国选择华为和中兴两大企业是有预谋有针对性的，因为在通信设备领域，华为和中兴的实力已不可小觑，对美国本土品牌爱立信等已然产生了威胁。另外，中兴和华为是我国 5G 网络的领军者，华为更是超越爱立信成为 2017 年全球最大通信设备制造商。由此，美国政府称华为对美国国家安全产生了威胁，于此美国政府使用各种手段为难华为，华为不得不退出美国市场。中国政府极力挽救中兴的原因就在于，未来与美国竞争 5G 网络的主力军就是中兴。

中兴向银行申请资金授信额度是企业经营中正常的行为，然而微博上具有影响力的大 V 用户纷纷发布头条文章指责中兴公司缺乏规矩和契约精神，被美国罚款要全中国人民来买单，随之上升到对我国在全球贸易行为中的批评。在诸多此类亲美的言论中，许多网民便信以为真，对中兴劈头盖脸地责骂，希望其尽快倒闭。

中兴事件的源头实质上在于"伊朗问题"，中兴公司不过是美国与伊朗政治矛盾的牺牲品。事件发展至今最主要的问题在于，中兴等企业的核心技术被美国掌握在手中。当美国贸易战来势汹汹之时，国家既然决定接受贸易战这个挑战，全国人民就应该万众一心，众志成城。然而，网络平台上却突然刮起一阵"理性爱国"的风向，指出我国在发展的阶段不应锋芒毕露，要认识到自己与西方发达国家之间的差距，对自己有一个清醒的认知，不应该在世界范围内"树敌"。我们一定要警惕网络平台上这一类言论的甚嚣尘上，在原则性问题上有自己正确的判断，我国在"利比亚撤侨""钓鱼岛危机""南海撞机"事件中表现出的大国风度足以证明我国和平发展的理念。

美国对中兴如此严重的惩罚实质是西方文化霸权的恶劣影响，我国并没有核心技术的支撑，芯片产业投入量巨大，更新换代速度快，国家多管齐下，难以集中有生力量，一直无法攻克关键的芯片制造，所以被美国掐住了短板，才多有掣肘。据 2017 年 5 月发布的《中国集成电路产业人才白皮书（2016—2017）》显示，中国目前芯片行业对人才的需求高达 70 万人，而中国目前从事芯片行业的从业人员仅为 30 多万人，人才缺口近 40 万人之多。人才的匮乏导致技术差距很大。我们不得不承认国外对中国芯片领域的技术封锁确实放慢了中国芯片行业发展的步伐，但面对西方文化霸权渗透的严峻情况，我国必须摸索出一条属于本国的发展道路。

## 二　西方文化霸权对我国国民的影响

虽然美国文化的底蕴不深厚，但是文化的影响力不取决于它是否古老，而是取决于它是否充满活力和吸引力以及传播的手段和技巧。在文化领域具有无与伦比的世界影响力的美国，根本上取决于美国作为文化的承载者是世界政治经济中的强者。

以美国为首的西方国家通过广告向我国持续输入西方文化。在西方国家，宣传与广告的区别日渐模糊，广告既宣传商品，又体现生产国的消费观念、生活方式以及价值取向。美国利用电影、流行歌曲等娱乐产业的文化产品和其技术上的优势，向其他国家的人们传播其生活方式、通俗文化、价值观念和思维方式。表面上仅仅是一种产品形式，然而人们在阅读、观赏、消费的过程中就会逐渐对西方文化产生认同感并逐渐接受，成为西方文化的传播者。消费主义是西方文化的核心内容，一个人如果认同西方文化，就会更加乐于消费其商品以及接受其制度。

制造业的发展使质优价廉的商品席卷全球国际市场，更加不断地对广告业和大众消费主义产生强烈的刺激。消费主义的思想潮流促使人们更加关注消费本身带给自身的愉悦感和满足感，而不再是商品本身的"实用价值"，随即带动了电影事业、体育事业等娱乐业的繁荣发展。以好莱坞大片、NBA 比赛、迪士尼游乐、流行音乐等为代表的美国娱乐、饮食、服装文化产品风靡全球。

美国作为世界上文化输出的强国，在影视的输出上占据着绝对的领导地位。好莱坞式的影片、动画片风靡全球，美国在电影制作时广泛取材于世界上的各个国家与地区，但唯一相同的是，不同地区和国家的传说、文化、价值观都不约而同地被重新赋予了美国文化的价值观念和人生观念，因此成就了好莱坞大片在民族文化元素外衣下对其他国家进行文化观念输出的最有效工具。

根据《2017 年中国电影产业报告》的统计，在我国，好莱坞影片的受众主要是 19—30 岁的青年群体，占比 75.70%；而青年人由于其自身价值观、世界观尚不够成熟，导致其更容易受到好莱坞（美国）电影文化的影响。

（一）从影视业的发展看美国文化霸权

1. 以美国动画片的文化内涵为视角看美国文化渗透

美国社会以个人英雄主义被社会的主流文化备受推崇，社会以实现个人理想作为终极目标，从各种动画片的制作过程中可以看出美国文化的娱乐观念以及消费主义。扩张意识在美国文化中同样占据很大地位，迄今为止的 2000 多部美国动画片中，大众文化占据着最大的比例，其中绝大多数是充满攻击性的无穷力量的个人主义英雄形象。美国动画片大受欢迎的主要原因在于，美国对动画片的推广实质是对美国文化价值观的输出，受到了广泛受众的认可。就漫威电影来讲，其塑造的一系列超级英雄的荧幕形象早已深入人心，跨越国界征服了全球众多观众。

由于西方哲学传统和建国特殊历程，在美国，个人英雄主义早已脱离团队用自己的力量来拯救世界，然而在中国，从小受到的教育就是"团结就是力量"，个人的成功必然离不开一个团队的付出，但每个人心中仍有自己独特的性格特点和追求，这也就是为什么当代年轻人更加容易被美国电影所吸引，其中表现的个人奋斗与成功的历程恰恰折射出青年人内心对英雄和成功的渴望，这也是美国影片能够在中国电影市场站稳脚跟的一个重要原因。

以改编自我国古代经典的《木兰辞》的动画片《花木兰》为例，影片中神秘的东方异域情调使得其在全球范围内获得了巨大的经济效益，从表面上看虽然是带有中国传统文化和传统元素的动画制作，实质上却是在中国文化外衣下美国文化精神内核推广的美国励志片，宣扬的是美国文化价值观念。在这部改编后的动画片中，花木兰不再是为了尽孝从军，也不是因为军中实在没有合适的人选并且征得了父母的同意，而是担心在战场上父亲的安危自作主张偷了盔甲远行从军，并且在影片中加入了"木须龙"这个角色如同小精灵一般陪伴着花木兰，在经历艰难险阻以后花木兰协助大军赢得胜利，挽救了全中国，同时也获得了她的爱情。这里的花木兰已不再是中国传统的女性形象而是一个勇于追求向往的生活，背负了现代女性的人生观和价值观，形象的改变令观众喜闻乐见，这种具有明显的西方价值理念的植入性，对我国传统文化形成了强烈的冲击。

以《功夫熊猫》这部动画片为例，以中国受众为主要消费对象，其中添加了大量的中国传统元素，引起受众的情感共鸣和心理认同，而且个人英雄主义也在这部影片中有所体现即主人公"阿宝"历经一系列磨难不断学习终于成为一代"大侠"。影片中的"阿宝"是美国为中国观众量身定做的一个形象，通过自身的努力"逆袭成功"，这种个人英雄主义在审美口味上迎合了中国的受众。

《功夫熊猫》自 2008 年 6 月在中国上映，三周累计票房 1.35 亿元人民币，斩获内地首部票房过亿动画片。《功夫熊猫》这部影片向受众传递的是一个不断升华的个体，从平凡到影响整个环境以及时代，这就是美国个人主义文化内涵最鲜明的体现。影片中除了添加许多中国传统文化元素，也加入了西式的无厘头幽默，比如，主人公阿宝的父亲是一只鹅

（后来定义为收养关系），这种无厘头的搞笑实质是西方资本主义对文化消费和娱乐，在青年人眼中无伤大雅，但在成年人眼中是毫无笑点的恶搞。然而，不得不令我们警惕的是，这种文化娱乐观念在我国青少年一代认可度和呼声极高，影片中娱乐至上的理念满足了青少年对于欢乐的追求。《功夫熊猫》这部影片作为美国文化输出的一个载体，通过中国人民能够接受并乐于接受的形式向国民宣传着美国文化的价值观念，巧妙地达到了文化渗透的目的。

在影片搞笑的背后，实质是对中国传统文化的挑战，主人公阿宝作为一个去神化的平民英雄颠覆了我国历史上的神化英雄形象，摆脱了高高在上的威严，更加符合当代青年的审美追求，拥有"美国梦"的文化内涵。美国动画片稳定的文化输出倾向，在美国影片占据着庞大的电影市场的基础上，对世界的影响是难以估量的。

2. 从美国影片市场份额的视角看美国文化霸权

美国文化奉行个人本位，以自我为中心，强调个人的人格和尊严，对个人自由和民主异常重视，由此形成以个人自由权利为核心的意识形态；而中国传统文化以家族本位为基础，更加关注集体的一致性，强调群体和社会意识，强调个人利益应服从社会整体利益，个人的发展得益于社会的进步。文化差异在彼此的相互认识上造成了巨大的鸿沟，导致我国和美国诸多问题上的观点相左。

以《阿甘正传》这部哲理类影片为例，在影片的整体布局上就表达了在美国这个"世界民族大熔炉"中每个平凡的人对于"美国梦"的不懈追求、永不言败的竞争精神。主人公阿甘始终带着美国梦这一令人印象深刻的气息，从少年时代就依靠自身的不懈努力不断成长，最终获得了成功的人生。影片中对于主人公阿甘和黑人朋友布巴之间的友谊也向观众传递一种美国社会中各民族和睦相处的种族思想。

根据我国国家统计局发布的《中国 2017 年国民经济和社会发展统计公报》（以下简称 2017 年统计公报）显示，2017 年我国全年全国居民人均可支配收入为 25974 元（如图 4-19），比上年增长 9.0%，扣除价格因素，实际增长 7.3%。① 按常住地分，城镇居民人均可支配收入 36396 元，

---

① 《中华人民共和国 2017 年国民经济和社会发展统计公报》，http://www.xinhuanet.com/fortune/2018-02/28/c_1122467973.htm。

比上年增长 8.3%，扣除价格因素，实际增长 6.5%；农村居民人均可支配收入 13432 元，比上年增长 8.6%，扣除价格因素，实际增长 7.3%。

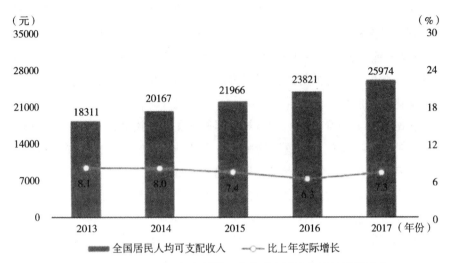

**图 4-19　2013—2017 年全国居民人均可支配收入及其增长速度**

数据来源：新华社。

根据 2017 年统计公报的信息显示，截至 2017 年年末，全国共有 139008 万人口（如图 4-20），其中城镇人口 81347 万人，农村人口 57661 万人，占总人口 41.48%，上文提到农村人口全年人均可支配收入为 13432 元，月均 1111 元。我国目前人口基数大，发展不够平衡、不够充分，仍有绝大多数人口为了更好的生活而奋斗在基层。而电影《阿甘正传》所传递的文化精神恰恰符合了底层小人物通过拼搏与努力最终走向成功实现梦想的故事，迎合了观众的情感需求与共鸣，在认可影片表达内容的基础上便会潜移默化地接受其中所蕴含的美国文化内涵。

美国好莱坞影片带给观众的不仅是一场视觉盛宴，更是具有美国文化独特个性、批判精神以及高度的意识深度的文化洗礼。这也是美国影片能够在世界电影市场中长盛不衰的主要原因，也是美国向其他国家进行文化输出最坚实的载体。在美国电影中绝大多数是通过不同的表现手法向观众展示美国社会各阶层的真实状况又或者是各阶层人民对于世界的思考，其中表现出同样的个人主义、自由主义文化内涵和价值观念。不同的价值观念取向和文化内涵会随着影片在世界的播放，对观众产生不同程度的影响。如果不能够对影片表达的文化内涵加以辨别，青年人很可能会陷入西

| 指　标 | 年末数（万人） | 比重（%） |
|---|---|---|
| 全国总人口 | 139008 | 100.0 |
| 　其中：城镇 | 81347 | 58.52 |
| 　　　　乡村 | 57661 | 41.48 |
| 　其中：男性 | 71137 | 51.2 |
| 　　　　女性 | 67871 | 48.8 |
| 　其中：0—15岁(含不满16周岁) | 24719 | 17.8 |
| 　　　　16—59岁（含不满60周岁） | 90199 | 64.9 |
| 　　　　60周岁及以上 | 24090 | 17.3 |
| 　　　　其中：65周岁及以上 | 15831 | 11.4 |

**图 4-20　2017 年年末人口数及其构成**

数据来源：新华社。

方文化霸权的沼泽之中难以自拔。

根据我国国家统计局发布的数据来看（如图 4-21 至图 4-23），从 2012 年至 2016 年的 5 年，我国电视节目进口总额略有浮动，分别在 2014 年和 2016 年达到了两个高峰；其中每年从欧洲和美国进口电视节目总额总体上呈增长的趋势。电视剧进口总额在 2014 年达到峰值后略有回落，但截至 2016 年总体呈增长的状态；其中从欧洲和美国进口的电视剧总额也皆是稳定增长。动画、电视进口总额由 2012 年起开始快速递增，在 2016 年达到了一个顶峰，进口总额为 105644.89 万元，约为 2012 年的 70 倍。[①]

《复仇者联盟 3》在我国的热映是美国文化渗透又一个充分的体现，好莱坞影片自 20 世纪初诞生至今，受到了来自世界各国人民的广泛好评，稳坐如今电影世界的"第一把交椅"。好莱坞影片所具有的别具一格的美国文化色彩，战胜强权的故事结构，影片中体现的强烈道德色彩和个人英雄主义从多方面带给当代的青年人视觉刺激、感官冲击和情感的碰撞使得受众获得极大的满足感，从而在潜移默化中接受并认可美国文化。据统计《复仇者联盟 3》在全球收获了 15 亿美元（约合人民币 100 亿元）的完美票房，仅在中国累计票房就高达 22.87 亿元人民币，占比约 20%。

根据对我国国内众多美剧爱好者的调查发现，美剧在国内受到欢迎的原因在于美剧满足了受众的多样化需求，就美国的历史发展来讲，美国作为一个移民国家，文化之间相互融合，带给美国影片不同于其他影片的兼

---

① 国家统计局网站，http：//data. stats. gov. cn/index. htm.

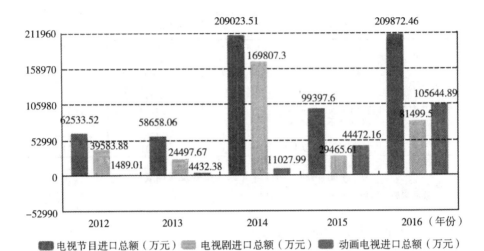

**图 4-21　2012—2016 年电视节目（含电视剧及动画片）进口总额**

　　数据来源：国家统计局网站。

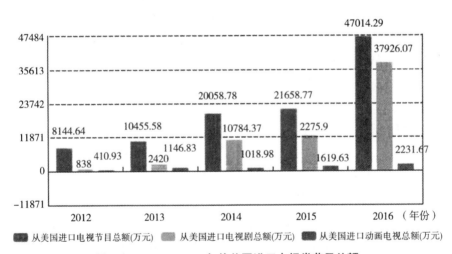

**图 4-22　2012—2016 年从美国进口电视类节目总额**

　　数据来源：国家统计局网站。

容性，较强的娱乐消遣性满足了受众放松身心的娱乐需求、个人主义以及对英雄的崇拜与实现自我价值的追寻不谋而合、还能够了解美国不同阶层的民众生活的认知需求以及对美国价值观和精英文化认同的社会交往需求。

　　但好莱坞影片带给青年人的消极影响同样不能忽视。英雄主义和个人

| 指标 | 2016年 | 2015年 | 2014年 | 2013年 | 2012年 |
|---|---|---|---|---|---|
| ❶电视节目进口总额（万元） | 209872.46 | 99397.60 | 209023.51 | 58658.06 | 62533.52 |
| ❶从欧洲进口电视节目总额（万元） | 10245.61 | 9641.37 | 9961.59 | 12804.10 | 8766.07 |
| ❶从美国进口电视节目总额（万元） | 47014.29 | 21658.77 | 20058.78 | 10455.58 | 8144.64 |
| ❶电视剧进口总额（万元） | 81499.50 | 29465.61 | 169807.30 | 24497.67 | 39583.88 |
| ❶从欧洲进口电视剧总额（万元） | 3300.80 | 1361.32 | 1371.40 | 1938.98 | 999.82 |
| ❶从美国进口电视剧总额（万元） | 37926.07 | 12275.90 | 10784.37 | 2420.00 | 838.00 |
| ❶动画电视进口总额（万元） | 105644.89 | 44472.16 | 11027.99 | 4432.38 | 1489.01 |
| ❶从欧洲进口动画电视总额（万元） | 1168.22 | 864.38 | 229.20 | 419.61 | 111.44 |
| ❶从美国进口动画电视总额（万元） | 2231.67 | 1619.63 | 1018.98 | 1146.83 | 410.93 |

**图4-23　2012—2016年我国进口电视节目统计**

数据来源：国家统计局网站。

主义作为美国电影文化中一个重要的主题随着影片的大量播放，日积月累泛滥的个人英雄主义会影响青年人在团队合作中的正常表现，对团队合作产生阻碍作用，不利于目标的达成，对个人乃至集体产生不良的影响。其次，部分影片中所体现的拜金主义和物质主义会对青年人尚不够成熟的世界观、价值观、人生观产生冲击，"金钱万能"的思想会诱使青年人过分追求金钱，而忽视人生其他的追求和理想，甚至会为了追求金钱而不择手段，缺乏对社会的责任感和家国的使命感。2012年起至2014年期间，好莱坞为迎合中国电影市场，推出了一系列"中国特供版"好莱坞电影，在电影中加入了中国元素和中国知名演员，但国际版中尽数删除，好莱坞的这种行为不仅是为了将电影变成"圈钱"的工具，更是为了向我国输出文化价值观而不择手段。但随后不久，这种情况就在我国引起了强烈的不满，受到了国民的抵制。好莱坞影片"中国特供版"的终结是我国反对以美国为首的西方国家文化霸权的重要胜利，维护了我国文化尊严。好莱坞电影作为美国政治的"晴雨表"，在表达中对我国国民、工业以及国家形象不遗余力地进行歪曲，如好莱坞电影中负面的华裔形象、经济低迷的"主要原因"是我国的"入侵"等。捍卫我国文化话语权和文化尊严义不容辞，对美国等西方国家影片中所蕴含的文化霸权主义应时刻保持警惕。

从国家广播电视总局发布的2012—2015年全国票房统计信息公告（如表4-4）中我们不难看出进口影片在我国电影市场的优势地位，对我国国产电影事业产生了一定的威胁性。① 挤占我国电影市场份额，利用电影这个载体向我国源源不断地传递着西方文化价值观念，在潜移默化中影响着国民的思维方式和价值取向。根据中国票房统计信息中得到的数据：2014 年，票房排名前 25 位的影片中有 12 部是美国影片，2015 年至 2017 年则逐渐呈递增状态每年分别有 11 部、13 部、16 部美国影片，2018 年上半年在票房统计中的前 25 位影片中美国影片达到了 8 部之数，占比 32%。②

表 4-4　　　　　　　2012—2015 年上半年我国电影票房统计　　　（单位：万元）

| 票房 | 第一名 | | 第二名 | | 第三名 | | 第四名 | | 第五名 | |
|---|---|---|---|---|---|---|---|---|---|---|
| | 国产 | 进口 | 国产 | 进口 | 国产 | 进口 | 国产 | 进口 | 国产 | 进口 |
| 2012 年 | 21599 | 93403 | 17379 | 67918 | 16540 | 56475 | 15101 | 49620 | 13660 | 38784 |
| 2013 年 | 124592 | 75503 | 71888 | 39475 | 53857 | 37649 | 51967 | 35386 | 29125 | 33772 |
| 2014 年 | 104591 | 75450 | 69585 | 72441 | 52494 | 72090 | 45610 | 59035 | 40575 | 47892 |
| 2015 年 | 97436 | 242635 | 74367 | 146589 | 69844 | 129285 | 54359 | 76586 | 48737 | 62580 |

数据来源：中国票房网。

美国在对外文化输出上费尽心思，充分利用了现代网络的互动性，新旧媒体平台相互配合，拉动人气，刺激消费来大力推广其影片在中国的上映以及发布。我国每年要引进大概 30 部美国影片，占据我国票房的半壁江山。作为每天身处于信息洪流中心的青年一代，视野更为开阔，更容易接受西方的思想文化，在观影的过程中时常会被影片中所表达的西方文化所吸引，而其中的"美国中心论""极端个人主义"却极为不利于我国青年人健康成长。

以好莱坞为代表的美国影片凭借自身的技术实力、创造力、营销能力和独特的艺术魅力对内增强美国内部的凝聚力、对外扩大美国文化的影响力和号召力，牢牢掌握着世界电影市场，在潜移默化中塑造着观众的意识形态是我们不能否认的。以美国为首的西方国家想大力宣扬的"普世价值"在影片的载体上传递，实质是对广大发展中国家进行文化和思想意识的分化和瓦解。近年来，我国针对进口影片的质量实施了相关政策，然而美国有线电视新闻网 CNN 对我国的文化审查制度和中国的电影产权制度强烈谴责，指责我国对民主自由思想的"压迫"。

---

① 国家广播电视局网站，http：//www.sapprft.gov.cn/sapprft/.

② 中国票房，http：//www.cbooo.cn/.

## 3. 从奥斯卡奖项看美国文化霸权

随着美国文化近年来在全球的扩张，奥斯卡奖和好莱坞电影一起成为了美国文化输出的最佳工具。众所周知的奥斯卡奖项由美国国家电影艺术与科学学院颁发，以美国思想文化为价值取向，荣获此奖项的最佳影片其主题无一例外地符合美国主流价值观，综合反映美国个人主义、英雄主义、普世主义等价值观念，成为了当今电影届的风向标。

纵观近年来奥斯卡所有奖项的评选中，相互平衡和政治正确是首要标准，作为一个由众多选票推举出来的"最佳影片"，实质是被推举出的正确的大多数，而非真正意义上的"艺术作品"。

2018 年奥斯卡最佳影片的获奖者为《水形物语》（The Shape of Water)，资深影迷心中当之无愧的第一名《三块广告牌》（Three Billboards Outside Ebbing, Missouri）则仅仅获得最佳男配角奖。《水形物语》这部电影将种族、性别、物种、白人中心论，各种讨巧的论题都一一展现。

最为重要的是在于《水形物语》全篇的政治正确，它在所有可以插入的闲笔中谈及政治、种族、男女主题，以至于这部讲述人兽恋爱的电影，表面看来是一场单纯的人兽童话恋情，实际却剑指当下的美国社会，对所有"反隔离"和"反歧视"的响应，宣扬了美国文化的普世主义，为美国显著的意识形态买单。这种人类世界的党同伐异，被表现为各种争斗，美国和苏联为了获取最前沿的科学技术，不惜派出科研人员的间谍，窃取技术等，人类世界冰冷的现实状况在整部影片以冷战背景的烘托下显得尤为强烈。

## 4. 美国文化霸权对国民生活的影响

价值观念的输出必然伴随生活方式的改变，在美国"个人主义"和"享乐主义"价值观念的影响下，"消费主义"生活方式观念在我国甚嚣尘上，人们逐渐崇拜并乐于参与消费西方时尚文化和品牌文化。人们在消费的过程中不仅消费着商品的实用价值，也在潜移默化中接受着商品内在的文化价值。人们对于品质消费的追求体现在对西方品牌的热衷，有时也成为人们身份和地位的象征。

全球化的浪潮不断推进，中国优秀传统文化逐渐受到冲击。在生活中，富有民族特色和时代价值的传统节日无人问津，西方节日如火如荼，涵盖不同年龄层次，以年轻人为主。看待这个问题不能只从一种角度分析，经济全球化推动着文化全球化的发展，中国不可能闭关锁国，但如何在文化浪潮的背景下，保护我国优秀传统文化不受冲击，才是我们应该重视的问题。外来文化的冲击是一个原因，而其中更深层次的原因在于国民的文化认知没有和国际社会接轨，由于我国文化源远流长，一直保持着文化的完整性，国民对于西方文化自然而然地存在一种好奇与试探的心理，而节日是文化传播中良好的载体，文化内涵和文化精神极易跟随节日在民众心中占据一席之地；另外，西方节日相对于中国传统节日来说更加注重个人的感受和体验，也更符合当代青年的价值追求。国民对西方文化的盲目追逐，造成了社会对于传统节日的日渐冷漠。虽然个人的消费观是由多种因素共同影响，但不可否认的是西方节日为青年群体的高消费观念提供了一个发展的平台，在一定程度上影响着年轻人的消费。

2005 年，韩国"江陵端午祭"申遗成功，2009 年 9 月 30 日，端午节由湖北牵头申遗成功，涵盖在联合国教科文组织正式批准的《人类非物质文化遗产代表作名录》项目中。此次申遗中国申报并获批的项目 22 个。2005 年，韩国"江陵端午祭"被宣布为"人类口头和非物质遗产代表作"，由于它与中国端午节的历史文化渊源，曾一度成为讨论焦点。韩国在端午祭申遗中的第一句话就写着，"端午节原本是中国的节日，传到韩国已经有 1500 多年了"，韩国对于文化的重视程度在另一方面也能看出当时我国对于文化保护的意识尚有待加强。

2011 年，中国文化软实力研究中心等多个机构联合发布了中国文化软实力研究报告，在报告中指出，美国占领了世界文化市场 43% 的份额，在一众国家中遥遥领先；欧盟位居第二，占比 34%；有五千年文化历史的中国却仅占世界文化市场 4% 的市场份额。以美国为首的西方国家在文化输出上具有强大的能力。[①] 2017 年，《关于实施中华优秀传统文化传承发展工程意见》印发，国家对传统文化传承的工作提上了日程，再一次证明了传统文化的重要意义，体现了国家的高度重视。

我们的节日越来越多，但是节日内涵却在逐渐减少，每一个节日似乎都成为了商家经营的理由，各种节日在庆祝的过程中也都逐渐变为各种消费和购物。在市场经济的时代，诞生于传统农耕时代的节日难以融入大众生活也情有可原，传统节日向现代化的转型也就应该被相应地提上日程。

在西方个人主义和自由主义思想的影响下，中西方价值观念相互碰

---

① 周海岩：《中西方节日文化欢迎度对比的思考》，《美与时代》（城市版）2018 年第 2 期。

撞，中国传统婚姻观念在日新月异的社会环境中也发生了相应的改变，国民婚姻观念逐渐从保守走向开放，初婚年龄不断增大、离婚率上升、丁克家族等相继在社会中出现并走向常态化。2018 年 8 月 16 日，人民日报官方账号在新浪微博上发布了一篇报道，根据民政部 1987 年至 2017 年《社会发展服务统计公报》发布的数据显示①，全国结婚登记率连续四年呈下降趋势，自 2013 年起，结婚登记公民的年龄段由 20—24 岁占比最多，变为 25—29 岁占比最多；离婚率从 1978 年以来，除 1998 年、1999 年和 2002 年以外的 31 年里，皆呈增长状态（如图 4-24）。

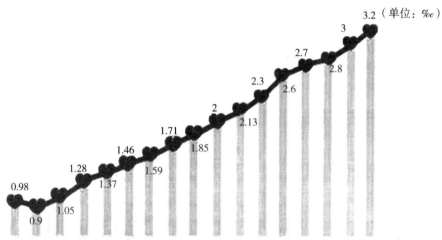

**图 4-24　2001—2017 年全国离婚率**

资料来源：人民日报官方微博。

改革开放以来，我国对外交流日渐频繁，在与西方国家交往的过程中，青年人能够更加便利地接触西方文化和价值观念，由于世界观尚未完全形成，受到西方价值理念的影响也就更为深刻，耳濡目染地接受了婚姻观念乃至于思维方式的改变。年轻人喝着可乐、吃着西餐、穿着牛仔裤、看着好莱坞影片，以及西式婚礼在我国的流行等，都是西方文化霸权的潜移默化的结果，这一切看似无关紧要，但当这些行为悄悄地变成每个人的习惯时，他们的思想观念和文化认知也就顺理成章地完成了蜕变。

①　中华人民共和国民政部，http：//www.mca.gov.cn/article/sj/tjgb/.

## 第四节　西方文化对我国国民文化的冲击

据统计，西方国家瓜分了全球文化市场超过六成的市场份额，拥有了对其他国家进行文化输出的绝对优势和领导地位。2016年，我国在图书、影视等领域内引进版权数和出口版权数分别为17252种和11133种，比率为1.5∶1，其中对美国的进出口比率为4∶1、法国为7∶1、英国的进出口比率则高达8∶1。惊人的数字对比意味着我国文化安全领域面临着巨大的挑战，以美国为首的西方霸权主义国家不断推进"文化跟随贸易"的战略，实现文化的侵略，抢占我国文化市场，为其自身意识形态的扩张铺路，如美国曾推出的《美国国家安全战略报告》、法国"傅雷计划"、德国默克尔政府的《安全政策与联邦国防军未来白皮书》等多项政策专门针对我国输出西方文化如语言、文化、价值观等。

近年来，我国国际话语权并未随着国际地位的提升而有所增加，以美国为首的西方国家利用国际话语体系中的地位优势，源源不断地向我国进行价值观的输出，对我国当代大学生西方价值观的宣传和拉拢费尽心机，也是其传播文化霸权极为重要的手段，话语权的斗争既是国家间意识形态的斗争，也是国家经济、政治、文化等综合实力的较量。随着世界交流的扩张，各民族之间的交往中，民族差异性逐渐凸显，西方文化经过数百年的发展自然带有文化侵略和扩张的本性，通过各种文化手段影响我国国民思维方式和文化习惯。美国前驻华大使洪博培曾表明，美国应该利用互联网的传播作用，联合中国国内的5亿名互联网用户和8000万名博主来"扳倒中国"。[1]

### 一　2010年谷歌事件在互联网上引发热议

2005年7月，世界第一搜索引擎网站宣布在中国设立研发中心[2]。2009年6月，中国中央电视台曝光谷歌搜索结果含有色情信息，2010年1月，谷歌官方网站发布了名为"A New Approach to China"的博文，表

---

[1]　CBS News/NJ Debate Transcript, Part 1, https：//www.cbsnews.com/news/cbs-news-nj-debate-transcript-part-1/.

[2]　百度百科，https：//baike.baidu.com/item/谷歌事件。

示将停止在中国过滤搜索结果，这一结果表明谷歌将不再依据中国法律过滤搜索服务，也就意味着谷歌有可能退出中国市场。

由此，中国网民关于"谷歌退出中国"的争论一浪高过一浪，迅速席卷了整个中国互联网络。谷歌自进入中国市场以来，拥有了大量忠实用户，这些用户每天的生活基本离不开谷歌提供的服务，对于谷歌可能会退出中国的情况，这些自称"G 粉"的网民在网络上对于谷歌表示了最大程度的挽留，希望谷歌留在中国的帖子和博文遍布互联网络，甚至在大型社区网站上还发起了"挽留谷歌万人大签名"活动。关于谷歌的消息每一条都会引发网友的热烈争论，少数网友还将不同阵营的网民划分为"爱国"和"卖国"，激化了争论的矛盾性。网络上甚嚣尘上的"对骂"，充斥着消极的负面情绪，更有言论是以攻击国家和政府为主要目标，离间了我国政府和人民之间的关系。

此次事件的结局以谷歌继续在中国市场上投放广告正常营业，并将搜索服务由中国内地转至香港。时任美国国务卿的希拉里认为此次事件的发生是由于中国"限制"了"网络自由"，并指责我国对于网络信息的控制，向我国施压，不断要求我国放弃对互联网的控制。国际问题专家余万里曾表示，美国政府如此大动干戈，极有可能是由于意识形态的根本原因以及美国意图在互联网问题上对中国进行"战略行动"。

## 二　香港两次占领中环事件

中环又称中区（Central），众多银行、跨国金融机构和外国领事馆所在地，既是香港的政治及商业中心，也是香港的心脏地带。2011 年，部分香港市民响应美国占领华尔街一起占领运动（Occupy Together），占领了汇丰总行大厦地下广场。第二次是香港大学法律学者戴耀廷在 2013 年1 月，以"公民抗命的最大杀伤力武器"为题发起占领中环行动，希望通过此次运动争取特首普选。2014 年 6 月 20 日，香港占中运动举行"全民投票"。2013 年 10 月 28 日，文汇报发表《廿四味："占中"与"台独"势力合流的四大部署》，表明了"占中"与"台独"之间密不可分的联系，是以美国为首的西方国家对我国制度文化底线的挑衅。

占领中环社会运动诉求提出后，外国势力不断向泛民政团等提出声援和财源，而不良媒体及泛民政治人物极力煽动善良市民，特别是蛊惑青少年，参与"占中"行动。学联和学民思潮在 2014 年 11 月 30 日晚宣布将"占领"行动升级，发动数以千计示威者沿龙和道包围政府总部，以至于当晚冲突爆发，戴耀廷等人陆续到警署自首，承认"参与未经批准的公众集会"罪名。"占领"行动是一个涉违法行为，严重扰乱香港社会秩序，影响经济民生、破坏人际关系、令法治受损，是对我国法律制度的挑战。

香港两次"占中"事件背后不乏美国等西方发达国家推行文化霸权的影子，既是在民主自由的幌子下西方发达国家在全球推行"颜色革命"的外在影响，实际上也是一些不希望香港繁荣稳定、中国发展强大的外部势力，通过香港的反对势力搞乱香港，进而损害中国的国家主权、安全和发展利益，西方文化霸权在此种表现上达到了巅峰。在每一个发生过颜色革命的国家或地区，我们不难发现西方发达国家作为幕后推手的统一模式，即以当地某一不公平、不够民主的事件为借口，以西方所谓的"街头政治"进行大规模的游行示威活动或是骚乱，迫使当地政府妥协让步，从而达到"革命"的目的。发生"颜色革命"的国家或地区普遍受到苏联的影响较大，被西方发达国家列为重点对象，在这些国家和地区内，民众长期受到来自网络媒体和各种媒介中输出的西方思想意识形态，自身价值观念受到冲击并发生扭曲，在遇到本国某些社会事件时往往"一点即燃"，成为西方国家文化输出的传播者。

### 三　西方文化霸权对于我国教育的影响

在当今世界全球化的时代背景下，西方文化霸权借助科技和信息技术而产生的强势地位，利用网络上的种种优势倾销其文化产品，宣扬西方的文化价值观，对我国教育和宗教产生深刻而不可估量的影响。

首先，在教育领域，西方文化对大学生的价值取向产生了深远的影响。文化影响着社会思潮的发展，影响着人们的价值取向，指导着人们的思想与行为。随着全球化进程日益加快、互联网普及率不断提高，以及我国改革开放已步入攻坚期与深水区，中国与世界交流日渐频繁，在我们"引进来"与"走出去"的过程中，西方文化也通过书籍、影视、互联网、经贸往来、互派留学生等多种方式涌入中国，从而导致各种文化相互碰撞与交融，深深地影响着人们的思想观念与价值判断。而大学生的价值观尚未完全确立，面对西方文化的涌入，首当其冲地受到西方文化的影响。

其次，西方文化对我国中小学生对本国文化认同感的强化和正确价值观的形成产生了消极影响。很多中小学生通过各种各样的途径有机会去国外交流学习。在这一过程中，自然会接触到很多西方的东西，但是中小学生缺乏成熟的自控能力以及判断力，他们接触到的西方文化不一定是优秀文化，有可能是落后文化，而落后文化是绝对与马克思主义背道而驰的，这样就会严重影响马克思主义在我国的指导地位。比如说有些中小学生利用假期去国外旅游或者转学去国外的中小学上学，由于接触到了资本主义的思想，可能推翻了对原来接受的社会主义思想和文化的认可，转而去接受资本主义思想，特别是中学生，已经有了一定的政治意识，如果接受了西方文化中个人主义思想，对马克思主义理论和集体主义有了抵触心理的话，这无疑是对我国未来发展产生潜在影响。而且真正令人担心的是有一些西方国家有目的性地利用我国中小学生心智还没有完全成熟，对新的思想文化接受度较高的特点，大肆宣扬资本主义的好处，以达到动摇我国社会主义制度的目的，一旦这种情况发生，那些在国外接受了这种思想的中小学生回国以后，就会把这些思想继续传播给身边其他的中小学生，这样可能会在中小学生中间形成一股"崇洋媚外"的不良风气，从而动摇我国社会主义核心价值观教育的地位。

最后，西方文化对我国教育理念会产生影响。由于受到西方文化持续渗透和影响，我国在教育理念上更倾向采取西方的标准，认为西方教育制度和教育理念比我们更先进、更高级，进而对我国教育体制产生深刻影响。

总之，西方文化霸权对于我国教育的影响正在潜移默化地蔓延，教育是百年大计，人才是国家兴旺源源不断的动力，要想抵制西方文化霸权，教育是根本突破口。家庭教育和学校教育都要从小培养学生的批判能力，引导和帮助他们辩证理性地看待西方文化。

## 四 从诺贝尔奖看西方文化霸权

### (一) 诺贝尔文学奖的颁发

如果将人类历史比作一条奔流不息的长河，当历史发展到 1901 年时，奔流的长河中激起了一朵灿烂的浪花——诺贝尔奖。诺贝尔奖作为一个全球意义上的重要奖项至今已有一百多年的历史，其文学奖的地位可见一斑，获得此荣誉不仅是个人写作生涯中的辉煌时刻，也是各个国家、地区和民族文化实力获得国际认可的重要标志，是炫耀文化软实力的最佳时机。但令我国国民甚为遗憾的是，在众多获此殊荣的幸运者名单中，2012 年以前竟然没有一位中国本土的作家，或是以华语写作的加入外籍的华裔作家。总结 2008 年至 2017 年 10 年来诺贝尔文学奖得主，我们不难发现，大多数获奖者皆是以英文写作。瑞典文学院因卷入性丑闻等事件陷入信任危机，2018 年 5 月 4 日，瑞典文学院宣布取消颁发 2018 年诺贝尔文学奖。

中国作家与诺贝尔文学奖的"缘浅"，翻译水平的平平无奇和东西方文化交流介绍的匮乏是一种原因，只是在更深层次意义上仍有待考究。诺贝尔奖并不是不可高攀的神祇，看似公平公正的外衣下实则是在文学等各个领域中维系以及粉饰以西方为中心的和平和秩序。

在当下这个时代，众多理想主义者所梦寐以求、翘首以盼地以共同人性为基础的世界文学的大同时代并不是理想中的美丽新世界，也不是普遍意义上以各民族文学平等交流、其乐融融的天堂；恰恰相反，这个文学世界是以西方文化对东方文化的统治、压抑和同化为前提，是又一次意义上的文化十字军东征，象征着西方对于东方绝对的文化霸权。

中国作家和中国作品在诺贝尔文学奖上备受冷落也是以西方文化为中心的世界文化结构所衍生出的必然结果。英语国家的人们自幼就熟练掌握英语最核心的语法结构，而非英语国家的人们无论英语讲得如何完美，都不可能像英语国家人们那样无懈可击。于是，同英语国家知识分子相比，非英语国家知识分子永远处于次一级地位。

根据英国文化协会官方网站上 2014 年 6 月 13 日发表的一篇题为《英语的未来是什么？》（What's the future of English?）① 表明，英语的新形式正在迅速发展。据估计，有 4 亿人把英语作为第一语言，78 亿人把英语作为第二语言，大约有 10 亿人把英语作为一种外语来讲。这意味着现在每 5 个英语非母语人士中就有 1 个以英语为母语的人，这在语言史上是前所未有的。最近 10 年内，世界上有 20 亿人在学习英语，有 30 亿人能应用英语，其中亚洲有 3.5 亿人；非英语国家说英语的人数是英语国家的 3 倍；而中国有近 1 亿人的儿童在学习英语。英语作为一种全球语言的指数

---

① 英国文化协会官方网站，https：//www. britishcouncil. org/voices - magazine/whats - future - english。

增长背后，还有更深层次的原因，语言的发展是语言能力、文化精神和国家实力最直接、最重要的反映。

（二）诺贝尔和平奖的颁发

西方文化霸权不仅体现在诺贝尔文学奖上，在诺贝尔和平奖上同样表征明显。统计 2008 年至 2018 年 10 年以来诺贝尔和平奖得主，诺贝尔奖已逐渐背离奖项设立者——诺贝尔的初衷，即将奖项授予为促进民族团结友好、取消或裁减常备军队以及为和平会议的组织和宣传尽到最大努力或做出最大贡献的人，而逐渐成了西方文化霸权的工具。

在奥巴马政府的外交模式中，更多是以实际的外交举措践行其"人权"的价值理念，通过与当地非政府组织和个人的互动，推动目标国家向符合美国价值理念的方向转变。奥巴马曾在利比亚讲话中承认，"美国并不会对所有的大规模暴力事件进行干涉，美国以道德为本的外交政策有谨慎明确的规定限制"。

当有人质疑 2009 年的奥巴马获奖理由不充分时，诺贝尔奖评审委员会的回答显得模糊不清，只是表示奥巴马对于国际环境巨大的影响力。

奥巴马获诺贝尔和平奖的理由是"裁军和军控"，然而不久之后，美国能源部证实，美国在内华达州一处试验场实施了一次亚临界核试验。此举不仅与国际核裁军努力背道而驰，而且违背了奥巴马关于建立"无核世界"的承诺。事实清楚地表明，美国强力反对别国发展核武器的同时，自己却并未放弃核武器"特权"，诺贝尔和平奖显然不再超脱于狭隘的政治利益，表彰为世界和平做出真正贡献的人，而是沦为被一些政治势力利用的政治工具。

西方文化霸权扩张的历史应对我们有所启示，以美国为首的西方国家在多领域、全方位对我国进行文化输出，实施文化霸权，意图以更加隐蔽的方式对我国进行"和平演变"政策，历史不能重演，制定一套系统的防范西方文化霸权的机制建设已成为当务之急。

# 第五章

# 新加坡的小国文化建设及经验借鉴

作为"亚洲四小龙"之一的新加坡在建国之后的 30 年间就实现了国家现代化，在保持国家经济高速发展的同时，大力进行国家的文化建设，通过对政治文化、社会制度、价值观念、多元文化、文学艺术和科技教育等方面的改革创新，走出了一条有新加坡本国特色的发展道路，进而使其在国际上取得良好的声誉。新加坡是一个多种族、多宗教、多语言的移民国家，这种特殊国情虽然给建国者提出了很大的考验，但是最终也成为促进其多元文化发展，文化繁荣的重要条件。面对西方文化霸权，新加坡仍能以自身强大的文化软实力获得国际的普遍认可，而中国无论在地缘文化、传统文化还是基本国情方面都与新加坡有相似之处，所以通过分析新加坡的文化建设举措，可以为有中国特色的文化建设提供可资借鉴的思路。

## 第一节　新加坡的小国文化概况

作为一个具有多种族、多宗教、多文化的国家，新加坡在建国初期面对的形势非常复杂，在国内、国外的各种压力下，建国者们以开放包容的态度致力于本国文化建设，取得了良好的成效，为世界其他国家的文化建设树立了榜样。

### 一　建国初期新加坡文化建设遇到的问题

百年的殖民统治使得建国初期的新加坡面临着各种复杂的社会矛盾和冲突，人们内心深层次的文化传统、观念意识成为影响社会稳定的重要因素。从国内来看，移民国家的国民本身缺乏国家意识，长期被殖民的经历使得他们的心理和精神受到极大的摧残，国民的安全感和归属感极度缺乏；此外，不同宗教信仰和生活方式的差别导致的社会冲突频发，极易造成社会动荡和流血事件；国家机器内部贪污猖獗，民众对此深恶痛绝，政治制度受到极大的破坏，国家的正常运转受到阻碍。

从国外来看，随着工业化发展，新加坡在引进西方先进科学技术及人才时，一度弱化了本国传统文化建设，盲目追求西方的生活方式和价值观念，从而导致本国出现了道德滑坡、文化失根、个人主义和享乐主义泛滥的现象，人们的行为方式、语言种类和家庭观念都发生了巨大改变，西方的文化渗透扰乱了新加坡人的生活，使得社会治理难度加大，原有的道德准则和制度规范受到了挑战，面临着成为"伪西方社会"的危险。

## 二　新加坡小国文化建设取得的成就

国内的矛盾冲突和国外的文化渗透不仅没有扰乱新加坡的社会发展，反而促使其领导者们加快本国文化建设，合理地解决了困扰着世界多国的种族和宗教问题，建立了凝聚人心的共同价值观，塑造了良好的国际形象。自建国以来直到今天，新加坡的文化建设使其在物质文化、精神文化和制度文化等方面取得了傲人的成绩。

首先，物质文化是指为了满足人类生存与发展需要所创造的物质产品及其所表现的文化。在文化产业方面，从 2006 年到 2010 年，新加坡经济发展局共投入 5 亿新加坡元发展数字媒体产业，今天的新加坡传媒产业已经达到世界一流水平，其中动漫和游戏产业为首的数字媒体产业在国际竞争中占有一席之地。此外，新加坡凭借其完善的基础设施、稳定的社会秩序和高素质的国民形象成为外企在亚洲设立总部的理想地，如全球 15 大连锁酒店集团中，包括希尔顿、喜达屋、四季酒店、洲际酒店集团、阿联酋的 jumeirah 集团、雅高俱乐部、万豪俱乐部等 9 家在新加坡设区域总部。由于新加坡很好地将东方文明与西方文化融合，成为一个极具特色的国度，每年吸引着大量的海外游客，新加坡的旅游业对 GDP 的贡献率很高。目前新加坡的文化基础设施完备齐全，其物质文化的发展对该国的文化基础力、文化创新力、文化生产消费力、文化产品竞争力产生了促进作用。

其次，精神文化是指人类在从事物质文化基础生产上产生的一种人类所特有的意识形态，包括人类社会生活的思想理论、道德风尚、文学艺术、教育等方面的内容。新加坡的居民预期寿命、教育水平、生活质量排在世界前列，在联合国公开的 2013 年最新统计的世界各国人文发展指数中，新加坡以 0.901 的成绩位居亚洲第一，世界第九，成为唯一进入前 10 位的亚洲国家。在文化科创和教育方面，从 2005 年到 2011 年的 7 年中，政府在教育方面的投入从每年 52.15 亿美元一直增加到 96.98 亿美元，教育支出始终是仅次于国防支出的第二大政府投资领域，甚至在 2011 年，教育经费投入几乎与国防投入持平①，这也使得新加坡的教育创新能力处于世界前列，许多亚洲学生也将其作为良好的出国留学的选择。在 2014 年的泰晤士报统计的全球大学中，新加坡国立大学位列 25 名，被称为"世界最好的工科院校之一"的南洋理工大学位列 61 名，这都体现了新加坡教育事业的先进发展水平。在文化艺术方面，2002 年建成的滨海艺术中心成为建设全球性艺术城市的标志性建筑和全世界最繁忙的艺术中心之一，在 2011 年，新加坡政府计划在未来 5 年内每年投入 3.65 亿新加坡元发展文化艺术产业，目前新加坡的文化艺术产业蓬勃发展。

最后，物质文化和精神文化得以发展的基础是新加坡先进的制度文化。面对建国以来国家机构贪污腐败的不良风气，新加坡政府完善公务员制度，在培训制度方面，设立隶属于财政部的公务员进修学院，每年培训 4500—5000 名公务员，每个公务员每年至少接受 10 小时的培训，且在培训后的一个月之内向公务员委员会提交接受培训的报告。在"世界正义工程"评价的世界各国法制指数中，新加坡以 0.79 的成绩再一次位列亚洲第一，向世界证明了其法治化建设取得的成果。新加坡的廉洁政府建设也得到了世界范围的认可，在透明国际最新公布的在 2004 年到 2013 年期间世界各国的清廉指数衡量中，新加坡一直处于世界前五名、亚洲第一名的位置，在 2010 年，甚至成为与丹麦、新西兰并列的世界第一名②，这样的廉洁、高效、透明、法治化的政府为提高国家文化软实力奠定了坚实的基础。

---

① 刘笑言：《新加坡文化软实力的制度载体与价值内核》，《社会科学》2015 年第 2 期。
② 透明国际关于世界清廉指数的调查，http://www.transparency.org.

# 第二节　新加坡小国文化建设的举措

新加坡作为曾经的亚洲四小龙之一，文化因素对其国家繁荣、社会稳定和国民幸福发挥了关键作用。面对特殊国情和国内外复杂的环境，新加坡政府着眼于国民的观念意识、生活方式和社会的制度规范等，通过采取多项文化建设措施建立健全完备的文化发展体系。同时，文化软实力的提升也对新加坡经济社会的发展起到积极的反作用。

## 一　基于东方文化的共同价值观

作为一个移民国家，大量移民的涌入导致新加坡人民的整体国家认同感比较滞后，而新加坡政府长期倡导"儒家价值观"的同时，也要求所有人必须接受英式教育并掌握流利的英语口语，这样一来，外语的引入也必然带来了国外的新技术、新思想、新的生活方式和价值观，其中有先进的成分，也有包括拜金主义、消费主义、享乐主义和极端个人主义在内的不良社会风气，刚独立的新加坡面临着转变为"伪西方国家"的危险。20世纪90年代，新加坡政府提出：要界定各民族和宗教社会团体共同的，区别于西方的文化认同，要确立新加坡国家的核心价值观。"尽管我们讲英语、穿西装，但新加坡人不是美国人或盎格鲁—撒克逊人。如果在今后更长的时间里新加坡人变得与美国人、英国人或澳大利亚人难以区别，成为他们可怜的仿制品（即一个无所适从的国家），那我们就丧失了与西方社会的区别，而正是这些区别使我们能够在国际上保持自我。"[1] 因此，新加坡政府发布了"共同价值观白皮书"，即国家至上，社会为先；家庭为根，社会为本；关心扶助，尊重个人；求同存异，协商共识；种族和谐，宗教宽容。[2] 这五条原则帮助新加坡政府建设一个更加具有道德意识和凝聚力的社会，通过一系列的政策和措施有意识地使公民对国家产生信任感、忠诚感和归属感，使人们自觉维护国家利益和整体利益，充分发挥个人的积极性和主动性来为国家做贡献。

---

[1]　Government of Singapore，Shared Values（Singapore：Cmd. No. 1 of 1991，2 January 1991），pp. 2–10.

[2]　张建立：《新加坡有什么好学的》，华文出版社2006年版，第52页。

同时，新加坡政府强调：家庭是公民价值观养成的第一所学校，必须要宣传家庭的价值，倡导家庭美德，促使家庭更好地发挥其应有的功能。为此，新加坡政府极力维护三代同堂的家庭和大家庭制度，对"三代同堂"家庭给予租房、缴税优惠的政策。这样就保护了优秀家风的传承，让青少年一代从小生活在温馨和谐的大家庭中，养成集体的观念。新加坡社区发展、青年及体育部启动了学校家庭教育计划（SFE 计划），专门为家长们提供专业的家庭生活课程培训，帮助孩子建立自信心，提高沟通能力和人际交往能力。

为进一步加强各种族之间的凝聚力，新加坡政府积极推行族群混合居住政策，按照全国种族人口比例安排祖屋区和新镇的不同种族人口的比例，以构建由华人、马来人、印度人等多种族的人民毗邻而居的现代化新型社区。在组织机构内部，政府会按各种族所占人口比例来选拔官员，20世纪 70 年代末期，新加坡政府的公务员系统中，各种族的比例是华族占67%，马来族占 19.9%，印度族占 9.2%，其他各族占 3.2%。而同期新加坡各种族比例是华人占 76%，马来人占 15%，印度人占 7.5%，其他各族占 2%。① 由此可见，新加坡政府通过赋予各族较平等的政治决策权来促进各种族的团结，形成整体国家意识，践行共同的价值观。

## 二　和谐共存的多元文化

新加坡国内社会上存在着十多种生活用语，政府秉持着各种族文化平等的原则，实行多语政策，把华语、马来语、泰米尔语和英语共同作为官方语言，为消除种族之间的语言障碍，英语成为其科学技术、商业交流、行政管理的通用语言，华语、马来语、泰米尔语等充当继承和发扬国家优秀文化遗产和优良传统的载体。这样的处理既不会给各种族造成心理上的不公平感，也有利于多文化的交流与融合。

在公共节假日设置上，新加坡规定每年有 11 天法定节假日，除元旦、国庆节和劳动节外，其余 8 天都是民族和宗教性质的节日，如华人新年、佛诞日、开斋日、圣诞节、排灯节、宰牲节等，节假日的合理安排既是对各民族和宗教文化的尊重，也有利于加强不同民族之间的了解，促进各民

---

① 李路曲、肖蓉：《新加坡熔铸共同价值观："移民国家"的立国之本》，湖南人民出版社2016 年版，第 181 页。

族共同繁荣发展。

不同的种族有着不同的语言和宗教信仰。在新加坡，85%以上的人都有宗教信仰，佛教、道教、印度教、基督教、锡克教、犹太教等九大宗教和谐共处，几乎不存在大规模的种族冲突事件。2003年，新加坡政府发表了《宗教和谐声明》，并提倡所有人在每年的族群和谐日（7月21日）的一周之内都要朗诵此声明，通过这种潜移默化的方式让不同种族的人民弱化种族之间的差异和摩擦，更加集中注意力于国家的建设和发展。

### 三　蓬勃发展的文化产业

新加坡将文化产业分为三大领域：文化艺术、设计和传媒。[①] 2002年10月12日，新加坡政府投入了6亿新元建成的"滨海艺术中心"迎来了开幕式，这标志着新加坡的文化艺术进入了新世纪，彻底摘掉了"文化沙漠"的帽子。进入21世纪以来，新加坡从国家发展战略的高度将文化产业定义为21世纪的战略产业，制定并实施了《文艺复兴城市计划》和配套措施，目的是将新加坡建成为"亚洲主要城市和世界级文化中心"。

新加坡政府继续加大在文化产业方面的政策和财政投入，使得新加坡建立了一定规模的文化产业集群，拥有了完备的文化产业基础设施。同时，积极推进国内各高校与国际顶尖学术和研究机构的深入合作，着力培养文化产业的高级人才，通过提供给相关专业学生高额的奖助学金、降低使用外国劳工税、放松跨国婚姻限制、完善社会保障体系等多种政策吸引海内外优秀人才。

### 四　先进的教育和科技水平

在国土面积仅为719.1平方公里的新加坡，教育体系十分齐全完备。教学方案设计随学生心智成熟度的变化而变化，确保教学的连贯性和逻辑性。幼儿园阶段主要教授做人的58种礼仪规范，从基础的言行举止着手，磨炼儿童的品行修养。小学阶段开始培养有美德的好公民，一二年级的教学重点是以个人、家庭为中心，继续塑造学生的个人价值观和道德修养；三四年级以学校、邻居为中心，灌输公民意识和社会意识；五六年级以国

---

① 据新加坡政府2002年公布的《创意产业发展战略报告书》。

家、世界为中心，培养热爱祖国和放眼世界的视角。中学阶段会增加国家建设、种族宗教的风俗习惯，打破华人与非华人之间因不了解而产生的隔阂。大学阶段则不再规定统一的、强制性的德育课程内容，各学校结合实际安排，更加强调社会实践的重要性，更好地做到知行合一。总之，新加坡的教育非常重视德育，其基本逻辑就是从娃娃抓起，从个人意识到国家意识的培养，最终培养出有道德、有素质的好公民。

新加坡的精英教育模式很有特色，符合新加坡的国情和社会需要。经过"四阶段分流，六层级教学"的教学体制调整，新加坡能进入大学本科学习的人数占同年小学毕业生人数的比重低于28%[①]，优秀大学生会得到国家优厚的奖学金，其金额足以支付学生上学期间的学费、生活费、医疗保险费等，使其能安心学习而无后顾之忧。在名目繁多的奖学金中，最吸引人的是总统奖学金和武装部队优秀奖学金，每年获奖者仅有5人，由总统亲自颁奖并合影留念，获奖者极有可能会是今后的政府要员。此外，职业教育与精英教育并行，为国家经济发展储备建设性工匠。

新加坡在20世纪70年代进行了"第二次工业革命"，其核心是大力发展高新技术产业，尤其在精密仪器、电脑通信、办公室自动化等方面取得了可喜的成绩，目前，新加坡已成为世界上最大的电脑磁盘驱动器出口国和世界五大半导体生产国之一。在此期间，新加坡政府兴建科技工业园、政策扶持高科技创新产业的发展、举办科技研讨会和高科技产品展览会以及大力培养高科技人才，大量的政策投入和资金投入为新加坡科技进步奠定基础。

### 五　具有新加坡特色的制度文化

一个安定和谐的社会不仅需要道德的软约束，而且需要法治的强制力约束。在法律制度层面，新加坡社会的文明有序很大程度上都可归功于其严密的立法体系和坚决的执法能力，新加坡的惩罚措施对于规范社会秩序起到了重要作用，据新加坡统计局统计，1981—1990年期间，新加坡所收罚款金额达9.1亿新元。[②] 在重罚和严罚之下，人们将遵守制度规则当

---

① 马雪金、马叶：《新加坡教育体制及其教育特色初探》，《世界教育信息》2017 年第 5 期。

② 李路曲、肖蓉：《新加坡熔铸共同价值观："移民国家"的立国之本》，湖南人民出版社 2016 年版，第 108 页。

成日常的生活习惯，长此以往，一种井然有序的社会景象得以形成，一种遵纪守法的国民性格得以造就。新加坡政府立法完备，法律随社会发展不断拓宽其领域，将许多过去的道德约束纳入法治体系，以强制力促使人们严格管理自己的行为举止。此外，新加坡政府贯彻法律面前人人平等的理念，对国内高官的违法犯罪行为毫不徇私，一切按法律程序办事；面对外国人在本国的破坏法治行为，也坚决处罚，不怕大国强国施加的压力。最后，在宣传教育方面，新加坡政府开设各种法律专栏节目，进行普法教育，提高公民自觉守法信法的意识。

在政治制度层面，新加坡政府的廉洁高效受到了国际社会的广泛认可，廉洁不贪污是新加坡公务员价值观的首要内容，自人民行动党上台执政以来，就明确提出"廉是立国之本，清为当政之根"。新加坡最高级的公务员常务秘书处提出了要大规模开展21世纪公共服务计划，培养公务员队伍的成员树立卓越的服务意识和政治素养，为充分发挥政府职能，新加坡实行高薪养廉政策和财产定期申报制度，一方面，高薪养廉可以满足公务员的基本生活需要，提供给其追求更高层次需要的机会，同时，高薪政策也是为政府吸纳、争夺优秀社会人才的重要策略；另一方面，财产申报制度也可以有效遏制官员贪腐现象，把公务员置于社会监督之下。

## 第三节　新加坡小国文化建设对我国的启示

作为东方世界的一员，中国和新加坡在治理方式和文化渊源上都有契合之处，新加坡的文化建设明显已经为其社会发展积淀了深厚的潜力，而中国的社会主义现代化文化强国目标的实现也要求我们以开放包容的心态去借鉴他国的成功经验。通过对新加坡小国文化建设思路的总结，我们可以得出中国文化建设可以从以下几方面着手：

首先，要将社会主义核心价值观熔铸于中国人民的心中。价值观对人们的行为起重要的导向作用，新加坡应对西方文化霸权的关键是用共同价值观来抵制"伪西方文化"对本国国民的观念侵蚀，不管外国的科学技术、文学艺术的水平有多高，我们仍不能崇洋媚外，犯民族虚无主义和历史虚无主义的错误，否则很可能会在国际环境日益复杂、国际竞争日益激烈的今天迷失自我，最终被同化甚至被淘汰出局。社会主义核心价值观的基本内容是 24 个字：富强、民主、文明、和谐；自由、平等、公正、法治；爱国、敬业、诚信、友善。看似简单的几对词却完整地表明了中国国民必备的国家意识、社会意识和个人意识，它是在继承中华优秀传统文化并结合新时代的实践要求提出的，将继续为我国全面建成小康社会、实现中华民族伟大复兴中国梦积聚力量。党中央和人民政府非常重视社会主义核心价值观的培育，在其宣传方面取得一定成效，但是，熟知不等于真知，我们对于核心价值观的认识还仅停留在理论层面，要想真正地让核心价值观发挥凝聚力量，一方面，政府要将核心价值观的内涵融入政策的制定和执行当中去，尽量避免"假、大、空"的做法，将文字变为具体行动，将价值观的真谛融入组织文化中去；另一方面，学校教育中的德育部分必须要将理论与实践相融合，在课程的设计上添加更多的学生思考、互动与实践环节，让学生真真正正地领悟到它所传达的内容。

其次，尊重各民族文化发展，挖掘中华传统文化。我国是一个典型的多民族国家，56 个民族有着各自独特的习俗文化，民族之间尽管存在着差异，但是我国始终坚持民族平等、民族团结、各民族共同繁荣的方针，这对于促进我国的多文化交流，增进民族理解，丰富国民生活具有重要意义。多民族文化显然已经为我国的经济、政治、文化、社会、生态环境都做出了重要贡献。目前，少数民族地区越来越成为国内国外游客的旅游目的地，感受少数民族的风情成为人们的一大旅行目标，国家旅游业发展的同时也增加了少数民族人们的收入来源；政治领域的少数民族人大代表在积极地为国家建设建言献策；少数民族的文化产业具有巨大发展潜力；社会因多样的文化习俗而更加有趣；部分的少数民族地区生态环境优美，有典型的民族特色。但是，随着社会的发展，一些少数民族文化正在面临着萎缩甚至消失的危险，为此，国家必须要加大政策扶持少数民族文化的开发工作，可以鼓励更多高水平人才投入到少数民族的文化的保护和研究中去。中华传统文化是中华各族人民赖以维系的精神纽带，在任何时候都不能抛弃或随意否定，而是要大力挖掘中华优秀传统文化，将其与时代发展有机结合，为中华民族的复兴打好根基。

再次，为文化产业的发展注入新活力。文化产业是 21 世纪国际竞争的重要突破口。发达完备的文化产业体系对于提高国民的文化自信和国家的文化影响力具有深刻的意义。在信息化、网络化、数字化和智能化的时代背景下，要想成为真正的文化强国，必须要将"互联网+"模式灵活运用到文化产业的发展中，使其更顺利地与国际接轨，焕发出强大的生命力。

复次，始终不渝地坚持科教兴国的发展战略。教育是很多社会问题的产生根源也是一剂可行的治病良方。新加坡的发展离不开其完备的教育培养体系，我国在今后的教育改革中也把道德教育放在优先的战略位置，致力于研究一套符合中国国民认知特点、国家发展需要的道德教育体系，从家庭教育、幼儿园到大学分层次、有逻辑、合规律地进行德育工作的开展，为儿童的思想道德水平的发展保驾护航。同时，在教育科技层面的财政支出也应当在国民经济分配中占有恰当的份额，尽可能为基础教育、科研、科技创新提供充足的物质保障，科技是第一生产力，人工智能发展到今天，我们无法忽视科技对国家、世界甚至整个人类带来的影响，由此，以教育为前提，以人才为抓手，以科技为动力的社会发展才是一个可期待的复兴策略。

最后，制度文化更好地发挥保障作用。无规矩不成方圆，中国在法治建设的道路上始终坚持有法可依、有法必依、执法必严、违法必究的原则，对于维护市场秩序，完善民主政治做好了坚实的后盾，法治政府、法治社会、法治国家的理念融入政策贯彻落实的方方面面。但是，社会发展的新形势对我国的法治建设水平提出了更高的要求，一方面，中国社会进入转型期以来，各种不适应导致社会矛盾凸显，对于国家治理能力提出了更高的标准，因此，建立健全国家的法律体系，规范执法程序，形成一套成熟的法律系统成为当前国家管理的重中之重，同时，提高公务员的整体专业技能水平和道德素养也可以为国家治理、建设做好人才储备；另一方面，随着各项改革进入深水区、攻坚区，党的领导能力也必须与时俱进的加以提升。中国共产党始终代表着中国先进生产力的发展要求，代表先进文化的前进方向，代表最广大人民的根本利益，要继续加强党风廉政建设，坚持"反腐永远在路上"的决心，保证中国共产党对国家、社会、人民的先进领导。

# 第六章

# 法国应对美国文化霸权的经验及借鉴

法国拥有着悠久的文化发展史，法兰西文化是世界文化宝库的重要组成部分。一直以来，法国人民都以本国的语言文化而自豪，认为法语是世界上最美的语言，而且法国的文学、音乐、舞蹈、建筑、电影、雕塑和饮食等文化表现形式以其独特的浪漫气质吸引了世界的目光，甚至引起他国民众的追捧，成为世界闻名的文化中心。但是自冷战结束以后，随着世界中心的转移和法国经济发展的迟缓，法国文化遭遇了空前的危机，世界范围内包括在法国境内出现了"美国热"，法国人民几百年来引以为豪的民族文化受到了冲击。为维护国家文化安全，保持法国文化在世界文明中的地位，法国政府进行了各种政策探索以有力应对美国的文化霸权主义，今天的法国仍然以其强大的文化软实力影响着世界，而没有被美国的霸权文化俘虏。

## 第一节　法国文化与美国文化的碰撞

### 一　灿烂的法国文化

法兰西文明可以追溯到公元 1 世纪以前，在漫长的历史长河中，它不仅没有出现严重的断层，反而以独特的魅力赢得了世界的尊重。从地缘文化来说，法国位于欧洲大陆的最西端，是通往大西洋的重要通航枢纽，因此也就使得各种文明在这里积聚、沉淀了下来，多元文化的交流为法国的哲学思想、文学艺术的发展奠定了基础，孕育了大批举世闻名的文学巨匠、建筑家、哲学家等，法兰西文明也得以传承并焕发出勃勃生机。尤其是经过文艺复兴和宗教改革运动的启蒙，法国的文化影响力逐渐攀升，直至整个 19 世纪，法国一直都是欧洲大陆乃至世界的革命与进步的中心。

　　法兰西文化有着一种倔强不屈的气质，其底气的来源就是辉煌的法兰西历史文化，它蔑视经济虽发达，却缺乏历史沉淀的美国。时至今日，法国的卢浮宫、凡尔赛宫、凯旋门、歌剧院、埃菲尔铁塔、巴黎圣母院等历史遗迹都是海内外游客的旅游参观圣地，牵动着人们的心灵。以巴黎圣母院为例，2019年4月15日的一场大火将高达90米的标志性尖塔摧毁，整座建筑被烧的几乎只剩框架了，这个噩耗一时之间传遍欧洲大陆甚至全世界，现场的许多巴黎民众纷纷下跪唱赞美歌为之祈祷，法国总统马克龙亲赴现场，悲痛地说："这次灾难让整个国家为之震动，我们的心随着这次大火被烧掉了一部分，这是整个法国、整个法兰西民族和全体天主教徒的灾难。"火灾发生不久，开云集团的老板皮诺宣布捐款一亿欧元，紧接着LVMH集团承诺捐款2亿欧元，全球范围的善款达到了10亿多欧元，这只是因为它不仅是一栋建筑，更是法国人民对土地的情感，它不是承载了800年文明，它本身就是文明，是法国文明，也是人类文明。由此可见，法国的民族凝聚力和对世界的影响力之大，这就是法国的文化软实力以及它散发出来的底气。

　　但是在苏联解体、冷战结束以后，世界的中心发生了转移，美国凭借其强大的经济和军事实力成为世界上唯一的超级大国，而法国的传统影响力式微，对于欧洲大陆和国际社会各种事务的把控力被削弱，法国政府迫切需要采取措施维护本国的文化优势以及寻求欧洲同盟者的合作以应对美国日益暴露出来的文化霸权野心。

## 二　美国文化霸权主义对法国的影响

　　随着经济全球化的发展，文化领域的全球化也愈演愈烈，美国凭借其发达的经济体系和成熟的文化产业链条，导致其他国家和地区的文化遭受不同程度的"美国化"的冲击。在电影产业方面，美国的好莱坞电影以其高投入、精制作、商业化操作等优势畅销世界各地，对自称是电影故乡的法国提出了严峻挑战，据统计，美国的故事电影在法国的播放时间在短短15年内增加了150多倍，法国电视台播放的外国影片95%产自美国。[1] 在饮食文化方面，法国富有生活情调的法式大餐被麦当劳、肯德基等美式快餐所冲击，法国文学艺术家手中的寻找灵感的咖啡变为了以星巴

---

[1]　肖云上：《法国为什么要实行文化保护主义?》，《法国研究》2000年第1期。

克为代表的美式快咖啡；在音乐方面，优美的法国歌剧民谣受到美国的摇滚音乐等流行音乐的冲击；尤其是法国人民引以为傲的法语在世界流行语言的地位下降，从作为很多国家的第一语言逐渐变成一些选择学习的小语种，而英语成为了国际社会通用的语言。上述种种，足以使一个拥有灿烂文明和强烈文化自信的国家感受到前所未有的压力，法国政府从国家文化安全的角度出发，综合分析了自己的优势和处境，有力应对美国强势的文化霸权浪潮。

面对法兰西文化日益遭到"美国化"的侵蚀，在 20 世纪 90 年代，法国提出了"文化例外"的原则，认为文化产品不等同于一般商品，其价值不应该由市场衡量，文化不应被包括在商务谈判的范畴，要求把文化产品排除在国际自由贸易的范围之外，坚决抵制文化和视听资料的自由流通。此后，法国政府进一步将原来坚守的"文化单边主义"向"文化多边主义"政策转变，提出了世界文化多样性的口号以抵制美国的文化霸权，认为全球化不应该是美国一国文化的全球化，而应该是多样文化的百花齐放。在 1948 年，法国政府进一步限制美国电影的进口量，并规定每年至少要留出 20 周的时间播放法国电影。[①] 1982 年，前法国财政部长提出要真正发起反对知识与金融帝国主义控制的斗争。美国的文化霸权在法国似乎发挥不出力量，以至于当时有一家美国媒体抱怨：即便最不关心时事新闻的美国人，也知道法国政府干过的那些事，他们的政府限制美国电影的播放次数，他们的语言专家定期会清除法语中的外来词，他们的学校提倡法国美食欣赏课要从娃娃们抓起，他们就是像是逆流而上的鱼，当其他国家的人们疯狂地跟随美国的脚步时，法国人总是严肃地挺着胸脯坚持自我，真是扫兴的一件事。

## 第二节　法国维护本国文化安全的举措

法国对自己的民族文化有着强烈的敏感力，尽管在文化的传承过程中必然会受到本国的经济社会实力以及国际力量对比变化的干扰，但是法国

---

① ［美］波德维尔、汤普森：《世界电影史》（影印英文版），北京联合出版公司 2016 年版，第 326 页。

文化在重重挑战和冲击下，仍然可以以足够的自信傲立于世界之林，这与其政府有效的政策干预举措密不可分。法国的传统文化让文化建设政策制定有了精神支柱，数字文化建设使文化建设政策更加与时俱进，文化外交使文化建设政策的效力大大加强，文化管理使文化政策落地生根。

## 一　传统文化：维护文化安全的精神力量

法国的传统文化内涵广泛而丰富，包括文化遗产、传统节日、法语和民族文化等，它们是法国的骄傲，也是法国人民的精神黏结剂，政府要想实现维护文化安全的目标就必须从传统文化着手，保住"文化之根"。大力保护和开发文化遗产是政府工作的重点，从保护到预防式考古发掘，法国积极促进国内高等研究所与文化组织和国家科学研究院的深度合作，提高从事文化遗产方面的工作人员的专业素养以及遗产项目的传播力，同时，国家最高纪念仪式委员会大力开展具有缅怀、追忆性质的活动，扩大文化遗产的内涵外延，将许多记忆场所纳入文化遗产保护的范畴。2006 年，法国国会通过了联合国教科文组织《保护非物质文化遗产公约》，将法国的文化遗产活动纳入了世界的多元文化框架之中。据统计，法国已拥有 43582 个历史保护遗址，其中 14157 处纳入重点保护行列，而且这一数量仍处于增长态势，仅在 2014 年一年中，法国文化遗产的预算支出占文化部预算总额的 24%，金额高达 74600 万欧元，足见国家对此的重视程度。[①] 此外，20 世纪 80 年代，法国政府又将读书节、音乐节、电影节、开门节列为新的传统节日。整个三月成为"读书月"，通过阅读提高人们的文化素质，对别国的影视文化作品中的负面信息有更高的鉴别能力；每年的夏至日定为音乐节，唤起法国民众对于本国的音乐的认同感；每年六月的一个周末是电影节，人们可以以最低的票价支出看一整天的电影；每年九月的第三周日是开门节，也叫"法国文化遗产日"，法国各地的名胜古迹都会免费向公众开放。传统节日的推陈出新可以丰富民众的生活，更有利于民族凝聚力的增强和法国文化的传播。

法国一直视保护和复兴法语的国际地位为国家文化战略的核心内容，17 世纪的法国国力强盛，再加上古典时代和文艺复兴时期法国文

---

① 车达：《公共政策与社会合力：法国文化遗产政策转型参照研究》，《河南教育学院学报》（哲学社会科学版）2018 年第 2 期。

学艺术取得的举世瞩目的成就，法语一度成为世界上最流行的语言之一，但是拿破仑政府的垮台和两次世界大战的消耗使得法语的使用范围逐渐缩小，为此，法国颁布了《法语使用法》，强制要求所有的公共场所的标语使用法语，即使是外国引进的广告，也都必须在原文旁边标示不小于外语字体大小的法语。同时，斥巨资建立覆盖全球的对外视听网络，包括法国国际广播电台、法国国际频道和 TV5 等。而法国国际广播电台与美国之音、德国之声并称为全球三大广播电台，增加法语节目在非法语国家的播放量。每年的 3 月 20 日被定为全球法语日，来自全球各地的法语国家齐聚一堂开展有关语言、文化、教育的讨论，组织各种活动进行法语的传播和交流，法国致力于将法语国家联合起来进行法语的传播，提议并促成了法语国家国际组织、法语国家文化及技术合作处等国际组织的建立。

在传统文化教育方面，艺术文化教育成为了法国中小学学生的必修课，艺术史课程是高中毕业考试的考试科目之一，用以普及法国优秀的历史文化传统，增强学生的文化自信和文化自觉，而且法国政府尤其把青少年的传统文化教育放在突出位置，宣布启动促进儿童艺术教育活动，一方面鼓励家长带领孩子走入电影院接受文化的熏陶，实行 4 元的统一儿童电影票价，另一方面专门设立儿童教育的电视频道。网络化时代的到来使得各种外来文化充斥着人们的日常生活，影响着青少年的价值观，因此，及时引导青少年继承和发扬本国传统文化，预防美国负面文化的渗透，提高其传统文化意识与责任感变得尤为重要。

## 二　数字文化：维护文化安全的技术支撑

随着信息化时代的到来，大数据的广泛应用加速改变着人们的生活方式，法国作为欧洲技术强国，紧抓时代脉搏，率先赋予信息产业以优先发展的战略地位，而文化是信息产业的四大组成部分之一，文化数字化建设被提上日程，政府从科学研究、资源利用、客户服务等方面适应时代的要求。文化数字化不仅有利于拓展文化产品的服务范围、表现形式，而且也延长了文化产品的生命力。2010 年法国启动了"文化、科学和教育内容数字化"工程，通过将信息技术应用于图书、音乐、影视、建筑等方面，使其在新的时代背景下继续发展，实现文化在继承基础上的创新，这种"互联网+文化产业"的发展模式为法国带来了可观的经济收入和关注度。文化创意方面，政府倾注大量资金在优质文化的宣传与创新上，对新兴的文化产业给予减税、免税优惠，帮助文化转型期的企业实现数字化管理；在网络服务上，为赢得更多人对法国文化的关注和理解，法国政府逐步降低上网费用，增加免费服务类型，丰富文化公开的形式；在非物质文化资源领域，法国将本国的"线上图书馆"计划纳入"欧洲数字图书馆"计划中，实现资源的共享，同时也拓宽了法国文化传播的渠道。

法国的"文化数字化"在国内得到充分的利用并取得了很好的收益，法国的时尚文化举世闻名，牵动着世界流行时尚的发展趋势，在时装、香水、珠宝、化妆品等行业独占鳌头，以其悠久的历史，独特的设计风格和精良的工艺塑造了一个个国际品牌，它们代表的是法国文化，传达的是法国理念，历经 300 多年的品牌在今天仍然能成为奢侈品的代表，其依靠的不仅是传统工艺的延续，更在于与时俱进的运营模式，在互联网时代下，兰蔻等多家知名奢侈品牌跨越国界，运用网络进行广告的宣传，扩大其知名度，与美国文化相对抗，争夺国际市场的份额。

### 三　文化外交：维护文化安全的战略蓝图

法国的文化外交政策颇有特色，将"文化保护主义"和"文化多样性"理念深入贯彻落实，在国际社会上灵活应对美国文化霸权的威胁。在国内，法国采取大量的保护法语及法国文化产品的措施，法国的文化保护主义看似违反了文化开放、贸易自由的国际原则，实际是应对美国的英语文化扩张的自我正当防卫，不能将其简单归结为狭隘的文化保护主义，体现了对民族文化的重视，对文化发展前途的合理关切。法国的文化是其对外交往的支撑，是私有企业取得国外市场的前提条件，是法国在世界上得以立足的核心。法国政府主张将文化渗透到每一次的政府活动中去，以民族意识引导公众的行为与活动，正因为法国拥有自己的价值观而不受他国的威胁，将珍贵的文化遗产同源源不断的创造力相融合，时刻给法国文化注入新鲜血液才使得法国受到世界的尊重，法国文化得到世界的认可，法国外交获得重要的进展。

自二战结束以后，法国的硬实力在国际的比拼中日益下降，法国政府结合和平与发展的时代主题，在自身软实力上寻找突破口，避免与经济实力强盛的美国做正面较量。法国利用其得天独厚的文化资源进行文化外交，首先，在欧盟范围内，法国文化占据优势地位，法国凭借这一点提出促进文化多样性的主张并将法语作为欧盟语言进行推广，欧盟的文化发展就紧紧地与法国文化的传播相挂钩，法国的文化建设又有了一张坚实的后盾。其次，法国运用法语团结国际力量，于1986年联合56个国家举办"法语国家高峰会议"，又于1995年建立"法语国家国际组织"，作为法语的发源国，法国在这些组织中又占据了举足轻重的位置，进一步为法国文化政策的推行铺平道路。最后，法国加强与联合国教科文组织、世界贸易组织等国际组织的联系，着力提升在处理文化领域的国际事务时的话语权和主导权，多次就文化的保护、文化产品贸易提出建设性意见，推动国际规则的制定，并用于对抗美国文化霸权和文化渗透的企图，通过积极广泛的国际参与，法国的文化政策得到了世界很多国家的支持，于无形之中提高了本国在国际上的文化影响力。

### 四　文化管理：维护文化安全的坚实保障

文化对一国的经济、政治具有反作用，因此，国家必须重视文化管理系统的建立和完善，法国政府在这方面探索出了一条适合法国国情的发展道路，其特点是在中央宏观调控的前提下，地方拥有一定的文化自治权。在中央层面，政府不断加强在文化产品方面的立法，通过立法来统一图书的价格及折扣范围，对图书行业进行全面干预，此外，国家统一区级博物馆的名称，对其给予经济和技术的帮助；在税法的设计上，法国国会通过《文化赞助法修正案》，加大对不同阶层的文化赞助者的减免税收的服务力度，刺激国内各类文化基金会的建立，为国家文化事业的发展添砖加瓦，为大众提供更优质的文化产品和服务。在地方层面，中央适时下放历史建筑的保护权，通过将城市内的建筑和保护区域交给各省管理，既缓解了中央的财政赤字又促进了地方文化产业的深入发展。

法国政府的公民教育政策非常完备，教育的内涵广泛。一是对于公民意识的培育和民族情感的凝聚，将国家的价值观深深地融入政府的各项活动中，增进人民对于法语的自豪感和责任感；二是培养人文关怀精神，这也是历史传承中法国文化的精髓，倡导在社会上形成一种尊重文化差异和多样性的和谐氛围；三是宣传社会生活要遵守的公共准则，如社会契约、团结互助和积极的生活态度等，以此来形成良好的社会秩序。

## 第三节　法国应对文化霸权的成功经验

法国政府对文化的重视程度值得很多国家学习，面对美国强势的文化霸权主义的推广，法国仍能从容应对，保持法国文化在国民心中的自豪感以及在世界文化竞争中的地位，这离不开其一系列文化政策的引导。在国际竞争日益激烈的环境下，文化软实力的较量处处可见，中国要想有力应对以美国为代表的西方文化霸权主义，可以借鉴一些法国维护文化安全的政策并结合本国国情展开尝试与探索。

首先，继承与传播中华优秀传统文化。几千年的中华传统文化滋养了一代又一代的中华儿女，是中华民族精神的载体，是凝聚中国力量的支撑。文化遗产见证着我们辉煌的历史，指引着我们前进的方向，政府应加大文化遗产的保护力度，不仅在资金政策上给予支持，更要在专业技术人才的培养上下功夫，鼓励国内科研机构和专家学者在文化遗产的发掘和保护上建言献策，同时，文化遗产不应停留在保护层面，要让它"活"起来，活在中国人民的心中，活跃在世界文化宝库中，为此，要加大文化遗产的宣传力度以及创新配套的技术手段。另外，传统节日的设置不能局限于我们现有的节日，要积极开发我们世代相传的优秀生活方式，并规定其纪念意义，使其继续发挥作用。像法国政府积极探寻其民族的优秀生活方式，提出设立读书日、电影日等，这既符合几代人的习惯也符合时代的要求，而且体现了民族传统的特色文化。

汉语是一门历史悠久、源远流长且博大精深的语言，是世界上使用人口最多的语言，也是联合国六种工作语言之一。随着英语在世界范围内的普遍流行，中国国内一度出现"英语热"的现象，人们以会说英语而自豪，虽然全球化的发展迫使我们必须掌握世界大多数国家的通用语言，但是为应对西方文化霸权国家以语言为传播介质向中国国民灌输西式的负面文化及思想，我们必须要加大对汉语的保护力度，例如规定在中国播放的外国广告必须在旁边标注同等字号的汉语，为汉语使用立法等，在保护汉语的基础上坚持"走出去"战略，打造并健全汉语的国际广播电台，让世界了解中国，了解汉语。此外，中国传统文化的延续的历史使命最终要交给当代青少年，所以传统文化教育要在青少年学校课程中以及青少年读物中占有一定的比重，学校教师也必须不断提高自己的专业文化素质，教授语文课程的老师要讲学生能听懂的传统文化，不断改进授课方式，帮助学生在深刻领悟传统文化的基础上将其运用到现实生活中，体现出传统文化的实践意义。

其次，加强文化产业的数字化建设。大数据、云计算等高新科学技术与文化产业相结合可以释放出更加强大的经济潜力和文化影响力，我国的文化产业数字化目前已取得一定的成绩，数字出版、数字影视、数字动漫、智慧旅游行业发展势头良好，政府要提供资金、政策帮助更多的文化企业实现运作模式的转型，为其创造良好的发展环境；同时，要侧重相应的专业学科建设，以补充国家和企业在这方面的人才缺口，文化产业在发展过程中必然会存在各种知识产权的纠纷，国家必须严肃处理侵犯知识产权的违法犯罪行为，同时完善知识产权保护法的相关条例，做到顺应时势，为敢创新、善创新的人才建立保护盾。文化产业数字化建设还可以推动企业建立品牌意识，将更多中国创造的文化产品变成国际品牌，提高中国的文化影响力。

再次，建立全方位，多层次的文化外交体系。为有效抵制西方的文化霸权主义，对内我们要肃清社会的不良风气，强化社会主义核心价值观的宣传力度，传播社会正能量，保护中华民族精神的绝对主导地位。在外交层面上，亚洲各国之间有着高度相似的地缘文化，在历史上也有紧密的文化交流与来往，尤其是"一带一路"沿线国家之间的联系，所以，国家要将"丝绸之路"的文化传播精神继续传承下去；此外，要加强汉语国家与国外华人社区之间的文化交流，组织一系列文化论坛和活动，为汉语的发展贡献建设性的意见；我们要积极参与联合国、世界贸易组织等大型国际组织的活动，始终秉承和平共处五项原则等外交原则，为世界提供中国智慧和中国方案。

最后，进一步提高文化管理水平。国家在文化事业和产业的发展过程中发挥"掌舵"功能，既不能大包大揽，将文化建设的任务完全集中于中央，也不能过度放权，任文化自生自灭，所以，在文化管理的过程中，中央和地方的权力分配至关重要，一方面，中央要抓社会的主流思想，抓根本的意识形态问题，并制定有关政策进行事前、事中和事后控制；另一方面，地方政府需要一定的文化发展自主权，将地方的特色充分融入文化建设中去，打造独特的文化产业，提升其不可替代性。

# 第七章

# 应对西方文化霸权的多方位、长效性机制构建

当前世界呈现出世界多极化、经济全球化、文化多样化和社会信息化的复杂国际形势，西方发达国家凭借超强的经济实力、强大蛮横的政治手段和无与伦比的军事实力，以超强的媒介工具在全球化浪潮中向全世界推行其文化价值观和文化产品，妄图将自身的文化价值观逐步渗透进他国，实施文化霸权战略，进而影响其他国家的发展进程。面对西方文化霸权的强烈冲击，我们深入研究了西方文化霸权相关理论，挖掘了西方文化霸权产生的根本原因和背景，分析了文化霸权的发展现状及对我国的不利影响。为了防范西方发达国家从思想上影响我国发展进程的阴谋，捍卫国家文化主权不受侵犯，保障国家利益不受损失，发展壮大我国文化事业，保证民族国家纯正的精神世界得以延续，基于对文化霸权理论和实践的双重审视，构建涵盖思想层面、政治层面、市场层面、技术层面和法律层面等多方位、长效性的应对机制。

## 第一节  思想层面应对机制的构建

思想是一切行动的先导，西方发达国家之所以实施文化霸权，就在于文化入侵的隐蔽性，思想控制的渐进性、长远性及有效性。文化可以左右人的思想，一旦思想被控制，那么控制整个民族只是时间问题。由此可见，应对西方文化霸权的冲击，构建思想层面的应对机制是重中之重。

### 一  巩固主导思想的地位，维护意识形态安全

（一）坚持以马克思主义为主导思想

在过去的发展历程中，马克思主义起到了科学的引导作用；同时，马

克思主义中国化一直伴随着中国发展强大，从确立社会主义制度一直到走进中国特色社会主义新时代。马克思主义理论是中华民族团结一致、拼搏不息、实现中华民族伟大复兴的共同思想基础，是新时代中国特色社会主义最符合现实国情及未来发展趋势的指导思想，是我国社会主义意识形态的核心与灵魂。在提出全球治理价值观和共建人类命运共同体理念的前提下，西方国家打着文化交流的幌子将文化理念与意识形态输出至其他国家，将文化理念与意识形态渗透至其他国家的各项发展之中，企图以隐蔽的文化侵占干预其他国家的发展，进而控制其他国家的发展。中国作为当今世界上最大的发展中国家，发展速度让西方发达国家望而生畏，因此某些西方国家企图以所谓的文化民主来否定和摧毁马克思主义在我国意识形态中的指导地位，企图将资本主义发扬光大。为了抵制西方文化霸权的不良冲击与危害，我们首先要在意识形态方面保持清醒，坚定社会主义路线不动摇的信念，一如既往地坚持和巩固马克思主义的主导地位不动摇。面对西方国家的文化输出，面对资产阶级自由主义、民主社会主义和西方马克思主义的冲击，我们要一如既往地以马克思主义武装思想，坚持走社会主义道路。

党的十九大报告中指出，思想文化建设取得重大进展。加强党对意识形态工作的领导，党的理论创新全面推进，马克思主义在意识形态领域的指导地位更加鲜明，中国特色社会主义和中国梦深入人心，社会主义核心价值观和中华优秀传统文化广泛弘扬，群众性精神文明创建活动扎实开展。[①] 我们要坚持运用马克思主义中国化的最新成果指引全党和全体人民的头脑，用新时代中国特色社会主义思想凝聚民族的向心力，用坚持爱国主义的民族精神和万众创新的时代精神鼓舞民族斗志。具体来说，新时代需要从三个方面巩固马克思主义主导地位。首先，坚持创新与发展马克思主义理论。马克思主义主导地位的确立是顺应中国发展的必然结果，但在应用于中国、解决中国实际问题时不能简单地拿来使用，而是需要与中国最现实的具体国情相匹配。马克思主义理论的科学性决定了其主导地位，但是没有放之四海而皆准的理论，坚持马克思主义理论的主导地位，必须坚持把马克思主义运用于我国现代化建设的具体实践中去，在应用过程中

---

① 参见"习近平在中国共产党第十九次全国代表大会上的报告"，新华社 2017 年 10 月 27 日。

不断发展、创新、丰富。其次，坚持正确的思想引导。思想上要坚持马克思主义的主导地位，牢固树立马克思主义主导意识；宣传教育工作中要始终把握正确的舆论方向，自觉抵制非马克思主义价值观的腐蚀与侵害，不能坐视不理、任其发展。最后，加强党的全面建设，坚持党的领导地位。中国共产党作为执政党，必须以先进、科学的理论作为行动指南，在现实中坚定地执行和拥护马克思主义理论，最终成为马克思主义主导地位得以确立和巩固的中坚力量。巩固马克思主义的主导地位，必须坚持用马克思主义理论成果武装全党，保证全体党员最终成为坚定的马克思主义者。

（二）强化社会主义核心价值体系的社会认同

社会主义核心价值体系是新时代中国特色社会主义的灵魂。明确提出建设社会主义核心价值体系，意在昭示我国社会主义意识形态的核心地位不能动摇、不能改变、不会改变。社会主义核心价值体系是社会主义意识形态的本质体现，是激励各民族奋发图强、生存发展的精神支柱。因此，我国建设社会主义意识形态，必须以建设好社会主义核心价值体系为前提，若社会主义核心价值体系建设完善，那么社会主义意识形态建设便水到渠成。目前，全球化背景下的西方各种非马克思主义思潮来袭，中华民族的精神世界遭受到太多干扰，人们的价值观念受到强烈的冲击与影响。在这样的特定时期，强化社会主义核心价值体系的社会认同成为必行之势。

首先，要加强社会主义核心价值体系的丰富与发展。对于一个社会而言，核心价值体系居于在特定时期内形成的价值体系的核心地位与主导地位。核心价值体系的内容要随着社会现实的改变而不断丰富和发展，要随着民族意识的纷繁复杂而逐步归于统一，能够引领整个民族的精神世界。在当前环境下，必须坚持遵从马克思主义的指导，结合中国具体国情不断丰富自己的内涵，跟紧新时代中国特色社会主义发展的步伐。其次，要大力宣传社会主义核心价值体系。社会主义核心价值体系是党和政府创建，通过宣传使得广大民众广泛参与、切实感受并接纳。要保证社会主义核心价值体系切实被全社会接受，必须逐步推进社会主义核心价值体系使之深入民心获得公众的认同与拥护，这就依赖于多种渠道的强有力地宣传不断营造浓郁的舆论环境。要充分运用各大媒体，通过各种形式的宣传媒介推广宣传社会主义核心价值体系，践行社会主义核心价值体系的实例，让民众真正感知、认同、接受社会主义核心价值体系。最后，要切实发挥领导干部以身作则的带头作用。要发展，关键看领导干部的带头模范作用发挥得如何，只有领导干部以身作则，亲身示范，才能提升大众的认同和信心。

（三）认真学习习近平新时代中国特色社会主义思想的精髓

习近平新时代中国特色社会主义思想是在马克思主义及中国化的马克思主义的的基础上，通过对中国最现实国情的分析总结而提出的。成为马克思主义中国化最新、最符合现实国情的重要成果，是中国特色社会主义理论体系的最新组成部分，是全面建成小康社会、建设现代化强国的行动指南，是中华民族为实现民族伟大复兴而不懈奋斗的精神食粮。

只有人民有信仰，民族才会有希望，国家的发展才会充满力量。中国国情已经发生了意想不到的变化。党的十九大明确指出，中国已经迈进了新时代中国特色社会主义时期，社会主要矛盾发生了变化意味着我国真正步入建设现代化强国的新阶段，也意味着中国特色社会主义的伟大旗帜将在新的时代背景下面对更大的挑战，但最终必将辉煌地飘荡于世界民族的上空。新时代中国特色社会主义思想，是实现中华民族伟大复兴的最新指导思想，也是最符合现阶段国情的指导思想，其必将成功指引全党和全民族的行动与思想。在文化建设领域坚持社会主义核心价值体系，通过发展社会主义先进文化不断夯实民族文化基础，强大中华民族精神，凝聚民族力量。

## 二　强化文化安全意识

### （一）加强中华民族传统文化的宣传

传统文化是文明演化汇集而成的一种反映民族特质和风貌的文化，是一个国家在漫长历史中沉积而成具有本民族特色的文化，是人民长期依赖并遵循的一种价值认同。中华民族的传统文化底蕴深厚，文化历史资源丰富。我国五千年文明，形成了无与伦比的传统文化资源，曾几何时我们对民族优秀传统文化的继承与发展不遗余力，但随着全球化浪潮席卷中华大地，中华民族传统文化的历史地位却在日益受到现代文化和外来文化的影响与挑战，部分国民崇洋媚外，社会道德严重缺失，社会风气每况愈下。因此，继承和弘扬中华民族优秀的传统文化不仅是国家的使命，也是每个公民的责任。

首先，要加强本民族对本国优秀传统文化的认同，必须加强不同领域多途径的文化宣传。当今世界处于互联网信息时代，通过主流媒体不出门便可知天下事。信息技术发达虽然方便了信息的获取，同时也对民族传统文化产生了强烈的冲击。外国文化在不同领域以不同形式隐蔽的输入到我国，在不知不觉中对传统文化产生了强烈的冲击。在日常生活中，无论是个人还是企业，对传统节日的重视程度已经逐渐被各种"洋节"所超越，都以"洋气"为荣，而把传统的看成"土气"。这种崇洋媚外的思想并不是一天两天形成，而这种思想广泛传播开来的最主要因素就是大众传媒的无下限传播，这种传播逐渐将国民的传统思想打破，而大众媒体变相上充当了西方国家实行文化霸权的排头兵。当主流媒体不推送传统文化，所有网民大众便逐渐将注意力集中于现代文化与外来文化。因此，加强传统文化宣传，首先需要加强对传统文化的宣传。普通大众存在一定程度的从众心理，当主流媒体大力推广传统文化，国民才有会逐渐被重新唤起对民族传统文化的关注与崇尚，保证民族传统文化的传承与发展，避免传统文化这一中华民族文化的基石由于受到外国文化霸权的冲击而逐渐消逝于历史的长河中。

其次，中国传统文化是中华民族文化的现实基础，在任何时代都不应该被抛弃和忽视，国家应该通过自身不断提高中华民族优秀文化在国民心目中的地位，国家应该通过自身的行动来传递中华民族传统文化不朽的独特魅力。伴随着经济全球化的推动，文化也逐渐形成了全球化的趋势。受到西方文化入侵的挑战，西方消极的文化思想正在蚕食我国人民原本健康、积极、向上的精神世界，中华民族传统文化受到的关注度随之呈现低迷的趋势。西方文化在中国盛行，国内"洋文化"风头无两，而此时许多西方国家正在热切地研习中华民族优秀的传统文化成果。相比之下我国国民的精神生活显得极度匮乏，这样的现实不得不让国家重新开始思考民族传统文化的重要性以及继承和弘扬的紧迫性。国家应该从主流媒体开始，大力推行有助于民族传统文化推广和开展的传统文化教育活动，国家从宏观上给予引导，让国民感受到来自国家的重视，让国民热衷于传统文化的传承、发展和弘扬，以保证民族文化不失本性、长盛不衰，始终屹立于世界民族文化之林。

最后，中国传统文化是中华民族文化最坚实的基础，是实现中华民族伟大复兴的精神武器，是实现中国梦的重要保障，是中华民族发展壮大的力量源泉。人无精神不立，国无精神不强，中华民族优秀的传统文化带给中华民族最强大的民族精神，值得全体国民继承与发扬。一个国家若没了民族文化则没有了民族精神，一个国家若没有了民族精神则失去了存在的根本意义，失去了前进和发展的动力。当西方文化形形色色充斥着我们的生活，我们首先要做的就是保证民族思想的传承不能断，国家首先要做的是维护好国民的思想民族性。我们应当从传统文化中吸收、汲取最优秀的民族精神来武装国民的头脑，通过发展创新应用于今天的国家建设和发展，大力弘扬和宣传中华民族优秀传统文化，努力延续中华民族精神。

（二）坚持文化自信

从宏观上看，大力宣传传统文化可以有效提升全体国民对民族文化的重视，重新唤起国民对传统文化的传承和弘扬的意识；从微观上看，坚持文化自信和文化自觉可以从国民个体的角度更有效地提升国民民族文化重要性的意识。一个国家的传统文化要经历不同时期的继承和发展，在任何时期全体国民都应该对本国、本民族文化的历史地位、发展历程、主要内容、重要价值等各方面产生自我认知，对本民族文化的是非曲直有着独立而理性的自我判断和自我解读。在对本民族文化有了一定知觉的基础上，形成较为清晰的认识，对其中优秀的部分大力弘扬传承，对其中有待提升的部分坦然面对，创新发展，这是文化自信。坚持文化自觉、文化自信，才能提升文化安全意识，保证民族文化在面对外国文化冲击时仍然能够不断发展进步。

面对文化霸权的强烈冲击，中华民族优秀传统文化、马克思主义理论以及马克思主义中国化的成果成为坚持文化自信的三大牢固基石。

首先，中华民族的五千年文明是世界上唯一连续存在的文明，在漫长的历史长河中经过无数岁月的洗礼，无数中华儿女用勤劳与智慧铸就了浩瀚如海的传统文化，创造出有益于后世的丰厚文化遗产。中华文明延续了五千年之久，绵延至今与现代文化相容相生，孕育出新时代为实现中华民族伟大复兴而奋斗不止的民族气概。从远古时代到全球化的今天，中华民族都在励精图治地不断发展与进步，培养了底蕴深厚的民族精神。从古至今，中国历经无数次朝代更迭、社会变迁，但蕴含着民族精神共性的中华民族优秀传统文化在朝代交替中不断升华引领着中华民族始终前进。中华民族的传统文化包含着人类文明的生存智慧，是新时代文化自信的基石。

其次，马克思主义理论是我国我党发展壮大的基础科学理论，在马克思理论的指导下我们建立了科学的文化观、发展观，终于推翻了三座大山的压迫建立了社会主义国家，形成了中国特色的社会主义文化。运用马克思主义理论指导中国传统文化形态转变与创新，形成与时代相适应的新时代文化，展现出了马克思主义理论的科学性与适用性的统一。马克思主义指引着中华民族走上了适合自己的道路，是中华民族坚持新时代文化自信的重要依托。

最后，马克思主义中国化的实效性是检验马克思主义理论科学性的关键指标。马克思主义中国化主要指中国特色社会主义道路，中国之所以迅猛发展，归根究底在于我们开辟出了一条适合我国国情的道路。中国特色社会主义道路是中国取得所有成就的根本原因，中国特色社会主义道路的成功亦是中国特色社会主义文化的成功。在过去，我们通过努力拼搏成功地扭转了落后的局面，这充分说明我们所走的文化之路是正确的道路，是符合我国国情现实以及发展趋势的道路。中华人民共和国成立以来，我国在西方列强的压迫之下求生存、谋发展，在恶劣的国际环境和微弱的经济实力基础之下，凭借党的科学领导和全民族的顽强拼搏，走出了一条属于我们自己的现代化发展之路，让中华民族能够在世界上安身立命的同时赢得了世界尊重并为世界贡献了中国智慧。中国特色道路的成功，不是自吹自擂式的自我感觉良好的成功，是被事实检验过的符合科学原理的成功。中国特色社会主义的成功撑起了中华民族对民族文化的信心，证明了中国特色社会主义道路的选择是最正确、最适合我国发展的道路。

新时代的中国处于实现现代化国家的冲刺阶段，高度发达的传播媒介使得各国文化可以通过不同形式传入我国。文化是一个国家的灵魂，基于正确的文化宣传，坚持文化自信的最主要的途径便是国民教育。现阶段的中国，各阶段的教育都将外语的重要性推到了巅峰，而我们一直引以为傲的优秀传统文化的比例却在教育系列中不断缩减。西方国家将我们的《论语》《孙子兵法》《三十六计》等经典传统文化成果列为重点学习研究对象；我国出国留学的高级知识分子出与归的比率在逐年降低，这意味着西方文化霸权已经渗透到我国教育系统从思想上占领了较有利的位置，并且极大地影响了高精尖人才的思想并干预了他们归国贡献的决心。我国在以美国为首的西方发达国家暴风骤雨般的文化冲击中必须保持理性，坚持文化自信，教育体系改革迫在眉睫，在学习外国文化长处的同时要弘扬与发展我们的优秀传统文化，将优秀的民族文化传承下去。

（三）理性对待"主流文化"

在各国各民族不同文化相互交流、互相影响的文化全球化时代，话语权不仅仅代表了对外发声的力度，对内还彰显了民族凝聚力、向心力。当今社会是多元化的，由此带来了思想理论、价值观念的多元化，多元化对社会主义核心价值体系的培育和践行带来严峻挑战，更是严重影响了社会道德规范的遵循，甚至一些阴谋家的政治思潮对中国道路、理论、制度、文化自信肆意歪曲，将"中国威胁论""中国称霸"等不符实际的言论大肆宣扬。习近平总书记指出，马克思主义是我们立党立国的根本指导思想。背离或放弃马克思主义，我们党就会失去灵魂、迷失方向。在坚持马克思主义指导地位这一根本问题上，我们必须坚定不移，任何时候任何情况下都不能有丝毫动摇。①

　　面临众多外来文化的影响，国内社会存在主流文化没有成形的问题。多种文化流派相互争斗，并恶意诋毁马克思主义的科学性，意图改变马克思主义作为我国发展的主导思想这一现实。究其原因，主要在于中国目前刚刚迈入中国特色社会主义新时代，国内主要矛盾逐步转变，人民的文化需求亦呈现出多变的趋势，加上外国多种形式的文化抢占国内文化市场，多种文化思潮之间形成貌似各有道理实则相互冲突的现实矛盾。而我国国民数量庞大，由于种族、信仰、区域文化等之间的差异，可能会拥护不同流派的思潮。而文化作为一种意识形态，发展成型需要一个漫长的过程，因此主流文化的形成是一个较为艰难的过程，面对不同"流行文化"的冲击，主流文化的成熟更是难上加难。在所有的文化形式中，最容易影响国民思想动态的即是娱乐文化，而娱乐文化的主流消费群体是年轻人。年轻人是国家的未来，当一个国家的年轻人不关心国家、国际大事件，不关心科技创新技术进步，而是将精力放在追星上，每天关注的内容全是明星的舆论，连自己的偶像也换成了流量小花和鲜肉，那么若干年后这个国家的前途和命运将是令人担忧的。因此，面对"流行文化"的盛行，我们应该理性看待，防范西方国家通过影视、音乐、低俗文化等形式将其文化观念输入我国。

## 三　弘扬社会主义道德规范

　　社会主义道德规范是社会主义意识形态的重要组成部分，是社会主义共同理想和道德观念相结合的产物，是社会秩序健康发展的稳定器，也是

---

① 参见习近平《纪念中国共产党成立 95 周年大会上的讲话》。

推动社会进步的重要力量。虽然我国社会主义道德规范建设取得了显著的成就，公民道德水平总体上来看也在逐渐提高，但是从不断出现的各类让人寒心的社会新闻可以看出我国社会道德建设依然任重而道远。比如各种食品安全事件所反映的缺乏社会公德和职业道德的问题，官员包养情妇和大学教授性侵女大学生事件，令人发指的校园霸凌事件以及幼儿园的虐童事件，摔倒老人讹诈救助的好心人事件，等等，这些事件在一定程度上反映了做人最起码的道德沦丧。受到全球化的影响，社会发展速度越来越快，一味地追求经济效益使得道德建设跟不上社会进步的节奏，原有的传统道德文化体系正在逐渐崩溃。经济水平的提升与道德水平的提升相比更加容易，所以提升道德水平、建立与经济水平相适应的社会道德体系是一个漫长的过程。若是道德建设跟不上社会发展的节奏，由此产生一系列的问题可能会引起社会冲突。正是意识到问题的严峻性，各国开始控制经济增长，注重精神层面的提升。但是剧烈而突然的社会转型并没有给予社会道德足够的反应时间，滋生了新的道德问题，因而急需相应的道德观念和文化予以指导。

大力弘扬社会主义道德文化，建设符合现阶段国情的社会道德规范，是实现以德治国的关键所在。完善新时代中国特色社会主义时期的道德文化建设，即要健全完善具体内容，制定可行、有效的奖励惩罚机制。我国社会主义道德文化是将新时代中国特色社会主义与中国现实相结合的道德文化，建设社会主义道德文化，既要继承中国传统道德文化，又要借鉴外国道德建设的先进理念和成功经验。完善道德文化的内容，需要实现道德内容的体系化、层次化、具体化、可行性、有效性及时效性。同时要完善具体实施机制，努力完善新时代中国特色社会主义道德文化的宣传普及机制，建立道德回馈机制，至少要杜绝让道德付出得国民遭受不公平对待的不良社会现象出现，激励道德行为的发生，利于形成道德的权威。

**四　强化知识产权保护意识**

我国沉淀了五千年的历史文化资源内容广博、形式多样，历代先辈将丰富的想象力与创造力、勤劳与智慧融于民族文化当中，凝聚成了中华民族的文化。中华民族文化产生于中华大地，发展、凝练于中华民族先辈之手，因而中华民族文化归属于中华民族，中华民族的主权国家拥有对中华文化的知识产权。

经济全球化带动了多领域的全球化进程，文化全球化便是其中之一。近年来，文化"软实力"已经成为各国综合国力的重要组成部分，"地球村"的竞争焦点已由传统的经济实力、军事实力、物质占有与开发转向文化资源的占有与掠夺，文化产业及文化创意产业的开发与发展。文化是一个民族的灵魂与核心，传统文化更是民族文化传承的基石，唯有延续民族传统文化，对其继承、发展，才能建立符合民族发展趋势的文化体系，维系民族主权国家的文化传承。知识产权是保证文化主权的形式，我们必须像保护领海、领空、领土一样保护文化资源不受侵犯，保持文化资源的民族性！虽然文化产权问题已引起世界各国的广泛关注，联合国教科文组织亦出台了相应的法规、议案和公约，但是依然存在"端午祭"被抢先"申遗"、以古典名著为题材的网络游戏被"抢注"类似的现象，知识产权保护工作仍是任重道远。应该大力推进中华民族优秀传统文化的宣传普及工作，确保全体国民了解民族文化遗产、熟悉民族文化遗产；我国文化管理部门、"非遗"保护部门应定期整理文化遗产名册，及时更新名册，增强保护意识、文化主权不容侵犯意识，组织不同学科领域的专家统筹规划与策划，进行综合开发与利用，在保护文化知识产权的同时加大文化资源的开发利用，避免文化效益流失。

## 第二节 政治层面应对机制构建

任何影响国家安全、关乎民族命运的问题，都需上升到国家战略的高度。面对百年未有之大变局下西方文化霸权和文化渗透的新形势新任务，为有效应对其对我国国民的世界观、价值观和人生观的潜在影响，为了及时化解西方国家各种隐形形式的文化霸权及文化渗透，我们不仅要在思想上防墙高筑，更要在国家战略的高度给予有力回击。

### 一 捍卫国家文化主权

国家文化主权是国家主权在文化领域的体现，具体是指民族国家在利用民族文化资源实现文化利益过程中，对本国文化资源所具有的独立自主的、排他性的最高权力，国家文化主权是国家主权不可或缺的重要组成部分。

　　国家主权与近代民族国家相伴相生，经过几个世纪的不断发展和演化，纵观全球，几乎所有的国际条约、法规都把国家主权原则作为最基本的理论前提，"无主权，不国家"，国家主权已经成为探讨世界问题的基本原则。作为一个历史范畴，国家主权内在构成和价值取向并非一成不变，而是随着时代主旋律的变迁而发生变化。但是无论时代主题如何变迁，国家主权总是围绕着国家利益构成的变化而发生相应的改变。受到全球化进程的影响，国家文化"软实力"开始成为各国竞争的重点方向，捍卫国家文化主权成为各国的重要命题。随着全球化进程加剧，国家的文化利益在国家利益中的地位逐渐凸显，文化主权在国家主权中的地位逐渐上升。

　　文化全球化进程加强了国际文化交往中的文化交流与文化融合，文化霸权也如影随形，围绕国家文化主权而产生的国家文化安全、国家文化利益等问题也日趋严峻，被文化渗透和入侵的各国开始重视文化主权的捍卫，文化主权问题已经上升到国家战略的高度。就中国而言，现阶段我国处于全面实现小康社会的冲刺阶段，建成社会主义现代化强国的关键时期，文化自信至关重要。如果不能肃清外来文化的侵扰，引起民族思想大动荡，那么对于实现大国的和平崛起和中华民族的伟大复兴而言都是一个巨大的阻碍。在这样的特定时期，民族文化的复兴发展繁荣就成为一个时代的使命，防御文化霸权的侵犯成为重中之重。

　　随着全球化进程的扩展，文化全球化已经成为不可避免的事实，作为国家主权的重要组成部分，文化主权与经济主权、领土主权、政治主权一样都将成为现代化强国建设的重要考量指标。国家文化主权是合法存在的，在捍卫国家文化主权过程中不容他国干预。经济全球化使得西方发达国家通过经济途径侵占我国的市场，影响我国经济的发展；文化全球化则使得西方发达国家可以通过更加隐蔽的文化输出手段来影响我国的全面发展进程。如果说经济健康发展可以保证一个民族国家的社会物质财富充足，那么文化健康发展则可以保证一个民族国家的国民精神财富充足。

## 二　提升国际地位和国际影响力

　　综合国力是衡量一个国家"硬实力"和"软实力"的综合性指标。综合国力是一个国家所拥有的生存、发展的实力，对外部施加影响、抵御外来影响的各种力量和条件的总和，综合国力的大小强弱，决定了它在国际舞台上的地位和影响力，各国都在用自己的方式最大努力地提升自己的综合国力。虽然国际上对于如何衡量和界定一个国家综合国力的强弱并没有一个确定的标准和计算方法，但是如果一个国家经济、政治、军事、文化、教育和科学技术与其他国家相比拥有明显的优势，那么我们可以说这个国家的综合国力比其他国家的综合国力强大。

从目前百年未有之大变局下世界形势的发展变化来看，各国综合国力的竞争已经由最初的军事竞争、政治竞争、经济竞争、科技竞争，发展到如今的文化竞争。文化是一个民族国家的灵魂，是伴随着民族国家产生、发展和壮大而不断完善的民族意识的凝结。一个强大的民族国家可以通过文化输出来实现自己润物细无声的文化侵占，只要完成了文化侵占也就完成了思想入侵。若一个民族国家的思想被文化霸权国家所支配，那么这个国家也将成为这个实施文化霸权国家的附庸。西方发达国家之所以明目张胆地将本国的文化理念通过各种形式输入、渗透到欠发达国家，主要依托于他们强大的综合国力，依托于崇高的国际霸权地位以及强有力的国际影响力。强大的综合国力是赢得文化竞争的关键所在，是本国文化发展壮大的最强力、最坚实的后盾；崇高的国际地位可以为民族国家赢得更多的话语权，在多极化世界发展中拥有更多的自主权，国际地位的提升同时将提高国际影响力，在文化全球化中更容易走出去，能够被更多的民族国家所了解、接纳。

目前我国处于中国特色社会主义建设的新时代，处于全面实现小康社会的冲刺阶段，处于实现中华民族伟大复兴和建设社会主义现代化强国的关键阶段。我国经济总量已经位列世界第二，且与美国的差距在不断缩小，我国的高新科技创新能力亦位于世界前列。但是不能否认的是我国主流文化影响力仍然严重不足，中华民族的传统美德远没有被国际社会认可和接受，我们的传统文化资源正在被其他国家争夺，我们的非物质文化遗产也在丢失。我国文化市场上充斥着来自美国、英国、韩国、日本等国家的各类形式的文化渗透，我们的高校给来自各国留学生提供了远超本国学生的待遇，崇洋媚外的思想在各个领域横行的最主要的原因就是我们逐渐失去了对中华民族优秀传统的崇敬之心、自信之心。而这背后深层次的原因就是文化霸权国家有意识地采取各种隐蔽的手段和方式在我国文化市场的渗透和冲击。要保证我国民族文化的传承，必须要提升文化竞争力，文化竞争力的提升可以使得国家综合国力有效提升；要提升文化竞争力也必须提升综合国力、提升本国在国际上的影响力，以此推进本国民族文化在文化竞争中保持本质不丢、汲取众家所长完善自身。

要提升综合国力，经济发展壮大是重中之重。国际竞争本质上是经济利益的争夺，是各种资源与市场的抢夺，能否在经济利益争夺与经济资源与市场的争夺中获胜主要依赖于经济实力。一个国家要成为区域或世界经济中心，第一必须是经济大国，这是一个基本的前提。改革开放 40 多年，我国经济水平已经跃居世界前列，物质水平的极大丰富使得人民生活水平不断提高。

第二，要大力发展科学技术，让"中国制造"走出国门、走向世界。科学技术水平的高低，往往影响相关行业或某种品类的市场占有率。一项技术上的重大突破，往往能大幅度提升一种产品的综合竞争力，有时甚至能带动或形成一个新的产品或产业带，从而增加一国在该领域的核心竞争力。近年来，中国制造的商品通过贸易销往世界各地，虽然我们的商品在国际市场的竞争中能够获得一席之地，但是面对高精尖技术的冲击，无法掌握最先进的核心技术，未来的发展就会受到限制，特朗普政府对中国科技企业华为的制裁和打击就是鲜明例证。如果我们选择走劳动力密集型的发展路线，就永远无法实现经济的强大，永远无法实现中华民族的伟大复兴，唯有站在科学技术创新发展的最高处，才能在国际竞争中占据有利地形，掌握话语权。

第三，提高民族文化的竞争力。文化"软实力"逐渐成为综合国力的重要组成部分，随着文化全球化的影响，各国在防御西方文化霸权的同时，也集中精力提升本民族文化的核心竞争力。文化实力是一种精神力量，它通过左右人们的思想而影响社会成员素质，最终影响整个民族国家的先进性。我国要在当今世界日益激烈的国际竞争中立于不败之地，必须要大力发展文化事业，继承并发扬中华民族文化的精髓所在，面对外国文化的发展历程取其精华，将适合本国文化发展的经验及启示用于社会主义文化体系的建设，努力走出一条具有中国特色的新路子。

第四，提升军事力量。军事力量的强大可以防备外来入侵，震慑宵小来犯；当战事发生，可以捍卫国家主权，夺取战争的胜利；当国际上发生灾难，需要国际援助时，凭借强大的军事力量在国际援助中贡献自己的力量，发挥大国的作用，才能有能力承担大国的责任，树立良好的国际形象，增强国际影响力，提升国际地位。在百年未有之大变局的时代背景下，世界充满不确定性，提升军事力量保卫国家安全是必备条件。世界各大国为在未来的国际政治格局中占据有利的位置，以更好地维护国家利益，在世界范围内争取到更多的资源和利益，军事力量就是最有力的拳头。我国作为发展中的社会主义大国，要防备来自各方面的军事纷争，强大的军事力量在主权维护中起到至关重要的作用。

### 三　"一带一路"背景下的文化交流新战略

文化全球化使得国与国之间的文化边界日渐模糊，虽然加强了不同民族文化之间的交流和联系，但同时也降低了各国文化的安全系数，增加了被文化霸权国家进行文化渗透的风险。当今世界是一个开放的世界，任何一国都不可能脱离世界而独立存在、独立发展，世界是一个地球村，世界各国在互联互通中相互交融、共同发展，世界各国都会不知不觉地融入文化全球化进程中。中华民族五千年的文化历程绵延不断，主要是基于中华民族厚德载物、海纳百川的胸襟，并且善于从其他文化成果中汲取精华，经过吸收创新纳为己用。如今在百年未有之大变局的时代背景下，在新时代中国特色社会主义建设的新时期，我们要建立先进的社会主义文化必须要吸取历史的教训，主动学习和借鉴各民族文化中的积极成果，扬长避短，兼收并蓄，继承并发扬中华民族传统文化的优秀基因。

"一带一路"倡议是党的十八大之后我国对外开放的重大战略倡议，是我国应对逆全球化趋势的有利举措。习近平总书记曾指出："世界那么大，问题那么多，国际社会期待听到中国声音、看到中国方案，中国不能缺席。"①"一带一路"倡议正是中国在百年未有之大变局的时代背景下出现新问题新挑战的回应，为促进沿线国家交流合作搭建的平台，为人类命运共同体的建设贡献出的中国智慧和中国方案，而文化交流则是这一"方案"的"神来一笔"，"一带一路"倡议的提出和推进，为我国与沿线国家和地区之间文化交流与合作创造了机会。在文化全球化日渐兴盛的时期，在文化交流中如何处理不同文明间的去存问题，是建立"一带一路"文化共享机制要解决的基本问题。创新我国文化共享合作发展战略，成为文化全球化背景之下的必行之举。"一带一路"文化共享以开放包容的姿态、自愿平等、共建共享的原则与"一带一路"沿线国家展开文化

---

① 闫晋虹：《全球治理的演进与中国方案的生成》，《山西能源学报》2017 年第 11 期。

交流，通过文化交流融合，促进其他领域的合作共赢，真正实现"一带一路"倡议的战略意义。

在"一带一路"倡议的背景下，是否能推动各国参与到文化全球化进程中来，是否能增强各国的认同感非常重要。第一，要积极促进文化交流与合作。在文化交流过程中，本国文化要积极主动地走出去，将本国文化中最能体现本民族特色的文化内容通过文化博物馆、文化展览中心、文化活动等多种形式在其他国家宣扬展示，可以通过影视、音乐、绘画等形式让更多的社会大众了解中华民族的传统文化，提升中华民族传统文化在世界上的影响力。在本国文化走出去的同时，外国文化也要引进来。面对外来文化，我们首先要甄别出哪些是对我们有利的外来文化，哪些是带有文化霸权印迹的外来文化，设定相应有效的准入机制。文化交流可以让各民族文化相互借鉴、相互学习，吸收精华弥补自身不足，同时可以参考其他民族文化发展中出现的问题，为自身文化未来发展制定合理的发展战略和规划。在国际文化交流中要转变崇洋媚外、自卑自贱的心理和观念，在对外交流中不断完善自己、创新自己，做到在文化自信中开放交流，在开放交流中进行文化创新与传承。

第二，提升中华民族传统文化在文化交流中的地位。通过"对话"的方式将文化交流的双方放在地位对等的统一平台，尊重文化主体的独立性和主权，重视文化交流双方的诉求，才能保证民族文化在文化交流中的主体性和独特性。在平等对话式的文化交流中，要保证本民族文化的民族特色不能丢失，文化输入与文化输出须建立在双方自愿的基础上，以此避免文化霸权国家有目的的强制输出其文化。

第三，对外来文化求同存异。文化交流一方面为了解其他国家，另一方面是为了完善本国的文化。在文化交流中要保证本民族文化的民族性，但是不代表不能吸纳其他国家的民族文化的民族性。要加强我国文化同其他民族文化的交流，在交流中吸收其他民族文化中的先进部分，用不断创新的新姿态发展创新我国文化。这要求我们要站在世界的高度理性看待不同文化的发展问题，在文化交流中以其他文化为镜自查，在这个过程中要择善而从，要坚持世界文明的多样化发展，从多样化发展中寻求自身突破的机遇，将适合我国国情现实的文化成果积极吸收并转化为己所用。

**四　积极构建人类命运共同体**

世界文化多样性是客观的存在，是促进世界文明发展进步的重要动力和支撑，而西方文化霸权的存在，威胁了和谐世界的构建，影响了全世界各国文明共同发展进步，如不能有效应对将会导致世界文化生态的失衡。因此，在增强我国文化自信的同时，还需积极推进世界反文化霸权战线的联合，共同谴责和应对西方文化霸权的行为，积极推进人类命运共同体构建。

反对西方文化霸权，需推进反文化霸权的战线联合。首先要提升中国在全球文化格局中的地位，改变目前国际文化秩序由西方发达国家主导、设置和掌控，中国和发展中国家处于边缘、被动的不利地位，要改善不平等的国际文化旧秩序，促进全球文化新秩序朝着平等、民主、繁荣、和谐、共建、共享的方向转化。其次是针对西方文化霸权在全球范围内的大肆扩张和泛滥，联合意大利、法国、新加坡、韩国等反对文化霸权的发达国家组成反文化霸权联合战线。虽然不同国家在意识形态和文化价值观上存在不同的利益主张，但是面对西方文化霸权的施压，各国的共同命运决定了在文化领域合作的可能性和必要性，我国要充分利用其他发达国家与文化霸权国家间的矛盾，积极开展多边外交、多边文化交流与合作，共同防御西方文化霸权。再次是加强与发展中国家的联合。发展中国家在经济发展程度欠缺的情况下，受到文化霸权的危害更深，因此更应加强各国间的联合，应该加强与发展中国家的联合合作，争取在国际文化交流和文化传播领域的话语权和主动权。最后是要加强与第三世界国家的文化交流合作，尤其是在国际文化交流规则制定过程中的沟通、协商，以集体的力量反对霸权文化，中国在这其中要发挥主导和纽带作用，联合反文化霸权的力量，促进世界各地区间的文化平衡和稳定发展。

## 第三节　市场层面应对机制构建

文化最初由民族精神积累凝聚而成，随着民族国家的发展和社会的进步，文化逐渐渗透到社会发展的各方面，并形成了文化产业链。文化霸权的入侵，最终目标是通过掌控被入侵国家的文化市场，进而掌控其主流文化、左右其国民思想，最终达到不战而屈人之兵的目的。面对西方文化霸权国家的文化冲击，应该从文化产业发展、文化市场层面发挥我们的主导作用，掌控文化市场上的主动权。

## 一　丰富文化产品与文化服务

随着文化全球化的加剧，文化产业对经济的影响与贡献正在逐渐增强。文化产业发展的优劣，不仅直接影响国内经济，还通过文化产业的发展影响到主流文化，影响社会成员的观念思维，进而影响到整个社会的发展与稳定。文化"软实力"已经被列为综合国力的重要组成要素，各国争相制造文化产品，发展文化产业，提升文化产业竞争力，文化产品即是文化产业竞争的最直接的载体。文化产品是文化的生产经营者在文化市场交易中，按照等价交换的市场价值规律向消费者提供的精神文化商品或文化娱乐服务，例如影视作品、畅销书等。

文化产品具有商品属性和意识形态属性。文化产品的商品属性是指文化产品作为在市场上流通的可以进行自由交换的商品，必须具备一般商品具有的属性，即满足消费者的某种需求，这种需求包括获取知识的需求、获取乐趣的需求；同时文化产品又必须遵循市场价值规律，在市场交换中实现自己的价值。文化产品的意识形态属性是指文化本身作为一个民族的精神核心，通过商品的形式将其具体化，消费者通过对文化产品的消费带来获取意识领域的满足，使得自己的精神世界同物质世界一样得到填充和丰富，保证自己的精神世界跟得上社会发展的节奏。文化产品的商品属性决定了文化产品可以带来经济效益，而意识形态属性则决定了文化产品具有社会效益，文化产品将两种属性和两种效益集于一身。

任何一种商品，只有达成供给与需求的基本平衡才能实现经济效益与社会效益最大化。当供给大于需求时，会造成资源浪费；当供给小于需求时，消费者需求得不到满足，造成社会动荡。就文化产品本身而言，消费群体是全体国民，那么文化产品的形式与质量就必须符合当前最主要的国民需求。进入新时代中国特色社会主义新时期，我国社会的主要矛盾是人民日益增长的美好生活需要和不平衡不充分的发展之间的矛盾，因此在提供文化产品和服务时必须以此为基本出发点，以满足全体国民需求为最终落脚点。这样一来，即使国内市场充斥国外种类繁多的文化产品，但是由于我国提供的文化产与服务更符合我国国民的需求，在国内文化市场竞争中我们才能够掌握主动权。

要丰富文化产品或服务，首先要树立文化产品的市场意识，坚持以意识形态属性为主导。提高商品的竞争力是最基本的，更为重要的是坚持我国文化价值取向。商品在竞争日益激烈的市场上若要获得一席之地，必须及时探寻消费者的偏好，了解消费者最真实的需求之后调整产品以便切实满足消费者的需求。只有这样才能生产出满足社会需求的文化产品；其次，要善于创新。我国的文化资源丰富，很多优秀的传统文化都可以开发出经典之作，我们应该对传统文化资源进行最大限度的开发和利用；同时，对西方文化资源亦不能采取绝对的拒绝态度，从中寻找出可以宣扬和运用的文化资源结合中国自身的文化创造出新的文化成果，优化自身的文化产品。

### 二 加强对外来文化产品的审查与掌控

西方发达国家对中国大肆输出文化产品与服务，其现实原因就是中国文化市场的巨大潜力，但是因为我们自身文化市场的潜力还没有完全发挥出来，因此，西方发达国家都想抢占中国文化市场。鉴于此，我们要对输入的文化产品和服务实行严格的市场准入和审查制度，有利于我们国家将文化交流可能带来的西方腐朽的文化对中国文化发展构成的危害降到最低，最大限度地保护我国文化健康有活力的发展。

首先，要制定法律标准。对进入中国市场的文化产品和服务实行严格的分级管理，制定文化产品和服务每一级别的评定标准，例如新加坡就文化产品分级，在 R 级以下的文化产品是允许未成年人观看的，中国对输入的文化产品和服务具体甄别，有利于中国社会主义文化发展的文化，例如市场制度和科学精神等积极引进，加以利用；对不适合中国国情发展需要的低俗文化实行额度限制制度，加大对国外输华产品的审查力度和管控强度，严防对国外文化产品的无序引进。

其次，要利用经济杠杆——税收调节已经进入中国境内的文化产品和服务，遵循"区分不同商品，分阶段，抓重点"的原则，对尚未跨入中国境内的文化产品和服务种类进行甄别分类，以不同的税收标准来区分划类，对符合我国文化利益和文化产业发展的，可以适当减少进口税额，相反，对可能危害我国文化价值观的，实行高额税务管控。

最后，要深入研究分析中国的文化引进现状，设立一个国家文化状态的警戒线，把可能对我国传统文化和文化发展造成潜在威胁和挑战的文化产品和服务，要坚决控制在警戒线以下，对挑衅我国意识形态和政治制度的文化产品和文化产业，应当及时准确予以警告或暂停其文化经营活动，驱逐出中国的文化市场。

### 三　拓宽信息来源渠道

面对全球化信息化的飞速发展，世界已经变成了一个"地球村"，信息在一个国家的发展中占据重要地位已经不言而喻，尤其是在对外传播中，迅捷、准确的信息源尤为重要。西方文化霸权在全球范围内的话语强权，其关键因素除了经济掌握之外，就是对信息源的控制和占有。因此，在对外文化传播中，占有及时、准确的消息来源，就抢占了文化舆论的制高点。

当前中国对外传播中的一大弱点，正是缺少对信息源的掌控力。在我国的文化传播中要拓宽文化媒体的信息渠道：一是要完善信息收集机制，保证畅通的信息来源渠道。当前我国信息搜集的主体是新闻媒体，因此要完善信息渠道就必须加强中国媒体力量的建设。要改变当前我国新闻媒体各自为政的现状，就要联合各个媒体集团，扩大信息来源渠道，减少内耗，加强合作，使信息来源的力量更加强大，在应对西方文化霸权传媒时抢占先机。二是要改变当前信息渠道狭窄的现象，充分发挥及公共力量的作用，利用公共力量参与到信息收集中来，弥补新闻媒体力量的不足。无论是组织还是个人，都可以成为合理的信息渠道，广泛的群众基础为我国拓宽信息来源提供了社会信息力量的支持，保证信息资源的更加到位和全面。三是用高新技术改造我国的信息收集方式。在今天的网络时代，是微博的时代，是微信的时代，这种"微力量"的传播更应该投入到我国的信息收集中，只有这样才能够换来信息源的来源渠道的拓宽和信息的全方位掌控。

在我国的对外传播媒体的信息来源渠道上，我国应该向西方媒体学习经验和吸取教训，认真学习和借鉴西方媒体军团的信息渠道来源，加强我国在与西方文化信息上的相互补充；在对外传播中也要重视华人的力量，整合海外华文媒体的力量，形成全球性的信息网，逐步加强我国在信息源上的掌控力，才能获得我国在信息来源上的独立，更有能力防御西方文化霸权。

### 四　增强文化传播能力

如今国与国之间的竞争，既有经济、政治、军事等"硬实力"之争，也有以文化为主要内容的"软实力"之争。"软实力"的较量改变了以往各国"拳脚相加"的粗野的比拼方式，而是将"武斗"转为"文斗"，不动用军舰和导弹，就能够让对手折服。而这种"软实力"的展示需要足够的能力，即文化传播能力。文化传播既包括对内交流，也包括对外传播，因此我们既要重视国内文化媒体的建设，也要加强对国外文化传媒的管理和控制。

对我国的文化传播媒介，要对媒体报道的内容加以规范和引导，要保证社会主义制度的绝对地位不能动摇，多宣传积极向上引导我国人民行为秩序的内容和报道，要对传统文化观念和价值观念加以弘扬，以加强我国民众对中华民族精神的尊重和认同；对国外的文化传播媒介进入中国市场，要执行严格的市场准入制度，对国外媒体在中国境内报道的新闻信息实行分类管理和严格控制，对干涉中国内政问题和对误导中国形象的媒体信息坚决严厉惩处。

面对信息化时代的来临，我国政府应该把握住这一机会，要攻守兼备，双管齐下，对内要加强网络科学技术水平的提升，加强我国网络媒体建设，对网络舆论信息加以控制和管理，制定科学的传播战略，在应对西方文化霸权的网络攻击时能够给予及时有效的反击；在确保国内网络舆论阵地的同时，要对外加强我国文化的宣传和传播，让世界更好地了解中国，要利用网络传播媒体增加传播内容和传播力度，不断开拓海外文化市场，不断推动优秀的中华民族文化被越来越多的国家知道和了解，从而提高我国文化的国际影响力。

## 五　全面培养专业型、创新型人才

当今世界各国在各个领域的竞争，归根到底是人才的竞争。中国作为正在崛起的大国，要在文化全球化的进程中同西方发达国家一同竞争并取得优势，就必须培养和造就一批素质好、水平高、业务精、创新能力强的人才队伍，为中国文化的长足、稳定和健康的发展储备人才。目前我国虽然在文化产业的生产方面以及在管理方面培养了一批人才，但是由于配置不合理，造成了人才的才能浪费以及人才的浪费，为此我国应该有针对性的培养文化人才。

优秀的文化人才是我国社会主义文化产业发展的根本保障，是社会主义文化事业建设的主力军。随着深化改革开放，国外越来越多的资本流入中国市场，加之全球化拓展到文化领域，国外文化亦蜂拥而至，使得我国文化产业与民族文化遭受到巨大的冲击和挑战。再加上文化产品贸易额也在逐年增加，占据贸易市场份额逐渐增多，人民群众对文化产品或服务的需求数量越来越大，需求质量越来越高，文化对国民生活的影响力逐渐提升。在这种情况下，文化建设的重要性日益为国家所重视，文化领域的专业人才的培养也成为文化建设的中心工作。

新时期对于文化人才的培养，主要从以下几个方面入手：首先，要立足中国现有的高校资源，加大对高校中文化人才相关专业的资金投入，尤其是在学校社会实践方面，要大力支持高校以市场需求为导向开发设计文化产业相关领域的内容授课，在人才引进方面也要加大投入引进高层次专业骨干，加快专业领域建设和高等人才培养的步伐。其次，采用产、学、研一体化的模式培养人才，是为了更好地满足社会发展的需要，从根本上解决学校培养与社会现实需求相脱节的问题，缩小学校与社会人才培养供给与社会人才需求之间的差距。加强产、学、研合作，鼓励有条件的文化大型企业或设立科研工作，或建立文化人才培养中心，培养各类型的人才，缓解我国文化人才短缺的情况。最后，加大国际文化人才的交流，从国际上引进创新人才，引进有利于中国文化产业发展的专业型人才，在生产、管理和经营方面有能力的人才，为中国文化事业的发展提供技术引导和方法指导。

当前我国的文化人才队伍不仅要加大培养和引进，还要完善人才的激励机制，最大限度地激发文化人才的文化潜能和积极性，以利益追求为契机，优化和完善分配、激励和保障方面的机制。还要建立以公开、公平、竞争、择优为准则，确保优秀人才脱颖而出，充分施展才能的选拔任用机制；在人才配置过程中也要注意发挥市场在人力资源配置中的基础作用，将适合的人才安置在适当的岗位，建立完善的人才服务体系，形成人才合理流动的机制。

## 六　大力发展文化产业及文化贸易

各国发展经验证明，防御西方文化霸权，不仅要有深厚的民族文化的支撑，还需要全方位和多层次的文化物质载体的建立，文化的物质载体就是文化产品和服务，因此大力发展文化产业和文化贸易是扩大中国文化影响力的重要举措，也为我国抵制西方文化霸权提供物质支持和基础。

为了打造面向世界的文化品牌：首先，需要政策保障和资金的支持。十七届六中全会通过了《中共中央关于深化文化体制改革、推动社会主义文化大发展大繁荣若干重大问题的决定》。我国目前已经出台了关于文化产业发展，文化产业结构调整和文化体制改革方面的一系列政策，但是从各国的经验来看，我国的文化产业对国民经济的贡献和其他国家相比还有一定差距，为此，要加大对文化产业的资金投入和政策支持，促进文化产业的规模化发展。其次，要生产适销对路的文化产品和多元化的文化服务，提高文化产业关联度，集生产、疏通、消费为一体的产业系统，如文化旅游可以推动交通、餐饮的发展。再次，要增加文化产品的文化附加值，提高文化产品的科技含量，促进文化内容的表现形式的多样化的发展，将民族特色融入其中，生产更多更高层次、更高质量的文化产品，提高我国文化产品和服务的市场竞争力。最后，还要进一步扩大我国文化在国外的影响力，通过各种文化展演活动，向世界各地传播中华民族的优秀传统文化，不断提高我国文化的国际地位。

近年来，以美国为代表的西方文化创意产业的发达国家，依靠几十年的积累和经验开始侵占世界的各个角落，他们大肆抢占其他国家传统文化产业的市场份额，肆意掠夺这些靠传统产业积累起来的利润；将其文化精神产品输出到这些地区，在掠夺经济资源的同时进行文化入侵和思想控制。经济全球化和一体化强烈冲击着世界各国的经济利益，同时对文化市场也造成了不小的影响，进而造成了全球文化格局大变动。因此，文化"软实力"的提升不仅涉及经济，也涉及民族思想、国家安全，所以各个国家逐渐重视文化创意产业的发展和宣传，中国作为最大的发展中国家居于文化全球化浪潮的中心，亦不例外。

中国是一个历史悠久的文明古国，但文化创意产业的发展远远落后于世界平均水平，也远远不及中国 GDP 的增长速度。2000 年，我国首次提出文化产业的概念，2005—2014 年中国文化创意产业规模年均复合增长率达到 21.3%，2014 年全国文化及相关产业增加值 23940 亿元，比上年增 12.1%，比同期 GDP 增速高 3.9%；占 GDP 的比重为 3.76%，比上年提高 0.13%。[①] 核算数据表明，文化及相关产业在经济稳增长、调结构中

---

① 刘鹏飞：《2016 年中国文化创意产业发展概况大数据分析报告》，《北大金恒》2016 年。

发挥了积极作用。我国文化创意产业园区的建设从 20 世纪 90 年代起步，到 2002 年年末只有 48 个园区建成，2012 年时出现井喷态势，达到 1457 个，并在 2014 年时达到 2570 个园区的顶峰。2015 年，园区数量稍有回落，全国正常运作的园区在 2506 个左右。其中由国家命名的文化创意产业各类相关基地、园区就已超过 350 个。① 在政府的积极参与引导下，我国文化产业初步形成了以国家级文化产业示范园区和基地为龙头，以省市级文化产业园区和基地为骨干，以各地特色文化产业群为支点，共同推动文化产业加快发展的格局。

近年来文化创意产业增加值高速增长，并且高于同期名义 GDP 的增长速度，得益于政府的政策支持和金融危机背景下产业结构调整的内在驱动，我国的文化创意产业呈现出了全面爆发的趋势，这种趋势主要体现在文化创意产业在国内各大城市的 GDP 中所占的比例和绝对利润值快速增长。创新是一个民族国家进步的不竭动力，是一个国家兴旺发达的源泉。文化产业的创新必须融民族特色文化于其中，形成区域特色创意产业，并发展周边相关产业逐步形成创意产业链。在发展创意产业过程中，将中国传统民族文化融于其中，形成具有中国特色的文化创意产业，但是要加强对创意产业知识产权的保护机制。成熟之后的文化创意产业不仅要振兴文化产业经济，最重要的是将我国民族文化以特殊的形式走向世界，为更多国家所了解和接纳，为更多要大力发展文化产业的国家贡献中国智慧和力量。

## 第四节　技术层面应对机制构建

西方文化霸权国家之所以气焰嚣张，除了其处于优势地位的文化实力，还取决于西方发达国家在互联网信息时代占据了高新技术制高点。从这个角度来看，我国要摆脱西方资本主义国家的技术控制，防御西方国家利用技术手段对我国文化造成的危害，唯有发展科技事业，提高科技水平，自主掌握文化领域高新技术，站在技术创新领域的制高点，我国的高新技术文化产业才能够保持独立性，在文化全球化潮流中逆流而上，摆脱

---

① 范周：《前海如何推动文化产业"走出去"》，《前海金融城邮报》2017 年第 6 期。

西方文化霸权对我国的技术控制。

因此我国政府应该大力发展信息技术，对外构建网络文化渗透防御体系，有效防御西方发达国家文化霸权；对内构建网络舆情控制引导体系，有效控制舆论导向，保证国民得到我国民族优秀文化的引导，避免被西方发达国家输入的不良思想控制。

## 一 提高高新技术创新能力

高新技术创新不是一个孤立的问题，而是与国家综合国力息息相关，与全球局势密不可分。我们要站在全球的高度看待问题，技术创新应该在全球化的大背景下来完成；用发展的眼光看待技术创新，政府应该发挥引导作用，推动高技术创新在文化产业领域的积极影响。

首先要创建文化行业内共用的技术服务机构，降低文化企业创新的资金风险和技术门槛，促进企业提高自助创新能力，拓宽与国际技术服务合作的渠道，为引进金属和技术创新提高良好的平台保障。其次要为高技术创新营造一个良好的社会环境。政府鼓励只是开发和利用，支持技术转让，发展技术中介服务业，在全社会形成尊重技术和保护知识产权的观念。最后要支持关键技术的研发与产业化。在我国企业研发投入不足、国家研发资金有限的情况下，要集中资源，把有限的政府引导资金投入到重大公共技术和关键技术的研发项目上，并且利用这些技术成果进行二次创新再利用，提高我国应用技术的创新能力和竞争能力，从实质上实现我国技术创新的提高。

## 二 应用互联网技术加强网络文化渗透的防御

（一）增强网络防御能力

互联网文化发端源于西方国家，从一开始西方国家就将其作为文化传播的工具，用以宣扬价值观念和政治准则。随着全球化进程的加剧，西方文化入侵形势日益严峻，如不加以控制，必定会对我国文化事业的发展产生严重的负面影响，也会对我国的民族价值观、国际政治意识和国家形象产生消极作用，因此要牢固掌握网络主动性，保卫网络阵地维护网络主权，以夺取网络主动权和话语权。

首先要完善网络法律法规。制定完善的网络管理法律体系，建立一个网络验证机制，实现网络交流的透明度和安全性，通过法律法规的条款规定防范、制裁网络犯罪，通过法律保护知识产权和隐私权来约束人们的行为，迫使人们遵守规则，依法行事，积极承担义务等。其次需要政府的参与和支持。政府要加强网络基础设施的建设规划，通过自上而下的行政管理体制来实现，政府要强制网络服务供应商提供各种真实资料的备案，监督其经营活动的合法性。再次要通过技术手段实现对网络文化的管控。通过研制和开发先进的防范网络病毒传播、破坏计算机软硬件的技术，建造防火墙等，开发研制分级过滤软件，对网上的文化传播的内容进行甄别，将有害中国文化发展，破坏中国文化形象的内容予以过滤和屏蔽等。最后要加强网络文化阵地建设。建立一批以研究和传播中华文化思想为主要任务的网站，并开展有目的、有计划的培育活动，逐渐增强传播中华优秀文化的力量，以扩大中国文化在世界上的影响力。还要提高网络使用者的素质，进一步提高网络文明状况，促使网络文化规范发展。

除上述措施以外，我国还应该加强与其他国家的交流、学习与合作，主动积极参与互联网信息技术的国际标准的制定，开展网络安全国际合作，资源共享，将不良网络信息和不良文化信息的危害减小到最低程度。

（二）加强互联网对外传播效果

互联网所推进的媒体技术便利了信息的传播，极大地削弱了国与国之间交流的阻力，但同时也加强了政治危机。信息可以自由跨越国界使得政府信息与数据自由流动，各国想要对信息进行严格控制难度很大。但是凡事都有两面性，新技术能够妨碍各国对信息的控制，反之若能掌控新技术也能加强对信息的控制。但是掌握核心技术不是一朝一夕，更是需要强大的经济实力做后盾，某些技术欠发达国家为了避免信息泄露不得不逐渐走向信息封锁的道路；然而一味地封锁信息虽然避免了信息泄露，但会阻碍自身获取最新信息技术，妨碍自身的发展进程，而且会对政府和媒介公信力造成沉重打击，政府形象因此也备受折损。鉴于此，我国应该加大外网宣传的力度，发挥外网的传播媒介作用，使网络媒介和政府之间形成良性合作的关系，帮助政府构建一个正面积极的国际形象，增强软实力，抵御西方文化霸权。

首先，要做好外网宣传，加强对外传播，掌握对外宣传的主动权。目前，在国际重大事件或本国负面新闻的报道中，西方发达国家大搞文化霸权，肆意歪曲事实、对中国进行充满误解和偏见的报道，"中国威胁论"将中国一次次推上风口浪尖。互联网在传播信息方面具有天然的优势，传播迅速，信心量大，成本低下。利用好互联网媒介，做好外网宣传，有助于中国宣扬积极正面的国家形象，在世界范围内发出中国声音，让更多国家深入了解中国，看到真实的中国，掌握话语的主动权扩大有助于中国政府的国际影响力。我们要在政治新闻中彰显民主和人权，体现中国负责任的国家形象；在经济新闻中强调我们给世界经济带来的贡献；在社会新闻报道中，突出民生问题，以此展示我国的人文关怀；在文化新闻中强调传统文化的精髓，海纳百川、有容乃大。总之，我国媒体在国内客观宣传的能力也应该推广到对外传播上，切实提高我国对外传播的效果。

其次，政府应该构建开放透明的国际形象。随着世界各国对政府数据开放的重视，世界范围内开始追求构建开放透明的政府，这也成为衡量一国政府形象的重要指标。开放政府主要是指信息公开，起初政府控制信息是为了统一和规范民众的思想、意识形态，使社会发展始终朝着政府想看到的趋势发展，为经济发展提供良好的社会环境。随着互联网技术的成熟，信息流传速度之快、范围之广是超出政府意料之外的，有一些信息对政府形象的树立产生了严重的影响。在互联网时代，政府为了提升公信力，借助网络媒介构建一个开放透明的国际形象是便捷有效的途径。确保政府与网络媒介之间的良性互动关系，将本国正面积极的国家形象展现给世界各族人民。

（三）培养公民应对西方国家互联网渗透的敏感性

抵制西方国家互联网文化渗透不仅需要政府把好外来文化入侵的大门，更需要公民有抵制西方国家互联网文化渗透的意识，唱响社会主义核心价值观，促进社会和谐发展，这是政府应对西方国家互联网文化渗透的深层次含义和根本意义。

1. 加强社会主义意识形态的互联网文化宣传

互联网时代的到来为社会主义意识形态的建设搭建了一个新的平台，开启了一个新的渠道，但是新生事物的产生，既带来了机遇又带来了挑战。在新的形势下，要利用好网络媒介抓住机遇促进社会主义意识形态建设，成为党和政府面临的重要任务。

首先，构建社会主义意识形态互联网文化阵地。开通多个有关社会主义意识形态教育的网站与论坛等，占据网络文化宣传空间；增加社会主义意识形态教育的推送功能，占据网络宣传的制高点。其次，提升传统理论的说服力和凝聚力。单一模式的理论灌输增加了说教的倾向，容易引起公众反感，并且容易脱离现实，可指导性不强。这就需要保持意识形态理论的先进性，与时俱进，增强传统理论的对话能力。最后，注重理论与现实社会的结合，创新理论的语言表达与叙述方式。把握理论宣传与普及途径的多样性，改变被动式的灌输为互动式的联络。

2. 要提高公民的政治素养和媒介素养

以美国为首的西方国家利用网络平台对外宣扬美国文化，呼吁互联网自由，扶持反政府组织，培植黑客和网络水军，目的是将西方的意识形态、价值观渗入公民思想当中，造成精神思想上的混乱，引起思想上的变革，继而放弃社会主义制度，改变社会主义的方向，造成政治上的变革。

当前我国公民政治态度冷漠、政治参与意识不强，为西方国家入侵提供了可乘之机。因此，需要政府坚持和完善社会主义民主制度，拓宽公民参与渠道，加强公民思想政治的教育建设，增强公民政治参与意识，使公民真正成为社会主义的建设者与参与者，成为拥护社会主义、拥护党和国家的爱国者。网络作为使用便捷、信息量大、传播速度快、社会影响力远的新媒介，为政府整合社会提供了难度，抵制网络文化渗透的影响，从根本上需要依靠公民个人。政府需要将学校教育、社会教育与媒体宣传相结合，将媒介素养教育加入小学、中学和大学生的基本课程中，引导学生正确认识媒介性质，提高信息的甄选、利用能力；提高公民媒介素养，利用社会公共信息平台，进行媒介素养教育宣传，完成社会教育增强文化渗透的抵御能力。

3. 增强社会热点的引导力

正确引导社会热点问题是政府思想政治工作的一个重要职责，也是搞好社会主义现代化建设的关键。当前，互联网给予公民自由发表言论的平台，对某一事件的热切关注，分分钟可以将其推送上各大新闻媒体的头版头条，热搜事件能够高度引起公众的关注，不仅关注最新动态，还关注结果，对社会产生强有力的影响。热点问题更新速度快、持续关注强，政府处理不当也会被诟病成为政府棘手处理的难点。

增强社会热点的引导力，不仅需要媒体的配合，更需要政府处理社会热点的"快、狠、准"。对当下的社会热点，积极做出回应，在必要情况下，成立专项小组，深刻分析问题，提出可行的解决方案，事后广泛收集民意，听取公民的合理意见，将"亲民、便民、爱民"的思想贯穿工作当中。互联网海量信息使人们同时关注多个热点，涉及多个层面和多个领域，需要政府将事件的进展情况及时发布，一方面满足公民对热点的了解需求，另一方面增加透明度，获取公民的信任。

### 三 应用大数据技术加强网络舆情的管控

近年来，我国网络舆论表面上杂音渐消，实际上暗流涌动。随着我国转型期社会矛盾的日益凸显和社会公众民意表达意愿的日趋强烈，网络舆情热点的急剧增加，尤其是在复杂环境或利益冲突中，舆情的负效应更加容易被放大，影响正常社会秩序和社会和谐。越来越多的人认识到，网络舆情已经能对政府有关部门的决策产生影响。因而，我国政府对互联网的管控力度逐渐加大，正能量话题在舆情场中开始赢得话语权，网络舆论态势有所减缓。另外，网络安全问题、网络舆论中的西方霸权文化入侵、意识形态问题凸显，这不得不引起我们的重视和警惕。对此，习近平总书记指出在新形势下政府要加强网络治理，加强对网络舆情的监控和管理，把网上舆论工作作为宣传思想工作的重中之重来抓，维护网络安全，营造风清气正的网络环境。

#### （一）加强网络舆论引导

舆论引导作为一种思想熏陶与价值观塑造的过程，需要进入人们的内心深处，使人们内心深处珍视的价值与媒体倡导的主流价值形成共振，从而产生情感共鸣，这无疑是舆论引导产生积极效果的起点。① 因此，政府要实现对网络舆论的有效引导，深入了解公众所想，掌控网络舆论的走势，并通过转变思想意识、提升掌控能力、培养专业人才、健全掌控机制来提升回应网络舆论诉求的能力，从而真正发挥网络舆论的正面引导作用，使得政民关系更加和谐、紧密，社会更加安定团结。

#### 1. 政府要树立主动引导意识

随着互联网技术的迅猛发展，新媒体技术的不断完善更新，抢占互联网信息领域的制高点成为政府在微政时代的发展趋势。率先获取信息、掌握信息，牢牢掌控舆论走向，才能在网络舆论引导中发挥应有的作用。要实现这个目标，要树立主动引导意识。思想是行动的先导，只有在思想上认识到引导网络舆论的重要性和必要性，才能保证在实际工作中加以

---

① 冯宏良：《网络时代的舆论引导：趋势、特征与结构化困境》，《理论导刊》2016 年第 1 期。

落实。

首先，要转变被动引导的传统观念。政府对网络舆论的引导之所以难有成效，主要在于传统引导观念还未完全转变。在过去，地方政府作为社会的管理者，主要工作就是执行公共政策，即科层制中命令与服从的管理观念。当前社会互联网技术愈加发达，网络舆论的力量日益扩大，政府必须转变被动引导观念为主动引导，才能迈出正确应对和引导网络舆论的第一步。要从根本上转变被动引导观念，政府工作人员必须对当前网络形势和网络舆论的影响有清晰明确的认识，通过对国家最新互联网战略的解读阐释和当前政府面临的网络治理环境的深刻剖析，从国家战略高度和政府发展角度来让政府及其工作人员意识到了解网络民意和引导网络舆论是当前形势下政府工作的职责所在，也是政府改革的方向，从而提升对网络舆论的重视程度。各级政府部门要时常关注网络舆论事件，通过对现实中网络舆论事件的分析和总结，了解到网络舆论对于政府行为的影响的重要性，强化主动引导意识，重视相关工作的进一步完善。只有转变引导观念，把被动式应对转变为主动式引导，从回应式心态转变到服务型心态，才能更好地实现政府为人民服务的宗旨。

其次，提升网络舆论事件敏感度。网络舆论是围绕某个具体事件来展开的，最初是在网络上出现对该事件的网络意见，随后具有共同倾向的网络意见逐渐聚合并扩大传播范围，最后形成网络舆论。因此，要树立主动引导的网络意识，就需要对网络舆论有一个明确的认知，而这种认知又得益于政府对网络舆论事件的敏感度的提升。政府只有对可能形成网络舆论的事件保持敏锐的嗅觉，才能提前采取行动，做到主动引导。要提升政府对网络舆论事件的敏感度，要把握以下两个重点：一是要把握网络舆论生态变化，通过对网络舆论的监测和分析，总结出网络舆论生态的变化趋势和可能演变方向；二是要培养对网络舆论事件的条件反射，使得政府工作人员在看到某个事件时本能和及时地反映到该事件是否会形成网络舆论，或大致会向哪几个方面形成网络舆论。这种条件反射需要专业课程培训、大量的案例讲解和实战演练培养形成，是政府提升网络舆论事件敏感度的有效途径。

最后，培养引导意识前瞻性。世界已经进入信息时代，网络空间是未来国际竞争的重要场所，加强对信息数据资源的应用、开发与管理，强化网络安全和治理已经成为世界各国的重要议题。目前我国的"网络强国战略""国家大数据战略""互联网+"战略等从国家高度指明了政府未来的治理方向,习近平网络舆论观则清晰地指明做好网络舆论工作,对维护网络意识形态安全,了解社情民意具有重要意义。这表明,政府对网络舆论的引导工作不能只着眼于当下,更应该具备前瞻意识。要培养政府引导意识的前瞻性:一是树立大局意识和战略意识,要充分意识到引导工作是对国家互联网战略的贯彻落实,更是争夺信息资源,维护网络意识安全的必要之举。二是要通过不断的学习和领会国家战略和领导人讲话精神,来不断加深对引导网络舆论重要性的理解和认识,用发展的眼光来培养主动引导的意识。三是要将引导网络舆论与坚持"文化自信"结合起来看,意识到政府对网络舆论的引导不力会让公众对政府信心逐渐下降,进而对网络中所刻意宣扬的西方"民主共和"的那一面心生向往,潜移默化地逐渐摧毁公众对于中国特色社会主义的文化自信;有效引导舆论,能够展现一个负责任的服务型政府形象。

2. 提升政府有效引导能力

要完善政府对网络舆论的引导工作,树立主动引导意识仅仅迈出了第一步。在具体的引导过程中,需要依靠政府的引导能力来完成引导工作。因此,强化政府的引导能力是政府成功完成网络舆论引导的关键所在。

首先,利用大数据监测和研判网络舆论。网络舆论监测与研判是政府对网络舆论引导工作的起点。如果政府部门能全面地监测网络舆论意见,持续地追踪网络舆论热点,准确地研判网络舆论的走向和趋势,那么政府就能在引导网络舆论中掌握主动权。大数据的特点是能挖掘海量信息,并对这些信息进行科学计算和专业分析后得出需求方所需要的数据报告;目前的现实状况是网络意见的收集监测工作极为不易,对大量的信息进行总结规律和判断走向更是难上加难。因此,政府必须依托一个专业的数据系统来实现对网络舆论的有效监测和研判。为了更好地利用大数据来对网络舆论进行监测和研判,政府可以从以下几个方面来做:一是各级政府或政府各职能部门之间构建政府内部大数据库,将彼此监测到的信息进行共享,并给出各级政府或政府各职能部门的分析结果,可供政府多角度分析网络意见,这既增加了决策的依据,又加强了政府内部的联系。二是政府加强与第三方大数据机构合作的方式来对监测和研判网络舆论。当前我国市场上已有相关网络舆论监测和研判的大数据产品和服务,政府购买或者与其合作开发,通过第三方机构来监测和研判网络舆论,使其结果更加专业和客观。三是政府与权威媒体或国企通讯公司共同构建网络舆论的监测和研判系统，这种系统既能利用其充足的资源库获取更大量的信息，又能利用政府的优势获取内部信息，使其结果更具有针对性。

其次，加强政府对时、度、效原则的掌控。习近平总书记指出，"时度效是检验舆论工作水平的标尺，不管是主题宣传、典型宣传、成就宣传，还是突发事件报道、热点引导、舆论监督，都要从时度效着力、体现时度效要求。"[①] 这句话言简意赅地指明了时度效原则的重要性，指出政府引导网络舆论必须遵循该原则，为了取得引导工作的实效，必须加强对时度效原则的把握和运用。一是在"时"上要把握好时机和时效。在应对网络舆论中要利用官微及时公开相关信息和回应公众的问题和质疑，同时要注意回应的方式和言辞，采用适当的方式和语气来发布消息，留给公众一个负责任的政府的第一印象。二是在"度"上要把握好尺度和分寸，在具体的引导工作中要坚持客观公正的原则和合情合法的程序，既不夸大事实，也不隐瞒欺骗；既要让公众的根本利益诉求得到满足，也要杜绝非理性和凌驾于法律之上的言论和行为。三是在"效"上要把握实效。政府要对某一具体网络舆论事件进行充分的调查研究和妥善的处理善后，只有该事件得到解决，才能平息网络舆论，达到引导目的。政府在日常的引导中要采取公众喜闻乐见的宣传方式来加强正面舆论导向，通过这种引导来加强政府与公众的联系和交流，增强人民认同感和向心力。政府在面对突发事件和重大网络舆论事件时，要敢于担当、善于应对，避免回应中出现官话套话、缺乏沟通、互相推诿的不当行为，用真诚的态度和迅速有效的措施来应对网络舆论。

最后，提升政府对新媒体技术的学习和应用。当下的网络世界，新技术、新媒体工具层出不穷，网络舆论不断产生新特点，政府也不断面对新的引导挑战。对新媒体技术的学习和应用能力越强，政府在网络舆论引导中的话语权就越大。因此，要抢夺并占领舆论制高点，就必须不断提升政府对新媒体技术的学习和应用，以更好地贴近群众，拉近政民关系，让引导工作顺利有效地开展。一是要强化政府现有政务新媒体应用。政府要充分利用已有的政务微博、政务微信、政务客户端以及政府门户网站，来进

---

① 李敏：《把握好新闻舆论工作的"时、度、效"》，求是网，http://www. qstheory.cn/laigao/2016-06/20/c_ 1119075247. htm.

行信息公开、办理业务和互动交流。在日常的引导中通过发布消息、推送文章、设立相关板块来进行正面思想宣传。例如对国家新政策的权威解读、对地方规章的具体诠释等都是公众想知道政务信息。在突发事件和重大事件的网络舆论应对中用来跟进事态进展、披露最新信息、回应公众质疑。要依托已有的政务新媒体，打造特色官微，吸引公众关注，避免让已有政务新媒体沦为跟风号和僵尸号。二是要加强主动设置议题的能力。政府可以通过主动设置议题，来影响公众心理和意见倾向，从而达到让网络舆论分流或转向其他关注点的目的。例如利用新浪微博发布话题，微信投票等，以此来掌握对网络舆论引导的主动权。三是政府要不断学习新的新媒体技术，跟上网络技术潮流。近几年，知乎、网络直播、秒拍视频等成为网络舆论的新阵地，政府可以采取入驻知乎答题带去权威信息的方式、网络直播执法过程的方式来加强与公众的联系，让公众更易接收相关信息。

3. 培养政府网络舆论引导专业人才

政府对网络舆论的引导，归根结底，是人对人的引导。这要求政府引导人员必须揣摩公众意愿，了解公众诉求，善于利用公众接受的方式来有效引导网络舆论，同时还需要具备对网络舆论事件的敏锐嗅觉和前瞻意识。因此，培养政府网络舆论引导专业人才是提高引导工作的有效性的重要途径。

首先，开设引导专项培训。引导网络舆论是一项系统的工作，它不是能力的简单叠加，而是意识、能力、专业知识的相互融合，这种专业性的引导会让政府在应对网络舆论中事半功倍。在现实中常常出现因为缺乏专业人才的引导让网络舆论引导工作陷入困境的情况，因此，开设专项培训课程，培养政府的专业引导人才势在必行。各地方的各级政府部门要根据本部门涉及领域和人员情况确定要培训内容，确保培训更具针对性和实用性。在具体培训中可以采取同一省职能相近部门统一培训的做法，让培训资源得到合理有效利用。在培训方式上，可邀请舆论领域的专家或者是一些有经验的人士来进行培训，使培训的内容更为权威专业。还可以邀请网络舆论引导领域的第三方专业机构做日常培训顾问，采用内部客户端、内部培训文件、网络舆论月报等形式为政府提供长期的培训内容，达到持续学习的目的。要不断更新培训课程内容，增加情境演练或组织相关比赛。让引导人员了解最新网络舆论趋势及应对方式，不断提高引导网络舆论的能力，更好地掌握和应用引导网络舆论的专业技能，提升对网络舆论的敏感度和反应力。

其次，设立专职引导岗位。2014 年 2 月，我国成立中央网络安全和信息化领导小组，负责研究制定互联网发展的战略和规划，统筹协调各领域的网络安全和信息化问题，随后在全国的 32 个省、自治区、直辖市开通地方网信办。网信办的成立在规范互联网行业发展，加强互联网技术应用和提升网络舆论引导能力上发挥了重要作用。但是网信办作为一个单独的机构，仅能提供普遍化的规则，对于具体引导工作的开展指导意义不大。因此，政府各部门应该设立专职引导岗位，吸引专业人才，在网络舆论引导工作中实现专人有专职，专职有专责，而且专岗的设立也有利于在今后的引导工作中更好地培养专业引导人员的技能，提升专业人才的技能。设立专职引导岗位，需要政府部门联合专业机构根据部门职能和实况确定所需要的专岗数量，做到合理设岗，科学设岗。各地编制办和人大常委会对设岗进行研究，确定设岗数量及编制级别，下拨引导专项资金，并制定汇报制度和监督机制。引入专项资金投入，能从物质上支持网络舆论引导工作的进一步完善，汇报制度和监督机制的设立也能促进专岗人员不断改进个人工作，加强引导能力。要落实和完善专岗的招聘和引进人才工作，提高准入门槛，严把人才入口。

最后，把网络舆论引导工作纳入政府绩效考核体系。政府网络舆论引导是一个长期的过程，除了要做好岗位设置和专项人才培养外，还应该做好对引导工作实效的检查和监督工作，因此应该把网络舆论引导工作纳入政府绩效考核体系，用绩效评估的方式促进网络舆论引导工作绩效的切实提升。要做好这项工作，一是要根据各地区实际情况科学地确定网络舆论引导工作相应的考核指标体系，并尽可能客观、合理地确定各自权重。将日常官微的动态发布实况、官微与网民互动实况、政府政务公开实况、突发事件中的网络舆论引导实况等明确写入考核指标中，便于考核结果的评估和量化。二是要根据绩效考核结果建立相应的奖惩机制，对有效引导网络舆论的个人给予高分评价和奖励，对恶意删帖、不作为等情况查实后进行低分评价并追责。三是要根据网络发展和网络舆论的变化来不断完善和健全网络舆论工作的考核，来保证其对于促进政府引导工作的长效性。

### 4. 健全网络舆论分级响应制度

目前，我国尚未建立完备的网络舆论分级响应制度，导致了政府在网络舆论引导中难有制度依据，引导工作难以开展，还可能造成政府资源的浪费。因此，应该尽快健全网络舆论分级响应制度，从组织层级响应、政府人员配备、专项资金投入三方面作出具体规定，为政府引导网络舆论提供制度依据和分级应对措施，以提升政府引导工作的实效。

首先，划分分级响应的组织层级。2016 年 8 月，国办发布 61 号文件，进一步明确了政务舆情的回应责任，有利于政府做好舆论回应工作。一方面政府对于政务舆情回应责任的划分原则是根据舆情的相关主体和对社会的影响程度来划分舆情等级并明确规定响应的组织层级，这有利于政府做好政务舆情的回应工作。舆情分级针对的是政务舆情，其复杂程度低于网络舆论。另一方面它对于政务舆情程度的划分也较为笼统，在网络舆论涉及面逐渐扩大的今天，按照主体来划分网络舆论等级可行性不足。因此完善网络舆论的分级响应制度，划分分级响应的组织层级就要对网络舆论的进行较为精确的划分。一是要利用大数据对以往大量的政府引导网络舆论案例进行整理和分析，通过对数据的计算和专业的分析，对网络舆论进行归类和总结，分析出这些类似网络舆论事件的特点，进而归纳出各类别网络舆论的规律，并根据事件影响程度和波及范围，对网络舆论进行分级。二是利用大数据挖掘政府对网络舆论引导的案例情况，通过对引导工作成效的分析，计算和总结出不同类别网络舆论事件中政府响应的组织级别，并对不同组织层级的责任明确划分。三是各组织层级要贯彻落实分级负责的制度，只有将责任落实到岗，才能进一步提升政府对网络舆论的引导工作。划分分级响应的组织层级能更好地落实引导责任，采取更有针对性的引导措施，提升政府对网络舆论的有效引导。

其次，完善分级响应的人员配置。健全网络舆论的分级响应制度，除了要划分响应的组织层级外，还要做好分级响应的人员配备工作。只有合理地分配人员，做好分工，才能最大限度地发挥引导工作的效果。就当前政府对网络舆论引导工作而言，政府所需的人员配备主要包括第一责任（领导）人、新闻发言人、官微操作者、机动人员等，机动人员的人数及工作内容要根据实际情况来确定。具体而言，要完善分级响应的人员配置：一是要确认第一责任（领导）人，围绕他成立统一指挥中心。只有统一指挥，才能有效避免令出多门、责任不清、标准不同意、回应不一致的问题。而且第一责任（领导）人，大多数时候都是当地政府或部门的一把手，能够调动更多的人力物力财力资源来促使事件得以妥善解决，尤其在面临突发事件和重大事件时，一把手的绝对权威能起到快速动员、稳定局面的作用。二是要根据对网络舆论的科学分级来做好人员工作的安排。网络舆论事件既有共性又有个性，在引导工作中要充分考虑到网络舆论的个性，采取更具针对性的人员配置方案，提供政府对网络舆论的引导实效。三是对机动人员的配置要根据实际情况来进行安排。在应对自然灾害事件引发的网络舆论时，政府就需要将机动人员分为救援组、协调组、调查组、善后组等，在应对社会热点事件引发的网络舆论时，政府就需要将机动人员分为调查走访组、发布信息组等。因此，对网络舆论实况的准确把握是合理安排人员配置的基础。

最后，明确分级响应的资金投入。加大对网络舆论引导工作的资金投入，是政府提升引导能力的物质基础。只有在专项资金的支持下，政府对网络舆论引导的研究才得以持续进行，政府对网络舆论引导的可行性才得以延续。据报道，深圳早在2010年就在《关于全面提升深圳文化软实力的实施意见》中明确指出，要加大公共财政力度，探索设立"舆论引导资金"，专门用于政策扶持主流媒体，以促进深圳城市文化软实力的提升。[1]近年来，在国家网络强国战略和习近平网络治理观的指导下，一些地方政府也逐渐加大了对网络舆论引导工作的专项资金投入，用以加强政府舆论阵地建设。但就全国范围而言，现在我国尚未对网络引导专项资金有明确规定，这对于政府引导能力的提升不利。要健全网络舆论分级响应制度，要从国家层面出台相关规定，表明政府的资金投入是支持政府网络舆论引导工作的物质基础，只有各地区的政府部门加大对网络舆论引导的专项资金投入，才能助推引导工作取得成效。要根据网络舆论的科学分级、政府响应的组织层级级别以及政府的人员配置情况，来合理地分配专项资金，实现对物质资源的最大化利用，并且要对这些资金流向和使用情况做好登记和说明。要根据各地实情有侧重性地进行专项资金的使用。专项资金的设立就是为了更好地提升政府对网络舆论的引导能力，但不同地区不同部门在网络舆论引导工作中暴露出来的短板是不一样的。专项资金的投入不能采取一刀切的方式，而是应该根据实际需要进行有针对性的投入使用。只有根据实际需要来对网络舆论引导工作进行资金投入，才能更

---

① 李舒瑜：《探索设立舆论引导资金专门用于扶持主流媒体》，《深圳特区报》2010年第4期。

好地健全网络舆论分级响应制度，提升政府对网络舆论的引导能力。

5. 构建矩阵式引导布局

矩阵式引导指的是对网络舆论的引导并不局限在本部门、本系统、本地区，而是在本部门与其他部门、本系统的上下级、本地区与全国其他地区之间的协同行动的引导模式，主要表现为政务新媒体之间的联动发布、线下各部门、各系统及其他地区的政府部门的互动引导、线上政务新媒体与线下治理的协同合作等，从而产生强大的舆论引导聚合效果。这种模式能够优化引导流程、提高引导效率、节约引导成本、纾解舆论风险，从而实现对网络舆论的有效引导。近年来，网络舆论向着多元化、行业化、全国化发展，仅靠单个部门或当地政府的引导已经不能应对当前的网络舆论变化，因此，应构建矩阵式引导布局，协同发布，对网络舆论起到联动引导的作用。

首先，提升政务新媒体间的联动效应。政务新媒体间的联动效应指的是政府各部门间以及当地政府与其他地区的政府之间的政务微博、政务微信公众号、政务客户端等政务新媒体对同一或相关消息的联动发布，扩大信息传递、影响网络舆论走向。这种联动效应能在网络空间形成信息包围圈，让信息快速传播的同时，通过不断地重复提供同类信息来影响和改变公众对网络舆论事件的意见走向，有利于政府更好地引导网络舆论。要实现政务新媒体间的联动效应：一是要明确各类政务新媒体的引导优势，合理发挥各自优势。就当前主要的政务新媒体来说政务微博公开性和互动性强，可以用来信息公开、及时回应，与网民交流互动等，还可以利用微博的话题功能来主动设置议题，影响舆论走势；政务微信公众号的受众主要是微信用户，可以采用推送文章和设立功能模块的方式来进行相关政策和知识的深层次解读，而且还能通过关注者转发到其朋友圈，影响他人对于网络舆论事件的关注；政务客户端则要做好对事件的全貌概括以及权威评论，通过推送长文和收集网民评论的方式来加强引导。二是要根据现实情况对其功能进行整合，使其联动效应能达到最大化。政务新媒体的联动效应并不是指同时使用全部的政务新媒体，而是需要对具体情况有针对性的应用。例如，在突发事件和重大事件发生时，需要强调信息的快速传播，这时候就要首选政务微博来连续滚动发布消息；而在平息谣言，倡导网民回归理性时可以利用政务微信公众号推送详解文章，让辟谣信息更精确地传播出去。三是政务新媒体间要加强交流互动，在联动发布消息时注重沟通。政务新媒体间的联动效应应该是形成合力来引导网络舆论，而不是互相拉扯，消减有效引导。要做到这一点，各类政务新媒体的操作者需要加强沟通和交流，确保引导方向的一致性，这也是发挥联动效应的重要保障。

其次，加强政府与网络意见领袖的协同发布。意见领袖是指活跃在人际传播网络中，经常为他人提供信息、观点或建议并对他人施加个人影响的人物。[①] 据此可知，网络意见领袖则是指在网络上拥有巨大粉丝量，其发布的信息或发表的评论对网民意见走向起到重要影响的网络账号。近年来，随着网络的发展，政府互联网意识增强，一些政府部门和权威主流媒体越来越重视其政务新媒体的运营，收获了大量粉丝，同时由于其实体的权威性，又成为影响网络舆论走向的权威意见领袖。此外，网络上还存在许多以个人为主体的意见领袖，例如一些知名学者、社会知名人士、娱乐明星、网络红人等，他们基于庞大的粉丝量和传播力，对于网络舆论事件的关注和评论会影响信息的扩散速度和网络舆论的走向。因此，政府要加强与网络意见领袖的协同发布，借助网络意见领袖的影响力来助推政府更好地引导网络舆论。

一方面，政府要做好与网络政务意见领袖的协同发布工作。通过主动沟通交流的方式来加强与网络政务意见领袖的联系，在短时间内实现协同发布，加快信息扩散速度。另一方面，政府要做好与网络个人意见领袖的协同发布工作。当网络中的意见领袖背后是个人时，他的意见和评论会极大地影响关注者的舆论倾向。其中最明显的就是坐拥千万粉丝关注量的娱乐明星，他对网络舆论事件的态度会极大地影响其关注者的舆论倾向。政府应该重视个人意见领袖在网络中的影响力，通过与其互动、公开支持、协同发布等方式来影响网络舆论的走向，从而使政府能更有效地引导网络舆论。

最后，促进线上引导与线下治理的协调合作。要构建矩阵式布局，除了做好线上的联动引导外，还应该做好线下治理工作。只有强化政府线上引导与线下治理的协调合作，才能在网络舆论引导中起到标本兼治的效果。政府要加大线上引导和线下治理的沟通与联系，这种联系体现在线上引导的有效性为线下治理留出更多的事件和空间，线下治理的结果又不断

---

① 郭庆光：《传播学教程》，中国人民大学出版社 1999 年版，第 23 页。

为线上引导提供信息依据，在这种良好的互动中来有效引导网络舆论。要充分发挥线下传统媒体的舆论"压舱石"作用。充分发挥传统媒体在影响力、公信力方面的优势，并通过在线上引导中发布传统媒体对于网络舆论事件的深度报道、走访调查、新闻评论的方式来实现线上引导与线下治理的协调合作，以此来影响网络舆论的走向。要采用妥善的处理方式，来确保线上引导和线下治理的协调合作。而要做到妥善处理，政府部门要做到及时主动地回应网上的质疑与批评、立马着手调查网络舆论议论的中心事件，并且要合法合情合理地处理事件，做到既了解到公众的诉求，又公正客观的处理，避免放大经过网络作用的网络舆论的作用。

（二）加强网络舆情管控

1. 加强网络舆情监控的顶层设计与资源整合

作为实施舆情监控的主体，政府相关职能部门在网络舆情监控中应该重新整合现有资源，并深入网络舆情监控一线进行实际调研，对相关的职能权限做出新的界定，划清职责边界，统筹布局，加强顶层设计以破解现有的机构繁多的现状，并对相关职能做出更科学高效的制度安排。

首先，整合筹建统一的大数据舆情部门。数据的价值在于使用。舆情数据的持续良好运用，离不开完整科学的组织保证。因此，在网络舆情监控机构的组织和建立过程中，需要细致调研、准确定位，同时明确相关主体、分管领导、业务负责人的具体职责，建立起统一、高效、政令通畅的机构。尽量避免临时设办公室、临时抽调应急人员的现象。建议整合宣传部门、公安部门、网信部门、大数据中心、官方新闻部门以及国有网络运营商关于网络舆情监控的职能，设立直属于地方党委的专门的大数据网络舆情分析部门，专门负责跨部门的协调、数据整合和分析工作，为网络舆情管理、危机事件公关提供数据支持。在人员选拔任用上应指向专业化，并在编制上采取相应的配套。

其次，制定统一标准以规范数据使用。数据标准的统一是实现数据有效利用的首要前提。不同的数据使用标准通常会导致不同的分析结果，应用到网络舆情的监控中则会导致风险指标存在偏差。因此，需要在各部门之间建立统一的数据使用体系及数据定义。标准化的数据定义是为了实现舆情管理简便化、业务流程标准化、研判指标统一化，使网络舆情监控的主体能够明确自我定位，同时也能协调各方，统一相关口径，并对数据能够及时采集、分析和处理。相关的大数据管理机构，应积极推动整个社会建立起统一的、各行各业普遍认可的数据标准，并主动比照改进，同国家、国际标准接轨，以促进和方便网络舆情管理部门与社会其他部门、机构能够对数据进行有效的交换及整合。①

再次，共享数据以消除信息壁垒。要重视历史数据的使用和挖掘。过去政府有关部门往往不太注意积累历史数据，一事毕则一事过，大量的历史数据消逝、闲置，大量的舆情爆发点被忽视。因此，对历史数据进行保存、识别、检索、追踪，在事件发生后及时启动分析统计，重点关注影响力大的、传播范围广的舆情，同时对零星的网民观点也要批量收集，在机构整合的基础上应用不同种类的数据，借由数据的互联互通，打通因地域不同、管理机构不同、权限级别不同而造成的"信息壁垒"。另外，在中央机关和省级政府，应当着手建设云端数据库和舆情案例库，及时上传、共享舆情事件案例的处置过程和经验总结，作为各级政府部门的内部参考和学习材料，并利用多级网络和数据交换中心，形成大规模的数据、案例共享机制。

最后，推进舆情监控与其他公共资源的融合。目前，各地区信息化、智能化的发展程度不均衡，对现有信息资源中的情报信息的发掘和利用也不够充分。因此，建议政府部门充分利用各部门、各行业中的信息资源，利用信息科学技术将舆情监测与其他公共资源有机融合，挖掘舆论场的关键信息和情报，从而发挥资源整合的强大优势，提升防控效率和准确度。

2. 确立大数据理念和主动意识

任何变革都是从理念或价值层面开始，理念的变革决定了政府的行政行为变革。② 要在信息大爆炸的时代背景下高效处理既多且杂的网络舆情，就必须从思想和认识上重视数据信息背后的重要价值，牢固树立起"数据制胜"的观点，在研判舆情事件时，要时刻以数据文化作为支撑，而不是仅凭借经验和主观臆断。

首先，树立大数据应用理念。英国物理学家开尔文曾说过，"当你量化了你谈论的事务，并且能够用数字描述它时，你对它就确实有了深入的了解。"③ 因此应用大数据的第一步，要在舆情监管领域的各部门，甚至

---

① 张兆瑞：《关于公安大数据建设的战略思考》，《中国人民公安大学学报》2014 年第 8 期。

② 李文良等：《中国政府职能转变问题报告》，中国发展出版社 2003 年版，第 1 页。

③ ［美］道格拉斯·W. 哈伯德：《数据化决策》，世界图书出版公司 2013 年版，第 26 页。

是全社会牢固树立大数据的理念，大力弘扬数据文化。在数据理念的树立、数据文化的弘扬上，应充分发挥政府的宣传机制，将数据治理理念广泛地推行到公共领域。对舆情分析工作而言，系统采集的数据、科学分析的结果将更为重要。技术变革已经不足以将"大数据"时代概括，变革思想观念也是其范围之一，"大数据"观念的形成需要做到以下几点：第一，在对事物发展趋势进行判断时，要树立"数据是讲话的依据"的观念；第二，尽量采集和运用更多的有效数据应用到分析判断过程中；第三，注意"分析真实数据—挖掘隐藏价值—总结发展规律—预测发展趋势"的工作思路和方法。

网络舆情监控工作自身有其复杂性，又存在着许多交叉重复的部门，为了避免出现严重浪费资源的现象，还需要在制订研究相关计划时有层次、有选择地进行。①在广泛树立了大数据意识之后，仍需要在接下来的工作实践中继续予以完善、补充和发展。

其次，建立主动的应急防控预案。一是当下自媒体改变了传统的社会话语体系，网络中开始涌现大量信息源，几乎每个能够接入互联网的人都能成为某条信息发布的源头，通过传统的强制管控方式将舆论统一定调显然已经不合时宜。那么，主动收集舆情走向和利益诉求，再进行宏观把握并引导舆论话语发展态势，才能更好地将舆情控制在政府的接受范围内，即"适当忽略围观精准度会使我们具有更高宏观把控度"②。因此，政府部门应该认清时代的发展，明确自身角色的变化，在此种条件下应该主动地参与到多元的社会治理中去，在这种舆论环境中发出自己的声音，并让自己的观念和态度取得社会信任。只有这样，在发生网络舆情事件的时候，相关的应急防控措施才能有力、有效且尽可能多地获得群众支持和谅解。二是网络舆情治理面对的是海量的信息数据，而这些数据尽管可能存在联系，但从单个来看，价值密度低，所谓"孤证不立"。如果把每个舆情数据都去做定性分析，那么其工程量将何其巨大，因此需要做的只能是从全体数据中进行定量分析舆情走势。而建立网络舆情应急防控体系，就是在技术和制度层面为上述工作的开展提供坚实的基础。三是被动"救火式"响应是传统舆论应对的一大特点，而大数据则改变了这一现状，

---

① 张强、张宏军：《作战大数据建设的困境与出路》，《解放军报》2013 年第 5 期。
② ［英］维克托·迈尔-舍恩伯格、肯尼思-库克耶：《大数据时代》，周涛等译，浙江人民出版社 2013 年版。

网络舆情的数据化本质决定了其内在的发源和传播规律。因此，依托大数据技术，完全可以实现网络舆情的预测、预警，那么，大数据时代的网络舆情治理必须要有主动"防火"的预防意识和风险管理。

3. 提升技术水平和大数据质量

网络舆情监控，首先的一步是对海量的网络信息进行浏览和查找，其抓取的信息来源种类多样，在前述章节中已有介绍；其次是筛选、提取相关信息并从中总结、分析出相应的舆情态势和走向；最后据此通过多种手段和途径做出正确的决策。而这一系列工作的开展，离不开与之相匹配的技术手段作为支撑。

首先，对大数据技术深入研发。2015 年发布的《大数据发展纲要》中已经明确："将推进核心技术攻关、形成大数据产品体系、完善大数据产业链作为我国下阶段大数据发展的主要任务来抓。"目前，国内高校、研究机构或技术公司已开始对舆情的监测、分析、预警进行了技术研发和升级。因此，政府也必须加大投入，加强对网络舆情监测分析等相关核心技术和产品的研发，以改变以往的数据处理效率低下、语义分析不准确、群体倾向性分析误差大等问题。

运用大数据、云计算等技术，重新整合政府部门基础数据资源，并与各类公共资源数据库实行匹配对接，组建全面、准确的数据库、资源库群，为网络舆情分析、研判和防控提供强大的数据信息储备。可邀请大数据行业尖端、对网络舆情深入的高校、企业或社会组织参与研发，组建政、学、研、产用于一体的网络舆情科研团队。同时加大技术研发必需的人、财、物力投入，并借力开源社区技术开放、交流自由以及团队协作的创新优势，重点加强舆情数据发掘、过滤、分析、可视化等关键领域及信息安全和隐私保护等方面的技术攻关，形成一套安全可靠、操作性强的数据技术体系。围绕舆情分析研判所涉及的数据采集、清洗、过滤、分析等环节，在突破技术瓶颈的基础上，研发网络舆情处理分析平台、可视化和一体化等软件或平台，以提升一线业务人员的工作效率。针对新媒体及移动媒介的传播特点和操作特性，可以联合相关应用开发企业和数据服务企业，研发专门用于舆情监测移动化的软件或设备，打造全面、完备的网络舆情监测产品体系，以打破尖端商业部门的技术垄断和产品垄断。

此外，政府部门还可以积极探索网络舆情治理与行业信誉公关的融合，搜集一批针对各行业舆情危机公关的代表性案例，形成指导性、服务性的公关产品，来帮助有关行业应对危机。

其次，强化数据挖掘以提升数据质量。事实的前身是数据，数据是事实没有经过加工、分析的体现。经过分析、处理过的数据将不再是简简单单的数据，而变成了信息，是记录事实的符号，是信息材料的基础构成。① 大数据的核心不在于数据，而是在于数据中蕴含的信息，关键在于数据的分析。近年来，随着政府信息化建设的推进以及"金字工程"的实施，数据的数量已经达到一定规模，但在数据质量的开发和挖掘上，仍稍显单薄。

信息的收集整理是网络舆情监管机制发挥作用和功能的重要环节。就网络舆情监控体系而言，各部门时刻收集到的数据并非真正意义的大数据信息。政府的网络舆情监控部门需要通过系统性整合，从技术和体制层面提升对数据的处理效果，提炼能力，优化程序。政府的数据分析人员和网络舆情监控人员不仅要在主流媒体和大型网络平台上采集信息，同时也应设定其他规模虽小但蕴藏能量的网络平台，还应该对身边流通的一些"小道消息"进行信息采集。在采集过程中应该客观地评断，在处理问题时要基于数据，摈弃主观因素，要培养舆情监管工作者的个人素质和网络修养，提升他们对数据的敏感度，深挖大数据集合的内在规律，适当的时候还可以形成案例、材料或者实务教程。

4. 加强人才队伍的引进和培养

大数据时代的网络舆情监控工作需要强有力的技术支撑，技术更新换代的速度加快，要求政府部门必须跟紧步伐，同时基层队伍的人才建设也需要国家层面的支持。

首先，建立数据化管理队伍。任何一项工作归根到底都是人的工作，所以专业队伍的建设就成为政府网络舆情能否有效管理的关键。江泽民同志在多年之前就讲到重视复合型人才的作用："信息网络管理是一个新的领域，没有一大批政治素质高、业务能力强，具有信息网络知识、法律知识和管理能力的复合型人才，工作是很难做好的。"② 舆情监控的精准化、智能化发展离不开大数据的支持，而当务之急就是全面提升部门整体的数据化水平。因此在建立数据化的队伍上具体应表现为：

---

① 张兆瑞：《"智慧警务"：大数据时代的警务模式》，《公安研究》2014 年第 6 期。
② 江泽民：《江泽民文选》第三卷，人民出版社 2006 年版，第 303 页。

第一，应建立数据化的舆情监控团队。由于客观条件的限制，现阶段可以主要以科研机构和高校为依托，引入国家资助或成立专项基金支持；同时可以直接从商业部门中引入专业人才，并给予相应的福利报酬，但是仍应该注重人才资源的继承和后续的培养，不可一劳永逸。

第二，在人才招聘上充分考虑多样性，重视复合型人才。比如在大数据领域内应注重数据、金融、物流、计算机、通信等方面，在社会管理领域应注重统计学、公安学、心理学、犯罪学、传播学以及社会学知识于一身的专业人才，同时还应当具备创新、坚韧、好奇等多方面素质，多样背景、经验丰富等较高的要求。

第三，人才的储备保障政策要落地。要用制度和效益吸引人、留住人，高新企业是如何留住高科技专业人才的，政府管理部门也应该效仿，将人才为我所用。可以以事业编或企业编的形式把人才编入政府机构，引入绩效考核机制，保障人才在舆情监管前沿部门发挥其应有作用。

其次，组织专业培训和相关资格认证。业务部门人员在岗期间应定时接受培训，相关从业人员要通过"全国网络舆情技能水平考试"，在特殊、关键岗位应聘用具备网络舆情分析师资格证书（CETTIC）、数据分析师（CPDA）证书、网络信息安全工程师资格等的专业分析人员，并在待遇上予以相应配套支持。此外还应定时组织举办或参加相关行业协会的研讨会、交流会，加强与相关行业的学习培训，如中国互联网协会、中国信息协会（大数据分会）、网络安全协会、中国应急管理学会（舆情专业委员会）等。

最后，加强与社会机构的合作。一是与高校、社会调查机构的交流学习。为解决大数据专业人才的巨大缺口，和提升基层监管人员的能力水平，一方面，在人才培养上，管理部门可以根据大数据应用的需求，采取特殊人才引进措施，积极吸引具备相关专业知识或者技术素质满足要求的人员进入队伍，比如向社会第三方机构、高校、舆情监测室等吸纳、征用、借调高端人才，带动部门整体的业务水平提升；另一方面，可以向地方高校定点合作培养这类人才，加强与学界和应用开发团队的交流联系，建立联合培养机制。二是与数据服务及提供商的合作。现阶段市场上，掌握的数据资源最多的有百度、阿里、腾讯（BAT）以及移动通信三大运营商移动、联通、电信，加强与这些企业的合作，可以最大限度地利用数据资源。同时，在购买市场企业的舆情监测服务时，也应该注重与舆情监测服务的提供商的合作，不断促进政府部门技术力量的提升。

# 第五节　法律层面应对机制构建

应对西方文化霸权，必须建立完善的应对体系，为了更有效地抵制西方文化霸权的侵蚀，保护我国的文化主权和文化安全，保护我国文化市场风清气正，不断完善我国政府防御西方文化霸权的手段，提升应对能力，必须完善抵御西方文化霸权的相关法律法规制度建设。

## 一　加快防御文化霸权相关法律法规的立法工作

中共中央、国务院在发出的《关于深化文化体制改革的若干意见》中指出："健全文化法律法规和政策体系，加强文化立法，通过法定程序将党的文化政策逐步上升为法律法规。继续执行实践证明行之有效的文化经济政策，制定和完善扶持公益性文化事业、发展文化产业、激励文化创新等方面的政策。"尽管政府在对外文化发展方面给予了很多的政策和法规、法律的支持，但是从总体上来看，目前我国的文化建设缺少专门的法律法规，我国的文化法律体系存在着不够系统、完整的法律缺陷，这从总体上削弱了政府防御西方文化霸权的能力，因此，要加快防御文化霸权的立法工作。

首先要加强防御西方文化霸权的立法理论研究，整合文化霸权防御的力量，在防御西方文化霸权立法理论研究的重点领域有突出成绩，要加强防御文化霸权的立法机关、文化管理部门、高等院校、文化研究机构等部门的协作；其次是要通过实地调研、开展文化讨论会、公开立法草案等形式，公开征求和采纳法律方面的专家、文化工作者、文化产业业内人士、政府文化管理部门等有关人员的意见和建议，发扬集思广益，提高社会和民众参与文化立法的积极性和真实性；再次是要对文化防御法律的整体框架和内容，要形成和健全以文化基本法为基础，以防御专项法律和各地的行政法规为主线，以各地文化管理部门的规章制度为补充的科学的、合理的、功能齐整、相关配套完善的中国社会主义防御文化霸权的法律；最后是要借鉴国际上文化发达国家在防御外来文化霸权方面所做的立法工作的经验，使我国防御西方文化霸权的法律逐步与国际接轨，用完善的法律制度规范调整文化传播和交流活动，有效防御西方文化霸权。

**二　推进网络舆情监控相关立法**

网络舆情监控是否有效，在一定程度上取决于国家相关法律法规是否完备齐全。因为没有法律做基础的管理和执法既靠不住，又难以服众。因此建议我国立法机构进一步推进网络舆情监控立法工作的开展，增强操作性，提升网络的法治、道德观念。

（一）理顺现行法律法规

首先，要理顺当前中央和地方有关网络舆情监管的法律、法规和政策。剔除现行法律规章中与现实情况不相适应的部分，整合法规条款中交叉重复的部分，论证增补新形势下亟待解决的部分，使之与网络舆情有关的内容能够自成体系。

其次，要使当前的网络舆情监管法律法规能与原有的其他部门法、法规相协调并互为补充。要强化法律规范在网络空间中的应用，打击在虚拟空间中的胡作非为和因"法不责众"而导致的闹剧，明确网络舆情监控的法律地位、执行主体和权利义务，并加快与之相关领域的法律法规的建设，及时填补空缺。

最后，完善网络舆论监督的法治规则。要做到依法治理，使得各网络平台和社区在制定规则的时候有法可依，也使政府监管部门在执法过程中有理有据、令人信服，这样才能保障人民的言论自由免遭网络不法分子、网络暴力的侵害，同时能更有效地打击和遏制网络犯罪。

（二）出台操作性更强的法律法规

当前，网络舆情监控和网络空间民主、新媒体迅猛发展和立法滞后的矛盾已显得尤为突出，这导致了政府一方在监管和执法上存在困难，新闻媒体一方却可以"打擦边球"，而网民群众一方却产生相当的抱怨和不满情绪。由此可见当前的法律法规已经难以满足网络生态发展的需要。

因此，首先，全国人大、各级党委政府应当组织专人进行研究论证，尽快出台与当前网络舆情监管实际相适应的部门法律和实施细则。其次，提升部分法规的效力等级，弥补法律体系上的不足，《网络基本法》的研究编写急需提上日程。最后，在司法层面上需要更加重视对相关法律的解释，针对网络舆情及其监控的普法工作需要全面展开，以降低网络舆论对司法的影响和干预。

### 三　完善网络信息相关立法

十八届四中全会决定提出了建设中国特色社会主义法制体系，建设社会主义法治国家的总目标，我国的依法治国进程进入了最重要时期和关键阶段。互联网作为近年来发展最快、对人们影响最深的领域，要进一步加强网络立法，完善网络信息服务、网络安全保护、网络社会管理等方面的法律法规，依法规范网络行为。

#### （一）提高法律内容的针对性和有效性

在网络技术不断更新换代、网民数量不断增多、网络信息内容日新月异的背景下，与网络有关的问题日益繁多。对于不同的问题如果没有使用的法律文本，将难以为网络执法提供支持。现阶段我国互联网领域的立法仍然存在网络立法相对宽泛、内容过于笼统的问题，许多领域法律是空白的，缺乏针对性和现实操作性。其中有关西方国家网络文化渗透的法律文本更是少之又少，对此方面的治理需要寻求多个法律文本，这就增加了执法的成本，在法律的适用上也降低了法律文本的说服力。

许多网络安全问题在短时间内发生，需要政府部门依据法律政策迅速做出回应。因此，法律政策的制定要紧跟社会时代发展的要求，不断进行调整以保证法律文本的灵活性和及时性。西方国家对我国进行网络文化渗透的方式手段随着网络的技术的发展，不断更新与变样，据此不断调整法律文本，提高法律的及时性，切实保证法律实施的有效性。

#### （二）借鉴国外网络信息管理立法经验

2015 年 7 月《中华人民共和国网络安全法（草案）》的出台，是我国网络安全立法迈出的实质性的一步，意味着我国网络空间将进入"法治"时代。然而，法律的出台并不意味着成熟，这不是一朝一夕、一蹴而就的。放眼全球，世界上有近百个国家制定了专门的法律保护网络安全，他们在互联网领域的法律制定和执行上为我国法律文本的制定提供了借鉴意义。

美国建立了包括立法、司法和行政三大领域和联邦与州两个层次的互联网监管体系，涉及内容较为全面，既有针对互联网的宏观调整规范，也有微观的具体规定，其中包括行业准入规则、电话通信规则、数据保护规则、消费者保护规则、版权保护规则、诽谤和色情作品抑制规则、反欺诈法规等方面，这些法规多达 130 多部。英国、澳大利亚、日本等国也根据本国国情出台了适应的法律法规，通过他国立法经验的借鉴，制定全面覆盖适合我国国情的网络安全法律法规。

（三）促进法律建设与国际接轨

全球网络空间仍处于"霍布斯式"的无政府状态，网络空间全球治理机制尚待建立，在缺乏有效制约的情况下，如何积极化解网络大国间在非传统安全领域中的"结构性矛盾"，迫切需要国际社会认真应对、谋求共治、实现共赢。

2015 年 12 月 16 日，第二届世界互联网大会在中国浙江乌镇召开，习近平总书记表示，各国应该加强沟通交流，完善网络空间对话协商机制，研究制定全球互联网治理规则，使全球互联网治理体系更加公正合理，更加平衡地反映大多数国家的意愿和利益。① 因此，在应对西方发达国家网络文化渗透的大问题上，既需要站在国内的角度上又需要站在国际大背景下，将法律建设与国际接轨，促进法律国际化，成为解决国际争端的有效措施。

（四）坚持社会主义法制统一

第二届世界互联网大会的召开，将互联网领域的治理与改革推向了顶点，各国从顺应社会经济发展的需要出发，逐步完善与网络相关的法律法规。我国法律体系各领域的大部分法律都经历了一个初步确立、逐步完善的过程。这既是国家制度构建方面的实践探索过程，逐步积累经验；也是人们对法律制度建设规律性的认识把握过程，逐步形成共识。

---

① 习近平：《互联互通·共享共治——共建网络空间命运共同体》，2015 年 12 月 16 日。

# 第八章

# 应对西方文化霸权与国际文化新秩序构建

通过以上对西方文化霸权理论与现实状况的多角度阐述和分析，对西方文化霸权的历史渊源和多领域、多方位的应对机制进行了梳理。为了能够积极应对西方文化霸权带来的威胁和挑战、维护我国文化安全、大力发展本土文化、促成国际文化新秩序的构建，我们应该在与外来文化扩张抗争的基础上促进本民族文化觉醒，采取积极有效的手段和措施来应对西方文化霸权。

## 第一节　西方文化霸权扩张与其他国家的民族文化抗争

在全球化的发展趋势下，国家利益中的文化因素不断上升，文化扩张与文化抗争因而成为国际关系中一个持续不衰的热点。西方文化强势国家，尤其是美国，在文化外交中奉行文化霸权主义政策，不顾其他民族自身文化的独立性与自主发展，通过一系列文化传媒传播手段向其他民族和国家输出美国本国的文化价值观，甚至阻碍其他民族文化的正常发展，试图使整个世界的文化发展方向向美国靠拢，甚至直接跟随美国的步伐，走美国道路，使全球文化单一化发展。当代西方国家借助于他们对全球化的主导性作用以及西方中心论、种族优越论、文化冲突论等文化霸权理论的支持，在全球化时代全面来临的当今世界里大肆进行文化扩张，从而导致国际政治领域的纷争与冲突不断。

### 一　文化霸权主义政策的运作程式

西方国家实施文化霸权主义政策的运作程式具体说来可以从媒介霸

权、话语霸权、意识形态殖民等方面进行分析。媒介霸权提供了文化霸权的技术基础，话语霸权控制疏通了文化霸权的有效途径，文化产品隐含的意识形态、文化价值观在被输入国的广泛渗透并获得认同，最终实现文化霸权的目的。

西方发达国家利用自身文化传播媒介技术更先进的优势首先形成了对其他国家的文化话语权控制。福柯在论述知识、话语和权力的关系时，提出了话语就是一种权力的观点，这种观点具有极大的合理性，因为在现代社会中，如果在特定的文化领域中某种话语占据了决定性的地位，那么这种话语就成为普遍性的话语，它实际上约束、限制了文化创作及其传递，所以说话语占领也就是权力占领。由于历史文化等方面的原因，广大发展中国家在建立独立性的国家政权之后，大都致力于经济、政治方面的建设，而在文化建设方面和西方国家相比存在着明显不足。在这种情况下西方文化就借助于强大的资本支持和媒介力量入侵广大的发展中国家，成为这些国家文化发展的引导者、启蒙者，并在这些国家的文化领域占据核心地位。而大量的发展中国家在文化创作、发展过程中则模仿外来的西方国家文化，其文化话语规则、程序、模式在很大程度上就是西方文化话语的复制。

当然，文化霸权的真正实现必须是建立在文化受众对外来文化意识形态的接受和认同上，如果被输入国的文化受众并没有接受和认同西方大众文化所内含的意识形态，那么文化霸权政策就没有真正实现其目的。英国学者汤林森在其著作《文化帝国主义》中就是以文化受众的主动性为由否定了文化帝国主义的现实可能性。然而人在文化活动中是具有两面性的，一方面，他是主动性的、自主性的，他们在对各种文化产品的接受中具有选择性、创造性，根据自己的生活实践、文化背景、理想追求对产品所包含的意义进行诠释乃至重构；另一方面，他又是受动性的，他不可能完全拒绝产品的意义，经过不断的冲击和渗透，文化产品的意义多少都会在他的思想观念上留下印记，产生一定程度的认同，尤其是对于文化素质比较低的文化受众更是如此。正因为如此，西方文化意识形态殖民效应就不可能不发生，只是在不同的国家、不同的文化受众中程度不同而已。

了解西方文化霸权主义的运作程式，对我们制定有效的应对策略，抵制西方文化霸权，发展和创新民族文化，有着积极的意义。面对全球化趋势的大发展，广大发展中国家不能对西方文化霸权主义漠然视之，而应该以积极的态度，及早着手，提出有关理论，制定有关政策，使本民族的文化精华能够在新的历史时期、新的社会历史环境下传承发扬，为早日完成中华民族伟大复兴的中国梦添砖加瓦。

## 二　西方文化霸权强势国家的文化扩张

从历史上看，自 1492 年哥伦布发现新大陆以来，在世界近代史上占据霸权地位的一直是西方文化。而这一霸权不仅仅只限于西方文化的渗透，而是国家全方位的侵入，欧洲列强在美洲、非洲和亚洲的大部分地区建立起经济、政治、军事和文化的霸权。"在这期间，欧洲的物质文明和精神文明便随之传入这些地方。这些殖民主义者立脚之后首先按照他们本国的政治、经济、司法体制管理和统治这些地方，同时把本国的宗教带进来，让当地人改变信仰，并兴办教育，学校里用的是欧洲学校的课本；他们的生活方式和习惯也带进了这些远比欧洲落后的国家……诸如此类的一系列做法自然而然地使殖民地的人民接触到了迥异于本土文明的欧洲文明。"① 从欧洲文明向外传播的第一天起，世界各地便不可避免地、或先或后、或深或浅地处在欧洲文明的影响之下。从整个世界近代史来看，西方列强不仅占据着世界政治的霸权地位，而且伴随着西方列强的武力征服，西方文化也随之向世界其他国家进行扩张。

即使二战后获得独立的发展中国家仍然受着西方文化的影响，正如塞缪尔·亨廷顿所言："在许多发展中国家，第一个'推行现代化的人'或'独立后'的一代人常常是在外国的大学里接受用西方广为传播的语言进行的教育。部分是由于他们第一次出国时是易受影响的青少年，因而他们从根本上吸收了西方的价值观和生活方式。"② 这些受过西方教育的青年回到自己国家后运用本土化来创建并维护自己的国家，在他们拥有权力来实际领导本国的各项事务时，仍然能够看到西方文化的痕迹。

进入近现代以后，西方强国的文化霸权主义政策变本加厉，其中以美国的文化扩张最具有代表性。以美国为例，第二次世界大战之后，美国依靠着强大的经济与政治力量，稳坐世界霸主的地位，在政治上，相当程度上影响着世界舆论的导向，左右着国际规则的制定；在文化上，他们将西

---

① 陈乐民、周弘：《欧洲文明扩张史》，东方出版中心 1999 年版，第 255—256 页。

② ［美］塞缪尔·亨廷顿：《文明的冲突与世界秩序的重建》，周琪译，新华出版社 1999 年版，第 90 页。

方文化中的核心价值观念简化成一套教条，并以"超文化"手段，如流行音乐、好莱坞电影、可口可乐等形式向世界各地输出，从而赋予自己在意识形态上的霸权主义。美国迪士尼电影公司总裁迈克·艾斯纳曾扬扬自得地说，"全世界都渴望美国文化"，其野心昭然若揭。因此，有的学者已经清醒地认识到："武力、经济与政治的扩张最终必然要转型为文化形态呈现出来，所以哪里有文化扩张，哪里就有殖民文化。"① 在冷战时期，西方政治制度、价值观念和生活方式的渗透，无时不在西方的对外政策中占据重要地位。无论是丘吉尔的"铁幕演说"，杜鲁门的"遏制战略"，艾森豪威尔的"解放战略"，肯尼迪的"和平战略"，还是尼克松的"不战而胜"，卡特的"人权外交"，里根的"新遏制战略"，都把文化渗透作为一个重要的砝码加以利用。这一点诚如尼克松所言："思想有其自身的力量，我们可以使思想穿越屏障。"② "国家意志远远超出了准备使用军事——不管是核力量还是常规力量——的范围"，"国家意志还包括一个纯真的基本信念，相信美国在斗争中是站在正确的一边。我们在世界上所代表的一切是值得保卫的"。③ 冷战后，老布什政府的"超越遏制"和"世界新秩序"战略，克林顿政府的"人权外交"和"输出民主"战略，同样具有浓厚的文化霸权主义色彩，正像有人说的那样："今天存在一种打上'美国制造'的世界文化。"④ 总之，利用文化霸权进行扩张贯穿西方大国的扩张史。

　　而且，随着科学技术的日新月异，文化扩张的途径也更加便捷。如互联网的兴起，极大地影响和改变着人们的生产方式、工作方式、生活消费方式和竞争对抗方式，其对文化的影响也更为深远，产生了所谓的网络文化。正如法国前总统希拉克所说的那样，"当今世界正面临着单一文化的威胁"正在逐渐变成现实。这是一种"新形式的霸权主义"，尤其是对相对落后的发展中国家，他们只能成为被迫接受信息的群体，其唯一的选择

---

　　① 《马克思恩格斯选集》第1卷，人民出版社1995年版，第97页。

　　② 刘洪潮：《和平演变社会主义国家的战略、策略和手法》，湖北人民出版社1989年版，第106页。

　　③ ［美］理查德·尼克松：《现实的和平》，陈杨、杨乐译，世界知识出版社1984年版，第94页。

　　④ 罗荣渠：《开拓世界史的新视野》，参见［美］斯塔夫里亚诺斯《全球分裂》译序，商务印书馆1995年版，第13页。

是无奈地面对发达国家的文化"侵略"。通过互联网等媒体，以美国为首的西方国家正在向第三世界国家大量输出文学作品、影视作品、艺术品、广告等，从而潜移默化地输出西方国家的文化观念、伦理道德、生活方式和行为准则，这些西方文化的时尚，逐渐为世界各国的人们所熟知、羡慕，并可能形成竞相模仿之态势，我国近些年社会上出现的哈韩、哈日风，而这些模仿倾向更是直接渗透到这一部分年轻人的日常生活中，对我国青年一代的不良影响可想而知。与我国文化被潜移默化影响一样，现如今世界上许多国家的民族文化同样面临着被别国趋势影响、被外来文化同化的危险，如何保留并发扬好本民族文化，抵制外来文化入侵是每个被影响国家的首要难题。

西方国家费尽心机地大力推行文化扩张战略，主要目的就在于为实现其战略利益提供理论上的依据以及其所作所为的合法性。文化扩张战略的政策思想十分突出地体现在美国冷战后对外政策尤其是对冷战后世界蓝图的设计中。20 世纪 80 年代末 90 年代初，东欧、苏联的政治剧变被西方许多人归结为"民主制度的胜利"，甚至将它说成是"历史的终结"。① 为此，美国积极推行和扩展西方文化，老布什政府认为，美国 20 世纪 90 年代的基本利益与目标是"建立一个政治经济自由、人权与民主制度盛行的世界"。② 老布什认为，在建立"世界新秩序"的过程中，"把我们的意志强加给敌人是我们的目的，武力则是手段"③。文化扩张和文化权力构成了当今国际关系中斗争的新领域，通过文化巩固自身的国际地位和维护自身的国家利益，谋求"文化霸权"就理所当然地成为西方国家新战略的重要组成部分。因而，他们必然会为扩大自己的文化权力及影响力而不断地努力。随着近几年国际形势的发展变化，西方国家意识到，只有通过各种手段，扩大西方文化的影响，才能增强自身的凝聚力和对其他文明中的人民的吸引力和影响力。即使是信奉权力政治的现实主义大师汉斯·摩根索也指出："文化帝国主义的东西，是最巧妙，而且如果

① Francis Fukuyama, *The End of History and The Last Man*, New York: Free Press, 1992, p. 11.

② George Bush, *National Security Strategy of the U. S. 1990-1991*, Washington, D. C. Brassey's Press, 1990, pp. 7-11.

③ 转引自杨运忠《布什政府的"世界新秩序"构想对社会主义国家的新挑战》，《科学社会主义研究》1992 年第 2 期。

它能单独取得成功，也是最成功的帝国主义政策。它的目的，与直接的政治或经济目的无关，而是具有更深远影响力的政府和控制人心与思想观念。"①

总之，当今世界上的某些文化霸权强国在文化上奉行霸权主义政策，通过各种手段向其他弱势国家进行文化扩张，这种做法已经引起了世界各国的警觉。文化的发展不能照搬经济全球化的模式，因为每一个国家、每一个民族都拥有自己悠久的传统文化，每个民族的文化都有自己的特殊背景，有自己的特色，有自己的个性，人类文化应该保持多样性，只有这样才可以使人类大家庭的文化丰富多彩，才能显示出各民族人民的智慧，也只有这样，才有利于各民族文化的融合、发展，才有利于世界的和平。当然，警惕文化霸权主义，不是简单地、盲目地搞"文化排外"，如果这样，就是文化愚昧。在全球化的背景下，故步自封、夜郎自大是不可以的，我们要抱有正确的态度，在反对西方文化霸权强国文化扩张战略的同时，加强与世界各民族的广泛交流，促进各种文化之间的相互了解与尊重，要以开放的心态，令世界各国的优秀文化能够为我所用，为我自身谋发展。

### 三　弱势国家的文化主权意识与文化抗争

由于西方政治、经济和文化的强势地位，世界文化交流呈现出单向流动的特征，发展中国家在不同程度上被动地接受西方文化，有些国家甚至被迫放弃本民族的文化传统，转而接受外国的文字、宗教，使民族文化的内核发生了根本置换。被动的文化趋同在大众文化领域更为突出，由于大众文化具有容易传播和模仿的特点，其生产和消费又主要遵循市场规律。因而在当今大众传媒时代，世界各国的大众文化呈现出较强的趋同化倾向，西方流行文化尤其是美国的流行文化事实上就是全球文化。在全球化时代，西方跨国公司传播的消费主义文化与西方价值观和政治意识形态巧妙结合，在西方的军事、政治和文化战略的紧密配合下，对发展中国家的经济与文化形成强大的渗透力和摧毁力，进而导致民族生存竞争的空前激烈，那些文化弱势国家在这种背景下，其文化主权意识不断觉醒，与西方

① ［美］汉斯·摩根索：《国际纵横策论》，卢明华、时殷弘、林勇军译，上海译文出版社1995年版，第90页。

文化霸权强国的文化抗争势所难免。随着二战后整个世界格局的巨大变化，特别是 20 世纪五六十年代非殖民化进程的迅速推进，当今第三世界国家在世界政治格局中占有越来越重要的地位。广大发展中国家的文化主权意识不断觉醒，与西方大国的文化抗争也不断加强。

中国的文化主权意识与民族意识的觉醒也在一步步地增强，尤其是党的十八大以来，习近平总书记提出并深刻阐述了实现中华民族伟大复兴的中国梦。中华民族伟大复兴中国梦是以习近平同志为核心的党中央提出的重大战略思想，是党和国家面向未来面向世界的发展宣言。在民族文化觉醒与复兴层面上，始终坚持和发展中国特色社会主义文化，以文化自信应对外来文化入侵的挑战，以自身的强大应对西方入侵。在新时代背景下，在新的历史时期与发展机遇面前，党的十九大多次强调中华民族的伟大复兴，"中国共产党人的初心和使命，就是为中国人民谋幸福，为中华民族谋复兴"；这个新时代，"是全体中华儿女勠力同心、奋力实现中华民族伟大复兴中国梦的时代"；"团结一切可以团结的力量，齐心协力走向中华民族伟大复兴的光明前景"……复兴民族基业，更要复兴民族文化，将中华民族独有的文化软实力、民族力量觉醒复兴。

人类长期分离的历史使各国文化表现出极大的地域化、民族化特征。在第三世界国家，抵制自外而来的其他强势文化侵蚀的呼声越来越强烈。一位著名非洲中心主义者阿桑特曾经提出一种多中心的文化多元主义构想。在他看来，文化多元主义首先意味着"有很多文化，而不是只有一种文化"；其次，意味着各种文化之间的平等关系。每一种文化都是一个独特的视界，都是一种中心主义，除了欧洲中心主义之外，还有非洲中心主义、亚洲中心主义，等等。文化多元主义可以为欧洲中心主义留有一定的空间，即各种文化中心主义都是平等并列的。"只要欧洲文化不以暴力开道，只要它不自诩为普遍主义，它就拥有和其他文化平等的权力。"[1]

在全球化进程不断加深的背景下，"全球化把世界上的所有国家和民族都卷入了现代化的过程中，但这一过程从一开始就是在发达国家和发展中国家强弱两极的不平等条件下进行的。总的来看，发达国家尽管也受到全球化的压力，但这与其从中的获益相比还是不值一提的，发达国家仍大体处于受益者的地位；全球化虽然也在一定程度上给发展中国家带来一些

---

① M. K. Asante, Multiculturalism: An Exchange, The American Scholar, Spring 1991.

机遇与机会，但面对发达国家的先进优势，其民族文化处于边缘地位，甚至有失去自主性的危险"①。第二次世界大战后，发展中国家在政治上成为国际舞台上一支举足轻重的力量，但它们在世界文化交流体系中的地位，如同它们在世界经济体系中的地位一样，与之远远不能适应。

20世纪60年代以后，随着大批新兴国家的建立，广大第三世界国家要求摆脱大国控制，实现自身发展的呼声越来越高。他们逐步意识到国际文化交流中存在的不平衡和不平等问题给国家安全和发展方面带来的消极影响，并要求打破这种不平衡、不平等的局面，建立公正、平等的国际文化新秩序。各国围绕国际文化交流领域引发的争论逐步在国际关系中凸显出来，发达国家与发展中国家之间的矛盾逐步成为国际文化关系中的焦点。

大众传播在国际关系领域中地位的不断提高使得人们越发相信，国家的传播实力是与其国际地位相对应的，没有强大的大众传播系统，就没有强大的国家软实力。由此引发的国际传播关系问题在60年代中期以后日益引起国际社会的重视。1976年8月，在科伦坡举行的不结盟国家高级会议上，广大发展中国家则首次提出建立"世界新闻新秩序"的号召，并明确提出要把这种新秩序的建立作为争取政治、经济、社会独立的一部分。然而建立国际新秩序并不是一帆风顺的事情，他们的努力遭到了西方国家的严重阻挠。这些享有信息垄断地位的发达国家高举"自由主义"的大旗，以维护新闻自由为借口竭力维持信息流通不平等、不平衡的现象，保护他们的既得利益。他们一再强调国际文化交流领域的现状存在着历史发展的合理性。同年，联合国教科文组织公布的"为信息自由流通、促进教育以及文化交流使用卫星广播原则声明"中，文化主权得到相当的尊重，例如第二款明确规定"卫星广播必须尊重所有国家的主权及平等"。20世纪70年代后半期以后，关于建立国际传播新秩序的争论日益激烈，支持建立与反对建立的两方在联合国教科文组织内部展开了激烈的斗争。1985年，双方的激烈斗争导致美、英两国相继退出了联合国教科文组织。2017年10月12日，美国再次宣布退出联合国教科文组织，声称教科文组织在以色列问题及一系列世界文化新秩序的角斗中有失偏颇，将美国的地位边缘化，随后，以色列政府发表声明将跟随美国退出。美国

---

① 戴路：《关于文化全球化的几点思考》，《中国青年报》2001年第12期。

此次再度与教科文组织的"破裂"初听不合常规，实则是情理之中，奉行"美国优先"的特朗普一旦在国际文化新秩序的争论与建立过程中遭受挫败，必会采取反击措施。1996 年 9 月，来自 80 多个国家的代表在尼日利亚首都阿布贾召开第五届不结盟国家新闻部长会议，会议发表的《最后宣言》号召不结盟国家向西方传播媒介对不结盟国家进行的"充满偏见和歪曲的报道"作坚决的斗争，并指出在人类进入新纪元后，大众传播必须全面、客观、公正、平等地报道别国事务，必须对整个国际社会的全面进步承担应尽的责任与义务。

在价值观领域，广大发展中国家也与西方文化霸权强国展开了更深层次的文化抗争。亨廷顿指出，"本土化和宗教的复兴是全球现象。然而，它们在亚洲和伊斯兰世界的文化自我伸张及其文化对西方的挑战中表现得最为明显。它们是 20 世纪最后 25 年中充满生机的文明。伊斯兰的挑战表现为穆斯林世界普遍出现的伊斯兰文化、社会和政治复兴，以及与此相伴随的对西方价值观和体制的抵制。亚洲的挑战表现在所有的东亚文明——中华文明、日本文明、佛教文明和穆斯林文明——都强调自己与西方的文化差异，有时也强调它们之间的共性，这些共性常常认同于儒教。亚洲人和穆斯林都强调他们的文化优越于西方文化"①。"'文化复兴'正在席卷亚洲。它包括'自信心日益增长'，这意味着亚洲人'不再把西方或美国的一切看作必然是最好的'。这一复兴表现在亚洲国家日益强调各国独特的文化认同和使亚洲文化区别于西方文化的共性。"这种阐述尽管有夸张的成分，并体现了"文明冲突论"理论体系的色彩，但的确在某种程度上也反映了发展中国家文化抗争的现实。伊斯兰世界对西方文化扩张有着深刻的认识，伊朗精神领袖哈梅内伊 1997 年对新当选的哈塔米总统及内阁说，新政府应当非常重视伊斯兰教和革命的价值观——重建国家、社会正义、解决贫穷问题和抵制霸权国家在各方面，尤其在文化入侵方面贪得无厌的行径。② 中华民族的文化主权意识和文化自信意识日益增强，2016 年 7 月 1 日，习近平总书记在庆祝中国共产党成立 95 周年大会上明确提出：中国共产党人"坚持不忘初心、继续前进"，就要坚持"四个自信"即"中国特色社会主义道路自信、理论自信、制度自信、文化

① ［美］塞缪尔·亨廷顿：《文明的冲突与世界秩序的重建》，周琪译，新华出版社1999年版，第 102 页。

② 王京烈主编：《面向二十一世纪的中东》，社会科学文献出版社 1999 年版，第 113 页。

自信"。其中文化自信是指对中国特色社会主义先进性的自信。坚持文化自信就是要激发党和人民对中华优秀文化传统的历史自豪感，坚定对党领导人民建设社会主义现代化强国，实现中华民族伟大复兴事业的坚定信念，在全社会形成对社会主义核心价值观的普遍共识和坚定信念。中国人民对于本民族的文化与历史传统应当充满自信积极弘扬，以自身的强大抵挡霸权主义与西方价值观的入侵。

　　总之，由于历史原因，西方文化在全球文明中占据主导地位，包括中国在内的广大发展中国家的文化正受着西方强势文化的猛烈冲击，这使我们环顾民族文化的生存环境时难免总有一种"狼来了"的感觉。然而，保护民族文化并不能采取封闭自守的做法。相反，一种文化只有与时俱进，才能更新与发展，焕发出新的生命力，换言之，民族文化需要在同外来文化的不断撞击下得以锤炼和发展。所以，在全球化背景下面对西方强势文化的扩张时，民族文化在努力抗争的同时，也要有勇气融入这一潮流，在接触中不断发展本民族文化。①

# 第二节　文化自觉与文化安全意识的觉醒

## 一　文化自觉意识的提升

　　自然界生物的多样性维系着人类的生存，民族文化多样性则丰富着人类社会的可持续发展，民族文化的特性不可避免地要受到全球化的影响，但这不能完全消解民族文化特质的多样性。在全球化的进程中，民族文化的特性将越来越突出，以信息革命为重心的科技革命，对于不同民族文化的价值系统、思维方式、伦理观念、国民品性以至审美情趣，都会产生难以估计的影响。

　　这里有必要先说明一下民族文化。民族文化的定义不是狭义的民族传统节日和民俗产品等，而是一个宏观的整体概念，民族历史传承下来的人文历史成果如知识、宗教、习俗、信仰、法规乃至各种习惯等，它既是既往的民族感情和民族意识的积淀，又是当下该民族的时代精神和价值取向

---

　　① 姜秀敏：《全球化时代的国际文化关系研究》，中央编译出版社 2011 年版，第 89—96 页。

的凝结。民族文化反映着该民族成员的思维方式、价值取向、理想人格、伦理观念、国民品性等属于"深层结构"的东西，反映着特定的人际关系和价值体系。这种深层结构的文化，及其所承载着的人际关系和价值体系，充分地反映着文化的民族性。而所谓文化的民族性，实质上就是一定民族与别的民族在文化特质方面的根本区别。从根本上讲，作为价值系统、文化模式集中反映的文化的民族性，只要该民族存在，就不可能消失。举例来说，中华民族文化历经数千年的演变，其间经历了佛教、基督教、伊斯兰教等外来文化的冲击和挑战，特别是遭受了近代意义的"西方文化"的震撼，却依然以其独特的风貌屹立于世。尽管现在的中华民族文化已经渗入了不少外来文化成分，但是，世界上任何国家的政府及其人民，绝不会因此而否认中华文化作为一个独特的文化类型的存在。"中华文化"的文化价值在世界舞台上都是毋庸置疑的，是无须解释与论证就存在的一种文化价值，一种独特的民族符号与标识。同理，被称为"民族熔炉"的美国，无论其外来移民如何增加，无论其具有"亚洲价值观"的东方移民如何保持并弘扬其民族文化，最终却没有也不可能改变"美国文化"的特质。可见，只要存在民族国家，民族文化的价值系统就不可能根本改变。

在全球化时代的背景下，民族文化的自觉意识不断提升。费孝通教授在论证"文化自觉"问题时说："文化自觉"是生活在一定文化中的人对其文化有"自知之明"，本民族的人民了解本民族文化的发展历程并对其未来的发展和前景有充分的认识。同时，"文化自觉"指的又是生活在不同文化中的人，在对自身文化有"自知之明"的基础上，了解其他文化及其与自身文化的关系。他提出，各种不同文化的人，怀着不同价值观念的人，怎样在这个经济和文化上越来越息息相关的世界上和平共处？人类在21世纪怎样才能和平共处于这个小小的地球上？为了解决这些问题，我们在精神文化领域里需要建立起一套促进相互理解、宽容和共存的体系。正确认识和处理全球化条件下不同文化之间的关系问题，是国际社会面临的一个重大而紧迫的时代课题，费孝通先生提出的"文化自觉"的思路对于构建全球化时代的国际文化新秩序具有重要的指导意义。

首先，要以文化自觉的理性正确认识全球化条件下不同文化的关系。关于怎样正确认识全球化条件下不同文化之间的关系，我们认为，经济全球化的影响固然使现有的各种文化增添了一些共同性的成分，带来诸如全球性文化市场和文化产业那样的新事物，但是并不能从根本上消除各种文化之间的差异；相反，在经济全球化的进程中我们同时也看到强劲有力的文化多元化发展的趋势，文明的多样性并不会因为经济全球化而消失，这是"多元文化共同发展论"的观点。文化多元并存的思路是基于文化自觉而形成的，文化自觉是人类对自身前途命运理性的认识和把握。这是因为，人是文化的生成，人的文化背景、价值观念、思维方式、道德追求使人的活动从本质上说来是一种文化活动。在社会发展变革时期，文化自觉具体表现为文化价值选择和构建过程中人们的一种价值取向，它要求将人的价值观建立在理性的基础之上，所以，文化自觉就是人的自觉、理性的自觉。整个人类文明史的发展证明，所有文明的地位都是平等的，各种文明都是相互渗透、相互促进的，各种文明都为社会的进步做出了自己的贡献，这并不是指所有文明都以相同的节奏去发展，但是它们都以平等的身份成为人类文明、社会进步的组成部分。

其次，要在文化自觉的过程中加强文明对话并走出文明冲突的误区。随着全球化进程的发展和冷战结束，国际格局处于深刻调整与变革之中，国际经济政治联系不断加强，文明和文化因素在国际关系中的重要价值日益彰显，不同文明的交流、互动、碰撞、摩擦、冲突、融合，使国际关系中出现了日趋复杂的现象与格局。在这种情况下，美国政治学家塞缪尔·亨廷顿提出了"文明冲突论"，声称在新的世界格局中，人类发生冲突的根本原因将不是意识形态的和经济的，而是文化方面的差异，"文明的冲突"将成为主宰全球政治格局及其走向的核心方面，文明之间的冲突是近代世界冲突演化的最新阶段，在后冷战时代，文明因素将成为人类社会中一切冲突之源。应该承认，亨廷顿敏锐地发现了问题，使人们不得不对不同文明之间的关系及其在国际政治发展中的地位和作用进行重新的审视和思考，但他并没有解决问题，也并没有为当今的国际文化关系提供一个原创性的范式。我们从历史发展的总体上看，在不同国家、民族和地域之间的文明发展更多的是以相互吸收与融合为主导，历史上每一次文明冲突的结果往往是进一步形成文明共存与融合，而每一次经过文明共存与融合产生的新的文明又会孕育着更为深刻的文明冲突，文明冲突和文明共存引发世界文明的变迁、演进、发展和多样化，不同文明在交融中发生碰撞而走向融合。

历史发展到今天，不同文明间的碰撞和交流出现了全新的情况，全球化大潮下的任何国家和地区的交流与对话都是全方位多角度的，在政治与经济交往的过程中必然会连带着文化的交流，彻底剔除避免是不可能的，文化与政治经济越发交融。在经济交往的基础上，加强文明对话，是全球化时代人类文明交往发展的必经之路。对话主体的文化自觉则是其重要前提。离开文明主体的文化自觉，就不会产生对话的意识和要求，文化自觉是开展对话、防止冲突、实现合作的客观要求。费孝通先生指出，文化自觉是一个艰巨的过程：首先要认识自己的文化，了解所接触到的多种文化才有条件在这个正在形成中的多元文化的世界里确立自己的位置，经过自主的适应，和其他文化一起取长补短，共同建立一个共同认可的基本秩序和一套与各种文化能和平共处、各抒所长、连手发展的共处规则。其次，在当今世界，主张文明对话者无论是出自伊斯兰世界、东西欧国家，还是出自东亚或其他地区，一般都具有较强的文化自觉意识，对文明间的关系有一个比较清醒的认识，积极主张对异质文明和异己文化采取开放包容的态度，希望通过对话交流，达到相互沟通、相互学习、相互理解的目的，从而形成了推动文明对话和构建国际文化新秩序的重要力量。

最后，以文化自觉的心态超越"文化霸权主义"和"文化孤立主义"两极思维。文化交往中所要倡导的科学理性和人文精神，其核心和灵魂就是文化民主的精神，从最基本的方面看，文化民主的内在要求就是肯定包括弱势国家、民族在内的人们选择自己文化的合法性与必要性，它以尊重所有国家和民族的价值选择为前提，而不是以先在性的经济强势来决定文化的一致性归宿。显然，从文化态度上说，弘扬文化民主精神的集中体现就是尊重和发展世界文化的多样性，这是一种理性的文化自觉。人类获得理性自觉，往往需要经历许多曲折和反复，也常常会付出惨痛的代价。人类历史上那些非正义的侵略战争，无论是亚洲还是欧洲，无论是古代还是近代甚至现代两次世界大战以及当今的局部战事，或是到处存在的以强凌弱的事实，都是文化不自觉的必然结果。一方面，"文化霸权主义"和由"文化孤立主义"发展而来的"文化原教旨主义"的尖锐对立已经使全球处于动荡不安的紧张之中。文化霸权主义者依仗自己的经济、政治、科技、文化优势，企图以自己的意识形态一统天下，他们认为自己的文化是最优越的，具有全世界的普适性，应该统治全球，一旦这种意愿不能得逞，就不惜发动战争，给全世界带来不幸。另一方面，文化孤立主义者也不甘示弱，他们认为自己的文化绝对优越，他们拒绝本民族文化与其他民族文化交往，为了防止自身文化受到侵害和影响，坚决隔离其他不同形式的文化，坚守历史文化不变，抵制创新和改变，这是一种顽固、僵化的现象，是一种病态极端，最极端者就是"原教旨主义"，"文化孤立主义"实质上也是一种"文化霸权主义"，不同处仅在于他们无力对外实施霸权，只能对内镇压一切与自己意见不同的人，并且无所不用其极，以固守自己的既得利益和旧日的一统天下。要想超越二者的两极思维，就需要文化自觉意识的不断提升，这里所说的文化自觉，首先是要自觉到自身文化的优势和弱点，懂得发扬优势，克服弱点；其次要对在特定历史条件下形成的旧文化，即传统文化进行新的现代诠释，使其得到更新，有益于今天；最后，就是要站在百年未有之大变局的时代背景下，立足于经济、文化全球化的大风潮中，使本民族的文化与世界各国的文化良性交流，促进共同进步，努力提升自身民族文化地位，使其成为国际文化新秩序建构中不可或缺的重要组成部分，这才是对自己文化的全面的自觉。从这样的要求来看，"文化霸权主义"和"文化孤立主义"都不能清醒自觉到自身文化的优势和弱点，更不能使自己的文化得到更新并造福于人类的未来。其实，无论是"文化霸权主义"还是"文化孤立主义"都是旧的思维方式的极端发展，两者的平等对话几乎不可能，但为了化解冲突，挽救人类的未来，必须改变这种局面，其根本出路就是在文化自觉的基础上彻底转换思维方式，从各个不同民族的文化中找出文明共存的资源，为构建国际文化新秩序做出自己的贡献。

总之，文化自觉是建构国际文化新秩序的基础，这是由文化自觉在文化交往中的重要地位所决定的。"唤醒文化自觉"就要突出文化的主体意识，不断增强本民族的文化自信，文化的主体意识是民族利益的观念表达。如今无论在网络上还是在市场上，文化争夺和捍卫的并非仅仅是纯文化，它真正所指的是民族的经济及政治利益。当然，突出文化主体意识并不意味排斥全球意识，缺乏对全球的充分把握，很难发掘出关于自身在世界中存在价值的自觉意识。在全球化的时代背景下，各民族文化自觉意识的不断提升，由此带来民族文化的创新与发展，进而进一步促进丰富多彩的世界文化多样性的不断发展。[①]

---

①　姜秀敏：《全球化时代的国际文化关系研究》，中央编译出版社 2011 年版，第 43—47 页。

## 二　世界其他国家文化安全建设

### (一) 东亚地区文化安全建设

东亚地区文化安全建设举措比较典型的有日本和韩国, 这两国在传统文化的保护, 以及对文化的开发等方面做得相当到位, 对于我国文化安全建设具有重要借鉴意义。自明治维新以来, 日本全方位的学习西方, 包括文化发展。但日本人也开始逐渐意识到保护本土文化传统的重要性, 外来文化必须与本国文化相结合, 才是文化发展的必由之路。

日本先后出台了三部保护文化遗产法, 严格执行的结果是日本传统文化遗产直到江户幕府时代几乎得到完整留存。对文化财产的细分, 使得对其保护有章可循, 效果大大提升。后来, 日本又相继出台一些关于文化方面的保护法律和法规, 这些都对日本的传统文化起到了非常重要的保护作用。20 世纪六七十年代, 日本的经济得到飞速的发展, 但其发展是在大量依靠西方国家支持的基础上实现的, 西方意识形态的渗透也同样不可避免, 但日本对其进行选择性的借鉴, 建立自己的文化管理制度体系。日本对传统文化的认同和培养使得本国的传统文化得到传承, 同时也不排斥对西方文化的学习和借鉴, 这对我国文化安全建设提供了一条可供参考的现实路径。

韩国的思想文化深受中国文化影响。韩国非常重视自身文化建设, 已经在文化领域成为世界强国。在韩国几百年来建设自身文化实力的过程中的做法和历史经验对我国的文化安全保护有很大的借鉴意义和参考价值。20 世纪 90 年代末, 韩国政府提出 "文化立国" 战略, 制定了《国民政府的新文化政策》《内容韩国蓝图 21》《文化产业振兴法》等政策, 强调韩国要在 21 世纪成为世界文化大国、知识经济强国。韩国还非常注重和处理传统文化与外来文化的关系, 韩国的文化大国地位与其重视教育, 重视人才培养是分不开的, 韩国非常重视对人的教育, 国民也极为重视教育, 在 1995 年, 韩国教育发展指标就进入了世界前十的行列。[①] 这不仅促进了韩国教育事业的发展和繁荣, 也为其文化强国的建设提供了基础和条件。注重文化产业发展, 扶持行业领先。韩国施行 "文化先行" 的产业链模式, 在文化产业的发展和出口方面施行优惠和扶持政策, 其影视作品

---

[①]　田以麟:《今日韩国教育》, 广东教育出版社 1996 年版, 第 179—182 页。

和互联网普及率在世界上具有优势地位。韩国的一系列的文化发展政策对我国的文化安全建设具有很好的借鉴和启示意义。

（二）非洲地区文化安全建设

从地理位置上，中国与非洲的距离非常远，但是从文化处境上，中国与非洲面临的问题非常相似。在全球化的背景下，如何保留自己的民族文化属性，巩固自己的文化特点这是非洲地区需要首先解决的问题。非洲落后的经济基础要求其必须参与全球化才能发展自己，但是如何处理传统文化和西方文化的关系，这在当地的一些国家和地方仍然存在巨大争议。

非洲地区的一些国家，对民族文化和国家文化安全建设方面做得相对较好的当属埃及。另外，有"彩虹之邦"美誉的南非也有丰富多彩的文化历史传统，无论是土著居民、黑人还是白人都对南非文化作出了杰出的贡献。其传统绘画和雕刻艺术对于现在的文化传承也具有非常意义，但是这种传承在二战后汲取了西方雕塑的精华，在借助外来思想的基础上发展自己，这也从侧面体现出南非在处理文化的引进与传承上兼容并蓄发展自己的正确思路。尤其值得指出的是，南非在处理白人和土著黑人之间的民族和解道路上所做出的巨大成就，其本质也从某一层面上凸显出外来文化与本土文化的紧张与融合。

从历史上看，西方 400 多年的殖民史给非洲人民带来了深重的灾难。非洲人民在与侵略者进行长期的斗争，不仅仅是军事上的抗争，也有文化上的觉醒。非洲的独立为地区的发展创造了条件，为发展中国家反抗殖民主义、霸权主义树立了典范，现在，非洲在国际舞台上发挥着日益重要的作用，是推动世界和平发展的重要力量。

# 第三节　大力发展文化产业

近年来，国外文化产品在中国市场占据着很大一部分比例，尤以美国的文化产品的入侵最为突出，这种现象对我国民众的思想发展和思维生活方式产生了极大的影响。在我国的文化产业的发展程度还在初始阶段的今天，我国文化产业的发展在很多方面还与外国的发展有着很大的差距，综合竞争力整体较低，同时，核心竞争力也明显较国外文化产业有一定差距。打铁还需自身硬，想要最有效地抵御外来西方文化的入侵和文化产业的竞争，在文化产品和文化服务领域防止西方国家对我国文化产业安全的威胁，最根本的办法还是要加强自身文化发展水平，发展本国文化产业，提升本国实力和整体竞争力。

**一　制定正确的文化产业发展战略**

在发展国家文化产业的过程中，在开始阶段就确立好正确的路线规划与战略方向是十分必要的。在制定出符合全局发展要求、方向正确的国家文化产业发展战略基础上，按照既定路线发展建设，合理规划文化产业布局，严格按照规划来制定政策寻求发展，使我国文化产业的发展能够循序渐进、目标统一。

制定文化产业发展战略有以下几点要求：首先，文化产业战略的制定要具有全局性。这里所说的全局不仅是指空间上的全国范围内，还指时间上的整体性全局发展，着眼于未来。其次，要立足于中国本土国情的实践发展我国文化产业。各国国情都有其特殊性，中国文化的历史源远流长，文化习俗丰富多彩，针对中华民族文化的特性和实际的文化产业发展要求，我国制定的文化产业发展战略应当是与他国文化产业发展战略相区别的。最后，文化产业发展战略要注重引入国际眼光。文化产业的发展与经济的发展相辅相成、互相促进，中国经济市场在加入 WTO 以后更加开放，随之而来的文化产业市场也应当是开放多元的，同时还要接受国外文化产品和文化服务进口竞争。因此在国际与国内的文化市场竞争中，我们必须结合国际惯例，将我国的文化产业发展战略提高到国际化发展的层次。

**二　提高文化资源安全意识**

在文化资源的开发方面，一方面我们要增强全民族的文化资源保护意识，另一方面还要发挥中华民族文化深远持久的优越性，要在对文化资源的开发和利用过程中保持中华文化原有的优良特色，维护好传统文化的特性，不允许一味追求文化产品经济利益而忽视了对传统的继承与保护，几千年来传承的中华文化传统与中华文化底蕴不容磨灭和改变。在文化旅游资源开发中，一些商家一味追求经济利益而忽视了对传统文化、风俗的保护与弘扬，我们有不少的民风、民俗在经济利润的转化时失去了原汁原味，我们引以为傲的文化底蕴随之大幅贬值。在日本，人民非常注重对本土文化的传承与保护，在文化产业经济的开发与利用时，对本国的茶道、花道、书道、吟道、弓道、剑道、柔道、相扑、歌舞伎等都完整地保留了下来，在历史文化的肩膀上加入新的发展，在尊重传统文化的基础上产生了良好的经济效益和社会效益。

在文化资源保护问题上，国外有很多国家都有很成功的实践和表率，我们可以在发扬本国优良传统的基础上借鉴英国、美国、日本、韩国等国家的成功经验。文化资源保护最基础的工作自然就是从法律层面做出保护，对文化资源进行专门的立法。首先要依据联合国教科文组织制定的1972 年《保护世界文化和自然遗产公约》、1989 年《保护传统文化和民俗的建议》、2001 年《联合国教科文组织文化多样性宣言》（草案）、2003 年《保护非物质文化遗产国际公约》，尽快制定和颁布实施符合中国实际需要的法律、法规。其次要在开发和创新本国文化资源的过程中保护本国传统文化瑰宝。韩国就极其重视非物质文化遗产的申报与保护工作，目前，韩国已有 18 个项目列入教科文组织非遗名录，尤其是 2002 年世界杯就开始的对泡菜文化全球范围内大力推广与普及，直至 2013 年才启动申请程序，可谓用心良苦。在 2005 年韩国将 "江陵端午祭" 列入《人类非物质文化遗产名录》更是引起中国网民的轩然大波，事实上，韩国申遗的知识端午祭的仪式并非中国的传统节日，虽然这只是一个小小的误会，但依然从侧面反映出中国在非物质文化遗产申遗方面还是力度不够、范围不广。不能由于申遗工作的疏忽而浪费了我国一大批优秀的民族传统文化与非物质传承。每一种文化现象都是在特定时间阶段内、特定历史环境下的产物，每一种文化现象都是有特定时限和生命力的，当它的特定功能和活力消失殆尽时，它的流行程度就会急剧下滑，属于它的市场也就会缩水至消失。因此，保护传统文化时必须要积极地开发与创新，发掘传统文化新时期优势时必须注意努力恢复传统文化的活力，继承传统文化的优良精华，并根据时代的变迁和实际需要，用先进理念引导文化资源的开发和利用。

### 三 提升文化产品的软实力价值

发展社会主义文化产业，必须大力提升文化产品的软实力价值，进一步丰富文化商品与文化服务。因为文化产品的软实力价值直接构成文化产品的核心竞争力，关系我国文化产品的国际竞争力的强弱。当前文化产品的贸易额逐年增长，在全球经济领域中所占的比重越来越大，文化市场已经成为重要的市场领域。而我国文化产品在国际市场中的竞争力不强，除了以美国为首的西方文化产业占据国际市场的主导地位导致的不利局面外，国家文化产品本身缺乏核心价值导致竞争力较弱是最主要的原因。因此，为加强文化产品的贸易输出，提升文化产品出口比重，促进本国经济水平的提高，通过增强自身实力来保护本国文化的安全，增强文化产品在全世界范围内的国际竞争力。在文化产品产量扩大的同时，更要追求更高质量的文化产品生产与供给，在保证质量的同时进一步做大文化文化产业规模、做强文化产业实力、丰富文化产品或服务的种类与形式。

在丰富文化产品或服务的质量与种类的同时，还要努力提升文化产品内在的软实力价值，这一点可以从以下三个方面推进。首先，要树立文化产品的市场意识。认识到文化产品也是市场经济发展中不可或缺的增长因素，文化产品的特殊性决定了文化产品不能等同于一般商品来对待，文化产品被深深地印上了一定的价值取向和意识形态的烙印。但文化产品同时也是市场中流通的商品，需要通过竞争在市场的优胜劣汰中提升自己的价值，因此文化产品的创新与开发要具备一定的竞争意识。其次，在文化产品的创造和开发时，要积极吸取我国传统文化的精华，在收集文化创意时要善于从我国古代的文化资源中吸取优良部分，在西方文化资源中寻找创造与文化新产品创作的灵感。在文化的创造与开发过程中要时刻认识到中华民族古代传统文化是一笔宝贵的精神财富，我们应端正态度，怀着礼敬自豪的心来对待传统文化，在历史遗产中提炼出可以宣扬和改造的文化艺术和文化产品；与此同时，我们不能一味地闭门造车，还要广泛吸取他国的先进文化成果。最后，在人才培养方面要注重质量的保证，培养优秀文化艺术人才，通过人力资源的独特影响力提升文化产业的内在价值，在文化产业的建设中形成数量庞大、结构合理、专业过硬、信念坚定的文化建设队伍。

### 四　推进文化产业体制创新

在新的历史发展阶段，我国文化产业体制的改革已经取得了一些有目共睹的长足进步，在一定程度上对我国的文化产业发展起到了积极的推动作用，但随着经济和时代的高速发展，与之相匹配的我国现行的文化产业体制已经呈现出落后之态，在一定程度上无法适应我国新时代的文化产业发展要求和全球环境下的国际文化产业发展趋势。因此，推进我国文化产业体制创新势在必行。

推进文化产业体制创新要做到以下几点：第一，积极转变政府文化管理职能。在文化发展过程中，政府不能再扮演"大包大揽"的角色，而是应当适当释放出一些主办、全权负责的职能，由全权负责向以"管"文化为主转变，提升管理与监控职能。第二，要改革文化管理机构。不能让机构体制问题拖了文化发展的后腿，进一步加大政府机构改革力度，将交叉重叠、政出多门、部门分割混乱的部门重新理顺整合，避免行政过程中的一系列不必要损耗，建立一套精简、高效、廉洁、权威的大文化政府管理体制，为文化发展保驾护航。第三，要改革产权体制，尊重文化知识产权，使文化产业具有自主发展权。在文化产品的生产与经营上实行政企分开原则，推进文化事业单位的企业经营化改革，在最大程度上调动文化事业单位的工作积极性。第四，要在源头把控好文化市场中文化产品与服务的质量，所谓源头就是文化产业的准入机制，文化市场的准入机制应做到公开、透明、非歧视。

## 五 创新文化行政管理体制

在市场经济高速发展的新时代，为适应市场经济变化和充分满足人民群众多样的文化需求，我们在积极提供丰富多彩文化产品与文化服务的同时，还要在行政体制方面理顺文化行政管理部门与文化事业单位、经营单位的关系，避免体制问题对文化产业发展的阻碍，加大文化行政管理体制改革，创新管理方法、提升管理效率，更好地为文化发展服务。

首先，创新文化行政管理体制就必须革除影响文化发展的体制性弊端，避免原本弊端所带来的一系列不良影响。虽然现在文化系统已经在某些部门与领域进行了很大限度的机制改革，但一些以往管理过程中存在的弊端没有得到完全的解决。在今后创新文化行政管理体制的进程中要进一步理顺政府部门与文化企业事业单位的关系，将行政部门的文化职能真正实现由"办文化"向"管文化"转变。

其次，对多种文化行业性组织进行鼓励与扶持，对文化行政部门进行职能转换，从大包大揽转换为下放市场自由竞争，由文化行政部门进行市场监管、社会管理和公共服务。①

## 第四节　加强国际文化交流

在经济发展与文化交流过程中，面对来自世界各方的威胁与竞争，要时刻注意对我国文化安全的维护。文化安全的维护主要通过以下几个措施来实现与应用：意识形态建设的加强，社会主义核心价值体系的建设，鼓励文化创新来提高社会主义文化的吸引力和培育、践行社会主义核心价值观。这在文化保护与发展中是本质要求与重要保障。坚持维护我国的文化安全并不意味着把文化封存于本国严密保护，我国文化的发展需要同世界各国文化进行文化交流从而汲取更多的养分来充实自身，同时，对我国文化安全的维护也是在国际文化发展大环境下进行的，一个良好的文化保护与外部发展环境，需要我们积极同主张文化多样性的国家和民族加强国际文化交流和合作，推动合理的国际文化新秩序的形成。

### 一　反对排外主义，促进文化交流

在世界各国维护国家文化安全的历程中，采取完全排他主义，只保留自身国家与民族的文化来防止其他国家文化的侵害是完全错误的倾向。文化的故步自封、拒绝文化交流会使自身的文化越来越窄，无法与世界发展接轨的文化方式只会使本国文化内容不能同时代发展的要求相一致，反倒不利于本国文化安全的保护。正如习近平总书记在 2019 年 5 月 15 日亚洲文明对话大会开幕式上所说："我们应该以海纳百川的宽广胸怀打破文化交往的壁垒，以兼收并蓄的态度汲取其他文明的养分，促进亚洲文明在交流互鉴中共同前进。"因此，我们在表明反对文化排外主义严明态度的同时，还要采取一系列切实行动，应当采取更积极的保护本民族文化政策，在保护的同时，要对西方文化霸权主义国家的文化扩张和文化渗透进行不懈的抵抗和严厉的谴责，在世界文化震荡的洪流中保留自身民族文化的特质，但决不能拒绝文化交流与学习，更需要我们同世界各国的其他文化进

---

① 参见《文化部关于贯彻实施〈行政许可法〉转变政府职能改进和加强文化市场监管工作的通知》，http：//8. 80008. cn/80008/falv/zy/bw/gw/＼＼vhb/1356728. htmlo.

行更多的健康、安全的交流，汲取其他国家文化当中的有益成分，用于我国文化的发展与创新，创造和培养具有国际视野的文化理念。

## 二　建构中华文化的交流与认同平台

中国是世界上最大的发展中国家，同时也是人口超级大国。但很多国家受"中国威胁论"的错误导向，认为我国的文化是带有"侵略性"的，所以就在一定程度上拒绝与我国文化有进一步的接触与交流。而这是完全错误的"中国威胁论"的阴暗目的，也是一些霸权主义国家不可见人的目的。事实上，中华民族自古以来就是世界上最和善的民族，我们的文化与发展从来不带有侵略性的想法与目的，我国是乐于与世界各国结交朋友的，在文化交流中寻求国际合作机遇，加强各个民族和国家之间的文化交流，向全世界展示我国文化同时也乐于创造条件使各国展示各自的特色文化。

中华文化与"世界文化的多样性"有着许多的共通之处，文化"和而不同"的主张也体现了文化民族性和世界性的统一，所以中华文化可展示自己独特的魅力，并且可以得到世界各国、各民族的认同。总的来说，中国特色社会主义文化是在坚持本民族文化优良传统的基础上，充分学习了世界各地区文化的积极因素，在结合中国特殊国情和新时代发展实际与客观要求下形成的文化体系，中国特色社会主义文化既保留了历史流传至今的民族特色，又兼收并蓄了世界文化特色。在吸收其他国家文化精华的同时，我国文化还十分注重文化的"走出去"，文化组织与机构积极在世界各国举办各种各样的文化交流活动中，在丰富多彩的文化交流活动中推广中国文化。文化推广的一个最有效的方式就是教育，在国内，我国国内的高校可以通过广泛地吸收来自全世界各地的留学生，通过对他们汉语能力的教育与讲授，增强我国汉语的推广度与影响力；在国外，我们可以在全世界各地建立中外合办的学校，加强中华文化的交流，在教育教学的过程中潜移默化地传播中华文化。在理解不同民族文化的基础上进行交流和学习，长此以往，中国和其他国家、民族会慢慢地相互理解彼此的文化，相互尊重彼此的文化传统，在保持各自文化民族性的基础上共同反对西方文化霸权，建立国际文化新秩序。

## 三　提高弱势民族国家的文化安全意识

要以"世界文化多样性""世界文化多元论""人类文化是世界性

与民族性的统一""文化知识产权保护""国家主权论""人权保障"
等观点为逻辑起点,深入"国家文化主权"理论的研究,在全世界范
围内营造出保护国家文化安全、维护国家文化主权的普遍文化道德舆
论。要扩展国家主权理论,国家的主权不仅仅指所属陆、海、空、天、
信(息)的主权,随着时代的快速发展与变迁,当代的国家主权还要
包括文化主权,一个国家的文化主权包括该国家人民的思想意志自主
权、价值观念自主权等。虽然文化主权不如其他主权那么形象、好理
解,但是已经在发展中得到普遍认同。在《国际法》尊重和保护的国
家主权,是在所属区域主权的基础上应当也同时包括国家的文化主权。
而在一定程度上,国家文化主权是与领土、领海等国家主权一样得到国
际社会的保护和尊重的。

### 四　构建具有中国特色的反西方文化霸权渗透体系

一切倡导与提议的文化保护力度都比较软弱又没有执行力,若要从
根本上保护好我国的文化安全、掌握文化发展的主动权,文化保护与反
西方霸权的侵害就要站在国家战略的高度,从体系机制的视角维护文化
主权。在中国特色的反西方文化霸权渗透体系的构建方面,要建造出安
全可靠的文化保护网。从国家层面建立国家文化安全预警体系和重大文
化冲突应急机制,构建适应我国国情的文化法制体系,以抗衡文化帝国
主义的入侵。

一是要在理论基础与文化体系层面建立起系统而科学反霸权主义基
础。深入研究霸权理论支点和内在逻辑体系,从霸权主义自身寻找问题
和反击路径;在哲学层面、价值判断和逻辑底线上对霸权理论和逻辑体
系进行分解研究和组合研究;由于霸权文化的入侵往往不是某一个单项
领域上单枪匹马地侵入,而是涉及诸多方面的问题,全方位、多角度地
影响别国文化发展,所以反霸权主义的研究必须在法理、秩序、格局、
权力、权利、利益、道德、战略等各个文化单位的基础上进行,这需要
在社会学、国际关系学、史学、法学、伦理学等多学科建立必要的逻辑
联系。

二是与世界各国爱好和平的国家与人民一道,联合和动员一切主持正
义,爱好和平、民主的国家和民族,建立稳固的世界反霸权文化战线。建
立这种战线是有历史条件基础的,在过去的侵略历史上,广大的第三世界

国家与中国都有受害的经历，在压迫与侵略中艰难生存、顽强发展。他们都在一定程度上遭受过西方国家霸权主义文化的侵略，他们的文化命运有共同的曲折之处，他们的文化立场有许多一致赞同之处，将他们的力量集中到一起，通过彼此的文化合作共赢，形成势能，用统一战线的强大力量来抗击霸权文化，建立一种崭新的国际文化新秩序。

三是建立国家文化安全预警系统。确保国家文化在受到安全威胁与侵害时，可以有一套完整有效的应对机制及时做出反应，准确降低损耗。国家文化安全预警系统就是通过对国际文化市场、文化商品的追根溯源严格筛选每一个可能造成威胁和安全隐患的产业入侵漏洞，以及对我国文化产业市场发展构成的威胁，对整个文化产业运行秩序带来的隐患，能够及时而准确地做出预警，并及时跟踪确认，在受到侵害时，迅速启动相应的国家安全保护机制，运用法律、行政、市场、经济等文化安全管理手段，进行鉴定和识别，对于危害本国文化与文化产业的力量坚决予以拒绝和打击。

四是建立突发性公共文化事件和重大文化冲突应急机制。在文化冲突发生的第一时间，若要及时地做出回应与反应机制，就必须从多渠道多方面及时地掌握迅速、准确、大量的文化信息，有专门的应急小组成员对所掌握的信息进行分析判断，得到第一手的分析报告，汇总得出突发性公共文化事件的具体性质和危害程度，根据不同类型的突发性公共文化事件有的放矢地成立危机处理工作机构，广泛利用后备资源与公共力量参与突发事件的应急处理，并及时掌握最新情况，主动将事件真实情况准确地向公众公布，避免民众恐慌。

五是要建立规范文化市场的法律保障体系。普通的行政管理手段是力度不够的，只有确立了明文规定的法律规范才能有力度地规范文化市场，而现在文化市场的法律规范还极其不全面不完善。因此，要加快文化和文化产业立法。有了完善可行的文化规范法，就可以在基础法律层面建立合理健康的市场秩序，规范市场行为，尤其是对文化市场的运营。同时，运用法律对文化进行管理，还可以保证先进文化的建设方向。要对文化产业发展过程中出现的新问题进行研究，制定措施，把合理有效的行政法规尽快完善上升为法律。要注意运用法律手段管理监督，严厉打击盗版行为，使文化产业的管理进入法制化轨道。

# 第五节　加强文化自信和文化创新

## 一　文化自信的含义

文化自信，就是一个民族、国家和政党坚信自身文化理念的正确性，对自身文化价值的充分肯定和对自身文化生命力的坚定信念。文化自信以文化自觉为前提，并在此基础上兴建自身和完善自身，两者存在着必然联系。文化自觉是文化的自我觉醒。在当代中国，文化自觉的目的就在于要深刻领悟文化发展的战略意义和价值，准确定位文化发展的历史方向，认清文化发展所面临的重大挑战，明确文化发展的现实任务。文化自信为文化的发展提供不竭的动力支持，但仅有这种支持是远远不够的，文化的发展要建立在现实文化产物的基础上。文化自觉的作用则是在文化发展的过程中提升文化发展目标水平，找准自身定位；而文化自信的作用在文化发展过程中提供不竭的动力源泉，为文化发展目标的实现注入能量。由于我国初期的社会主义建设是在经济文化落后的大背景下推进的，在根基深厚的中华传统文化面前，社会主义制度的先进性将社会文化现实状况拔高了一节，导致国人在制度文化建设上丧失了自信心。进入改革开放时期，一切发展目标以经济建设为中心，在一定程度上忽视了对文化发展的扶持与推动，又放松了对文化建设的要求，经济发展水平显著提升，但是随之而来的就是文化建设与经济发展水平脱节相当严重，文化的区域发展也极度不均衡：城乡之间、区域之间的发展都存在问题，文化利益难以协调一致。在这种严峻的文化发展现实状况下，只有迎头赶上，大力推进文化建设才能引领社会主义经济建设，又能缓解社会主义初期阶段的基本矛盾。

中国传统文化既有精华也有糟粕，在传统文化中同样存在着封建思想、腐朽文化等需要被改造和剔除的部分，这些文化成分会直接影响我国文化现代建设。同时，文化的发展还要在大环境下进行，我国当前正处于百年未有之大变局加速演变的时代，这给我国社会主义文化建设和长远发展带来多种挑战，在挑战和困难的洗礼中坚守本心，坚持文化发展的道路自信尤为重要，我们要坚定地树立自身的文化自信。新中国成立以后，在国力慢慢发展的同时，中华民族开启了社会主义文化建设的新阶段。

## 二　弘扬中国传统文化思想

自 1840 年鸦片战争以来，中国人民曾饱受压迫入侵的痛苦，在近 180 年时间里，中国人民被压迫又反抗的心路历程经历了封闭屈辱、崇洋媚外、自强不息的变迁。在某些领域，尤其是在社会学、人类学、民族学自西方传来的 100 多年里，有相当一部分学者怀着仰视西方学说的观念和态度，造成了我国学术界在很大程度上存在着崇拜欧美发达国家的风气，对我国社会学、人类学、民族学界有较大的影响。中国有自身深厚的文化与学术底蕴，各类社会学研究应该基于中国的国情，扎根中国实际情况，富有中国本土文化特色。

习总书记在 "5.17" 讲话中指出我们不仅要让世界知道 "舌尖上的中国"，还要让世界知道 "学术中的中国" "理论中的中国" "哲学社会科学中的中国"，让世界知道 "发展中的中国" "开放中的中国" "为人类文明作贡献的中国"。20 世纪末，费孝通根据中国发展的实际情况提出了 "文化自觉" 的概念和理念，曾经为中国社会学、人类学、民族学带来了一股新风；21 世纪已过去了 20 多年，中国（包括民族地区和少数民族）的经济社会文化正值转型期，中国的文化与理论研究提升到一个特殊的理论高度，追求讲好中国智慧、中国故事。最近几年，中国社会学、经济学、政治学等领域的几位知名学者提出了 "社会科学中的中国文化自主性"[1] 的观点，在一定程度上，中国学术界正在进入 "文化自信" 时代。现在，有一些中国学者已经抛开 "西天取经" 的信念，认真调查和研究中国经济社会现象，并且已经根据本国的现实情况，提出了一些既符合国情又与国际接轨的新概念、新理论，甚至新的研究范式。

## 三　以文化自信抵御西方文化霸权主义侵略

### （一）坚定鲜明的文化立场

在全球化日益深入的今天，经济交融合作的同时，文化也不可避免地相互交织、碰撞，应运而生了多样化的价值取向。在这种洪流之下，主流价值观的主心骨作用必须时刻铭记。我们在应对西方文化霸权主义的斗

---

[1]　渠敬东：《社会科学中的中国文化自主性》，《开放时代》2006 年第 1 期；贺雪峰：《"大循环"：经验的本体性与中国社会科学的主体性》，《探索与争鸣》2017 年第 2 期。

争中必须坚定的文化立场就是社会主义核心价值观，它根植于中国民族传统和文化历史，为我们提供源源不断的精神力量。在几千年传承的传统文化面前，我们不能停滞不前，历史的车轮推动着我们必须适时加强理论创新，结合新时代要求与中国的实际情况进一步推进马克思主义中国化，在理论体系和实践过程中实现双认同、全说服，以此在根本的价值观建构上抵御西方文化霸权主义对我国公众价值观形成和意识形态的渗透。中国历史几千年传承下来的深厚的文化底蕴积淀着中华民族举世无双的文化凝聚力与文化价值。新时代的文化自信立场正是要站在传统文化的肩膀上，弘扬和发展本民族文化的优良传统和宝贵财富，充实自身的精神世界，加强文化自信的培育，使我们在与西方文化霸权的抗衡中，坚定立场、共同进步。

（二）构建宏伟的文化战略

文化是民族发展之脉，是不竭的精神力量源泉，重视文化建设是新的历史时代要求下国家发展的必然要求。在文化自信信念的领导下，在全球文化产业高速发展的竞争下，我国应当适时地顺应时代要求，根据自身情况形成一个具有中国特色的文化战略体系，以此保护本国文化与文化产业免受西方文化霸权入侵的危害。若要形成具有中国特色的文化战略体系首先要坚定自身文化的自信，努力提高中国文化在全世界的影响力，坚持"走出去"和"引进来"两大战略并行发展，如让汉语成为与不同国家沟通交流的新媒介，在文化传播与交流过程中向全世界展示中国和平崛起、和谐发展的理念，如孔子学院在世界各地的开办就是这一战略最好的实践。走出去的同时还要积极参与多边文化对话，在国际舞台上积极进言献策，展现大国风范，为推进世界文化安全的进步做出我国的贡献。在文化引进来的过程中要注意不能对西方文化盲目崇拜，要理性选择，对西方文化秉持取其精华去其糟粕的吸收、借鉴原则，一切吸收成果为发展本民族自身文化服务。

（三）加大文化创新力度

我国要摆脱对西方文化的依赖，唯一的出路就是开辟出自己的道路，属于中华民族自身的道路。通过形式、内容创新以及提升过硬的质量，来提升中国文化在国际文化市场上的竞争力。自改革开放以来，在中国政府与文化部门的大力引导与推动下，我国的文化创新能力已经有了显著的提升，但在文化创新方面还有很长的路要走，我国的文化产业目前的发展状况表明我国的文化创新强度还不够、我国文化建设的情形还有待完善。

一是要增强我国文化内容的原创力度。只有对文化内涵进行充分的挖掘和创新，才能增强中国文化产品和服务的竞争力和影响力，要大力弘扬中国的原创精神，增强我国文化创新的自觉意识，在国内的文化创作，从学术写作到影视产品的制作都要杜绝复制和模仿现象，要把中国传统的民族文化融入文化的创作中去，要站在世界大众文化消费市场，对我国的民族文化内涵进行挖掘和创新，才能够使我国的文化产品独具一格，彰显大国特有的风采；二是要在文化的呈现形式和表现手段上创新发展。革新与创造是文化产业实现向前发展最重要的途径和必经过程，在文化产业创新过程中，最终都要通过市场的考验，这在一定程度上要求我国文化产业的成果必须在传承中国民族独有的特色传统的同时，还要符合时代发展的要求和国际水准与品味的文化样式，才能在国内国外的市场竞争中得到认可。而走中国路线的文化产业创新就是要立足本土，保留中国文化的鲜明特色，推广优良文化和传统，通过推广渠道的标新立异来开拓销售渠道，打造国际知名文化精品和文化品牌，满足不同层次和不同群体的文化需求；三是要加强对文化资源的再创造能力建设。中国的文化资源丰富，是公认的世界文化资源大国，但是由于中国在对文化资源的加工、改造、再创造能力较差，致使大量的文化资源还没有被开发成独具魅力和特色的文化产品，从而把丰富的文化资源转换成市场比较优势。

在努力加强文化主体创新力度的基础上，还要为文化发展和创新营造一个宽松、良好的外界环境，营造积极的创新氛围。文化创新不仅仅是文化工作者的任务目标，更是全社会人民群众共同参与、共同努力的一项系统工程，真正的文化创新不是狭义的更新，是各层面各领域人民群众的主动参与和社会上形成的良好风气。大力拓展文化参与群众范围，增加文化经营事业和参与主体的人数，通过一系列的文娱活动来激发广大人民群众的文化潜能，在群众中培养起共同投入建设文化事业的创新意识，为文化创新提供一个广泛的群众基础和社会氛围。

**四　文化创新的主要内容**

**（一）坚持以马克思主义理论为指导的文化创新**

我国的马克思主义理论并非一开始就被选择用来改变我国半封建半殖民地的旧中国的，在人民选择马克思主义理论前，有着各种各样的救国理论，但是经过实践的检验，马克思主义理论是最符合我国当时发展国情的，而且依照这个理论建设而成的社会主义必定会比资本主义更具有优越性。从历史实践来看，在马克思主义理论的正确指导下，结合我国的发展实际情况，我国已经取得了新民主主义革命和社会主义革命的伟大胜利，现在正走在新时代的道路上。

文化创新是未来文化的发展方向，在马克思主义科学理论的指导下，文化创新有了科学光明的发展方向。在马克思主义的指导下，我们在文化创新的过程中要坚持运用马克思主义的科学原理和科学精神，以马克思主义的科学性来规范引导文化创新的道路方向，科学性的方向最重要的就是要求文化创新的内容要符合先进生产力的发展要求，同时还要与最广大人民的要求相一致。

（二）正确处理好文化继承和文化发展的关系

在继承优良传统文化的基础上发展文化本质上就是为了提升文化的先进性，而文化的先进性具体指的是什么呢？文化的先进性在最基本的层面首先，是指文化的发展要同社会生产力发展的要求相符合，顺应时代的发展要求。其次，文化的先进性就是对文化本身的要求，即对待已然存在的文化应以什么样的态度来对待，是继承保留还是舍弃剔除；对未来的文化发展趋势，我们是选择停滞不前还是积极应对新情况、探索创新发展，这两个问题与选择是我们文化创新与发展过程中不可回避的两个问题。一旦我们选择了全盘否定我们的文化历史传承，摈弃传统文化的各类遗产，就必然导致本民族文化的凝聚力丧失，一旦我们追崇外来文化，一味地模仿发达国家的文化特征，就必然会导致民族性的丧失。所以在文化创新的过程中我们要在继承先前文明的基础上发展，同时用发展的眼光对待先前的文明。因为文化创新只有在继承人类所积累丰富的优秀文化传统之后，才可以在实践中赋予文化更多的内涵，这样文化就会更有吸引力、号召力。

综上，新时期的社会主义先进文化的建设，仍然需要继承历史传承下来的人类文明历史，汲取本民族的传统养分，从我国五千年的文明中鉴别传统文化，汲取传统文化的精华；同时立足当下，将传统文化的精华应用于新的历史条件下，顺应时代发展的要求，立足于全球大环境发展本民族文化，在保证文化发展中保持本民族文化特色的同时，又能全面提升我国特色社会主义文化在全世界范围内的吸引力。

（三）大力推进文化观念创新

观念是行动的先导，创新文化观念是发展先进文化的首要环节。新时代条件下的文化观念创新，就是在废除民族文化糟粕的基础上，在全社会形成一种文化创新意识与风气，在民众中形成一个有利于文化创新发展的浓厚氛围，在社会中形成大众参与文化创新的正确导向；创新文化观念还要将对文化的人事从各种片面狭隘和陈旧的理解中解放出来，在新时代的背景与语境下重新考量文化观念的创新。这种解放就是要改变过去狭义理解东西方文化的态度。在对待东西方文化的态度问题上，历来存在着两种截然相反的观点。第一种是绝对推崇东方文化的观点，他们认为东方文化乃至中国文化才是真正健康有益的，这种观点将现代文化与东方文化割裂开来，认为现代社会的一切病症皆因西方文化而起，认为西方文化终将没落，东方文化才是新世纪发展的中流砥柱；第二种则是较为推崇西方文化的观点，认为在未来世界大潮发展中，西方文化必将成为全球文化的主导，将西方文化等同于现代文化精华。这两种观点都是狭隘且不全面的，或是对中国现代文化发展蒙蔽双眼，或是对西方文化盲目崇拜，没有认识到无论东方文化还是西方文化，都是特定时代和地域的产物，都在其发展的时代背景下存在其合理优越之处。东西文化的这种多样性和时代差异正是人类社会进步和发展的动力，不同文化之间的冲突和融合大力推进了人类社会文化的向前发展。在全球化背景下的文化发展中，只有一种声音的文化只能走向偏狭和枯萎。因而，中国文化的发展、中国国家文化安全的保护，必须在同国外文化的交流融合中得到实现。我们要在对西方文化进行马克思主义辩证辨别的基础上，大力吸收接纳其中的合理因素，丰富发展我们的文化。优秀文化"引进来"的同时，还要推动中国文化"走出去"，让世界听到中国的声音，从而有力地支撑起中国文化的自主精神。

要以新的视角解读和权衡文化产品、文化活动社会效益与经济效益之间的关系。"文化是事业而不是产业"的观念在许多人的头脑中根深蒂固，多数人认为文化是无法带来经济发展的，文化的发展只是市场经济发展的一个附属品，这种轻视文化经济效益的观念显然是有失偏颇的。因为在社会主义市场经济条件下，文化产业不仅意识形态层面发挥其作用，同时，更是经济发展的重要组成部分。一种文化产品融合了意识形态和经济两种价值，其影响力也就远远超出了经济货币体现的价值。因此，在全球化背景下，发展文化产业具有十分重要的意义。我们要改变过去狭隘的观念，要认识到文化除了具有"事业"的意义外，还具有"产业"的性质。要改变过去单一的发展模式，在保证把社会效益放在首位的前提下，尽力实现经济效益的丰收。在经济效益的增长与经济实力增强的基础上通过参与国际文化交流和竞争，不断增强我国文化的国际竞争力和影响力。

（四）大力推进文化内容创新

大力推进文化内容的创新是满足人民群众日益增长的精神文化需求的重要途径，文化内容的创新可以通过加强本民族文化与精神传承的创新来培育和弘扬民族精神，在文化内容的创新中对社会主义建设赋予新的时代内涵，还可以强化人民群众的拥护信念，甚至保障国家文化安全。

一方面，努力坚持马克思主义理论的不断创新。马克思主义理论作为我国文化发展的根本性指导理论，它的创新可以从根本上带动其他方面的文化创新，为它们提供不竭的动力源泉，是我国新时期文化创新的最高层次目标及核心任务。理论指导作为文化的重要内容又对文化具有领衔的地位和作用，文化创新只有在理论创新的指导和推动下才能健康而有效地进行。历史的经验与传承都明确指出我们必须要坚持马克思主义的指导地位不动摇，但这并不意味着要尘封不动地维护马克思主义的原样不变，社会是时时刻刻在前进的、国际国内形势也是在瞬息万变地改变着的，马克思主义理论也必然不能故步自封，要顺应时代潮流不断发展、不断创新，确保其先进性的特征在每个时代都不会改变。我们要适应实践的发展，保持与时俱进的精神状态，坚持马克思主义的科学原理和科学精神，创造出符合中国当代实际的马克思主义新的理论形态，用发展着的马克思主义指导、充实和推进文化创新实践。

另一方面，文化内容的创新要求文化领域的工作与发展都要站在时代发展的前沿，立足于改革开放的社会主义市场经济的发展状况和有中国特色社会主义现代化建设的伟大实践，面向现代化，面向世界，面向未来，对我国文化领域内所有古今中外交汇的各种文化进行社会主义的改造、升华和创新。我们要遵循邓小平同志提出的"钻研、吸收、融化和发展"的新时期处理文化继承与创新关系的指针。同时坚持文化创新要立足于世界视角，使文化的发展具有世界性。要积极吸收和借鉴一切对我有用的外来文化，包括西方发达资本主义国家先进的科技文化成果，为我所用，为我国文化的发展与创新注入活力。

（五）大力推进文化形式创新

在实现内容创新的同时，要不断进行形式创新。文化形式的创新需要立足于民族传统，立足中国特色社会主义实践的同时要令人民群众喜闻乐见。大力推进文化形式创新有以下几种途径：首先，在文化传承与发展的过程中要使文化展现的形式更贴近人民群众的生活实际，要提供多样化多层次的文化产品来满足不同层次群众的需求和水平；其次，还要考虑到我国人民的心理特征和表达习惯，立足于我国国民的生活实践来创新文化形式；最后，要保持文化形式的多样性。积极借助和利用现代传媒技术尤其是网络技术，丰富和发展文化工作的形式和内容。

（六）　大力推进文化体制创新

如果说观念创新是灵魂，内容创新和形式创新是主体，那么体制创新则是文化创新的内在保证，所有文化创新的工作与开发都应在合理的体制创新范畴下进行。改革开放以前，文化体制的制定与运行基本上都是计划经济的产物，一切为计划经济的运行服务；如今，在全社会主义市场经济体制的发展浪潮中，在全球化发展趋势的影响下，文化体制必须做相应的改革。要根据社会主义精神文明的特点和规律，适应全球化的世界趋势和我国社会主义市场经济的发展要求，充分发挥全社会的创造潜力、推进社会主义文化产业的发展，面对国际大环境能够适应不断变化与挑战。坚决不能忽视文化产业的重要性，尤其要深刻认识到文化产业在国民经济发展中的重要作用和对经济、社会生活的推动作用，从政府层面要积极制定一系列有利于文化产业发展和提升文化产业竞争力的政策和体制规范。在产业壮大的过程中努力寻求可大力开发的亮点，对有独特资源优势和市场竞争力的产业要制订优惠政策予以支持，按照市场规律来重构和形成具有较大社会影响力和市场竞争力的"品牌"企业，通过发挥品牌的优势来参与国际文化竞争。

# 第六节　建立国际文化新秩序

世界上各国家和各民族独具特色的文化共同推动了人类社会的不断发展。每一个国家和民族的文化都有受到尊重、维护的权利和价值，每一个国家和民族的文化发展都不应受到他国的干涉。然而，由于国际文化旧秩序与各国文化发展的不平衡，西方发达国家依仗文化霸权地位，向发展中国家大肆进行文化渗透和入侵。因此，为了维护国家文化安全、保障本民族文化的生存与独立发展，为了保证世界各国平等地进行文化交流和文明对话，我们必须建立起国际文化新秩序，与西方文化霸权抗争。

国际文化秩序是影响和决定国家文化安全的关键因素。西方主要资本主义国家把持的旧的国际文化秩序充斥着强者霸权、弱肉强食的典型特征，因此，要打破旧秩序，建立新的公正合理的国际文化秩序，逐渐构建起目标明确、思路清晰、体系完整的国际文化战略，抵御西方文化霸权。要想真正建构起全新的国际文化新秩序，可以采取以下四种途径。

## 一 促进多极格局，创造优良环境

国际政治格局对国际文化秩序具有决定性的影响。它是国际文化秩序的物质基础，决定着国际文化秩序的性质、主导力量和受益主体。因此，改革国际文化秩序，必须从转变国际政治格局入手。就当前和未来相当长时期的国际政治现实而言，应积极推动国际政治格局朝着多极化的方向发展，以使国际力量对比尽可能地趋于平衡，使那些长期遭受大国强权政治压制的行为主体有机会参与国际事务决定，提高它们在国际事务中的发言权和影响力，从而为 21 世纪新的国际文化秩序的建构创造良好的外部环境。

把国际政治的多极格局作为国际文化新秩序的物质基础，从根本上讲是由于权力因素在国际政治中的基础性作用所决定的。如若任凭政治权力扩张到文化霸权的膨胀，其结果只能是以独霸为特征的单极世界格局的出现。多极格局的实质是权力多元、相互制衡，它的最大优点在于有助于保持国际战略力量的平衡和相互制约，阻止任何大国攫取世界霸权。多极格局的这一作用对于建立公正合理的国际文化新秩序具有决定性的意义。

多极化是当代世界格局发展演变的基本趋势。这一趋势早在冷战后期就已经露出端倪，只不过在两极对抗的大背景下这一趋势被掩盖了起来。冷战结束后，多极化的步伐明显加快，并已成为后冷战时期世界政治走向的最显著特征之一。当前多极化趋势主要表现在以下几个方面：

首先，在全球层面上，"一超"和"多强"并存。美国虽然是世界唯一的超级大国，处于世界权力的巅峰，但无力成为世界的主宰；欧盟、中国、俄罗斯、日本等几大力量的实力地位不断上升，在国际事务中发挥着举足轻重的影响。

其次，在地区层面上，多极化趋势更为明显。亚太地区以美、中、日、俄、东盟为中心的多极制衡格局已经基本成形；欧洲则已经形成美、欧、俄三足鼎立之势，尤其是欧盟地位的凸显已经使美国在欧洲事务中的支配能力大打折扣。

再次，广大发展中国家的实力虽然较之西方世界处于明显的劣势，但总体上看，它们在全球经济中的比重逐步上升，整体实力不断增长。中国、巴西、印度等发展中国家的 GDP 总量在世界排名 2004 年已经升至第七、第八和第十四位。美国学者约瑟夫·奈在分析发达国家与发展中国家的经济增长趋势时指出：全球化刺激了贫困国家的经济增长，它们可以利用新技术和世界市场，所以它们在世界产品中所占的比例会增加，与过去几十年东亚国家的情况极其相似。如果美国和其他富国以约 2.5% 的速度增长，30 年后超过一半的世界总产品将属于今天仍然贫困的国家。美国仍将拥有世界上规模最大的经济，但其领先程度将低于现有水平。[1] 世界经济力量向非西方国家转移以及个别非西方大国崛起为世界性强国的趋向已经成为推动世界格局多极化的又一大动力。

最后，随着全球化的发展，国际政治力量日益从国家实体向国家集团或非国家实体扩散。非国家实体主要是指政府间国际组织和非政府间国际组织。这些跨国实体正日益积聚越来越大的力量，成为多极化发展中的有力制衡因素。未来的多极世界格局，将由大国支撑其主体结构，而一些发展中大国和非国家实体将占有重要地位。这样的多极格局会比历史上曾经出现过的仅由少数列强控制的多极格局合理得多，也稳定得多。[2]

当前的多极化还只是一个正在演进中的趋势，离最终形成尚有相当长的一段距离，加之百年大变局下种种不确定因素的存在，不排除在一定时期和一定程度上出现停滞甚至倒退的可能。这就为国际文化新秩序的建构增加了一定的难度，只有在多极化的外部环境里，才能彻底改变旧的国际文化秩序，建构新的国际文化秩序。因为国际政治在很大程度上仍然是权力政治，如果不对掌握权力资源优势的大国强国进行制约，这些大国势必会运用手中掌握的资源扩张其文化影响，维持其原有的文化霸权政策。因此，必须推动世界政治格局的多极化发展，这就需要世界各国共同努

---

① ［美］约瑟夫·奈：《处于十字路口的美国巨人》，载胡鞍钢、门洪华主编《解读美国大战略》，浙江人民出版社 2003 年版，第 53 页。

② 丁诗传主编：《新世纪初期中国的国际战略环境》，四川人民出版社 2001 年版，第 57 页。

力，全力提高综合国力，以求尽早实现世界政治格局的多极化。

总之，要积极推动面向 21 世纪的世界格局多极化进程，以便建立符合文化多样性要求的国际文化新秩序。整个世界的多极化发展，既是文化多样性赖以存在的必要前提，又是文化多样性的实际表征。随着冷战的结束，人类进入了一个和平与发展的时代，然而，世界并不太平，文化霸权主义国家凭借其经济、军事优势，肆无忌惮地推行其强权政治，把自己的价值观念和文化理念强加给其他国家和民族，企图在这种经济、政治、文化的全面控制中确立起自己的霸权地位，从而塑造一个可以为所欲为的单极世界。在这一背景下，文化多样性不仅无法得到进一步的发展，而且多元共存的国际文化新秩序也面临着最严重的威胁。应该看到，和平与发展是大势所趋，多极化的世界在不远的将来就一定会成为现实。我们知道，对于整个世界来说，只有多极化的结构才是最稳定的，而只有在稳定的国际秩序下，文化的多样性才有存在的空间并逐步发展起来，为建构 21 世纪新的国际文化秩序奠定基础。因此，为了有效维护文化的多样性，从而建构起全新的国际文化秩序，在国际关系上建立一个多极化的世界政治格局，就成为 21 世纪人类所面临的一项刻不容缓的历史使命。

## 二　坚持求同存异，倡导文化对话

冷战结束以来，国际格局处于深刻的变革和调整之中。在这个过程中，文化因素的作用日益提升甚至以一种放大的方式表现出来。在全球化的大背景下，各种不同的文化高度相关与互动，造成国际关系较之以前既绚丽多姿又日趋复杂。在这种形势下建立国际文化新秩序，文化对话是根本途径之一。

在不同文化之间建立起平等对话的建设性关系，乃是全球化时代国际文化新秩序建构的可靠保障。在全球化时代，全球意识的一个重要内涵就在于使人们自觉意识到在当代世界上丰富多彩的文化是其中任何一种文化能够生存下去的绝对前提。文化对话最初是针对亨廷顿的"文明冲突论"提出来的，"9·11"事件后，国际社会关于"文化对话"的呼声更加强烈。1998 年 9 月，伊朗总统哈塔米在第 53 届联大正式倡议将 2001 年定为"联合国不同文明之间对话年"，获得普遍赞同。第 53 届、54 届、55 届三届联大连续通过了类似决议。2000 年 9 月，在纽约举行了有许多国家元首、外长、著名学者和思想家参加的不同文明对话圆桌会议，并通过

《联合国千年首脑会议宣言》，其中指出："应该积极地提倡各种文明之间的和平与对话文化"，2002 年召开的第九届法语国家首脑会议讨论的主题就是"不同文明间的对话"。国际政治的现实表明，要对话不要对抗，已成为国际文化交往发展的必然趋势。主张文化对话者，无论是出自伊斯兰世界、东西欧国家，还是出自东亚或其他地区，一般都对文化间的关系有一个比较清醒的认识。他们主张对异质文化采取开放包容的态度，希望通过对话交流，达到相互沟通、相互学习、相互理解的目的。文化对话的发展不仅可以对"文明冲突论"产生影响，而且可以对整个国际文化关系发挥激浊扬清的作用。就当前来说，文化对话的新发展是伴随着全球化的新发展而兴起的。可以说，全球化的发展及其影响构成了文化对话的基本背景和基本主题，全球化的机遇和挑战凸显了国际合作的必要性。但是，国际合作的基本要求是相互理解，而没有"对话"就不能获得相互理解。

　　文化对话是理解的基础，也是合作的前提。国际关系是一个多种理念、多种力量、多种实践、多种精神相互作用的领域，把"要对话不要对抗"的精神从国际政治和国际经济领域扩展到国际文化领域，这是一个重要的进展。毫无疑问，离开了文化对话，建立国际文化新秩序是不可能的，由此可见文化对话的重要性。哈塔米认为，20 世纪"最有价值的成就"包括"接受对话的重要性和必要性，并拒绝武力"，人类文明的提升，不论在国家层次还是在国际层面，都是以不同社会间和不同文明间对话为条件的，如果人类社会在 21 世纪、新千年开始之际，"全力以赴使对话制度化，以对话和理解代替敌视和对抗，将为后代留下一笔无价的遗产"。① 前联合国秘书长加利说，只有通过国家间持续的对话，交流观点，才有可能促进国际关系民主化，而国际关系的民主化，则是世界和平的基础。"战争与冲突是从人们的内心开始的。如果我们想促进和平，以和平方式解决国际争端，我们就必须与人们的灵魂对话，通过文化的交流与对话。"② 而这种对话的最终目的就是在交流中增进理解与宽容，在学习中寻求不同国家民族的理论共识，化解冲突矛盾，解决和平危机，推动全球经济和文化的稳定、健康发展，从而实现人类社会的和平与共同繁荣。

　　总之，全球化时代的世界正在形成一种以多元主义为基础的秩序，世

---

① President Khatami's Speech at the United Nations General Assembly, 21 Sept. 1998 www. dialoguecentre. org.

② 《加利接受记者专访时的讲话》，《人民日报》2001 年 9 月 14 日。

界各国应共同努力，创造一种基于对话、容忍和协同的参与性的国际文化秩序。

## 三 坚持交融互鉴，反对文化霸权

在当代不同文化存在的星球上，不同文化之间的冲突之所以发生，在很大程度上也和不同文化之间的互相轻视联系在一起。各个不同文化由于习惯于以自己的价值观念和标准来看待别人的文化，这种态度一旦遇到别的文化时，往往自认为自己的文化最优越。中国古代统治者就坚信中国的文化站在世界的中央，立足于全球最高点，一旦有与自己文化不同的情况，必须征服之、同化之、灭绝之而后快。白种人在哥伦布发现新大陆后对土著人的态度也是这样。20 世纪的德国也把自己的文化看成最优良的，而将其他文化的民族看成"劣等的"。军国主义时期的日本也是如此，他们认为别人的文化不如自己的优越，今天充当霸权主义急先锋的美国，同样也把非西方文化看成"异端""邪恶""垃圾"，主张把他们的自由民主文化输入到世界各地。这种坐井观天的心态不是导致文化上的霸权主义，就是导致文化的封闭自守。在多元文化共存共处的全球化时代的今天，依然以这样一种态度来对待不同文化是不利于处理不同文化群体之间关系的，是难以与异文化共存共荣的。世界是由不同文化组成的，人类要生存和发展，不同文化之间就要互补互学，交融互鉴就要坚决反对文化霸权主义。

首先，不同文化之间要坚持互识。不同文化之间互学首先就要"互识"。也就是要对不同文化有一个认识、理解和欣赏。以不同文化的共同主题而言，都涉及对人与自然、人与人以及人对自我关系的理解和处理。在这一共同主题下，不同文化主体之间在处理这一问题上各有差异。例如，中国自古以来就注重用一种整体的观点看待人与自然、人与人之间的关系。主张人与自然的和谐，"万物并育不相害"，提出人与人之间互尽义务，"君仁臣忠、父慈子孝"，倡导人的内心世界的全面发展，仁、义、礼、智、信，喜、怒、哀、乐兼而有之，实现人的心理和人格上的全面发展。而西方文化比较注重二元分立，由此他们发展出了权利、法治、民主、契约等价值观念。不同文化之间的这种差异，一般存在于人们的日常生活中，通过各种形式表现出来。不同文化在相互学习中，就要把体现在不同文化背后的这种机制解读出来。因此，互学的前提首先就是互读。在读中不仅读出他的价值所在，意义道理，而且也要读出它的矛盾和欠缺，通过这种解读达到认识、理解和欣赏。比如说，中西文化各有千秋，讲究人与自然和谐、人与人和谐这是对的，在今天它被西方社会学发展成为文化资本理论和社会资本理论。在全球环境保护告急的条件下，中国先圣们主张的人与自然和谐的思想成为了环境保护思想的重要内容。但强调和谐过头往往带来社会成员国的自我表现意识受到压抑，甚至被扼杀。总之，不仅中西文化各有特点，而且其他文化诸如印度文化、阿拉伯文化、非洲文化都各有自己的独到见解。要读出其中的文化蕴涵，在封闭的文化中是难以实现的，而只能在各种文化体系的对比和交流中才能实现。

互学的另一个重要方面即是"互补"，所谓的"互补"是指相互吸收，取长补短。互补原理产生于量子力学对微观粒子运动的辩证认识，玻尔把它作为一条哲学原理从物理学领域外推到自然和社会的各个领域。"互补"的真正含义是指在不同条件下观察事物得到的绘景具有组织还原性和广义的空间对称性，它们的结合具有更高的观控性。① 采用互补原理有助于促进不同文化背景下的民族之间的相互了解。

不同文化生长于一定的环境中，这种环境构成了一定文化生长发育的源泉，也构成了不同文化自身的局限性。因此，任何一种文化本身都不是十全十美、完美无缺的。而任何一种文化在自身发展和走向世界中，所面临的挑战和问题往往是前所未闻的，仅靠自己文化提供的智慧是远远不够的。这就需要一个国家的文化不仅要关注自身文化发展，而且也要关注从世界文化中吸取智慧。从世界不同文化的发展中吸收自己前所未有的东西而丰富和发展自己，这样才能迎接来自不同文化的挑战，同时也才能从不同文化中学习在解决人类生存、人与人关系问题上表现出来的智慧，丰富人们的认识，提高人们解决各种困难的能力。在与不同文化的互补中，不断突破自身的限制，增加自身的信息量，改变自己的结构，以适应新的情况，"它山之石，可以攻玉"，西方国家向中国学习了科举制，促进了行政制度的改革；中国向俄国革命学习，找到了实现民族解放的力量；日本向西方学习，使自己从被动挨打的状况中摆脱出来成为东方强国。

---

① 欧阳志远：《"上帝"的陶杯——文化多样性与生物多样性》，人民出版社 2003 年版，第259 页。

　　总之，不同文化的互学不是把自己变成对方，或者简单地把对方变成自己，而是自主地学习，自主地学习先进因素；是在具有主体意识下的学习，即以我为主、为我所学。这样才能从别人的文化和智慧中吸取有益的成分，提高自己，才能学有所成。

　　不同文化彼此对对方的了解和认识，促进了不同文化之间的理解，也使双方有了更多的交流话题，为进一步的沟通奠定了基础。欧洲杰出理论家恩贝托·埃柯 1993 年访问中国时，在北京大学发表演讲时提出："了解别人并非意味着去证明他们和我们相似，而是要去理解并尊重他们与我们的差异。"总之，不同文化之间对对方学习和了解得越多，也就越能证明对别人文化的尊重，并使自己置身于别人的文化中，这样才能实现同他者文化的合作和沟通。反之，不同文化之间缺乏相互学习，对对方的特色不知、不问、不闻，在不同文化相遇时，也就使自己处在他人文化之外，这就容易导致对方把异己文化当成"陌生者"来加以对待。陌生人相处不免相互提防、猜疑。在全球化不断发展的今天，不同文化之间的交往不断扩大，但不同文化由于彼此之间的了解和学习少而形成的矛盾也越来越多，不同文化在对话交流中也要避免文化"误读"现象的发生，要对异文化进行正确的理解。因此，避免不同文化之间矛盾冲突的方略就是对对方文化的学习和了解，通过学习使自己成为多元文化中的一员，双方才能实现和谐共存，这也是全球化时代建构国际文化新秩序的现实要求。

## 四　坚持和而不同，促进多元共存

　　不同文化在和平共处的同时保留本民族文化自身的优良传统和独特特征，促使多元文化共存共荣，关键在于"和而不同"。中国古代思想家提出的"和而不同"思想今天已经成为中华民族伟大复兴的重要原则。不仅如此，它也是处理不同文化之间共存、促进多元文化发展的重要原则。在这一原则中，"不同"是其中的重要内容。即"和"并不是取消了"不同"，而是要承认不同。也就是今天西方多元文化主义代表人物泰勒提出的"承认的政治"。这种承认的政治并不是以自由主义的权利承认为依据，而是以文化背景为依据，即泰勒提出的"本真性"。这种"真性"就是人们在长期的历史发展进程中建立起来的文化和心理。他不仅构成了个人内心的呼唤，而且也构成了一个民族的天性。

　　坚持和而不同，促进各民族文化的多元发展，其中最重要的一点就是增强民族文化的自觉意识，促进本土化发展。应当充分利用现代传媒，如网络、电视、广播、报刊等新型多媒体手段，从不同角度、不同方向增进本民族文化的普及与宣传介绍，让全民族的人民拥有着民族文化自豪感和荣誉意识，主动积极地继承和发展历史流传下来的民族文化。另外，还要在民族成员中牢固地树立健全的文化意识和民族观念，以避免本土文化的断裂。坚持和而不同原则，无疑是全球化背景下维护文化多元发展的可能的途径之一。

　　总之，全球化时代的国际文化新秩序并不是水中月、镜中花，只要我们顺应国际文化发展趋势的客观要求，采取合适的途径和方式，积极推动国际政治格局多极化的进一步发展，同时，矢志不渝地坚持求同存异的原则，正确处理各个不同文化之间的矛盾和冲突，倡导不同国家、民族文化之间的文化对话和交流；坚持平等互补的原则，坚决反对某些文化强势国家的文化霸权主义政策；坚持和而不同的原则，既在坚持平等对话的基础上，努力发展各个民族文化，保持世界文化多元化的发展趋势，促进多元文化共存共荣局面的发展，全球化时代的全新的国际文化秩序就一定能从梦想变为现实。[①]

──────────

　　① 姜秀敏:《全球化时代的国际文化关系研究》，中央编译出版社 2011 年版，第 247—255 页。

# 主要参考文献

## 一　中文专著

北京大学互联网法律中心：《中国互联网法律法规汇编》，北京大学出版社 2012 年版。

蔡拓：《全球问题与当代国际关系》，天津人民出版社 2002 年版。

曹闻民：《政府职能论》，人民出版社 2008 年版。

陈乐民、周弘：《欧洲文明扩张史》，东方出版中心 1999 年版。

陈力丹：《舆论学：舆论研究导向》，上海交通大学出版社 2012 年版。

陈曦：《孔子学院的跨文化管理》，北京大学出版社 2016 年版。

陈永国：《文化的政治阐释学》，中国社会科学出版社 2000 年版。

程光泉：《全球化与价值冲突》，湖南人民出版社 2003 年版。

楚树龙：《国际关系基本理论》，清华大学出版社 2004 年版。

楚树龙：《跨世纪的美国》，时事出版社 1997 年版。

崔蕴芳：《网络舆论形成机制研究》，中国传媒大学出版社 2012 年版。

丁俊杰等：《网络舆情及突发公共事件危机管理经典案例》，中共中央党校出版社 2010 年版。

杜俊飞：《网络新闻学》，中国广播电视出版社 2001 年版。

范玉刚：《“文化强国”战略视野中的文化产业发展研究》，中国社会科学出版社 2016 年版。

冯绍雷：《制度变迁与对外关系》，上海人民出版社 1997 年版。

高宏存、张红岭：《中外政府文化管理比较》，国家行政学院出版社 2014 年版。

关世杰：《跨文化交流学》，北京大学出版社 1996 年版。

郭庆光：《传播学教程》，中国人民大学出版社 2003 年版。

何群：《文化产业管理学》，中国人民大学出版社 2016 年版。

侯东阳：《舆论传播学教程》，暨南大学出版社 2009 年版。

胡文涛：《美国文化外交及其在中国的运用》，世界知识出版社 2008 年版。

胡晓明：《文化的认同》，安徽教育出版社 2008 年版。

华炜：《美国民主制度漫谈》，清华大学出版社 1987 年版。

黄素庵：《美国经济实力的衰落：技术·竞争·霸权》，世界知识出版社1990年版。

计秋枫、冯梁：《英国文化与外交》，世界知识出版社2002年版。

江畅、孙伟平、戴茂堂：《中国文化发展报告》，社会科学文献出版社2018年版。

姜秀敏：《全球化时代的国际文化关系研究》，中央编译出版社2011年版。

金宜久：《伊斯兰教与世界政治》，社会科学文献出版社1996年版。

李而炳：《21世纪前期中国对外战略的选择》，时事出版社2004年版。

李明德：《美国科学技术的政策、组织和管理》，北京轻工业出版社1984年版。

李普曼：《公共舆论》，上海人民出版社2002年版。

李慎明、王逸舟：《2004年：全球政治与安全报告》，社会科学文献出版社2004年版。

李晓东：《全球化与文化整合》，湖南人民出版社2003年版。

李永刚：《我们的防火墙：网络时代的表达与监督》，广西师范大学出版社2009年版。

李长春：《文化强国之路》，人民出版社2013年版。

李振诚：《无硝烟的战争》，天津社会科学出版社1991年版。

李智：《文化外交：一种传播学的解读》，北京大学出版社2005年版。

梁守德：《21世纪：东亚文化与国际社会》，当代世界出版社2002年版。

梁守德：《国际社会与文化》，北京大学出版社1997年版。

廖永亮：《舆论调控学：引导舆论与舆论引导艺术》，新华出版社2003年版。

刘德斌：《国际关系史》，高等教育出版社2003年版。

刘靖华：《合纵还是连衡——世纪末的霸权兴衰》，武汉出版社1998年版。

刘澜：《中国文化软实力有多大》，机械工业出版社2015年版。

刘清才：《国际政治学》，吉林大学出版社1998年版。

刘伟胜：《文化霸权概论》，河北人民出版社2002年版。

刘毅：《网络舆情研究概论》，天津人民出版社2007年版。

马广利：《文化霸权：后殖民批评策略》，光明日报出版社2011年版。

马杰：《经济全球化与国家经济安全》，经济科学出版社2000年版。

缪家福：《全球化与民族文化多样性》，人民出版社2005年版。

倪世雄：《当代西方国际关系理论》，复旦大学出版社2001年版。

欧阳志远：《"上帝"的陶杯：文化多样性与生物多样性》，人民出版社2003年版。

潘一禾：《文化与国际关系》，浙江大学出版社2005年版。

潘忠岐：《世界秩序：结构、机制与模式》，上海人民出版社2004年版。

庞朴：《文化的民族性与时代性》，

中国和平出版社 1988 年版。

钱乘旦：《欧洲文明：民族的融合与冲突》，贵州人民出版社 1999 年版。

人民网舆情监控室：《网络舆情热点面对面》，新华出版社 2012 年版。

宋晖、吴麟、苏林森：《舆论学实务教程》，中国传媒大学出版社 2015 年版。

孙晶：《文化霸权理论研究》，社会科学文献出版社 2004 年版。

孙立平、博弈：《断裂社会的利益冲突与和谐》，社会科学文献出版社 2006 年版。

汤一介：《和而不同》，辽宁人民出版社 2001 年版。

涂子沛：《大数据：正在到来的数据革命》，广西师范大学出版社 2013 年版。

汪晖、陈燕谷：《文化与公共性》，生活·读书·新知三联书店 1998 年版。

汪旻艳：《网络舆论与中国政府治理》，南京师范大学出版社 2015 年版。

王缉思：《高处不胜寒——冷战后美国的全球战略和世界地位》，世界知识出版社 1999 年版。

王缉思：《文明与国际政治》，上海人民出版社 1995 年版。

王家福、徐萍：《战争背面的战争》，吉林大学出版社 2002 年版。

王家福：《国际战略学》，黑龙江人民出版社 1986 年版。

王来华：《舆情研究概论》，天津社会科学院出版社 2003 年版。

王晓德：《美国文化与外交》，世界知识出版社 2000 年版。

王一川：《中国文化软实力发展战略综述》，商务印书馆 2015 年版。

王逸舟：《全球化时代的国家安全》，上海人民出版社 1999 年版。

王逸舟：《西方国际政治学：历史与理论》，上海人民出版社 1998 年版。

王岳川、胡淼森：《文化战略》，复旦大学出版社 2011 年版。

韦森：《文化与秩序》，上海人民出版社 2003 年版。

韦正翔、软和平：《国际政治中的强权与道德》，河北大学出版社 2001 年版。

徐炯、刘峰：《建筑的图像转向：视觉文化语境下的阐述》，东南大学出版社 2012 年版。

阎学通、孙学峰：《国际关系研究实用方法》，人民出版社 2001 年版。

阎学通：《美国霸权与中国安全》，天津人民出版社 2000 年版。

于德惠、赵一明：《理性的光辉：科技革命与世界新格局》，湖南出版社 1992 年版。

于德山：《共识与分歧：网络舆论的信息传播研究》，社会科学文献出版社 2016 年版。

俞可平：《全球化：西方化还是中国化》，社会科学文献出版社 2002 年版。

俞新天：《国际关系中的文化：类型、作用与命运》，上海社会科学院出版社 2005 年版。

俞正樑：《全球化时代的国际关系》，复旦大学出版社 2000 年版。

俞正樑等：《21 世纪全球政治范

式》，复旦大学出版社 2005 年版。

喻国明、刘夏阳：《中国民意研究》，中国人民大学出版社 1993 年版。

詹小美：《民族文化认同论》，人民出版社 2014 年版。

张春华：《网络舆情——社会学的阐释》，社会科学文献出版社 2012 年版。

张岱年、程宜山：《中国文化与文化论争》，中国人民大学出版社 1998 年版。

张岱年：《文化与哲学》，教育科学出版社 1988 年版。

张国涛：《传播文化：文化传播的中国思考》，中国传媒大学出版社 2015 年版。

张骥、刘中民等：《文化与当代国际政治》，人民出版社 2003 年版。

张骥等：《国际政治文化学导论》，世界知识出版社 2005 年版。

张克生：《国家决策"机制与舆情"》，天津社会科学院出版社 2004 年版。

张利华：《中国文化与外交》，知识产权出版社 2013 年版。

张良能：《西欧的疑虑与戒心》，世界知识出版社 1999 年版。

张世鹏：《全球化与美国霸权》，北京大学出版社 2004 年版。

赵汀阳：《没有世界观的世界》，中国人民大学出版社 2003 年版。

郑伟民：《衰落还是复兴——经济全球化中的美国》，社会科学文献出版社 1999 年版。

郑晓云：《文化认同与文化变迁》，中国社会科学出版社 1992 年版。

中共中央宣传部舆情信息局编著：《舆情信息工作概论》，学习出版社 2006 年版。

中国社会科学院"世界文明"课题组：《国际文化思潮评论》，中国社会科学出版社 1999 年版。

周浩然：《文化国力论》，辽宁人民出版社 2000 年版。

朱宗友：《中国文化自信解读》，经济科学出版社 2017 年版。

庄晓东：《文化传播：历史、理论与现实》，人民出版社 2003 年版。

## 二 学位论文

蔡坤浩：《葛兰西"文化霸权"理论评述》，硕士学位论文，长春理工大学，2014 年。

常锐：《群体性事件的网络舆情及其治理模式与机制研究》，博士学位论文，吉林大学，2012 年。

陈忻玉：《自媒体时代政府网络舆情监管研究》，硕士学位论文，长安大学，2014 年。

程雪峰：《媒介垄断与文化渗透：冷战后美国传播霸权研究》，博士学位论文，吉林大学，2005 年。

高建华：《互联网时代我国意识形态面临的机遇与挑战研究》，博士学位论文，南开大学，2012 年。

高玉：《我国政府应对西方国家网络文化渗透的研究》，硕士学位论文，大连海事大学，2016 年。

郝良华：《美国文化霸权与中国国家文化安全》，博士学位论文，山东大学，2012 年。

贺峰：《当代互联网对我国国家安全的影响研究》，硕士学位论文，西北大学，2012 年。

胡会燕：《西方网络文化霸权对大学生国防意识的影响》，硕士学位论文，南昌大学，2008 年。

黄慧玲：《美国文化价值观与文化霸权之研究》，博士学位论文，暨南大学，2008 年。

简涛洁：《冷战后美国文化外交及其对中美关系的影响》，博士学位论文，复旦大学，2010 年。

阚小华：《我国政府防御西方文化霸权的对策研究》，硕士学位论文，大连海事大学，2016 年。

李娜：《葛兰西文化霸权理论及对我国文化安全的启示》，硕士学位论文，山东农业大学，2014 年。

李业成：《网络论坛舆情监控系统的研究及设计》，硕士学位论文，华南理工大学，2011 年。

李媛：《网络信息资源建设中外国文化侵蚀及防范研究》，硕士学位论文，四川大学，2007 年。

刘普：《政治安全：网络时代的挑战与对策》，博士学位论文，中国社会科学院，2012 年。

梅秀庭：《日本文化外交的案例研究》，硕士学位论文，外交学院，2012 年。

彭艺美：《日本媒介素养教育研究》，硕士学位论文，东北师范大学，2013 年。

邵洵：《浅论美国文化霸权对中国的影响》，硕士学位论文，华中师范大学，2007 年。

申晓玲：《论全球化时代的文化霸权与国家安全》，硕士学位论文，陕西师范大学，2006 年。

宋蒙蒙：《中国对俄罗斯文化外交研究》，硕士学位论文，山东师范大学，2016 年。

孙红霞：《全球化背景下中国的文化外交》，硕士学位论文，山东师范大学，2007 年。

涂浩然：《全球化时代中国国家文化安全与文化认同研究》，硕士学位论文，华东交通大学，2012 年。

汪淳：《互联网发展对我国主流意识形态建设的影响和对策研究》，硕士学位论文，合肥工业大学，2014 年。

汪可：《大数据路径下铁路突发事件舆情研究》，硕士学位论文，华中师范大学，2015 年。

王爱玲：《中国网络媒介的主流意识形态建设研究》，博士学位论文，大连理工大学，2012 年。

武文婷：《基于微博的公安舆情监控系统研究与实现》，硕士学位论文，吉林大学，2014 年。

徐小明：《全球化背景下的中国文化外交》，硕士学位论文，贵州师范大学，2009 年。

薛彦云：《新形势下信息安全保密管理工作研究》，硕士学位论文，内蒙古大学，2013 年。

叶琴：《四个自信的理论与实践研究》，硕士学位论文，安徽工程大学，2017 年。

易臣何:《突发事件网络舆情的演化规律与政府监控》,博士学位论文,湘潭大学,2014年。

张化冰:《互联网内容规制的比较研究》,博士学位论文,中国社会科学院,2011年。

张文忠:《全球化背景下的文化霸权》,硕士学位论文,南京师范大学,2006年。

赵亚娟:《冷战后美国文化霸权战略论析》,硕士学位论文,东北师范大学,2007年。

周璐铭:《中国对外文化战略研究》,博士学位论文,中共中央党校,2015年。

### 三　期刊

蔡尚伟、朱烨枢:《习近平的互联网舆论观研究》,《青年记者》2017年第4期。

曹树金:《网络舆情监控系统中的主题帖自动标引及情感倾向分析研究》,《图书情报知识》2012年第1期。

常健:《论我国网络舆论监测法律制度的完善》,《华中师范大学学报》(人文社会科学版)2010年第6期。

陈明、杨国炜、陈樵哥:《中国网络舆论现状及舆论引导》,《瞭望新闻周刊》2004年第35期。

陈乔之、李仕燕:《西方文化霸权威胁与中国国家文化安全选择》,《暨南学报》(哲学社会科学版)2006年第1期。

陈文君:《论新时期政府文化职能的转变》,《决策与信息刊》2015年第8期。

陈鑫峰:《政府、高校、社会、公民"四位一体"推进文化自觉和文化自信机制研究》,《中国集体经济》2014年第21期。

陈友新:《论坚持文化自信的理论缘由及实践路径》,《世纪桥》2016年第11期。

邓莹雪:《现代法国文化发展浅析》,《神州》2017年第14期。

邓祖辉:《坚持文化自信实现民族复兴》,《大陆桥视野》2017年第10期。

杜积西:《当前我国网络舆论特征及其应对》,《廉政文化研究》2012年第5期。

杜潇泉、张琛:《从互联网数字分配机构管理权移交探析互联网共治的新格局》,《学术交流》2016年第6期。

段亚兵:《美国会是永远的帝国吗?》,《红旗文稿》2009年第22期。

飞丽花、刘茜:《非物质文化遗产教育传承的政策探析》,《重庆文理学院学报》(社会科学版)2018年第2期。

冯宏良:《网络时代的舆论引导:趋势、特征与结构化困境》,《理论导刊》2016年第1期。

高思远:《文化多元视域下的文化霸权解读》,《青年记者》2014年第30期。

公安部第一研究所:《美国舆情监控技术研究初探》,《警察技术》2009年第11期。

龚成、李成刚:《我国网络文化管理体制建设中的问题及对策分析》,《新闻界》2012年第4期。

郝雨凡：《中美关系调整中的文化自信建设》，《内蒙古统战理论研究》2018年第4期。

侯瑞：《中国信息安全之羊年说马事》，《信息化建设》2015年第2期。

黄永林：《中国社会转型期网络舆论的生成原因》，《华中师范大学学报》（人文社会科学版）2010年第3期。

黄长义、姚金燕：《西方文化渗透的运行机制、潜在风险及应对方法》，《马克思主义研究》2016年第9期。

姜胜洪：《网络舆情热点的形成与发展、现状及舆论引导》，《理论月刊》2008年第4期。

金兼斌：《网络舆论的演变机制》，《传媒》2008年第4期。

金民卿：《西方文化渗透的程式与路径》，《马克思主义研究》2008年第8期。

金婷：《浅析政务新媒体的发展现状、存在问题及对策研究》，《电子政务》2015年第8期。

荆林波、甄宇鹏：《互联网对意识形态建设所带来的新挑战》，《新远见》2011年第6期。

康伟：《基于SNA的突发事件网络舆情关键节点识别——以"7·23"动车事故为例》，《公共管理学报》2012年第3期。

匡文波：《论网络文化》，《图书馆》1999年第2期。

李东伟：《"一带一路"下的中华文化海外传播》，《人民论坛》2017年第24期。

李佩环：《西方文化霸权与葛兰西的文化霸权论》，《天府论》2006年第1期。

李晓：《Berry文化适应理论及其启示》，《湖北函授大学报》2014年第18期。

凌金铸：《美国文化政策的形成》，《学术界》2013年第6期。

刘杰、胡春凌：《生生不息的文化活力——法国文化产业发展现状与趋势》，《世界文化》2017年第4期。

刘静：《提升地方政府网络舆论引导能力的对策研究》，《领导科学》2011年第4期。

刘敏：《高职院校文化自信建设浅探》，《文教资料》2018年第27期。

刘水静：《当代中国的文化自信建设战略意蕴》，《教育与研究》2016年第11期。

刘旺旺：《全球文化交融背景下提升文化自信的意蕴、挑战及对策——学习习近平关于文化自信的重要论述》，《社会主义研究》2018年第1期。

刘毅：《从社会心理学视角分析网络舆论引导》，《新闻传播研究》2008年第3期。

刘志富：《网络空间文化博弈的策略》，《中国信息安全》2014年第6期。

罗志荣：《对加强网络文化建设的三点思考》，《企业文明》2015年第7期。

孟建：《文化帝国主义的传播与中国影视文化的反弹》，《现代传播》2001年第1期。

孟小峰、慈祥：《大数据管理：概念、技术与挑战》，《计算机研究与发展》2013 年第 1 期。

彭定光：《论文化自信对于保护中国文化安全的作用》，《湖南师范大学社会科学学报》2017 年第 6 期。

彭兰：《"大数据"时代：新闻业面临的新震荡》，《编辑之友》2013 年第 1 期。

齐卫平：《文化自信的实质与意义》，《中原文化研究》2016 年第 5 期。

秦安：《〈网络安全法〉是网络时代国家安全的稳定器》，《中国信息安全》2015 年第 8 期。

曲青山：《关于文化自信的几个问题》，《中共党史研究》2016 年第 9 期。

任海、徐庆超：《媒体外交：一种软实力的传播与扩散》，《当代世界与社会主义》2011 年第 4 期。

任思奇、胡娅：《网络技术发展引致的网络文化新趋势及其对策》，《重庆邮电大学学报》（社会科学版）2015 年第 4 期。

沈壮海：《充分发挥中华文化创造力源泉的作用》，《求是》2016 年第 3 期。

师永伟：《地域文化视域下的文化自信建设》，《地方文化研究》2017 年第 6 期。

石峰、张红军：《实行网络安全审查制度是保障国家安全的重要举措》，《信息安全与通信保密》2014 年第 6 期。

石萌萌：《美国网络信息管理模式探析》，《国际新闻界》2009 年第 7 期。

石文卓：《文化自信：基本内涵、依据来源与提升路径》，《思想教育研究》2017 年第 5 期。

孙代尧、黄斐：《价值文化建构逻辑与社会主义核心价值观的建构》，《中国人民大学学报》2015 年第 6 期。

孙培梁：《大数据时代的政府网络舆情监测系统研究》，《数字技术与应用》2014 年第 3 期。

谭伟：《网络舆论概念及其特征》，《湖南社会科学》2003 年第 9 期。

田立加、王光厚：《中国网络空间安全现状研究》，《山西大同大学学报》2015 年第 2 期。

汪四红、李晓星：《比较与借鉴：中国非物质文化遗产保护——基于法制建设视角》，《宿州学院学报》2016 年第 4 期。

王春林：《数字传播条件下中国文化走出去的机遇挑战与对策》，《出版广角》2014 年第 14 期。

王存奎：《关于互联网时代国家文化安全的思考》，《国际关系学院学报》2007 年第 4 期。

王凤才：《文化霸权与意识形态国家机器——葛兰西与阿尔都塞意识形态理论辨析》，《马克思主义与现实》2007 年第 7 期。

王森萍：《试论微政时代的网络舆论引导及舆情管控》，《行政与法》2017 年第 3 期。

王四新：《〈微信十条〉的网络治理新思路》，《四川理工学院学报》（社会科学版）2015 年第 4 期。

王怡清：《新时代文化自信的内涵及培育》，《改革与开放》2018 年第 1 期。

翁里、郑丽晓：《西方国家网络文

化渗透及其影响》,《国际资料信息》2007 年第 9 期。

吴波:《论全球化语境下科技翻译的文化共享与渗透——〈时报信息〉翻译个案研究》,《上海翻译》2012 年第 4 期。

吴华:《好莱坞电影:美国文化霸权的介质》,《湖南大学学报》(社会科学版) 2013 年第 4 期。

伍洪杏:《全面深化改革背景下政府文化职能转变》,《理论月刊》2016 年第 1 期。

肖贵清、张安:《关于坚定中国特色社会主义文化自信的几个问题》,《当代世界与社会主义》2018 年第 1 期。

谢金林:《网络舆论的政府治理:理念、策略与行动》,《理论探讨》2010 年第 2 期。

熊欣、陈余婧:《中国文化对外传播中的译语话语权》,《理论视野》2016 年第 8 期。

徐龙建:《文化自信的三重审视:内涵特征、现实依据和价值意义》,《中共石家庄市委党校学报》2017 年第 19 期。

许长帅:《从国家行为角度探讨构建信息网络安全审查制度》,《现代电信科技》2014 年第 10 期。

燕爽:《以文化的自信建设自信的文化》,《求是》2017 年第 8 期。

杨光:《依法治国下的网络治理》,《计算机与网络》2015 年第 1 期。

杨宁霞:《滨州经济技术开发区文化产业助力文化自信建设研究》,《区域经济》2019 年第 3 期。

杨攀:《我国互联网内容分级制度研究》,《法律科学》(西北政法大学学报) 2014 年第 2 期。

杨淑琴:《全球化时代的文化霸权与中国文化权的重塑》,《重庆工学院学报》(社会科学版) 2007 年第 11 期。

杨永恒:《新时代我国文化建设的使命和任务》,《行政管理改革》2018 年第 1 期。

叶枫:《浅谈美剧传播与文化霸权》,《新闻世界》2013 年第 5 期。

臧学英:《网络时代的文化冲突》,《科学学与科学技术管理》2001 年第 4 期。

詹媛:《用文化自信支撑中国科技文化建设》,《智库时代》2017 年第 4 期。

张康之、程倩:《网络治理理论及其实践》,《新视野》2010 年第 6 期。

张莉:《网络安全审查的国际经验及借鉴》,《信息安全与通信保密》2014 年第 8 期。

张志安、晏齐宏:《网络舆论的概念认知、分析层次与引导策略》,《新闻与传播研究》2016 年第 5 期。

赵丛聪:《全球化背景下的中国文化安全问题——以互联网为例看西方文化渗透》,《视听》2013 年第 1 期。

赵静娴:《次生舆情及其监管对策研究》,《新闻传播》2015 年第 5 期。

赵灵敏:《对外文化交流:喧嚣背后的思考》,《南风窗》2005 年第 4 期。

赵瑞琦、李明娜:《新加坡媒体政策评析》,《中国出版社》2010 年第 3 期。

郑洁、白崭:《西方国家网络文化霸权的表现、影响及对策》,《理论导刊》2011年第2期。

朱琴:《以文化自信助推文化强国建设》,《人民论坛》2016年第33期。

## 四　外文专著

[法]阿芒·马特拉:《世界传播与文化霸权:思想与战略的历史》,陈卫星译,中央编译出版社2001年版。

[美]阿尔文·托夫勒:《未来的冲击》,蔡伸章译,新华出版社1998年版。

[英]阿尔福特:《好莱坞的强权文化》,杨献军译,经济科学出版社2013年版。

[美]埃兹拉·沃格尔主编:《与中国共处:21世纪的美中关系》,田斌译,新华出版社1998年版。

[美]艾什顿·卡特、威廉姆·佩里:《预防性防御:一项美国新安全战略》,胡利平、杨韵琴译,上海人民出版社2000年版。

[美]爱德华·W.萨义德:《文化与帝国主义》,李琨译,生活·读书·新知三联书店2004年版。

[美]安德鲁·基恩:《网民的狂欢:关于互联网弊端的反思》,南海出版社2010年版。

[美]比尔·莫耶斯:《美国心灵:关于这个国家的对话》,王宝泉等译,生活·读书·新知三联书店2004年版。

[美]布热津斯基:《大棋局》,东方编译所译,上海人民出版社1998年版。

[美]布热津斯基:《大棋局——美国的首要地位及其地缘战略》,中国国际问题研究所译,上海世纪出版集团2007年版。

[美]查尔斯·库普乾:《美国时代的终结:美国外交政策与21世纪的地缘政治》,潘忠岐译,上海人民出版社2004年版。

[美]大卫·A.鲍德温主编:《新现实主义和新自由主义》,肖欢容译,浙江人民出版社2001年版。

[美]大卫·霍伯斯丹:《下世纪——谁主宰世界》,黄志典译,新华出版社1993年版。

[英]戴维·赫尔德:《民主与全球秩序》,胡伟译,上海人民出版社2004年版。

[英]戴维·赫尔德等:《全球大变革:全球化时代的政治、经济和文化》,杨雪冬等译,社会科学文献出版社2001年版。

[美]丹尼尔·布尔斯廷:《美国人——南北战争以来的经历》,谢廷光译,上海译文出版社1988年版。

[美]丹尼尔·布尔斯廷:《美国人建国历程》,中国对外翻译出版公司译,生活·读书·新知三联书店1993年版。

[美]道格拉斯·W.哈伯德:《数据化决策》,邓洪涛译,世界图书出版公司2013年版。

[荷]冯·皮尔森:《文化战略》,刘利圭译,中国社会科学出版社1992年版。

[法]弗雷德里克·马特尔:《论美国的文化》,周莽译,商务印书馆

2013 年版。

[法] 弗雷德里克·马特尔:《主流——谁能打赢全球化战争》,刘成富译,商务印书馆 2012 年版。

[美] 弗朗西斯科·洛佩斯·塞格雷斯:《全球化与世界体系》,社会科学文献出版社 1998 年版。

[美] 弗里德里克·杰姆逊等编:《全球化的文化》,马丁译,南京大学出版社 2002 年版。

[美] 傅立民:《论实力:治国方略与外交艺术》,刘晓红译,清华大学出版社 2004 年版。

[美] 汉斯·摩根索:《国家间政治——寻求权力与和平的斗争》,徐昕、郝望、李保平译,中国人民公安大学出版社 1995 年版。

[德] 赫伯特·格特沙尔特:《震撼世界的伊斯兰教》,陕西人民出版社 1987 年版。

[英] 赫德利·布尔:《无政府社会:世界政治秩序研究(第二版)》,张小明译,世界知识出版社 2003 年版。

[美] J. D. 亨特:《文化战争》,安狄等译,中国社会科学出版社 2000 年版。

[美] J. 布卢姆:《美国的历程》,戴瑞辉等译,商务印书馆 1988 年版。

[美] 杰里尔·A. 罗赛蒂:《美国对外政策的政治学》,世界知识出版社 1997 年版。

[美] 凯斯·R. 桑斯坦:《网络共和国:网络社会中的民主问题》,上海人民出版社 2003 年版。

[美] 肯尼思·W. 汤普森:《国际关系中的思想流派》,北京大学出版社 2003 年版。

[德] 赖纳·特茨拉夫:《全球化压力下的世界文化》,江西人民出版社 2001 年版。

[美] 理查德·里夫斯:《美国之旅——沿 150 年前托克维尔足迹重游美国》,中国对外翻译出版公司 1992 年版。

[法] 卢梭:《社会契约论》,商务印书馆 1987 年版。

[法] 路易·多洛:《国际文化关系》,孙恒译,上海人民出版社 1987 年版。

[美] 罗伯特·基欧汉:《霸权之后:世界政治经济中的合作与纷争》,苏长和等译,上海人民出版社 2001 年版。

[美] 罗伯特·基欧汉、[德] 哈拉尔德·米勒:《文明的共存:对塞缪尔·亨廷顿“文明冲突论”的批判》,郦红、那滨译,新华出版社 2003 年版。

[美] 罗伯特·基欧汉、约瑟夫·奈:《权力与相互依赖(第三版)》,门洪华译,北京大学出版社 2002 年版。

[美] 罗杰·希尔斯曼、劳拉·高克伦、帕特里夏·A. 韦茨曼:《防务与外交决策中的政治》,商务印书馆 2000 年版。

[美] 罗兰·罗伯森:《全球化社会理论与全球文化》,梁光严译,上海人民出版社 2000 年版。

[英] 洛克:《政府论》,商务印书馆 1982 年版。

[加] 马歇尔·麦克卢汉:《理解媒

介：论人的延伸》，何道宽译，商务印书馆 2000 年版。

［加］马修·弗雷泽：《软实力：美国电影、流行乐、电视和快餐的全球统治》，刘满贵译，新华出版社 2006 年版。

［美］马库斯·拉斯金：《民主与文化的反思》，周丕启译，新华出版社 2000 年版。

［英］马克·B. 索尔特：《国际关系中的野蛮与文明》，肖欢容译，新华出版社 2004 年版。

［美］玛莎·费丽莫：《国际社会中的国家利益》，袁正清译，浙江人民出版社 2001 年版。

［美］曼纽尔·卡斯特：《网络社会的崛起》，天津社会科学院出版社 2003 年版。

［美］奈森·嘉戴尔斯、迈克·麦德沃：《全球媒体时代的软实力之争：伊拉克战争之后的美国形象》，何明智译，中信出版社 2010 年版。

［英］乔治·拉伦：《意识形态与文化身份：现代性和第三世界的在场》，戴从容译，上海教育出版社 2005 年版。

［美］塞缪尔·亨廷顿：《文明的冲突和世界秩序的重建》，周琪译，新华出版社 2011 年版。

［美］塞缪尔·亨廷顿、彼得·伯杰：《全球化的文化动力：当今世界的文化多样性》，康敬贻、林振熙、柯雄译，新华出版社 2004 年版。

［美］塞缪尔·亨廷顿、劳伦斯·哈里森：《文化的重要作用：价值观如何影响人类进步》，常青藤译，新华出

版社 2002 年版。

［美］泰勒·考恩：《创造性破坏：全球化与文化多样化》，王志毅译，上海人民出版社 2007 年版。

［英］泰勒：《原始文化》，连树声译，上海文艺出版社 1992 年版。

［挪威］托布约尔·克努成：《国际关系理论史导论》，余万里、何宗强译，天津人民出版社 2004 年版。

［美］威廉·奥尔森、戴维·麦克莱伦、弗雷德·桑德曼：《国际关系的理论与实践》，王沿、孔宪倬译，中国社会科学出版社 1987 年版。

［美］威廉·多姆霍夫：《当今谁统治美国？——八十年代的看法》，中国对外翻译出版社 1985 年版。

［美］小约瑟夫·奈：《理解国际冲突：理论与历史》，张小明译，上海人民出版社 2002 年版。

［日］星野昭吉：《全球政治学》，刘小林、张胜军译，新华出版社 2000 年版。

［美］亚历山大·温特：《国际政治的社会理论》，秦亚青译，上海人民出版社 2000 年版。

［美］约翰·埃利希曼：《权力的见证——尼克松顾问自白》，柳蓉、张敬蕾等译，新华出版社 1985 年版。

［美］约翰·斯坦布鲁纳：《全球安全原则》，贾宗谊译，新华出版社 2001 年版。

［美］约翰·汤姆林森：《全球化与文化》，郭英剑译，南京大学出版社 2002 年版。

［美］约瑟夫·S. 奈：《硬权力与

软权力》，门洪华译，北京大学出版社
2005 年版。

[美] 约瑟夫·奈:《软力量:世界
政坛成功之道》，吴晓辉、钱程译，东
方出版社 2005 年版。

[英] 约翰·汤林森:《文化帝国主
义》，冯建三译，上海人民出版社 1998
年版。

[美] 詹姆斯·威廉·富布赖特、
塞思·蒂尔曼:《帝国的价值》，熊昌义
译，新华出版社 1992 年版。

Ali A. Mazrui, *Cultural Forces in World
Politics*, New Hampshire: Heinemann Edu-
catinal Books Inc, 1990.

John Tomlinson, *Cultural Imperialism*,
Londan: Pinter Publishers, 1991.

Jonsuk Chay, *Culture and International
Ralations*, New York: 1990.

Joseph S. Nye, "Bound to Lead: The
Changing Nature of American Power", *New
York Basic Books*, 1990.

Joseph S. Nye, Jr, "Soft Power: The
Means To Success In World Politics", *New
York Public Affairs*, 2004.

Joseph S. Nye, "Soft Power: the
means to success in world politics", *public
affairs*, 2004.

Joseph. S. Nye, Jr, America's/Infor-
mationEdge, *Foreing*, *Affairs*, March/
April, 1996.

J. Storey, *Cultural Theory and Popular
Cultrue*, London: A Reader, 1998.

Michael Hunt, *Ideology and U. S.
Foreign Policy*, Yale University Press,
1987.

M. K. Asante, "Multicultualism: An
Exchange", *The American Scholar*,
Spring, 1991.

Noelle – Neumann, The Spiral of Si-
lence: Public Opinion—Our Social Skin,
the University of Chicago Press, 1993.

Stanley Hoffmann, "The Clash for
Leadship", *Foreign Policy*, 81 (Wubter
1990–1991).

## 五  外文期刊

A., L., Green, "The Ideology
Antic – Fluoridation Leaders", *The Journal
of Social Issues*, Vol. 17, 1961.

A., Marrelart, "The Nature of Com-
munications Practice in a Dependent Socie-
ty", *Latin American Perspeatives*, Vol. 1,
Winter 1978.

Afrel Mower, "Human Rights and A-
merican Foreign Policy: The Carter and
Reagan Experience", *New York*, 1987.

Alexander Nacht, "U. S. Foreign Policy
Strategies", *Washington Quartely*, Summer
1995.

A. Dirlik, "The Postcolonial Aura:
Third World Criticism in the Age of Global
Capitalism", *Critical Inquiry*, 20, Winter
1994.

Babra Wallraff, "What Global Lan-
guage?", *The Atlantic monthly*, November
2000, Vol. 286.

"Change and Continuity in Socialist
Czechoslovakia", co: *East Europe Quarterly*,
1979.

Condoleezza Rice, "Promating the

National Interest", *Foreign Affairs*, January/February 2000.

David. A. Baldwin, "Secuity Studies and the end of the cold War", *World Politics*, 1995, (10).

Friederike S., Sonja U., Anja G., "Is the medium the message? Perceptions of and reactions to crisis communication via twitter, blogs and traditional media", *Public Relations Review*, 2011.

Hanan Yousif Fried, "State Interests VS the Ymma: Irantan Policyin Central Asia", *Middle East Jorrnal*, Win, 1996.

Jessica Tuchman Mathews, "Redefining Security", *Foreign Affairs*, Vol. 68, Sping1989.

Josef S. Nye, "The Changing Nature of World Power", *Political Science Quarterly Press*, 1990 (2).

Joshua Kurlantzick, "Charm Offensive: How China's Soft Power Is Transforming the World", *New Haven: Yale University Press*, 2007.

Linstroth, J. P., "The Basque Conflict Globally Speaking: Material Culture, Media and Basque Identity in the Wider World", *Oxford Development Studies*, 2002.

Louis Klarevas, "Greeks Bearing Consensus: Suggestions for Increasing Greece's Soft Power in the west", *Mediterranean Quarterly*, 2005 (3).

Michael Vlahos, "The End of American Postwar Ethos", *Foreign Affairs*, Summer 1988.

Mike Fentherstone, "Global culture: nationalism, globalization, andmonernity: A Theory, culture&society special issue", *London: Sage Publications*, 1990.

Morton Halperin, "Guaranteering Democtacy", *Foreign Policy*, No. 91, Summer, 1993.

Otter Pitman, "The Chinese Legal sustem: globalization and local legal culture", *New York: Routledge*, 2001.

Samuel P. Huntington, The Westunique, "Not Universal", *Foreign Affairs*, Nov /Dev, 1996.

Samuel P. Huntington, "The Age Of Muslim Wars", *News Week*, Jan. 2002.

Samuel P. Huntington, "The Clash of Civilizations", *Foreign Affairs*, Summer, 1993.

Stoker, Gerry, "Governance as theory: Five propositions", *International Social Science Journal*, 1998.